MANUEL

DE

PROCÉDURE CIVILE

©

MANUEL

DES MATIÈRES DU CODE

DE

PROCÉDURE CIVILE

EXIGÉES POUR LE 2me EXAMEN DE DROIT

Avec

RÉSUMÉ

QUESTIONNAIRE — FORMULAIRE — TABLEAUX ANALYTIQUES

ET PLUSIEURS TABLES

PAR

C. E. CAMUZET, Professeur et Docteur en droit

6e édition

PARIS

MARESCQ JEUNE, LIBRAIRE-ÉDITEUR

27, RUE SOUFFLOT (ANGLE DU BOULEVARD SAINT-MICHEL)

PROCÉDURE CIVILE

Organisation Judiciaire.

Le droit embrasse les Personnes, les Choses et les Actions.

Les Romains, dans leurs recueils de lois, traitaient à la fois de ces 3 objets ; en droit français on traite ensemble des 2 premiers et séparément du 3e objet.

Le CODE CIVIL s'occupe, en effet, des *Personnes* et des *Choses*; il détermine la nature et l'étendue des rapports des personnes entre elles et de leurs droits sur les choses.

Mais il ne suffit pas d'établir les droits de chacun et de les limiter, il est aussi nécessaire d'indiquer les moyens de recourir à la justice pour faire valoir ces droits et les faire respecter, dans le cas où ils seraient méconnus ou usurpés. Tel est l'objet du CODE DE PROCÉDURE CIVILE.

C'est ce que l'on entendait en droit romain par *Actions*.

La *Procédure* est donc l'ensemble des règles à observer devant les Tribunaux pour obtenir justice, autrement dit, la marche à suivre pour — reconnaître le tribunal compétent, — introduire une demande, — proposer la défense, — exposer et discuter les preuves, — enfin, faire prononcer, — réformer — et exécuter le jugement.

L'*Organisation judiciaire* est l'ensemble des règles sur la composition et les attributions des tribunaux. La loi fondamentale en cette matière est celle des 16-24 août 1790. Le Code de procédure n'en parle pas.

L'administration de la justice est confiée au Ministre de la Justice, qui est en même temps Garde des Sceaux.

Les *Tribunaux* sont des corps constitués pour rendre la justice au nom du Chef de l'Etat, qui se réserve le pouvoir exécutif, mais qui leur délègue le pouvoir judiciaire (a).

Ils se divisent en tribunaux *ordinaires* (tribunaux d'arrondissement et cours d'appel), — et tribunaux d'*exception* (justices de paix, tribunaux de commerce, conseils de prud'-hommes), suivant que leur compétence est *générale*, c.-à-d. comprend toutes les affaires, sauf celles qui leur ont été retirées, — ou *spéciale*, c.-à-d. restreinte à certaines matières limitativement déterminées.

Sous un autre point de vue, les tribunaux se divisent

(a) On distingue 3 pouvoirs : *Exécutif, Législatif* et *Judiciaire*.
Quant au pouvoir législatif, il appartient aujourd'hui au Corps Législatif et au Sénat.

encore en tribunaux de 1re *instance* — et tribunaux d'*appel*, suivant qu'ils jugent en 1er ou en 2me ressort. Certaines affaires ne sont susceptibles que d'un seul degré de juridiction : on dit alors qu'elles sont jugées en dernier ressort. — La plupart sont soumises à 2 degrés, jamais plus. Les tribunaux d'appel sont : le tribunal d'arrondissement pour les justices de paix, — les tribunaux de commerce pour les Conseils de Prud'hommes, — les Cours d'appel pour les tribunaux d'arrondissement et de commerce.

La Cour de cassation est, pour ainsi dire, en dehors de ces divisions. Elle est une sorte de tribunal extraordinaire chargé de veiller à l'application des lois et des formes de procédure ; elle ne juge pas les affaires mais les jugements.

Chaque tribunal exerce sa *Juridiction* sur une certaine partie du territoire appelée Ressort (a).

Les circonscriptions judiciaires, entièrement calquées, dans l'origine, sur les circonscriptions administratives, correspondent encore aujourd'hui à ces dernières. (b).

Ainsi, il y a :

Une *Justice de paix*, — par Canton.

Un *Tribunal de 1re instance* (ou *d'arrondissement*), — par Arrondissement (excepté Paris).

Une *Cour d'appel*, pour un ou plusieurs Départements.

Une *Cour de cassation*, — pour toute la France.

Quant aux *Tribunaux de commerce*, il y en a dans toutes les villes où les besoins du commerce l'exigent. Quelquefois,

(a) Le mot **Juridiction** désigne le pouvoir de juger les affaires litigieuses en connaissance de cause. La Juridiction comprend l'instruction et le jugement. L'instruction peut être déléguée par un tribunal à un autre au moyen d'une commission rogatoire. Le jugement ne peut jamais être délégué.

La **Compétence** est le pouvoir de connaître de telle ou telle affaire; c'est, pour ainsi dire, la mesure de la juridiction. La compétence est limitée à certaines affaires et à certains territoires.

Le **Ressort** est la circonscription territoriale sur laquelle s'exerce le pouvoir d'un tribunal (c.-à-d. sa jurisprudence ou plutôt sa compétence).

Mais les mots *Juridiction, Compétence, Ressort* sont souvent employés comme synonymes. Ainsi, l'on dira indifféremment : Telle affaire est de la juridiction des tribunaux de commerce, — ou bien, est de la compétence, — ou bien encore, est du ressort des tribunaux de commerce, — pour indiquer que c'est aux tribunaux de commerce qu'il appartient de connaître de cette affaire.

Le mot *Juridiction* signifie encore l'ensemble des tribunaux d'une même classe ; dans ce sens, on dit : La juridiction administrative, — pour désigner l'ensemble des tribunaux administratifs ; de même, la juridiction commerciale, — pour indiquer la classe des tribunaux de commerce.

Le mot *Ressort* indique encore le degré d'instance. Ainsi, l'on dit : Un jugement en 1er ressort — pour indiquer un jugement rendu en 1re instance et susceptible d'appel ; — Un jugement en 1er et dernier ressort, — pour indiquer un jugement susceptible d'une seule instance ou d'un seul degré de juridiction.

(b) En matière criminelle, l'harmonie est encore plus grande entre les circonscriptions administratives et judiciaires; ainsi, il y a — un tribunal de simple police par Canton, — un tribunal de police correctionnelle par Arrondissement, — une cour d'assises par Département.

dans un arrondissement, il y a en 2 ; souvent il n'y en a pas du tout, c'est alors le tribunal d'arrondissement qui en tient lieu.

Enfin, il y a, des *Conseils de Prud'hommes* dans les villes manufacturières, et même des prud'hommes pêcheurs dans quelques villes maritimes.

Justices de paix.

ORGANISATION. (a). — Il y a *une justice de paix par canton*.

Le tribunal est composé d'un seul juge, nommé et révoqué par le Chef de l'Etat, et par conséquent *amovible* (b). Il reçoit un traitement et ne peut remplir aucune autre fonction.

Le traitement est, pour les juges résidant dans les villes où siège le tribunal d'arrondissement, le même que celui des juges de ce tribunal, c.-à-d. de 2,400 à 5,000 ; — pour les autres, il varie de 1,800 a 2,340.

Il y a, en outre, pour remplacer le juge en cas d'empêchement, 2 *suppléants* sans traitement.

Aucun grade en droit n'est exigé, il suffit d'être Français et âgé de 30 ans (c). Les juges sont souvent choisis parmi les anciens officiers ministériels. Les suppléants peuvent remplir d'autres fonctions ; la plupart sont maires, notaires ou avoués. Tous prêtent serment devant le tribunal de 1ʳᵉ instance. Le juge de paix siége seul assisté du greffier (d).

Il n'y a pas de *ministère public* devant la justice de paix (en matière civile).

Un *greffier*, nommé par le Chef de l'Etat, est attaché à chaque justice de paix ; il a un traitement fixe, et de plus, les droits d'expédition.

Tous les huissiers du canton font le service des audiences, et peuvent donner citation.

A Paris, il y a autant de justices de paix que d'arrondissements, c.-à-d. 20. Les arrondissements de Paris correspondent à la fois aux cantons et aux communes de la province.

COMPÉTENCE. — Elle est exceptionnelle, et limitée aux actions de modique intérêt ou à celles qui exigent une prompte solution, par ex., les actions *possessoires*.

Les juges de paix jugent tantôt en 1ᵉʳ et dernier ressort, tantôt en 1ᵉʳ ressort seulement.

L'*appel* est porté devant le tribunal d'arrondissement.

La *cassation* n'est admise que pour excès de pouvoir.

(a) Elles ont été créées par la loi des 16-24 août 1790, et sont en outre régies par les lois du 29 ventôse an IX, — 25 mai 1838, — 20 mai 1854, — 2 mai 1855,

Tribunaux d'arrondissement (ou de 1re instance) (a).

ORGANISATION. — Il y a un tribunal de 1re instance par arrondissement ; ils sont divisés en 6 classes, sous le rapport de leur importance et du traitement des membres (b).

Le tribunal siége au chef-lieu administratif, sauf exception, par ex., dans l'arrondissement de Mézières (Ardennes), le tribunal est à Charleville ; dans l'arrondissement d'Arles (Bouches-du-Rhône), le tribunal est à Tarascon.

Chaque tribunal se compose de 3 à 12 juges (3, 4, 7, 8, 10 ou 12). Il y a, en outre, de 3 à 6 juges suppléants pris parmi les avocats ou avoués. Lorsqu'ils ne remplaçent pas un juge, ils n'ont que voix consultative.

Les tribunaux de 3 ou 4 juges n'ont qu'une chambre ; — ceux de 7 à 10 en ont 2 ; — ceux de 12 en ont 3. Lorsqu'il y a plus d'une chambre, l'une d'elles est chargée de la police correctionnelle.

Dans le nombre des juges se trouve compris le président, plus, autant de vice-présidents qu'il y a de chambres, moins une ; la chambre où siége le président n'a pas de vice-président. Par exception, à Paris, Lyon et Marseille, il y a autant de vice-présidents que de chambres. Les présidents, vice-présidents et juges sont nommés par le Chef de l'Etat, mais ils ne peuvent être révoqués, c.-à-d. qu'ils sont *inamovibles*.

Les conditions pour être juge sont : la qualité de français, le grade de licencié en droit, un stage de 2 ans comme avocat près d'un tribunal, et l'âge de 25 ans (27 ans pour les présidents et vice-présidents).

Pour rendre un jugement, il faut 3 juges au moins et 6 au plus. A défaut du nombre suffisant de juges ou des suppléants pour composer le tribunal, ou pour remplir les fonctions du ministère public, on appelle les avocats dans l'ordre du tableau, et, à leur défaut, les avoués, dans le même ordre. Il faut aussi la présence du ministère public et du greffier.

Le *Ministère public* est composé d'un procureur de la République et d'un ou plusieurs substituts. Tous sont nommés et révoqués par le Chef de l'Etat, c.-à-d. sont *amovibles*. Le procureur doit avoir 25 ans, les substituts 22 ans et, en outre, remplir les mêmes conditions que les juges.

(a) Ces tribunaux s'appellent de 1re instance parce que, le plus souvent, ils jugent en 1er ressort, mais cette dénomination n'est pas parfaitement exacte, car ils jugent quelquefois en 2me ressort (appels des jugements de juges de paix), et quelquefois en 1er et dernier ressort (demandes de peu d'importance), aussi vaut-il mieux les appeler tribunaux d'arrondissement.

(b) A Paris, bien qu'il y ait 20 arrondissements, il n'y a qu'un seul tribunal pour tout le département de la Seine, qui comprend 2 autres arrondissements (Sceaux et Saint-Denis); aussi l'appelle-t-on *Tribunal de la Seine.*

Près de chaque tribunal, il y a un *greffier* et un ou plusieurs commis greffiers.

En outre, comme *officiers ministériels*, des *avoués* et des *huissiers*, dont le nombre varie suivant les villes.

Enfin, il y a des *avocats* en nombre illimité.

A Paris, il y a 1 président, 11 vice-présidents (autant que de chambres), 61 juges, 1 procureur et 25 substituts. Sur les 11 chambres, 7 sont civiles, 3 correctionnelles, et une mixte (l. 30 avril 1870).

Il y a, en outre, une chambre de 3 juges, pris dans les autres chambres, sous la présidence du plus ancien, chargée des expropriations forcées (D. 31 mars 1874).

COMPÉTENCE. — Les tribunaux d'arrondissement, constituant la juridiction ordinaire, ont une compétence générale : ils connaissent de toutes les actions qui ne sont pas attribuées aux tribunaux d'exception (justices de paix, tribunaux de commerce, Conseils de Prud'hommes). En second lieu, ils connaissent des appels des juges de paix. Enfin, dans les arrondissements où il n'y a pas de tribunaux de commerce, ils statuent sur les affaires réservées à ces tribunaux.

Les tribunaux d'arrondissement jugent en 1er et dernier ressort les affaires personnelles ou mobilières jusqu'à 1,500 fr. de capital (a), et les affaires réelles immobilières jusqu'à 60 fr. de revenu; au-dessus de ces chiffres, ils ne jugent qu'en 1er ressort.

L'*Appel* est porté devant la cour d'appel.

Cours d'appel.

ORGANISATION (b). — Il y a une cour d'appel pour un ou plusieurs départements, en tout 26, mais sans compter celle d'Alger. L'annexion de la Savoie a donné la cour de Chambéry, mais la cession de l'Alsace et de la Lorraine a enlevé les cours de Colmar et de Metz. Elles se divisent en 3 classes au point de vue de leur importance et du traitement des membres.

La cour de Bastia ne comprend qu'un département (la Corse), celle de Paris en comprend 7 ; en moyenne, il y a une cour pour 3 ou 4 départements.

La cour siége généralement au chef-lieu du département sur le territoire duquel elle se trouve; quelquefois son siége est au chef-lieu d'arrondissement, ex. : dans le Puy-de-Dôme,

(a) Au-dessous de 200 francs, en matière personnelle, l'affaire est de la compétence des juges de paix.

(b) Les lois d'organisation sont des 16-24 août 1790,—22 ventôse an VIII,—20 avril 1810

la cour est à Riom, et non à Clermont-Ferrand ; dans le Nord, la cour est à Douai, et non à Lille.

. Chaque cour se compose de 20 à 40 conseillers ; les cours de 24 conseillers ont 3 chambres (une *civile*, — une *de mise en accusation*, — une de *police correctionnelle*). Les cours de 30 conseillers ont 4 chambres (dont 2 civiles), — celles de 40 conseillers ont 5 chambres (dont 3 civiles). La cour de Bastia, n'ayant que 20 conseillers, n'a que 2 chambres.

Parmi les conseillers, il y a un 1er président et autant de vice-présidents qu'il y a de chambres, moins une. Les conseillers des cours sont, comme les juges des tribunaux d'arrondissement, nommés par le Chef de l'Etat ; de même, ils sont irrévocables, c.-à-d. *inamovibles*.

On exige les mêmes conditions d'aptitude que pour les juges ; quant à l'âge, il faut 25 ans pour les conseillers et 30 ans pour les présidents et vice-présidents.

Pour rendre une décision, il faut au moins 7 conseillers dans les chambres civiles, et 5 dans les chambres de mise en accusation ou correctionnelles. Il n'y a pas de conseillers suppléants.

Le *ministère public* près les cours d'appel se compose d'un *procureur général*, qui a la direction des parquets du ressort, et qui prend la parole quand bon lui semble, puis de *2 à 4 avocats généraux* chargés de la parole, et de *substituts* spécialement chargés de faire le travail de bureau au parquet et 'e remplacer les avocats généraux à l'audience. Le procureur gé ;ral doit avoir 30 ans, les avocats généraux 25 ans.

Il y a *un greffier* et plusieurs commis greffiers.

Les *officiers ministériels* sont : un nombre déterminé d'*avoués* attachés spécialement à la cour d'appel, et des *huissiers*.

Enfin, il y a des *avocats* en nombre illimité.

A Paris, il y a 72 conseillers, y compris les présidents (L. 25 mars 1865). Il y a, outre le procureur général, 7 avocats généraux et 11 substituts, 1 greffier et 12 commis greffiers (D. avril 1863). La cour de Paris a 7 chambres (5 civiles, — une de mise en accusation, — une de police correctionnelle).

COMPÉTENCE. — La compétence civile ordinaire des cours d'appel est la connaissance des *appels* des jugements des tribunaux d'arrondissement, des jugements des tribunaux de commerce, et des ordonnances de référés.

Exceptionnellement, les cours d'appel connaissent en 1er et dernier ressort : des prises à partie, — de la réhabilitation des faillis, — de l'exécution de leurs arrêts, lorsque le jugement de 1re instance a été infirmé et l'exécution retenue, — des fautes disciplinaires des officiers ministériels attachés près d'elles, et des frais faits par ces officiers.

Tribunaux de commerce.

ORGANISATION. — Il y a des tribunaux de commerce dans toutes les villes où le développement du commerce et de l'industrie l'exige. Dans certains arrondissements, il peut y en avoir 2 (ex. : dans l'arrondissement d'Arles, il y a 1 tribunal de commerce à Arles et 1 à Tarascon) ; dans d'autres arrondissements, il n'y en a pas du tout ; c'est alors le tribunal civil qui en tient lieu. C'est un décret rendu en Conseil d'Etat qui crée ou supprime les tribunaux de commerce.

Chaque tribunal se compose de *3 à 15 juges* dont *un président*; il y a, en outre, des juges suppléants dont le nombre dépend des besoins du service. Les juges de commerce sont aussi appelés *juges consulaires*.

Les membres des tribunaux de commerce sont nommés à l'élection par les *commerçants recommandables*, c.-à-d ceux ayant exercé honorablement le commerce ; la liste en est dressée par une commission (a). Le nombre est du 10me des commerçants patentés, mais il ne doit être ni inférieur à 50 ni supérieur à 1,000. A Paris, il est de 3,000.

Les fonctions de juge sont purement honorifiques et temporaires ; elles durent 2 ans. On peut être élu une 2me fois pour 2 ans, mais il faut ensuite 1 an d'intervalle.

Pour être juge, il faut avoir exercé, pendant 5 ans, le commerce avec honneur et distinction, et avoir 30 ans ; pour être président, il faut avoir été juge et avoir 40 ans. Les juges élus doivent, en outre, être institués par décret du Chef de l'Etat, puis ils prêtent serment devant le tribunal ou la cour du lieu. Ils sont renouvelés par moitié tous les ans, mais ils sont inamovibles pendant la durée de leurs fonctions.

Le jugement ne peut être rendu que par 3 juges au moins. En cas d'insuffisance des juges ou des suppléants, on appelle des commerçants électeurs.

Il n'y a pas de *ministère public* près les tribunaux de commerce. Mais il y a *un greffier*.

Quant aux officiers ministériels, il y a des *huissiers*, mais pas d'avoués ; il n'y a pas non plus d'avocats, mais des *agréés*,

(a) Cette commission est composée : 1° du président et d'un juge du tribunal de commerce, 2° du président et d'un membre de la Chambre de commerce ou de la Chambre des Arts-et-Métiers, ou, à défaut de ces chambres, d'un conseiller municipal ; 3° de 3 conseillers généraux; 4° du plus âgé des présidents des Conseils de Prud'hommes (ou des juges de paix de la ville) ; 5° du maire (Loi 21 déc. 1871) Autrefois, la liste des électeurs appelés *notables* était dressée par le préfet tout seul.

c.-à-d. des personnes investies de la confiance du tribunal et recommandées aux parties pour les représenter. Les agréés font l'office des avoués et des avocats, aucune condition d'aptitude n'est exigée. Le plus souvent, ce sont les avoués et les avocats près le tribunal civil qui sont agréés, mais leur ministère est facultatif.

A Paris, le tribunal de commerce comprend dans son ressort tout le département de la Seine; il se compose d'un président, 14 juges et 16 suppléants; il est divisé en 2 sections siégeant alternativement (D. 31 mai 1862).

COMPÉTENCE. — Les attributions des tribunaux de commerce sont exceptionnelles, elles ne comprennent que les affaires spécialement déterminées (630 et suiv., c. co.). Ils connaissent des affaires commerciales entre toutes personnes, commerçantes ou non, et aussi de certaines affaires qui ne sont pas commerciales, par ex., les billets souscrits par les comptables de deniers publics.

Les tribunaux de commerce jugent en 1er et dernier ressort les affaires n'excédant pas 1,500 fr., et en 1er ressort celles au-dessus de ce chiffre.

L'*appel* est porté devant la Cour d'appel.

En outre, les tribunaux de commerce sont juges d'appel vis-à-vis des Conseils de Prud'hommes lorsque l'affaire dépasse 200 fr.

Conseils de Prud'hommes.

ORGANISATION. — Il y des Conseils de Prud'hommes dans les villes manufacturières, telles que Paris, Lyon, etc.

Le Conseil se compose de fabricants et d'ouvriers en nombre égal, le minimum est de 6, non compris le président et le vice-président.

Les Prud'hommes sont élus pour 6 ans (tous les 3 ans ils sont renouvelés par moitié, mais ils sont rééligibles).

Les patrons élisent les prud'hommes patrons; — les ouvriers élisent les prud'hommes ouvriers. Pour être électeur, il faut 25 ans d'âge, 5 ans d'exercice et 3 ans de domicile.

Le président et le vice-président sont nommés pour 3 ans par le Chef de l'Etat; ils peuvent être nommés de nouveau et pris en dehors des éligibles.

Le secrétaire est nommé et révoqué par le préfet.

Le Conseil forme 2 bureaux: le *bureau particulier* ou de *conciliation*, composé de 2 membres (1 patron et 1 ouvrier), et le *bureau général* ou de *jugement*, composé de 4 membres au moins (2 patrons et 2 ouvriers), non compris le président.

Les fonctions des prud'hommes sont, comme celles des juges de commerce, purement honorifiques et temporaires.

COMPÉTENCE. — Les Conseils de Prud'hommes sont chargés de *concilier* les fabricants ou autres chefs d'atelier, et les ouvriers (compagnons ou apprentis), sur les différends relatifs à leur métier, et, à défaut de conciliation, de *juger* ces différends. Le bureau particulier ou petit Conseil est chargé de la conciliation, — le bureau général ou grand Conseil est chargé de la décision (a).

Ils jugent en 1er et dernier ressort jusqu'à 200 fr., et en 1er ressort seulement au-dessus de ce chiffre (b).

L'*appel* est porté au tribunal de commerce.

Outre les *Prud'hommes fabricants*, il y a encore, sur certains points du littoral, des *Prud'hommes pêcheurs*, qui jugent les contestations entre les pêcheurs ou patrons-pêcheurs au sujet de la pêche.

Il y en a à Marseille et à Toulon.

La procédure est d'une simplicité primitive : l'assignation est donnée par le *garde-juré*, — le demandeur et le défendeur déposent préalablement chacun 10 centimes pour les *épices* (honoraires) des juges, — l'audience a lieu le Dimanche à 2 heures, — les jugements sont exécutoires sur-le-champ, sous peine de saisie de la barque et des filets. Il n'y a lieu ni à appel ni à cassation (c).

Cour de cassation.

ORGANISATION. — La Cour de cassation est un tribunal suprême et unique siégeant à Paris. Elle est établie par le décret du 29 ventôse an VIII.

Elle se compose de *45 conseillers*, plus un 1er *président* et *3 présidents ;* tous sont nommés par le chef de l'Etat, mais irrévocables et, par conséquent, *inamovibles*.

Ils sont mis de droit à la retraite à 75 ans.

La cour de cassation se divise en 3 chambres composées

(a) En outre, ils sont juges de police pour les délits contre l'ordre et la discipline dans les ateliers, ou les manquements graves des apprentis envers leurs patrons; ils prononcent jusqu'à 3 jours de prison.

(b) Dans les villes où il n'y en a pas, ces affaires sont portées devant le juge de paix, lequel ne juge en dernier ressort que jusqu'à 100 francs.

(c) Lettres patentes de 1452. — 1477. — Décrets des 3-9 sept. 1790 et 9-19 janv. 1791.

chacune de 15 conseillers : la chambre des *requêtes* ; — la chambre *civile* ; — la chambre *criminelle*.

Le 1er président siége dans la chambre qu'il choisit, mais il est toujours libre de présider les autres chambres ; spécialement, il préside lorsque toutes les chambres sont réunies.

Le *ministère public* se compose *d'un procureur général* et de *6 avocats généraux*.

Il y a *1 greffier* et *4 commis-greffiers*.

Les *officiers ministériels* sont : *60 avocats* qui, en même temps, sont avocats au conseil d'État ; leur ministère est forcé comme celui des avoués, dont ils font, du reste, l'office.

En outre, il y a 8 *huissiers* spécialement attachés à la cour.

COMPÉTENCE. — La cour de cassation juge les pourvois contre les jugements en dernier ressort pour :

Incompétence ou excès de pouvoir ;

Violation expresse de la loi ;

Violation des formes de procédure ;

Contrariété de jugements en dernier ressort rendus par des tribunaux DIFFÉRENTS.

Elle connaît, en outre, des Règlements de juges entre cours et tribunaux ne ressortissant pas à la même cour d'appel, et des Prises à partie contre une cour, — une section de cour d'appel ou d'assises, — ou un membre de la cour de cassation.

La Cour de cassation ne constitue pas un degré de juridiction proprement dit, car elle se borne toujours à maintenir ou à rejeter la décision attaquée, sans avoir le droit de la modifier ; lorsqu'elle casse un jugement, elle renvoie toujours l'affaire à un autre tribunal du même ordre.

Juges — Ministère public — Greffiers — Avocats — Avoués Huissiers, etc.

JUGES. — Dans un sens général, on entend par *Juges* aussi bien les membres d'une cour que ceux d'un Tribunal ; mais, dans un sens spécial, les *juges* sont les membres des Tribunaux proprement dits (justices de paix, tribunaux de 1re instance et de commerce). Les membres des Cours portent le nom de *Conseillers*. Tous sont inamovibles, excepté les juges de paix. Ces fonctions sont incompatibles avec toute fonction publique autre que le professorat en droit.

Les décisions prennent différents noms suivant la même distinction : on appelle *Ordonnance* la décision d'un Président ou d'un Juge agissant seul pour ordonner certaines mesures urgentes, — *Jugement*, la décision d'un Tribunal. — *Arrêt*, celle d'une Cour.

MINISTÈRE PUBLIC. — Les membres du Ministère public sont placés près les cours et tribunaux (justices de paix et tribunaux de commerce exceptés), pour veiller à l'application de la loi, à l'exécution des décisions des tribunaux, donner leur avis dans certaines affaires, et même dans toutes s'ils le veulent, enfin exercer certaines actions au nom de la société, par ex., les demandes en nullité de mariage. Tous les membres sont amovibles parce qu'ils sont en même temps agents du pouvoir exécutif.

OFFICIERS MINISTÉRIELS. — On appelle ainsi des agents revêtus d'un caractère public et chargés d'assister, soit les juges, soit les parties. Ce sont les greffiers, — huissiers, — avoués, — certains avocats (a), — les commissaires-priseurs. Ils ont un monopole.

GREFFIERS. — Le Greffier est un officier ministériel chargé d'assister les juges dans les actes de leur ministère. Il inscrit les causes, tient la plume à l'audience, écrit la sentence et rédige l'expédition destinée aux parties. Outre leurs émoluments payés par les parties, ils reçoivent un traitement de l'Etat.

AVOCATS. — Les Avocats ont seuls le privilége de donner des conseils aux parties, et de faire en leur faveur, près des tribunaux, soit des plaidoiries, soit des mémoires ; mais leur ministère n'est pas, comme celui des avoués, obligatoire pour les parties : on peut plaider sa cause soi-même, pourvu qu'on soit assisté d'un avoué. Ils ne sont pas officiers ministériels, excepté ceux institués près la Cour de Cassation.

Pour être avocat, il faut être Français, licencié en droit et avoir prêté serment. On est inscrit au Tableau par le Conseil de l'Ordre, après un stage de 3 ans ; alors seulement on peut siéger en cas d'insuffisance des juges (2 ans suffisent pour être juge ou substitut).

Les *Avocats à la Cour de cassation* et au Conseil d'Etat sont des officiers ministériels, car ils remplissent à la fois le rôle d'avoués et d'avocats, et leur ministère est obligatoire.

Les *Avocats à la Cour d'appel* ne sont que des avocats inscrits sur le tableau au siége d'une cour (ce n'est ni une fonction, ni un grade, ni une charge) ; les avocats, avant leur inscription, sont dits *avocats stagiaires*.

_____

(a) Les avocats près les tribunaux de 1re instance ou d'appel ne sont pas officiers ministériels, il n'y a que les avocats à la cour de cassation et au Conseil d'Etat qui aient ce caractère.

Avoués. — Ce sont des officiers ministériels chargés de représenter les parties devant les tribunaux, et de rédiger, recevoir et transmettre les actes de procédure.

Il y a des avoués de 1re instance et des avoués d'appel; ce sont des charges distinctes ; il n'y en a pas près les tribunaux d'exception. Pour être avoué, il faut l'âge de 25 ans, un stage de 5 ans dans une étude d'avoué et avoir passé, soit l'examen de capacité, soit celui du baccalauréat en droit. Pour les licenciés ou docteurs en droit, 3 ans de stage suffisent.

Agréés. — Ce sont des personnes honorées de la confiance d'un tribunal et recommandées par lui aux parties pour les représenter et les défendre. Ils remplissent à la fois le rôle d'avoués et d'avocats, mais ils n'ont pas de caractère public ; au reste, leur ministère n'est que facultatif. Aucun grade n'est exigé. Il y en a près la plupart des tribunaux de commerce et quelquefois près les justices de paix.

Huissiers. — Ils sont officiers ministériels ; leur rôle consiste à signifier les actes judiciaires ou extraordinaires et à mettre les jugements à exécution. Quelques-uns sont *Audienciers*, c.-à-d. désignés par le tribunal pour faire le service des audiences; en compensation de cette charge, ils ont le monopole des significations d'actes entre avoués. Il y en a près toute espèce de tribunaux.

Commissaires-Priseurs. — Ils n'ont qu'une seule attribution, celle de faire les ventes publiques et les estimations d'effets mobiliers. Toutefois, excepté dans les villes, ce droit ne leur est pas spécial, mais commun avec les huissiers, greffiers et notaires.

Il n'y en a que dans les villes importantes.

CODE DE PROCÉDURE CIVILE

1re PARTIE. — PROCÉDURE DEVANT LES TRIBUNAUX.

LIVRE I. — DE LA JUSTICE DE PAIX.

Le livre 1er ne faisant pas partie de l'examen, il n'en sera pas traité.

— 2me Leçon. —

LIVRE II. — DES TRIBUNAUX INFÉRIEURS (a).

Titre I. — De la Conciliation.

Les rapports que les hommes ont entre eux, au sujet de leurs intérêts pécuniaires ou de leurs droits de famille, engendrent tous les jours des difficultés : si l'une des parties, par mauvaise foi, ou par entêtement, maintient ses prétentions, il faut alors, pour terminer le différend, avoir recours à la justice. C'est un procès.

Il y a cependant 2 moyens d'éviter, ou même de terminer un procès : 1° la *Transaction*, — 2° le *Compromis* ou *Arbitrage*.

La Transaction est le règlement à l'amiable que les parties font *elles-mêmes* de leurs droits litigieux.

Le Compromis est l'engagement que prennent les parties de confier à des *tiers* le règlement de leurs droits litigieux.

Ces tiers s'appellent *Arbitres;* ce sont généralement des amis des parties, des hommes d'affaires ou des personnes ayant des connaissances spéciales sur l'objet en litige. (Ex., des architectes, s'il s'agit de constructions.) Leur décision s'appelle Arbitrage (b). Voy. *Appendice.*

Entre ces 2 manières de terminer une contestation, il y a cette différence que, dans la transaction, les parties sont libres de débattre leurs droits et de maintenir ou de modifier leurs prétentions jusqu'à la signature du traité qui les met d'accord; tandis que dans le compromis, dès qu'elles ont confié aux

---

(a) La dénomination de *tribunal inférieur* s'applique aux tribunaux d'arrondissement et à ceux de commerce, par opposition aux cours d'appel et à la cour de cassation.

(b) La décision arbitrale n'est exécutoire qu'après ordonnance du président. 1021).

arbitres le mandat de régler leur différend, elles ne sont plus maîtresses de leurs droits : elles sont, pour ainsi dire, à la discrétion des arbitres, en ce sens qu'elles ont donné leur adhésion anticipée à la décision arbitrale.

Mais si les parties ne sont pas assez sages pour résoudre leurs difficultés par elles-mêmes ou à l'aide d'arbitres, elles devront nécessairement recourir aux tribunaux. Toutefois, avant de porter l'affaire devant certains tribunaux, la loi oblige, en général, les parties à tenter un accommodement devant le juge de paix. — Cette formalité s'appelle la Tentative de Conciliation. — C'est un 3ᵐᵉ moyen d'éviter un procès (a).

Malgré les dispositions conciliantes des parties et leur désir d'éviter des frais, le recours à la justice est quelquefois inévitable ; cela a lieu, soit lorsqu'en raison de leur incapacité (mineurs, interdits), ou en raison de la nature du litige (ex. : questions d'état), les parties n'ont pas la faculté de faire une transaction ou un compromis, — soit lorsqu'un arrangement ne pourrait pas procurer les mêmes avantages qu'un jugement. — Ainsi, un débiteur insolvable reconnaît sa dette ; le créan-

---

(a) HISTORIQUE. — L'Assemblée Constituante, approuvant la maxime : **Mauvais accommodement vaut mieux que bon procès**, et voulant éviter que, sur des motifs peu sérieux ou pour des intérêts minimes, l'on soit entraîné à de grandes dépenses, décida qu'avant de commencer un procès, les parties devraient se présenter *sans frais* devant le bureau de paix, afin de tenter un arrangement à l'amiable (loi du 24 août 1790). Voltaire rapporte que cet usage était déjà établi en Hollande, où les juges conciliateurs étaient appelés *faiseurs de paix*.

L'essai de conciliation fut tout d'abord exigé d'une manière trop absolue : car *toutes* les matières excédant la compétence des juges de paix y furent soumises, *sans exception*.

La loi de 1790 l'exigeait, en effet, même dans les causes d'appel ; or, il y a peu d'espoir de concilier les parties après un premier essai infructueux et surtout après les plaidoiries de 1ʳᵉ instance. En second lieu, elle ne dispensait pas les affaires où il n'y a pas possibilité de transaction ; c'était assujettir les parties à tenter l'impossible et leur imposer des dépenses et des lenteurs inutiles. Enfin, elle aurait dû exempter les affaires urgentes et celles où le grand nombre des parties laisse peu d'espoir d'une entente.

Plusieurs lois introduisirent successivement des exceptions jugées nécessaires ; on excepta notamment les causes portées en appel. Mais bien que ces restrictions eussent fait disparaître la plupart des inconvénients reprochés à la loi de 1790, la tentative de conciliation fut l'objet de critiques sérieuses ; une réaction assez vive succéda à l'enthousiasme de la Constituante, et, lors de la discussion du Code de procédure, en 1806, sa suppression fut demandée presque unanimement par les Cours d'appel ; le Tribunat était du même avis. Cependant, on respecta le principe consacré de nouveau par la Constitution de l'an VIII et l'essai de conciliation fut maintenu par le Code de procédure, mais renfermé dans de justes limites.

Aujourd'hui, cette institution est encore vivement critiquée ; on la considère comme une pure formalité ignorée le plus souvent des parties, et remplie par les clercs d'avoués, auxquels les patrons donnent, pour unique instruction de l'affaire, la mission de repousser tout accommodement.

Mais si la *Conciliation des affaires des tribunaux d'arrondissement* n'a pas produit, surtout dans les grandes villes, les bons effets que l'on en espérait, il est cependant certains endroits où elle a amené d'heureux résultats.

Quant à la *Conciliation des affaires de la compétence des justices de paix*, elle fonctionne d'une manière plus satisfaisante ; elle rend tous les jours de nombreux services. Aussi, de **facultative** qu'elle était en vertu de la loi du 25 mai 1838, elle est devenue **obligatoire** depuis la loi du 5 mai 1855.

cier, tout en étant bien disposé en sa faveur, le poursuivra néanmoins, parce qu'il n'a qu'un titre sous signature privée et qu'il désire un jugement pour avoir un titre exécutoire et une hypothèque, ou bien encore parce qu'il a une caution et qu'il ne peut s'adresser à elle qu'après avoir poursuivi en premier le débiteur (2021, c. civ.).

Lorsqu'on veut s'adresser à la justice pour obtenir la solution d'un litige, la première chose à faire, c'est de rechercher quelle est la juridiction compétente. Est-ce la juridiction *administrative* — ou la juridiction *judiciaire* (a)?

Au 1er cas, on saisit directement les tribunaux administratifs (Préfet, — Conseil de préfecture, — Ministre, — Conseil d'État): Il n'y a pas lieu en cette matière au préliminaire de conciliation. Au reste, cette formalité serait sans intérêt, car la procédure administrative est simple et peu coûteuse.

Au second cas, c.-à-d. si l'affaire est de la compétence des tribunaux judiciaires, il faut encore distinguer si elle est civile — commerciale — ou criminelle.

En matière *criminelle* (Cours d'assises, Tribunaux correctionnels, Tribunaux de police), il n'y a pas d'essai de conciliation préalable, parce qu'à côté de l'intérêt privé il y a l'intérêt public, sur lequel on ne peut transiger.

En matière *commerciale*, les affaires exigeant célérité, l'essai de conciliation serait une lenteur inutile, aussi est-il permis de saisir directement les tribunaux de commerce. Toutefois, lorsqu'il s'agit d'une affaire de la compétence des Conseils de Prud'hommes, il y a une conciliation spéciale devant l'une des sections du Conseil appelée *Bureau de conciliation*.

En matière *civile*, au contraire, que l'affaire soit de la compétence des Tribunaux d'arrondissement, ou de la compétence des Justices de paix, il y a toujours lieu, en principe, au préliminaire de conciliation.

(a) En principe, l'administration s'est réservé la connaissance des procès où elle est intéressée. En outre, elle s'est mise en garde contre les empiétements des tribunaux judiciaires par 2 dispositions :

1° Aucun fonctionnaire ne peut à raison de ses fonctions être poursuivi même à fins civiles devant les tribunaux judiciaires. — C'était la GARANTIE CONSTITUTIONELLE, ainsi nommée parce qu'elle fut inscrite dans la Constitution de l'an VIII. Mais un Décret du 19 septembre 1870 a supprimé cette prérogative exorbitante.

2° Lorsque l'administration croit qu'un procès porté devant les tribunaux judiciaires est de la compétence des tribunaux administratifs, le préfet peut arrêter l'instance jusqu'à ce qu'il ait été décidé quelle est la juridiction compétente. — C'est le CONFLIT D'ATTRIBUTIONS. Vidé autrefois par le Conseil d'État, le conflit est aujourd'hui porté devant un tribunal spécial, le Tribunal des Conflits (l. 24-31 mai 1872).

CARACTÈRES DE LA CONCILIATION. — On appelle CONCILIATION (essai, préliminaire ou tentative de), la formalité imposée aux parties de se présenter devant le Juge de paix pour tenter un arrangement avant de commencer un procès. La Conciliation est un acte de juridiction gracieuse; le juge de paix doit conseiller aux parties de s'entendre, mais il n'a pas autorité pour trancher le différend, si elles persistent dans leurs prétentions opposées. Il est chargé de concilier tant les affaires de sa propre compétence que celles de la compétence des tribunaux d'arrondissement, mais on procède différemment dans les 2 cas.

DIVERSES ESPÈCES DE CONCILIATION. — Il y en a deux :
Si l'affaire rentre dans la *compétence du juge de paix,* le demandeur invite son adversaire à se présenter devant le Juge de paix au moyen d'un *Avertissement* sur papier timbré, rédigé par le Greffier et expédié par la poste. A cet effet, la partie qui attaque remet 90 centimes au Greffier; savoir : 0.75ᶜ pour frais de l'Avertissement, — 0.15ᶜ pour l'affranchissement — et 0.60ᶜ pour le papier timbré. En pratique, on donne à cette formalité le nom de Petite Conciliation (*a*).

Si, au contraire, l'affaire est de la *compétence du tribunal d'arrondissement,* alors l'invitation est faite à l'aide d'une Citation rédigée et remise par un Huissier; — c'est la Conciliation ordinaire, ou simplement Conciliation (*b*).

Il ne sera traité que de cette dernière.

DEMANDES SOUMISES *au préliminaire de conciliation.* — En principe, toute demande est soumise à la conciliation, cependant 3 conditions sont exigées La demande doit être :

    1° *Introductive d'instance ;*
    2° *Susceptible de transaction;*
    2° *En 1ʳᵉ instance devant les tribunaux d'arrondissement.*

1° INTRODUCTIVE D'INSTANCE. — L'art. 48 porte : *Demande principale introductive d'instance;* le mot *principale* est pour ainsi dire un pléonasme, toute demande introductive d'instance étant par cela même principale.

La demande Principale est, en effet, celle qui commence un

(*a*) La loi du 25 août 1871 exige le papier timbré; autrefois, il n'était remis que 25 centimes, dont 15 centimes pour le greffir et 10 pour la poste. Les droits de poste ont été portés à 0,15 c. (D. 24 novembre 1871).

(*b*) Des auteurs soutiennent que, même pour ces affaires, il doit y avoir tentative de conciliation sur simple avertissement avant de recourir à la citation en conciliation par acte d'huissier, mais en pratique cela se fait peu.

procès entre les parties, que ce procès se rattache ou non à un autre déjà pendant entre elles, — ou entre l'une d'elles et un tiers.

La demande Introductive est celle qui commence un procès entre les parties, mais sans que ce procès se rattache à aucun autre, soit entre les parties, — soit entre l'une d'elles et un tiers.

Celle-ci comprend donc la première comme le genre embrasse l'espèce : ainsi, la demande introductive est toujours principale, puisqu'elle fait naître un procès et, de plus, commence une instance; tandis que la demande principale n'est pas toujours introductive, car, tout en faisant naître un procès, elle n'ouvre pas toujours une instance nouvelle, mais quelquefois se rattache à une instance déjà commencée et à laquelle elle se joint.

L'*action en garantie* nous fournit les deux exemples : J'ai acheté une maison ; quelque temps après, une personne prétend en être propriétaire et me fait un procès en revendication. Cette demande est introductive d'instance, et, par conséquent, principale. Je puis, à mon tour, agir en garantie contre mon vendeur, et cela de 2 manières : — ou bien je l'appelle de suite en cause pour qu'il prenne ma défense contre mon adversaire ; dans ce cas, ma demande est principale, car elle commence un procès entre mon vendeur et moi ; mais elle n'est pas introductive, puisqu'elle se joint à l'instance commencée contre moi, laquelle est encore pendante ; c'est la garantie *incidente*. Elle n'est pas soumise à la conciliation (*a*), — ou bien, après avoir soutenu seul et perdu mon procès contre le revendiquant, je poursuis le vendeur en restitution du prix ; ici, mon action est à la fois principale et introductive. Principale, car elle fait naître un procès, — introductive, car le 1er procès étant terminé, elle donne lieu à une nouvelle instance (*b*). C'est la garantie *principale*. Elle est soumise à la conciliation.

(*a*) Toutefois, il y a controverse.

(*b*) En théorie et dans leur sens technique, les mots Demande **introductive d'instance** sont opposés à la demande **incidente**. Dans ce sens, la demande *incidente* elle-même est *principale* lorsqu'elle est formée par un tiers dans le cours d'un procès entre 2 autres parties (Intervention).

Mais, en pratique, Demande *introductive* et Demande *principale* sont synonymes, et, comme la 1re expression est rarement employée, on oppose le plus souvent la demande *principal* à la demande *incidente*. C'est ainsi qu'on dit de la demande en garantie, qu'elle est tantôt principale et tantôt incidente, pour indiquer qu'elle se forme tantôt en dehors, tantôt dans le cours d'un procès ; tandis que cette action est toujours principale, en ce sens que, dans les 2 cas, elle commence un procès entre le garanti et le garant (dans notre espèce, entre l'acheteur et le vendeur).

Quant à la *demande en intervention*, c.-à-d. celle par laquelle un tiers prétend avoir intérêt à figurer au procès pendant entre 2 personnes, elle est toujours principale, puisqu'à l'égard de ce tiers elle commence un procès, mais elle n'est jamais introductive, puisqu'elle est toujours formée dans le cours d'une instance. Elle est donc dispensée de conciliation.

En employant les mots : *Demande principale introductive d'instance*, l'art. 48 a voulu dire que la demande doit nonseulement commencer un procès entre les parties, mais encore ne se rattacher à aucun autre procès en cours d'instance, même entre l'une des parties et un tiers.

2° — SUSCEPTIBLE DE TRANSACTION. — La conciliation étant une espèce de transaction, les parties en cause doivent être capables de transiger, et l'objet du procès doit être susceptible de transaction.

Personnes incapables de transiger. — La transaction étant un contrat, il s'ensuit que les personnes qui n'ont pas le droit de faire seules un contrat ne peuvent transiger, ni par conséquent se concilier. Ce sont :

Les *Mineurs*, émancipés ou non (*a*). Les *Interdits* (*b*). Les *Prodigues* (*c*). Les *Femmes mariées* (*d*).

Les *Tuteurs des mineurs et interdits* (*e*). Les *Curateurs des émancipés* (*f*).

Les *Représentants des personnes morales publiques* (*g*)

Ces personnes ne sont pas véritablement toutes incapables de transiger, quelques-unes sont seulement incapables de faire une transaction par elles-mêmes. Les *mineurs* et *interdits*, par ex., ne peuvent transiger en personne, mais leurs tuteurs ou curateurs ont droit de faire une transaction avec l'avis de 3 jurisconsultes et l'homolagation du tribunal (467, c. civ.). Malgré cela, la loi a cru devoir dispenser de la conciliation même ces personnes, parce qu'elles ne peuvent transiger qu'après des formalités longues et coûteuses. De même, l'héritier

---

(*a*) Le *Mineur émancipé* peut-il transiger sur ce qui concerne son administration ? Controverse.

(*b*) 496 c. civ. — (*c*) Il faut l'assistance du conseil judiciaire, 513, c. civ.

(*d*) La *Femme* ne peut contracter et conséquemment transiger sans l'autorisation de son mari ou de justice : dès lors la conciliation semble une formalité inutile (217-1449 c. civ). Cependant, comme elle est capable de transiger avec le concours de son mari, on soutient qu'elle peut appeler son adversaire en conciliation en se présentant assistée ou autorisée de son mari, et qu'elle peut être régulièrement appelée, pourvu que le mari soit également cité. — *Quid* si la femme est séparée de biens? On admet généralement la conciliation lorsqu'il s'agit de sa fortune mobilière, car elle peut en disposer (1449).

(*e*) 467, 499, 2046, c. civ. — (*f*) 484 c. civ.

(*g*) Par ex., le Maire pour la Commune, — le Préfet pour le Département, — les Administrateurs pour les Établissements publics (A. 21 frim, an XII).

bénéficiaire doit s'abstenir de transiger, sous peine de devenir héritier pur et simple, car il n'a pas le droit de disposer seul des biens de la succession.

Objets ou droits non susceptibles de transaction (a). — On ne peut ni *transiger* ni *compromettre* sur :

Les *Dons et legs d'aliments, logement et vêtements.*
Les *Séparations de corps et de biens* (b). — Les *Questions d'état.*
Les *Causes sujettes à communication au ministère public.*

Forcer les parties à tenter un acte impossible eût été ridicule.

3° — En 1ʳᵉ instance devant les tribunaux d'arrondissement (c). — Ainsi, il n'y a pas lieu à conciliation :

Sur les affaires de la compétence des *juges de paix* : — dans ce cas, il y a une conciliation particulière appelée *petite conciliation.*

Sur celles de la compétence des *tribunaux de commerce.* — Ces matières exigent ordinairement célérité.

Sur celles soumises aux *Conseils de Prud'hommes.* — Il y a aussi, dans ce cas, une conciliation particulière devant le bureau de conciliation.

Sur celles soumises directement (c.-à-d. en 1ᵉʳ ressort), à la *Cour d'appel.* — Elles sont le plus souvent d'ordre public, il y a donc rarement lieu à transaction. Ex. : la demande en paiement de frais des avoués de cour d'appel.

Sur les *appels* des différents tribunaux. — Après les débats de 1ʳᵉ instance, il y a peu d'espoir de conciliation.

Demandes dispensées *du préliminaire de conciliation.* — Ce sont :

1° Les demandes *requérant célérité.*
2° Celles formées *contre plus de 2 défendeurs.*

1° — Les *demandes* requérant célérité. — Par ex., les demandes en matière de commerce, — celles de mise en liberté, — celles

---

(a) La loi n'indique pas sur quels droits il n'est pas permis de *transiger* ; mais elle désigne ceux sur lesquels on ne peut *compromettre* ; or, comme il y a entre la transaction et le compromis une grande analogie, et que de plus l'art. 2045 c. civ., exige pour transiger la même condition que l'art. 1003 c. pr., pour compromettre, savoir la libre disposition de l'objet litigieux, on en conclut que les droits sur lesquels on peut transiger sont les mêmes que ceux sur lesquels on ne peut compromettre ; ces droits sont énoncés dans l'art. 1004.

(b) Toutefois, en matière de *Séparation de corps*, il y a une conciliation toute particulière devant le président du tribunal d'arrondissement ; la loi a pensé que ce magistrat aurait plus d'influence sur les parties que le juge de paix (876).

(c) L'art. 48 porte *dans les tribunaux de 1ʳᵉ instance*, mais il faut entendre seulement par ces mots les tribunaux d'arrondissement, et encore en tant qu'ils jugent en 1ᵉʳ ressort, puisque les causes d'appel sont toutes dispensées.

en main-levée de saisie ou opposition (*a*), — celles en paiement de loyers, celles relatives aux offres réelles (*b*), etc. Le temps qu'on passerait à citer et à comparaître devant le juge de paix suffirait pour faire juger l'affaire au tribunal.

Mais, qui décide si la demande requiert ou non célérité ? Est-ce la partie elle-même ou le juge ? — Controverse.

1er *Système.* — La loi n'exigeant aucune formalité, le demandeur doit citer son adversaire directement, sauf au tribunal à annuler l'assignation s'il juge que l'affaire n'était pas urgente.

2e *Système.* — Le demandeur doit adresser au Président du tribunal une Requête tendant à assigner à bref délai, et par conséquent, sans conciliation (*c*). C'est ainsi que procèdent les avoués à Paris, où, à part les affaires de minime importance, ils se font toujours dispenser de la conciliation afin d'éviter les trop grandes pertes de temps qu'entraînerait cette formalité.

2º — Les *demandes formées contre* plus de 2 défendeurs (encore qu'ils aient le même intérêt), par ex., 3 débiteurs solidaires, ou 3 héritiers d'un débiteur unique. Il est déjà difficile d'accorder 3 parties (le demandeur et 2 défendeurs), aussi y a-t-il peu d'espoir d'en concilier un plus grand nombre (*d*).

Mais l'exception ne concerne que les défendeurs; si, à l'inverse, il y a plusieurs demandeurs, 3 par ex., agissant contre *un seul* défendeur, on devra tenter la conciliation.

(*a*) **Tiers-saisi.** — Le créancier qui sait qu'une personne doit de l'argent ou un autre objet à son débiteur, a le droit de faire signifier à cette personne de ne pas payer avant que la justice ait décidé à qui le paiement sera fait; la chose due est ainsi saisie ou arrêtée. Cette procédure s'appelle *Opposition* ou *Saisie-arrêt*, — le créancier est le *Saisissant*, — le débiteur le *Saisi*, — et la personne sommée le *Tiers-saisi* (557-582).

(*b*) **Les Offres** réelles sont la proposition faite par un débiteur à son créancier, par l'intermédiaire d'un officier public, de recevoir ce qu'il lui doit (812 c. pr. — 1257 — 1264 c. civ). Si le créancier refuse les Offres, le débiteur qui veut se libérer, c.-à-d. ne plus devoir les intérêts et n'être plus responsable de la perte de la chose, dépose cette chose dans un lieu désigné. Mais comme il n'est libéré qu'autant que les Offres sont valables, le plus souvent il assigne aussitôt le créancier en validité d'Offres. Cette demande est dispensée de conciliation, car le refus du créancier laisse peu d'espoir d'une entente.

(*c*) L'ordonnance d'assigner à bref délai dispense-t-elle par elle-même de la conciliation ? 3 systèmes :
1er *Syst.* — Non. — Elle ne lie pas le tribunal, qui peut, en repoussant l'urgence, annuler l'assignation.
2e *Syst.* — Oui. — Le président a un pouvoir souverain, son ordonnance implique l'urgence; le tribunal n'a pas à statuer sur le caractère de célérité.
3e *Syst.* — L'ordonnance peut être attaquée — soit par l'*opposition* devant le tribunal, — soit par l'*appel* devant la Cour; mais, si elle n'a pas été attaquée, le tribunal ne peut reprocher aux parties le défaut de tentative de conciliation.
Dans ce système, il y a encore 2 autres nuances : les uns n'admettent que l'opposition, — les autres l'appel seul.

(*d*) Il n'est pas toujours facile de distinguer s'il y a plusieurs défendeurs. Par ex. quand on poursuit le mari et la femme. — Sous le régime de communauté, on les compte pour un; — mais, sous le régime dotal ou de séparation de biens, on les compte pour deux. Dès lors, s'il y a, en outre, un autre défendeur, il n'y aura pas lieu à conciliation.

Telles sont les véritables exceptions, mais la loi semble en admettre davantage. En effet, après avoir posé dans l'art. 48 les conditions nécessaires pour qu'une demande soit soumise à la conciliation, elle énumère dans l'art. 49 un grand nombre de causes dispensées de cette formalité ; mais cette énumération est incomplète et inutile : — incomplète, car elle omet les causes intéressant les prodigues et les femmes mariées ; — inutile, car sauf 2 sortes de demandes qui sont de véritables exceptions (celles *requérant célérité* et celles *formées contre plus de 2 défendeurs*), toutes les autres sont dispensées d'après l'application des règles générales. C'est ainsi que les causes des mineurs et interdits sont dispensées, comme non susceptibles de transaction.

JUGE COMPÉTENT. — Si les parties comparaissent volontairement, elles ont le choix de leur juge. Dans le cas contraire, le *juge compétent est*, en principe, *celui du* domicile du défendeur, que l'affaire soit personnelle ou réelle, mobilière ou immobilière. (Voir au titre suivant l'explication de ces termes.)

A la différence de ce qui a lieu pour les tribunaux, on ne s'inquiète pas ici, en matière réelle, de la situation de l'objet litigieux ; il est inutile, en effet, de déplacer les deux parties pour les envoyer devant le juge du lieu où est situé l'immeuble, sous prétexte que ce juge est mieux renseigné , puisqu'il n'a pas le droit de les condamner en cas de désaccord ; le juge du domicile du défendeur pouvant connaître ce dernier aura plus d'influence pour concilier (a).

Si le défendeur prétend que le juge de paix est incompétent, celui-ci n'a pas le droit de statuer sur cette question. — Ou bien le demandeur reconnaît son erreur, et fait une nouvelle citation devant un autre juge, — ou il maintient que le juge actuel est compétent, et alors celui-ci dresse une sorte de procès-verbal de non-conciliation , puis le demandeur assigne son adversaire devant le tribunal. Là, si le juge de paix est reconnu incompétent, le demandeur devra renouveler la conciliation. — S'il est, au contraire, reconnu compétent, le défendeur est considéré comme ayant refusé de se concilier, et le procès suit son cours.

Quand il y a 2 *défendeurs*, le juge compétent est celui *du domicile de l'un d'eux*, au choix du demandeur. S'ils sont plus de 2 *défendeurs*, il n'y a pas lieu de tenter la conciliation.

_____

(a) En cas d'élection de domicile, le juge compétent est-il celui du domicile élu ? Controverse.

Exceptions. — Dans 2 cas, la compétence est exceptionnelle :

1° En matière de Société, autre que celle de commerce, tant qu'elle existe, c'est le juge du *lieu où est le siége* de la Société. C'est là que sont les livres (*a*).

2° En matière de Succession, c'est le juge de paix du *lieu où la succession s'est ouverte,* c.-à-d. du domicile du défunt, que la demande soit formée par un *Héritier* — un *Créancier héréditaire* — ou un *Légataire,* et cela jusqu'au partage inclusivement, ou jusqu'au jugement d'homologation du partage. C'est au domicile du défunt, en effet, que se trouvent les pièces à consulter, les objets litigieux et, le plus souvent, les plaideurs eux-mêmes.

Quid si après le partage on forme des demandes en garantie des lots ou en rescision ? (*b*).

Citation — *Formes.* — Quand les parties comparaissent volontairement, aucun acte n'est exigé ; dans le cas contraire, celle des parties qui veut forcer l'autre à venir en conciliation doit recourir à un exploit d'huissier appelé *Citation* (*c*).

La loi n'en ayant pas indiqué les formes, on y insère les mêmes mentions que dans la Citation en justice de paix, c.-à-d. :

La *Date des mois, jour et an de l'exploit.*
Les *noms, profession et domicile du Demandeur.*
Les *noms, demeure et immatricule de l'Huissier.*
Les *noms et demeure du défendeur.*
L'*Objet de la demande,* mais non les Moyens (*d*).
Les *jour et heure de la Comparution* (*e*).

Délai. — Le délai est de 3 *jours francs,* c.-à-d. qu'il doit s'écouler 3 jours pleins entre le jour de la Citation et celui de la Comparution, qui ne sont comptés ni l'un ni l'autre (*f*). Ainsi,

(*a*) Cette exception sera d'une application fort rare, car les Sociétés civiles n'étant pas généralement considérées comme des personnes morales, dés qu'il y aura plus de 2 associés, il n'y aura pas lieu à Conciliation. La loi excepte la Société de commerce, dans la pensée sans doute que ses affaires sont toutes commerciales, et, par conséquent, dispensées de conciliation (49, 5°). Cependant une Société commerciale peut être propriétaire et agir en revendication d'immeubles : dans ce cas, on pense généralement qu'il y a lieu à Conciliation.

(*b*) Voy. a. 59, le tribunal compétent et la note relative à la Conciliation.

(*c*) Tous les Huissiers d'un même canton ont le droit de faire ces citations ; le monopole des Huissiers audienciers, admis par le Code (52), a été supprimé par la loi du 25 mai 1838, a. 46.

(*d*) La Citation en Conciliation diffère, sous ce rapport, de la Citation en justice qui, outre l'Objet, doit aussi contenir les Moyens. Il est rationnel, en effet, d'obliger le demandeur, qui choisit son jour et qui a dû préparer son attaque, à faire connaître à l'avance ses moyens au défendeur, afin que celui-ci puisse les étudier et les combattre ; mais en conciliation, il est inutile d'indiquer et de préparer ses armes, puisqu'il n'y a pas de combat.

(*e*) Ces énumérations sont-elles prescrites à peine de nullité ? On admet généralement que non.

(*f*) Ne pas confondre les **Jours francs,** qui sont ceux qui s'écoulent entre le jour de la

une Citation faite le 1ᵉʳ du mois convoquera pour le 5 au plus tôt, le 2, le 3 et le 4 étant seuls des jours francs (*a*)

Il y a, en outre, une augmentation de délai à raison des distances (1 jour par 5 myriamètres (a. 73).

COMPARUTION. — *Les parties comparaîtront en personne; en cas d'empêchement, par un fondé de pouvoir.* — Ces termes de l'art. 53 semblent créer pour les parties l'*obligation* plutôt que la *faculté* de comparaître en personne; dès lors, il ne devrait être permis de se faire représenter qu'en justifiant d'un empêchement. Telle est sans doute la pensée de la loi, mais une pratique constante n'exige aucune excuse et rend par là la comparution personnelle purement *facultative* (*b*). La réunion a lieu dans le cabinet du juge de paix, et non en audience publique.

Contrairement à ce qui était admis autrefois, on peut aujourd'hui se faire représenter indifféremment par des particuliers ou des hommes d'affaires (avoués, avocats); quant aux huissiers, il y a controverse, et il n'est pas nécessaire que le représentant ait le pouvoir de transiger (*c*).

Devant le juge de paix, le Demandeur a le droit d'expliquer et même d'*augmenter sa demande*. Toutefois, s'il peut ajouter à sa demande certains accessoires, tels que les intérêts d'une somme dont il n'avait réclamé d'abord que le capital, — ou bien les fruits d'un immeuble qu'il avait simplement revendiqué, il ne peut introduire une contestation étrangère à la demande primitive. Ainsi, je vous appelle en conciliation à propos d'une maison que vous possédez et que je revendique contre vous : je ne puis pas profiter de cette circonstance pour vous forcer à vous expliquer sur le bail d'une autre

Citation et celui de la Comparution, avec les **jours pleins** où l'on compte d'heure à heure et par conséquent où le délai court de suite.

(*a*) La Citation en conciliation diffère encore de celle en justice de paix, dont le délai est d'*un* jour.

(*b*) La procuration peut être sous seing-privé, car la loi n'ordonne pas qu'elle soit authentique. Mais elle doit être sur papier timbré et enregistrée.

(*c*) Il y a là 2 dérogations à la loi du 27 mars 1791. — Autrefois, les personnes de l'ordre judiciaire, avocats, avoués, huissiers, étant censées peu disposées à un arrangement, ne pouvaient faire l'office de représentants. Mais leur exclusion n'eut pas de bons résultats; la partie se présentait avec un plan tout tracé et était bien moins disposée à s'en départir que ne l'eût été son conseil lui-même. D'un autre côté, lorsque l'une des parties était elle-même un homme d'affaires, il était injuste que l'autre partie ne pût se faire assister. Aujourd'hui, les huissiers seuls sont incapables (1. du 25 mai 1838); encore prétend-on que ce n'est que devant le tribunal de paix et non en conciliation. — Autrefois encore, on exigeait que le mandataire eût pouvoir de transiger : mais c'était forcer les parties à confier à un tiers le droit de disposer de leur fortune, alors que personnellement elles refusaient toute concession; aussi, le plus souvent, le pouvoir donné était-il retiré par une clause secrète.

maison que je voüs ai louée, — ni sur la restitution d'une somme que je vous ai prêtée ; ce sont là des causes distinctes de la première et pour lesquelles vous pouvez exiger une nouvelle tentative de conciliation.

Quant au Défendeur, il peut, à son tour, *former celles qu'il juge convenables*, mais il faut qu'elles se lient à la principale, ou tout au moins qu'elles soient une sorte de défense. Ainsi, le locataire cité pour défaut de paiement de loyers peut opposer dans la conciliation le refus du propriétaire de faire les réparations nécessaires. Ainsi encore, le débiteur cité pour une dette de 1,000 fr. peut comprendre dans la conciliation une créance de 500 fr. qu'il a sur le demandeur, et opposer la compensation qui est une sorte de défense.

Trois hypothèses sont à distinguer à propos de la comparution :

1° Les parties se présentent et se concilient.
2° Elles se présentent mais ne se concilient pas.
3° L'une d'elles comparaît, — l'autre fait défaut.

1re *Hypothèse.* — **Conciliation.** — Dans ce cas, le greffier, sous la dictée du juge, dresse un *Procès-verbal* de toutes les clauses de l'*arrangement;* la minute reste déposée au greffe, et il en est délivré copie. Les conventions y insérées ont FORCE D'OBLIGATION PRIVÉE ; ce qui ne veut pas dire que le procès-verbal n'a que la force d'un acte sous seing-privé ; malgré ces expressions, il faut dire que ce sera un acte authentique : en effet, il est dressé par un officier public compétent et suivant les formes légales. Les conventions seront donc réputées vraies jusqu'à inscription de faux, et ce sera à la partie qui les déniera à prouver qu'elles sont fausses ; de plus, un seul original sera dressé ; enfin, la date sera réputée certaine, même à l'égard des tiers. Mais si le procès-verbal a la *foi*, c.-à-d. la force probante d'un acte authentique, il n'en a pas la *force exécutoire* : ainsi, *il n'est pas revêtu de la formule exécutoire*, en sorte que si l'une des parties n'exécute pas les engagements pris devant le juge, il faudra la poursuivre devant le tribunal afin d'obtenir un jugement contre elle ; en outre, *il n'emporte pas hypothèque* comme les actes notariés ou les actes judiciaires. C'est en ce sens que le Code dit que le procès-verbal n'a que FORCE D'OBLIGATION PRIVÉE (*a*).

_____

(*a*) Le procès-verbal doit-il être signé des parties ? La loi de 1790 l'exigeait, mais le Code n'en parlant pas, il n'y aurait pas nullité.

Dans le projet, le Procès-verbal devait procurer tous les effets de l'acte authentique; mais les Notaires ayant fait observer que si le procès-verbal conservait ses effets, les parties iraient toujours, sous prétexte de difficultés, faire constater leurs conventions devant le juge de paix, et se passeraient ainsi de leur ministère, on déclara pour les satisfaire que le procès-verbal ne serait pas exécutoire et ne donnerait pas hypothèque. Cette rédaction fut ensuite modifiée et conçue en termes obscurs.

2e *Hypothèse.* — **Comparution sans conciliation.** — Alors, au lieu d'un exposé détaillé, le juge fait une *mention sommaire du désaccord*. Faut-il, comme sous l'empire de la loi de 1790, constater les *dires, aveux, dénégations des parties?* Controverse. Cette formalité semble avoir été repoussée comme pouvant être *un moyen de circonvenir des hommes simples et sans connaissances;* mais, en pratique, le juge mentionne le plus souvent les motifs de ce refus.

Serment. — En justice, c.-à-d. devant un tribunal, quand l'une des parties, n'ayant aucune preuve à l'appui de sa prétention, se résigne à déférer le *Serment* à l'autre, de deux choses l'une : ou bien celle-ci le prête, et par cela gagne son procès; — ou bien elle refuse de le prêter, et alors elle le perd; mais, en conciliation, il n'en est pas tout à fait de même.

Si le Serment est *prêté*, il y a alors une *véritable transaction*. En effet, si, par ex., je prétends vous avoir confié 1,000 fr., et si, n'ayant aucune preuve, je vous dis : *Jurez que je ne vous ai pas confié cette somme*, je suis censé ajouter : *Si vous le jurez, je consens à ne vous rien réclamer*. Dès lors, si vous jurez, le procès est vidé, car il y a là une véritable conciliation.

Mais, si le Serment est *refusé*, le juge de paix fait simplement *mention de ce refus*. Dans ce cas, il ne peut, comme un tribunal, condamner celui qui refuse, car il n'a que le pouvoir de concilier. Maintenant, qu'arrivera-t-il si celui qui a déféré le Serment porte l'affaire devant le tribunal ? Pourra-t-il conclure directement à une condamnation sans avoir autrement à prouver sa prétention et sans que celui qui a refusé de jurer puisse, de son côté, invoquer aucune preuve pour sa défense ? Il en serait certainement ainsi si le Serment avait été déféré en justice, mais ce n'est généralement pas admis pour le serment déféré en conciliation. Le tribunal, dit-on, peut avoir égard à ce refus, mais non pas condamner absolument. En effet, le refus de jurer ne doit entraîner condamnation qu'autant qu'il a été préalablement jugé que le serment a été valablement déféré, c.-à-d. que le fait sur lequel il porte est personnel à l'adversaire et que ce fait peut être l'objet d'un aveu. Or, le juge de paix n'étant que conciliateur, n'a pu trancher ces questions; le refus de serment peut donc avoir été fondé (a).

Quant à l'*Aveu*, bien qu'on le considère comme extra-judiciaire, il a le même effet que l'aveu judiciaire, puisqu'il est constaté authentiquement.

3° *Hypothèse.* — **Défaut de Comparution.** — Celui qui ne comparaît pas encourt 10 *francs d'amende*, et toute audience lui est refusée jusqu'à justification de la quittance, en sorte que s'il est défendeur, il sera jugé par défaut. Le juge de paix n'ayant pas qualité pour condamner, cette amende ne peut être prononcée que par le tribunal d'arrondissement, en sorte que si l'affaire n'est pas poursuivie, l'amende ne sera pas payée (b).

Au lieu d'un procès-verbal, le juge fait mention de la non Comparution sur le registre du greffe, et en outre sur l'*Original* ou *Copie* de la citation. L'Original étant entre les mains du demandeur et la Copie entre celles du défendeur, la mention se fera sur l'Original, si c'est le défendeur qui est absent, — sur la Copie, si c'est le demandeur qui ne se présente pas.

EFFETS DE LA CITATION. — La Citation en conciliation, outre *qu'elle permet d'assigner devant le tribunal*, ce qui est son principal effet, produit encore les 2 effets suivants :

1° *Elle interrompt la Prescription* (c).
2° *Elle fait courir les Intérêts moratoires* (d).

Pourvu, dans les 2 cas, qu'elle soit suivie, *dans le Mois*, d'une demande en justice et, bien entendu, que cette demande soit reconnue fondée par le tribunal.

Il était nécessaire d'attacher à la Citation l'effet d'interrompre

---

(a) En outre, il est possible que la partie n'ait pas voulu prêter serment à huis-clos et ait préféré ne le faire qu'à l'audience, après avoir fourni des preuves qui lui permettent de jurer sans être soupçonnée de faire un faux serment.

(b) Une circulaire du 30 juillet 1806 ne veut pas que l'amende soit encourue de plein droit.

(c) Dans la petite conciliation, on n'admet pas que l'Avertissement soit interruptif parce qu'on n'est pas certain qu'il ait été remis par la poste.

(d) On appelle **Intérêts moratoires** les intérêts dus par suite de retard (*mora*) apporté par le débiteur a s'acquitter. Ils courent du jour où il a é-é mis en demeure, c.-à-d. constitué en retard.

On les oppose aux **Intérêts compensatoires**, c.-à-d. dus pour l'inexécution de l'obligation, ainsi nommés parce qu'ils sont la *compensation*, l'équivalent de l'exécution.

la prescription ; autrement, celui qui découvre un droit 2 ou 3 jours avant l'accomplissement de la prescription n'eût pu empêcher son adversaire de prescrire. En effet, si la Demande en justice seule arrêtait la prescription, cette demande serait quelquefois tardive, puisqu'elle doit nécessairement être précédée de la Conciliation, formalité qui exige un délai de 5 jours au moins.

Ainsi, le 1er du mois, je trouve dans une succession, par ex., un titre qui sera prescrit le 4. Si la Demande seule est interruptive, il est inutile d'agir, car, devant tenter auparavant la conciliation, je ne puis, en citant le 1er, convoquer que pour le 5 ; or, ce jour-là, il serait déjà trop tard pour assigner en justice. Pour éviter ce résultat, la loi attribue l'effet interruptif à la Citation devant le juge conciliateur (a).

En principe, les sommes d'argent ne produisent pas d'intérêts à partir de l'échéance de la dette ; il faut que le débiteur ait été mis en demeure par un acte de poursuite (Citation en conciliation, Assignation) (b). S'il eût fallu absolument une action en justice, comme le dit le Code civil (1153), le créancier n'aurait jamais obtenu les intérêts à partir de l'échéance de la dette, puisqu'il les aurait perdus pendant les délais de la conciliation (c).

Péremption. — C'est seulement à l'égard de l'interruption et du cours des intérêts que la Citation produit des effets conditionnels et qu'elle doit être suivie, *dans le mois*, d'une demande en justice ; quant à son effet principal, qui est de rendre la demande recevable devant les tribunaux, peu importe le temps écoulé depuis la Citation. La tentative de conciliation est, en effet, le prologue d'un procès, l'introduction à la procédure, mais ce n'est pas l'instance proprement dite ; aussi n'est-elle pas *périmée*, c.-à-d. annulée, après *3 ans* d'interruption des poursuites, comme tout acte de procédure ; elle peut être invoquée pendant *30 ans*. Mais, pour ceux qui la considèrent comme une

---

(a) *Quid*, si la Citation est faite devant un juge incompétent? Par application de l'art. 2246 c. civ., on admet qu'elle sera néanmoins interruptive.
Mais si la Citation a été donnée pour une affaire dispensée de conciliation, il y a controverse. La jurisprudence décide qu'elle sera *interruptive* seulement pour les affaires susceptibles de transaction. — Quant aux intérêts moratoires, on n'admet pas qu'ils courent en vertu d'une citation devant un juge compétent.

(b) Quelquefois, les parties conviennent que les intérêts courront à partir de l'échéance, sans aucun acte ; quelquefois, la loi décide elle-même qu'ils courront de plein droit ou après simple sommation.

(c) Mais si la Citation ne comprend pas expressément la demande des intérêts, les juges peuvent-ils les faire courir du jour de la Citation? Controverse.

instance, la Citation ne vaut que pendant 3 ans seulement (*a*).
(Voy. tit. XXII).

La *Comparution volontaire* a-t-elle, comme la Citation, le
double effet d'arrêter la prescription et de faire courir les inté-
rets? Controverse.

On lui accorde plus facilement le 1er effet (*b*).

DEFAUT DE TENTATIVE DE CONCILIATION. — Si le demandeur,
négligeant le préliminaire de conciliation, traduit directement
devant le tribunal son adversaire, celui-ci peut refuser les débats et exiger l'essai de conciliation. Mais si, par oubli, erreur
ou calcul, le défendeur n'oppose pas cette fin de non-recevoir
au début de l'instance, pourra-t-il ensuite, soit dans le cours
du procès en 1re instance, soit en appel, soit même en cassation,
invoquer le défaut de citation préalable? — De son côté, le
tribunal ainsi irrégulièrement saisi peut-il, soit sur la requête
du ministère public, soit d'office, renvoyer les parties? Controverse.

La jurisprudence a varié sur ces questions: après avoir
admis que la formalité de la conciliation était d'*ordre public,* et
que par conséquent son omission pouvait être invoquée en tout
état de cause, et même d'office, elle décide aujourd'hui qu'elle
est d'*ordre privé,* c.-à-d. que la nullité doit être proposée au
début de l'instance, sous peine d'être couverte par le silence
des parties ou par la contestation au fond. Toutefois, elle admet
que le tribunal peut l'invoquer d'office (Cass. 30 mai 1842 —
15 juillet 1869).

(*a*) Si la Conciliation n'est pas une instance proprement dite, il s'ensuit qu'elle ne suffit
pas non plus pour rendre le droit litigieux et que, s'il est cédé, il n'y a pas lieu à retrai
(1699 c. civ.)

(*b*) Celui qui comparait volontairement, dit-on, est sensé reconnaitre la dette. Mais ce
n'est pas exact, car, peut-être s'est-il présenté pour la contester.

— 3me Leçon. —

Titre II. — Des Ajournements.

Quand une affaire n'est pas susceptible de conciliation, ou lorsque la tentative d'accommodement n'a pas réussi, on porte la demande devant un tribunal d'arrondissement, par un acte d'huissier qu'on appelle *Ajournement* ou *Assignation*.

Ainsi, l'Ajournement est l'acte écrit par lequel on introduit une demande en justice. On peut le définir d'une manière complexe : un acte signifié par Huissier compétent et par lequel le Demandeur fait savoir à son adversaire (le Défendeur) qu'il lui intente une action devant un tribunal déterminé et le met en demeure de *comparaître* dans un certain délai (c.-à-d. de désigner l'Avoué chargé de le représenter), faute de quoi, il le fera condamner par défaut (*a*). Cet acte est indispensable, car, à la différence de la conciliation, on ne peut se présenter en justice volontairement. Mais il y a d'autres manières d'introduire la demande. (Voy. à la fin de ce titre.)

Formes de l'Ajournement. — Tout Ajournement est fait en double par original et par copie. L'*Original* reste entre les mains de l'huissier, qui le remet ensuite au demandeur, lequel peut en avoir besoin pour prouver qu'il a cité son adversaire, et qu'il l'a fait en bonnes formes. La *Copie* est remise au défendeur (*b*).

L'exploit d'ajournement doit contenir :

La Date *des jour, mois et an;*
Les *noms, profession et domicile du* Demandeur;
La *Constitution de l'*Avoué;
Les *noms, demeure et immatricule de l'*Huissier;
Les *noms et demeure du* Défendeur;
L'Objet *de la demande et l'exposé sommaire des* Moyens;
L'*indication du* Tribunal;
La *mention de la* Personne *à qui l'exploit a été remis;*
Le Délai *pour comparaître.* (Le tout à peine de nullité.)

Chacune de ces énonciations mérite examen.

(*a*) **Comparaître** ne signifie pas que le défendeur, ou quelqu'un pour lui, doit se présenter en personne à l'audience, mais que le défendeur doit faire savoir au demandeur l'avoué qu'il a chargé de sa défense. Ce n'est qu'autant que le défendeur ne remplit pas cette formalité que l'avoué du demandeur se présente au jour indiqué, et obtient condamnation par défaut.

(*b*) Cette Copie est plutôt une sorte d'Original; mais on l'appelle ainsi parce qu'elle est la reproduction de l'autre acte. S'il y a plusieurs défendeurs, il faut une copie pour chacun; mais un seul original suffit. Si la copie n'était pas conforme à l'original, on ne pourrait pas appliquer l'article 1334, c. civ., d'après lequel c'est l'original qui fait foi, car ce son

1° — La **Date**. — L'Ajournement étant le point de départ du délai de huitaine donné à l'adversaire pour comparaître, il est nécessaire qu'il soit *daté*. De plus, l'Ajournement — *interrompt la prescription*, — *fait courir les intérêts* des sommes d'argent, — *met en demeure* le débiteur d'un corps certain, — *constitue de mauvaise foi* le possesseur ; la date indiquera donc le jour à partir duquel tous ces effets sont produits.

En outre, elle fera connaître si l'action a été intentée dans les délais, c.-à-d. si elle était ou non *prescrite*.

Enfin, lorsqu'il y a tentative de conciliation, la date fera savoir si l'ajournement a eu lieu *dans le mois* et parconséquent si certains effets sont produits du jour même de la citation.

Peu importe que la date soit en chiffres ou en lettres, en tête ou à la fin de l'Ajournement. Il suffit d'indiquer l'année, le mois et le jour ; la mention de l'heure est inutile, les délais de procédure se comptant par jour, et non d'heure à heure.

2° — Le **Demandeur**. — Il faut indiquer non-seulement les *noms* de famille, mais aussi les *prénoms*, le *domicile* et la *profession* du demandeur (*a*). Toutefois l'omission des prénoms et même du domicile ne rend pas l'acte nul, si l'identité est évidente.

Si, au lieu d'agir lui-même, le demandeur charge un mandataire de poursuivre le procès, il est nécessaire d'énoncer le nom du mandataire et celui du mandant, car c'est au nom de ce dernier qu'est rendu le jugement. A ceci se rattache cette règle que : Nul en France ne plaide par procureur, hormis le Roi. Cet adage ne signifie pas que le Roi (ou autre chef d'État) (*b*) peut seul se faire représenter par mandataire, tout le monde a ce droit, mais ce Personnage seul a le privilége de ne pas être *nommé* dans les actes de procédure, c.-à-d. que dans tous les procès exercés pour ou contre lui, son nom ne figure pas, le nom de son mandataire suffit; tandis que le nom des particuliers qui se font représenter doit toujours être indiqué à côté de celui de leur mandataire. Cela tient sans doute à ce que le chef de l'Etat est représenté par un mandataire désigné d'avance par la loi pour tous ses procès.

---

deux actes distincts; en sorte que les irrégularités de la copie entraînent la nullité de l'assignation malgré l'exactitude de l'original; et même la régularité de la copie n'empêche pas la nullité d'un original irrégulier.

(*a*) La mention de la Patente, exigée autrefois lorsque le demandeur était commerçant, a été supprimée par la loi du 18 mai 1850.

(*b*) Cette règle ne s'applique pas aux Présidents de République.

Telle est l'explication généralement admise, mais il y en a plusieurs autres (a).

3° — L'Avoué. — La désignation de l'avoué chargé de représenter le demandeur s'appelle *Constitution d'avoué,* elle emporte de plein droit élection de domicile chez l'avoué constitué ; l'élection de domicile chez l'avoué n'est pas indispensable, elle peut être faite chez une autre personne du lieu où siége le tribunal, mais elle doit être écrite dans l'exploit. Cette élection de domicile est sans utilité, car les actes judiciaires se signifient d'avoué à avoué, et les actes extra-judiciaires au domicile réel des parties. Cette disposition s'explique historiquement : autrefois, en effet, les actes extra-judiciaires pouvaient être signifiés au procureur (aujourd'hui avoué).

4° — L'Huissier. — Il importe de désigner convenablement l'huissier qui a remis l'exploit, afin de savoir s'il avait le droit d'instrumenter. Outre ses *Noms* et *Demeure,* l'huissier indique son IMMATRICULE, c.-à-d. le numéro sous lequel il est inscrit au tableau ; mais en pratique, il se contente d'indiquer qu'il exerce près tel tribunal. Bien que la loi n'en parle pas, la *signature* de l'huissier au bas de l'acte est aussi une conditon essentielle. Pour être compétent, l'huissier doit exercer dans l'arrondissement du lieu où l'assignation est remise.

5° — Le Défendeur. — On est plus exigeant pour la désignation du demandeur que pour celle du Défendeur : ce dernier, en effet, peut ne pas être bien connu de son adversaire. Il suffit donc d'indiquer les *Noms* et *Demeure,* c.-à-d. la résidence du défendeur ; on n'exige ni le domicile, ni la profession. Quant aux *prénoms,* suivant certaines personnes, on doit aussi les mettre, car ils sont compris sous l'expression : les *noms.*

6° — L'Objet et les Moyens. — C'est ce qu'on appelle le LIBELLÉ : il importe au défendeur de connaître exactement la prétention du demandeur ; celui-ci doit donc préciser l'*Objet* de sa demande, c.-à-d. s'il prétend être créancier, possesseur

---

(a) Cette maxime, dit-on, signifiait autrefois que les particuliers devaient se présenter en personne et ne pouvaient employer le ministère des Procureurs, sans autorisation du Roi. Elle n'aurait plus de sens depuis que François Ier permit à tout le monde de se faire représenter. Elle serait même un non-sens aujourd'hui depuis que le ministère des avoués est obligatoire pour tous, et devrait plutôt être renversée.

Suivant d'autres, elle indique que personne ne peut représenter autrui en justice sans justifier de son mandat. Mais tel n'est pas le sens, puisque l'agent qui représente le chef de l'État doit lui-même établir sa qualité de mandataire.

Suivant d'autres enfin, cela veut dire que le nom du mandant doit figurer dans la demande *avant* celui du mandataire.

ou propriétaire, — qu'elle est la somme qu'il demande, ou la chose sur laquelle il prétend avoir tel ou tel droit.

En matière immobilière, l'exploit doit énoncer la nature de l'héritage litigieux, la commune ou la partie de la commune où il est situé, et deux au moins des tenants et aboutissants, c.-à-d. des immeubles qui l'entourent (a).

En outre, l'Exploit doit contenir l'*exposé sommaire des Moyens* ou *Motifs* que le demandeur fait valoir à l'appui de sa prétention, afin que son adversaire puisse en examiner le fondement et préparer sa défense.

7° — Le **Tribunal compétent**. — Quand on a reconnu que l'affaire n'était ni administrative ni criminelle, mais *civile*, (voy. page 3), il faut se demander quelle est la juridiction ou la classe de tribunaux compétente en cette matière : est-ce un tribunal d'arrondissement ? une justice de paix ? un tribunal de commerce ? un conseil de Prud'hommes ? — C'est ce qu'on appelle rechercher la compétence absolue (ou *ratione materiæ*) (b).

Enfin, après avoir déterminé la juridiction compétente, il reste à rechercher quel est celui des tribunaux de cette juridiction qui doit en connaître, car, en général, il n'y en a qu'un qui soit compétent, quelquefois deux, rarement trois. — C'est ce qu'on appelle déterminer la compétence *relative* (ou *ratione personæ*) (c).

En un mot, on détermine d'abord quelle classe de tribunaux est compétente, puis, parmi les tribunaux de cette classe, lequel est compétent.

Le principe, *en matière civile*, est que les tribunaux d'arrondissement forment la juridiction ordinaire ou de droit commun; en sorte qu'ils sont compétents pour tout ce qui n'a pas été attribué, par un texte spécial, à une autre juridiction. Quant à savoir lequel des tribunaux d'arrondissement est compétent, cela dépend principalement de la *nature* de l'action; l'art. 59 donne les règles suivantes :

En matière *personnelle*, c'est le tribunal du domicile du défendeur.
En matière *réelle*, celui de la situation de l'immeuble.
En matière *mixte*, l'un et l'autre de ces tribunaux.
Puis viennent de nombreuses exceptions.

(a) S'il s'agit d'un domaine, corps de ferme ou métairie, il suffit d'en désigner le nom et la situation. Quant aux maisons, on se contente généralement d'indiquer la rue et le numéro (a 64 et 675).
(b) Cela dépend du genre de l'affaire et de la valeur du litige.
(c) Cela dépend encore de l'espèce de l'action.

Diverses espèces d'actions. — A Rome, outre les nombreuses classifications d'actions, chaque action avait un nom particulier ; chez nous, il n'en est pas ainsi : il y a simplement certaines classes d'actions, et il est très-rare qu'une action ait un nom particulier.

On divise les actions en *personnelles*, *réelles* et *mixtes* ; — de plus, en *mobilières* et *immobilières*, — et aussi en *possessoires* et *pétitoires*.

I. — L'action Personnelle est celle par laquelle on fait valoir un *droit personnel*, c.-à-d. un *droit de créance* (b).

Dans l'action personnelle, on prétend qu'une personne est notre *obligée*, est notre *débitrice* en vertu d'un contrat, quasi-contrat, délit, quasi-délit ou de la loi. C'est cette personne seule, et après elle ses héritiers, que nous pouvons poursuivre, et nulle autre à sa place, parce que la relation de débiteur à créancier n'existe qu'entre elle et nous. Ex. : Je réclame à quelqu'un une somme que j'ai prêtée à lui-même ou à celui dont il est l'héritier,— ou bien je demande à un ouvrier d'exécuter le travail qu'il a entrepris, sinon, de me payer des dommages-intérêts.

L'action Réelle est celle par laquelle on fait valoir un *droit réel* (*droit de propriété* ou *ses démembrements* : usufruit, servitude) (c).

Dans l'action réelle, on prétend avoir un droit direct sur une chose, et l'on peut exercer ce droit à l'encontre de toute personne. S'il est vrai qu'on soit forcé, même en ce cas, de diriger son action contre une personne déterminée, c'est seule-

---

(a) Il faut distinguer : le *Droit*, — l'*Action*, — la *Demande*, — et l'*Instance*.
Tout **Droit** est muni d'une action pour le cas où il serait contesté ou méconnu.
L'**Action** est donc la sanction du droit, c.-à-d. la faculté de s'adresser à la justice pour faire respecter son droit.
Le fait de s'adresser à la justice constitue une **Demande**. C'est la mise en pratique de l'action. Mais comme on confond le plus souvent le droit d'agir avec le fait d'agir, la demande s'appelle également une *action* ; ainsi l'on dit indifféremment demande ou action principale.
Enfin, l'examen et la solution d'une demande par la justice constitue une **Instance**.
Un droit est toujours investi d'une action ; cependant, il en est quelquefois dépourvu. Ainsi, dans l'obligation naturelle, le créancier n'a pas d'action : Par ex., un mineur vend sa chose, l'acheteur n'a pas d'action pour le forcer à livrer. Quelquefois aussi, le droit et l'action ne sont pas dans les mêmes mains : Ainsi les mineurs et les interdits ont des droits, mais leurs actions appartiennent aux tuteurs ; de même le mari est dans certain cas seul capable d'exercer les actions de sa femme. Enfin, le droit peut avoir en vue un objet déterminé ou un fait, tandis que l'action peut n'avoir en vue qu'une somme de dommages-intérêts : Par ex., lorsque le débiteur a détruit l'objet promis ou qu'il refuse un fait qu'il devait exécuter en personne, tel qu'un portrait.
(b) Le droit est *personnel* lorsqu'une personne (le créancier) prétend qu'une autre personne (le débiteur) est tenue de lui rendre un service ; autrement dit, lorsqu'il existe un rapport direct entre 2 personnes.
(c) Le droit est *réel*, lorsqu'on prétend pouvoir retirer un service direct d'une chose ; c.-à-d. lorsque le rapport direct existe entre une personne et une chose.

ment parce que cette personne est actuellement le possesseur de la chose ; mais la relation n'existe que de nous à la chose ; si celle-ci passe en d'autres mains, c'est contre le nouveau détenteur que nous devons agir (*a*). Ex. : Je revendique une maison dont j'ai été dépossédé il y a plusieurs années : si celui qui m'a dépossédé a vendu, mon action doit être dirigée contre le possesseur actuel. — Ou bien encore, je prétends qu'une servitude m'a été concédée au profit de mon terrain sur le terrain voisin, c'est le détenteur de ce terrain que je dois actionner, et non celui qui m'a cédé la servitude (*b*).

L'action est Mixte lorsqu'elle réunit les 2 caractères de l'action réelle et de l'action personnelle, — lorsqu'on peut aussi bien exercer un *droit de créance* contre une personne, que faire valoir un *droit réel* sur une chose qui est entre ses mains (*c*).

Ex. : J'ai acheté un cheval ; l'action pour me faire délivrer ce cheval est mixte, parce que je puis prétendre qu'en vertu de la convention, le vendeur *s'est obligé* à me livrer le cheval (1582, c. civ.) et que je suis son *créancier ;* — ou bien me dire *propriétaire* du cheval, car la vente, par le seul effet de la convention, est *translative de propriété* (1138, c. civ. (*d*).

(*a*) On pourrait dire que l'action réelle est *absolue*, en ce sens qu'elle peut être exercée contre toute personne qui a la chose ; — tandis que l'action personnelle est *relative*, puisqu'elle ne peut s'exercer que contre une personne déterminée et ses héritiers.

(*b*)   DIFFÉRENCES

Entre l'**Action personnelle**	Et l'**Action réelle.**
Elle est relative aux droits de créance.	Elle est relative aux droits réels.
Elle s'exerce contre le débiteur et ses héritiers.	Elle s'exerce contre le possesseur et ceux qui possèdent après lui.
Elle a pour but de contraindre à donner ou faire q.q. chose.	Elle a pour but d'empêcher qu'on s'oppose à l'exercice d'un droit.
Elle est portée devant le tribunal du domicile du défendeur.	Elle est portée au tribunal de la situation de l'objet litigieux.
Elle est de la compétence du juge de paix lorsqu'elle est minime (au-dessous de 200 fr,).	Elle n'est jamais de la compétence du juge de paix, sauf les actions possessoires.

(*c*) Tel est le système généralement admis, mais il y en a plusieurs autres :

2ᵉ Syst. — Les actions mixtes sont celles dont l'objet de la réclamation est un droit réel mais qui comprennent au principal des accessoires personnels ; ex., dans la revendication d'un immeuble, on réclame, en outre, des fruits ou des dommages-intérêts pour dégradations. Mais cette théorie est contraire au principe : *Accessorium sequitur principale.*

3ᵉ Syst. — Il n'y a pas d'actions mixtes puisqu'on peut toujours les décomposer en 2 actions : l'une réelle, l'autre personnelle, lesquelles, bien que liées entre elles, sont cependant indépendantes.

(*d*) En résumé, dans l'action personnelle, on réclame *ce qui nous est dû :* — dans l'action réelle, *ce qui nous appartient ;* — dans l'action mixte, *ce qui nous est dû* et *ce qui nous appartient.* Je réclame à un peintre un tableau commandé, l'action est personnelle, parce que je demande l'exécution d'une obligation. — Je lui réclame un tableau par moi vendu et non payé par lui, l'action est mixte, parce que je demande tant l'exécution de son obligation d'acheteur, que mon droit de propriété par suite de la résolution de la vente. — Enfin, je lui réclame un tableau à lui vendu par quelqu'un qui me l'a volé, l'action est réelle, car je n'invoque aucune obligation de sa part vis-à-vis de moi, mais seulement mon droit de propriété.

La distinction des actions mixtes est utile au point de vue de la compétence ; mais cela ne concerne que les actions *immobilières*. Il y a en effet dans ce cas 2 tribunaux compétents : celui du domicile du défendeur et celui de la situation de l'immeuble litigieux. Quant aux matières mobilières, le tribunal compétent est toujours celui du domicile du défendeur, que l'action soit réelle, personnelle ou mixte, car les meubles n'ont pas de situation fixe.

Quelles actions sont mixtes ? En droit romain, il y en avait 3 :
— L'action en partage d'une succession (*familiæ erciscundæ,*),
— Celle en partage d'une chose commune (*communi dividundo ;*
— Enfin, l'action en bornage (*finium regundorum*) (*a*).

S'il n'y avait aujourd'hui que ces 3 actions, la règle ou plutôt l'exception de l'art. 59 serait à peu près inutile ; en effet, pour les *Successions*, il y a un tribunal spécial, celui de l'ouverture de la succession ; — quant au *Partage* d'une chose commune, comme le plus souvent c'est le résultat d'une Société, il y a encore un tribunal d'exception, celui du siège de la Société ; — enfin, pour l'action en *Bornage*, lorsque la propriété n'est pas contestée, elle doit être portée devant le juge de paix, lequel est toujours celui du domicile. Lorsque la propriété est contestée, l'action est portée devant le tribunal, et, dans ce cas, il ne serait guère raisonnable de la porter ailleurs qu'au tribunal de la situation.

Mais, dans notre ancienne jurisprudence, il y avait d'autres actions mixtes ; car il fut admis que si un contrat, ayant eu pour effet de transférer la propriété, était annulé par suite d'une condition résolutoire, la propriété ferait retour par cela même à l'aliénateur ; dès lors, celui-ci avait à la fois une action *personnelle* pour demander la résolution de la convention, et une action *réelle* pour réclamer la propriété dont il est censé n'avoir jamais été dessaisi. Cette action pouvait même être exercée contre les tiers ; il en est encore ainsi aujourd'hui.

D'après cela, sont mixtes :

L'*action en réméré*, c.-à-d. celle par laquelle le vendeur réclame la chose vendue parce qu'il s'est réservé la faculté de la reprendre dans un certain délai, en remboursant le prix (1559, c. CIV.).

(*a*) Ce caractère mixte ne changeait nullement la compétence, car en droit romain on allait toujours au tribunal du domicile. La plupart des auteurs prétendent, il est vrai, que ces actions n'étaient pas mixtes, mais personnelles.

L'action en résolution de la vente pour défaut de paiement du prix, c.-à-d. celle par laquelle le vendeur non payé rélame la chose vendue, en invoquant la nullité de la vente pour inexécution des conditions (1652, c. civ.) (*b*). Mais la résolution demandée par l'acheteur serait purement personnelle.

Il y a encore une autre source d'actions mixtes ; en effet, du principe nouveau admis par le Code civil que, *toute convention est translative de propriété à l'instant où elle est formée* (711), il résulte que celui qui s'est fait promettre la propriété d'un corps certain en vertu d'un contrat, par ex., qui a acheté telle maison déterminée, peut exercer : 1° Une action personnelle (comme autrefois) pour faire exécuter la convention ; — 2° Une action réelle (droit nouveau) pour réclamer l'objet (ici la maison), comme sa propriété, puisque dès le moment du contrat il est devenu propriétaire. Il est donc à la fois *créancier* du vendeur et *propriétaire* de la chose vendue. Dès lors, il peut exercer à son choix son action devant le tribunal du domicile du défendeur, — ou celui de la situation de l'objet litigieux.

Ainsi, en résumé, sont mixtes :

1° Les actions qui tendent à obtenir l'exécution d'une aliénation immobilière ou l'exécution d'une constitution de droits réels immobiliers (usufruit, servitudes) ;

2° Celles qui tendent à la nullité ou résolution, et à la réduction d'une aliénation d'immeubles ou de droits immobiliers.

II. — L'action est Mobilière — ou Immobilière, suivant que l'objet qu'on a pour but d'obtenir est un *meuble* — ou un *immeuble;* et, comme une créance aussi bien qu'un droit de propriété peut porter tant sur un meuble que sur un immeuble, il s'ensuit qu'il y a :

Des actions *personnelles mobilières,* par ex., la réclamation d'une somme prêtée.

Des actions *personnelles immobilières,* par ex., la demande de 50 hectares de vigne en Bourgogne en un endroit au choix du vendeur ou de l'acheteur.

Des actions *réelles mobilières,* par ex., quand on réclame dans les 3 ans un cheval perdu ou volé (2279, c. civ.).

Des actions *réelles immobilières,* par ex., lorsqu'on veut repousser de sa maison un usurpateur.

(a) Quid *de l'action en rescision pour cause de lésion de plus des* 7/12 ? Controverse.

Toutefois, les actions personnelles sont presque toujours mobilières, et les actions réelles le plus souvent immobilières ;
aussi a-t-on confondu quelquefois l'action personnelle avec
l'action mobilière, et l'action réelle avec l'action immobilière.
C'est ce que fait le Code (art. 59) ; il ne faut donc pas prendre
cet article à la lettre et dire que l'action personnelle est portée
au domicile du défendeur et l'action réelle au tribunal de la situation de l'objet litigieux, ce serait inexact, notamment pour
l'action réelle mobilière. Ainsi, quand on réclame un cheval
perdu (action réelle mobilière), ce n'est pas au lieu où est le
cheval qu'on doit agir, mais au domicile de l'individu qui le
possède ; autrement, le cheval étant susceptible de changer de
situation, on ne saurait à quel tribunal s'adresser.

III. — Les actions immobilières se subdivisent en POSSESSOIRES
et PÉTITOIRES.

L'action Possessoire est relative aux questions de possession ;
L'action Pétitoire aux questions de propriété (23).

A côté du droit de *Propriété,* lequel ne se prouve que par
titre ou prescription, il y a aussi le droit de *Possession,* qui se
prouve plus facilement, puisqu'il suffit d'établir qu'on a eu la
détention matérielle de la chose pendant un an, avec certaines
conditions. Aussi le propriétaire dépouillé préfère-t-il souvent
agir au possessoire plutôt qu'au pétitoire. Il y a deux sortes
d'actions Possessoires : la *Réintégrande,* lorsqu'on a été dépouillé de la possession et qu'on demande qu'elle soit restituée.
Par ex., pendant mon absence, mon voisin s'est emparé de mon
fonds ; — la *Complainte,* lorsque tout en conservant la possession, on demande à faire cesser les troubles venant d'un tiers.
Par ex., mon voisin a déplacé les bornes ou a planté à la distance prohibée (a). Les actions Pétitoires sont de la compétence
des tribunaux d'arrondissement, — les Possessoires de la compétence des juges de paix.

Le vrai principe de compétence est que toute action (tant réelle
que personnelle) est portée au tribunal du DOMICILE du défendeur ; et s'il
n'y a pas de domicile, au tribunal de sa *Résidence.* (ACTOR SEQUI-
TUR FORUM REI.) (b) Le motif de cette règle est, dit-on, que le
Demandeur étant présumé n'avoir aucun droit tant qu'il n'a
pas justifié sa prétention, il est préférable de ne pas forcer le
Défendeur à se déplacer.

(a) Il y a aussi *la dénonciation de nouvel œuvre,* qui est une espèce de complainte.
(b) Traduction : *Le demandeur suit le tribunal du défendeur.* REI vient de REUS, défendeur,
et non de *res,* chose.

Ainsi, sont portées au tribunal du domicile du défendeur :

1° Les actions *purement personnelles* (*a*);

2° Les actions *réelles mobilières;*

3° Les actions *réelles* dont l'objet n'est ni mobilier ni immobilier ; telles sont les *questions d'état* (*b*).

S'il y a *plusieurs défendeurs*, le demandeur choisit le *tribunal du domicile de l'un d'eux*, afin d'éviter des frais, des lenteurs, et quelquefois la contrariété de décisions.

EXCEPTIONS A LA RÈGLE GÉNÉRALE SUR LA COMPÉTENCE. — Il y a de nombreuses exceptions au principe : *Actor sequitur forum rei ;* la loi a déterminé, dans certains cas, devant quels tribunaux l'affaire doit être portée :

I. — En matière Réelle immobilière, — devant *le tribunal de la situation de l'immeuble litigieux.*

Ces actions nécessitant souvent des expertises, des descentes sur les lieux, l'observation des usages locaux, ce tribunal est le mieux placé pour bien juger et à moins de frais.

II. — En matière Mixte, — devant le *tribunal du domicile* du défendeur ou *celui de la situation* de l'objet litigieux. Mais, bien entendu, cette double compétence ne s'applique qu'aux actions immobilières ; les meubles n'ayant pas de situation fixe.

III. — En matière de Société (civile ou commerciale), tant qu'elle existe, — devant le *tribunal du siége de la Société.* C'est dans ce lieu que se trouvent les papiers, les titres, les registres de la Société. Si elle n'a pas de siége fixe, on va au tribunal du domicile de l'un des associés (*c*). Bien entendu cette compétence exceptionnelle ne s'applique qu'au cas où la société est défenderesse ; si elle est demanderesse, on suivra les règles ordinaires (*d*).

(*a*) En matière d'enregistrement, l'administration des domaines a le droit de saisir, soit le tribunal du domicile du défendeur, soit celui de la situation des biens.

(*b*) Les questions d'état sont généralement considérées comme actions réelles. Cependant, lors de la rédaction du Code, la Cour de cassation les considérait comme personnelles.

(*c*) Ce sont aussi bien les actions d'un tiers contre la Société que celles des associés entre eux, par ex., pour reddition de comptes. Toutefois, si l'action était réelle immobilière, il faudrait aller au tribunal de la situation. Les termes de l'article semblent subordonner la compétence du *tribunal du siége de la Société* à la durée de l'existence de la Société; néanmoins, on étend généralement cette compétence, pendant la liquidation et même après, aux actions en partage, en garantie de lots, et en rescision de partage, par analogie à ce qui est admis pour les successions (822 et 1872 c. civ.).

(*d*) Les *Compagnies de chemins de fer*, ayant toutes leur siége à Paris, ont prétendu que toutes les actions dirigées contre elles, en quelque point du territoire qu'elles aient pris naissance, devaient être portées devant le tribunal de la Seine. Quelques arrêts de cassation ont admis d'abord cette prétention exorbitante (cass , 4 mars 1845 — 15 janvier 1851 — 5 avril 1859). Mais la jurisprudence a décidé aujourd'hui que les compagnies peuvent être assignées dans tous les lieux où elles ont une gare importante pouvant être considérée comme une succursale (16 janvier 1861 — 7 mai 1862 — 17 avril 1866).

IV. — En matière de Succession, — devant le *tribunal du lieu où la succession est ouverte*, c.-à-d. au domicile du défunt (110, c. CIV.), au moins pour certaines actions et pendant un certain temps. C'est là que se trouvent ordinairement la plus grande partie des biens, les papiers de famille, et que les héritiers se réunissent.

Cette compétence exceptionnelle a lieu :
   1° Sur les demandes *entre Héritiers ;*
   2° Sur celles formées *par les Créanciers ;*
   3° Sur celles formées *par ou contre les Légataires* ou Donataires.

   1° *Demandes entre héritiers jusqu'au partage inclusivement.* — Il faut entendre par héritiers, non-seulement les *légitimes* proprement dits, mais aussi les *irréguliers* et les légataires universels ou à titre universel, en un mot, tous ceux qui succèdent aux droits actifs et passifs du défunt.

Les actions soumises à cette compétence spéciale sont celles relatives à l'acceptation ou répudiation de la succession ; — celles relatives au partage, telles que la demande de rapport ou en réduction.

A prendre l'art. 59 à la lettre, on ne devrait admettre cette compétence exceptionnelle que *jusqu'au partage inclusivement ;* mais on l'étend aux demandes en rescision de partage et en garantie des lots, comme le porte formellement l'art. 822 du Code civil ; le Code de procédure, dit-on, n'a pas entendu y déroger : le tribunal qui a connu du partage est, en effet, plus apte à le rectifier ou à en déterminer les conséquences (*a*).

Quant à la pétition d'hérédité formée par l'héritier plus proche contre l'héritier qui s'est mis en possession, elle suit la même règle lorsqu'elle ne comprend qu'une partie de la succession, mais si elle la comprend tout entière, ce n'est pas une demande entre cohéritiers, elle doit être portée au domicile du défendeur ; toutefois, il y a controverse.

   2° *Demandes intentées* PAR *les créanciers du défunt avant le partage.* — Telles sont les demandes en paiement, — en séparation de patrimoine. Mais, s'il n'y a *qu'un seul* héritier, le tribunal

---

(*a*) Quant à la conciliation, l'article 50 n'admet également la compétence du juge de paix de l'ouverture de la succession que *jusqu'au partage*. Faut-il appliquer en cette matière l'extension de l'art. 822 ? Controverse : on repousse cette extension, parce que le juge de paix n'a pas, comme le tribunal, connu du premier partage ; en outre, après ce partage, les héritiers n'étant plus au domicile du défunt, on les dérangerait inutilement. Enfin, le juge du domicile du défunt pouvant être étranger à toutes les parties, aura moins d'influence que celui du domicile de l'une d'elles.

compétent sera celui du domicile, car l'exception ne s'applique qu'au cas du partage. Toutefois, s'il s'agit d'un héritier bénéficiaire, il y a controverse, car c'est plutôt la succession que l'on poursuit que lui-même.

Quant aux actions réelles immobilières, par ex. : la saisie d'un immeuble par le créancier hypolhécaire, — la validité des hypothèques inscrites après le décès, rentrent-elles également dans la compétence exceptionnelle du tribunal de la situation ? Il y a controverse.

3° Demandes relatives à l'exécution des dispositions à cause de mort jusqu'au jugement définitif. — Telles sont les demandes en nullité de testament, formées contre les légataires ; — celles en délivrance de legs, formées par des légataires.

Mais, où s'arrête cette compétence? Suivant les uns, par jugement définitif, il faut entendre le jugement d'homologation du partage. Suivant d'autres, cela signifie jusqu'au jugement définitif sur la demande. Dans ce dernier système, comme on admet la compétence, même après le partage, on l'étend aussi au cas où il n'y a qu'un seul héritier (*a*).

V. — En matière de Faillite, — devant le *tribunal du domicile du failli*. L'individu en faillite est représenté par un ou plusieurs Syndics; dès lors, la loi veut que les tiers, agissant contre eux, continuent à saisir le tribunal du domicile du failli, et non celui des syndics, afin que rien ne soit changé. Mais cette compétence exceptionnelle concerne-t-elle seulement les actions dirigées contre la faillite par les tiers, ou comprend-elle aussi les actions intentées au nom de la faillite *contre* les tiers ? Controverse (*b*). Toutefois, cette compétence exceptionnelle ne concerne pas les actions *immobilières*.

VI. — En matière de Garantie, — devant le *tribunal où la demande originaire est pendante*. Il s'agit nécessairement ici de la garantie incidente (v. p. 5). Ex. : L'acheteur actionné en revendication par un tiers a droit de recourir en garantie contre son vendeur; au lieu de le citer devant le tribunal de son domicile, il peut l'appeler devant le tribunal déjà saisi de la demande

---

(*a*) La demande formée contre un exécuteur testamentaire doit-elle être portée devant le tribunal de son domicile comme n'étant que l'exécution d'un mandat?

(*b*) 1ᵉʳ *Syst.* — Elles 'applique à toutes les actions, qu'elles soient nées de la faillite ou que leur origine soit indépendante et que la faillite soit demanderesse ou défenderesse.

2ᵉ *Syst.* — Elle ne s'applique qu'aux actions nées du fait de la faillite, mais peu importe que la faillite soit demanderesse ou défenderesse.

3ᵉ *Syst.* — Elle ne s'applique qu'au cas où la faillite est défenderesse, et où, d'après le droit commun, le tribunal compétent est celui du domicile du défendeur.

originaire. De même, la caution actionnée par le créancier appellera le débiteur devant le tribunal déjà saisi ; de cette façon, les deux procès seront terminés en même temps, il y aura économie de frais et on évitera la contrariété de jugements (a).

VII. — En cas d'Élection de domicile pour l'exécution d'un acte, — devant le *tribunal du domicile élu* ou devant le tribunal du domicile réel. Il arrive quelquefois que, pour éviter de trop grands dérangements, les parties établissent dans le contrat qu'en cas de contestation, l'assignation sera donnée et le procès sera fait dans tel lieu déterminé ; c'est ce qu'on appelle *faire élection de domicile* (III, c. CIV.). Ainsi, une personne de Paris prête de l'argent à une autre domiciliée a Rouen : en cas de non remboursement à l'échéance, elle sera forcée de poursuivre l'emprunteur devant le tribunal de son domicile, c.-à-d. à Rouen ; mais, pour éviter ce déplacement, elle peut exiger de la part de son débiteur élection de domicile à Paris. Dans ce cas, le tribunal de la Seine sera compétent. Cette désignation étant, en général, dans l'intérêt du demandeur, celui-ci est libre de renoncer à sa faculté et de citer son adversaire à son domicile réel ; mais il n'aurait pas ce choix si l'acte indiquait que l'élection est faite à l'avantage du débiteur.

Si les 2 parties, sans avoir élu domicile, s'entendent pour porter l'affaire devant un tribunal de leur choix, autre que celui qui est compétent *ratione personœ*, ce tribunal peut-il refuser de juger sans commettre un déni de justice ? Pas de difficulté s'il s'agit d'un juge de paix, l'art. 7 est formel pour le déclarer compétent. Mais la loi ne dit rien des tribunaux d'arrondissement ; on admet qu'ils sont libres de refuser de juger.

VIII. — Les demandes formées pour Frais par les officiers ministériels, — devant le *Tribunal où les Frais ont été faits*. — Les *officiers ministériels* sont : les avoués, huissiers, greffiers, commissaires-priseurs, notaires (l. 25 ventôse, an XI, a. 51. — D. 1807, a. 9).

Les *Frais* sont ceux faits par actes tant judiciaires qu'extra-judiciaires, et par conséquent, non-seulement devant ce tribunal, mais encore dans tout son ressort.

Cette dérogation de compétence est d'ordre public, on ne peut donc s'y soustraire ; elle est fondée, dit-on, sur un double inté-

(a) Si, au lieu d'appeler de suite son garant, le garanti soutenait seul son procès et voulait ensuite agir en garantie, sa demande serait principale, et il ne profiterait pas de l'exception (voy. p. 5).

rêt : d'abord, *l'intérêt des officiers ministériels,* qui ne seront pas distraits de leurs affaires par des dérangements et des pertes de temps fréquents ; en outre, *l'intérêt des clients*, car les avoués, craignant la surveillance du tribunal près duquel ils exercent, n'oseront pas présenter des notes (états de frais) trop exagérées (*a*).

VALEUR DE LA DEMANDE. — C'est non-seulement la nature de l'action, mais aussi sa valeur qui détermine la compétence. Ainsi, en principe, toutes les actions mobilières sont de la compétence des tribunaux d'arrondissement, mais, par exception, elles sont jusqu'à 200 francs de la compétence des juges de paix.

Quant aux actions immobilières, les pétitoires sont portées devant le tribunal d'arrondissement, même les plus minimes ; tandis que les possessoires sont portées devant le juge de paix, quel que soit leur chiffre.

NATIONALITÉ DES PARTIES. — Outre la nature de la demande et la valeur du litige, la nationalité des parties peut encore modifier la compétence. Ainsi, lorsqu'un Français est demandeur et que le défendeur est un étranger, le tribunal compétent sera celui de la résidence de l'étranger, s'il en a une en France ; autrement, ce sera : suivant les uns, le tribunal du Français demandeur ; suivant les autres, le tribunal frontière le plus rapproché du domicile de l'étranger.

Quant aux contestations entre deux étrangers, les tribunaux français sont-ils compétents ? On admet généralement qu'ils ne le sont pas pour régler les questions d'état entre étrangers (*b*).

Ainsi, l'exploit d'ajournement doit indiquer le tribunal compétent ou celui parmi les tribunaux compétents choisi par le demandeur, par ex., lorsqu'il y a plusieurs défendeurs ou lorsque l'action est mixte (*c*).

(*a*) Pour les mêmes motifs, ces demandes sont dispensées de conciliation (D. 1807, a. 9). Les frais faits devant une *Cour d'appel* seront portés directement à cette cour, en sorte qu'il n'y aura pas de 1ᵉʳ ressort. Quant aux frais faits devant les *tribunaux de paix* ou de commerce, sont-ils de la compétence de ces tribunaux ? Controverse.

Oui — car la loi ne fait aucune distinction et ces tribunaux sont plus aptes à les taxer. Non — ce sont des trib. d'exception qui ne connaissent pas de l'exécution de leurs jugements. En outre, les officiers ministériels sont tous sous la surveillance du tribunal d'ar.

(*b*) Quid si un Français s'est rendu cessionnaire de la créance d'un étranger contre un autre étranger ? Controverse.

(*c*) L'indication du tribunal doit être précise ; on regarde comme insuffisante l'invitation à comparaître *devant le tribunal compétent.* Ici, on repousse la maxime que *Nul n'est censé ignorer la loi*, par cette raison que la détermination du tribunal est une question trop délicate pour laisser au défendeur le soin de la résoudre, et qu'en outre, il lui est impossible de le faire dans le cas où 2 tribunaux sont compétents à la fois, par ex., dans les actions mixtes.

8º — La Remise de l'ajournement. — PAR QUI *doit-il être remis ?* — L'Ajournement doit être remis par un *huissier* en personne, et non par un de ses clercs (a); l'huissier est, en effet, un officier public, et comme tel il est cru jusqu'à inscription de faux lorsqu'il affirme avoir remis son exploit (b). C'est pourquoi la loi lui défend, à peine de nullité, d'instrumenter *pour ses parents et alliés et ceux de sa femme;* la loi craint que, dans l'intérêt du demandeur, l'huissier ne supprime la copie de l'assignation, ce qui peut entraîner la condamnation par défaut du demandeur, ou qu'il n'antidate l'exploit, afin d'arrêter une prescription accomplie depuis peu de jours (c).

Les huissiers peuvent *instrumenter* (exercer) dans tout le ressort du tribunal près lequel ils sont attachés, mais non en dehors : le demandeur doit donc prendre un huissier dans l'arrondissement où est domicilié le défendeur, mais il peut choisir n'importe quel huissier, même le plus éloigné ; toutefois, pour éviter que ce choix soit fait en vue d'augmenter les frais, la loi n'accorde à l'huissier, en cas de transport, qu'une journée, au plus, pour tous frais de déplacement.

EN QUEL TEMPS *et* EN QUEL LIEU *l'ajournement doit-il être remis?* — Aucun exploit ne peut être donné un jour de fête légale, ni la nuit, si ce n'est en vertu de permission du juge, dans le cas où il y a péril en la demeure (d).

Quant au lieu où la signification doit être faite à la personne, il y a aujourd'hui pleine liberté, peu importe que le lieu soit public ou privé. Ainsi, un ajournement pourrait être remis à la messe, pourvu que ce ne soit pas à la messe de minuit (e).

A QUI *l'ajournement doit-il être remis?* — Cet exploit, comme tous les autres, peut être remis, soit à la personne du défendeur, soit à son domicile. Il faut distinguer si le défendeur est un indi-

---

(a) A Paris, les huissiers instrumentent rarement en personne, et la jurisprudence paraît disposée à tolérer cette monstrueuse irrégularité.

(b) Avant l'ordonnance de 1669, l'huissier devait être accompagné de 2 témoins appelés **Recors.**

(c) Malgré le silence de la loi, l'huissier ne doit pas faire de signification *pour lui-même,* ni *pour sa femme,* mais on admet qu'il peut en faire *contre ses parents,* car il n'y a pas le même danger.

(d) Les **Fêtes légales** sont, outre les Dimanches, l'Ascencion, l'Assomption, la Toussaint, et Noël (l. 18-29 germinal, an X). Le 1er janvier est aussi considéré comme fête légale (Av. C. d'Etat, 20 mars 1810).

Les **Heures** pendant lesquelles les huissiers ont le droit d'instrumenter sont, de 6 heures du matin à 6 heures du soir, du 1er octobre au 31 mars (c.-à-d. l'hiver), — et de 4 heures du matin à 9 heures du soir du 1er avril au 30 septembre (1037) (l'été).

(e) Le Code a rejeté les défenses faites par l'ancienne jurisprudence, de signifier les exploits dans certains lieux et à certains moments; ainsi, au tribunal pendant l'audience, — à l'église pendant les cérémonies (voir toutefois l'art. 781).

vidu domicilié en France, — ou un individu sans domicile connu,
— ou domicilié à l'étranger, — ou enfin, une personne morale
(État, Communes, Établissements publics ou Sociétés).

I. — Individu *domicilié en France.* — Il y a 2 manières de
remettre l'ajournement.

1° A la **personne** du défendeur, quel que soit le lieu où il est ren-
contré par l'huissier, et malgré son refus d'accepter l'exploit.

2° **Au domicile** ; là aussi la remise doit être faite *au défendeur*
lui-même. Mais s'il n'y est pas ou ne se présente pas, l'huissier
donne la copie d'abord aux personnes de la maison (parents ou
serviteurs), — à leur défaut, aux voisins, — à défaut de ceux-ci,
au maire ou adjoint, — enfin, à défaut de ces fonctionnaires,
au procureur de la République.

Aux parents ou serviteurs. — Ils sont ici sur le même rang ;
on peut donc remettre indifféremment à une personne de l'une
ou l'autre classe ; il n'est même pas nécessaire d'indiquer les
nom et prénom de cette personne, mais il faut déclarer que c'est
au domicile. Ainsi, on peut se contenter de dire : *A son domicile, parlant à son domestique* (ou *à son clerc,* ou à *son frère*).
Si l'on disait simplement : *A son domestique,* sans mentionner
le domicile, l'exploit serait nul d'après la jurisprudence (*a*).

Aux voisins. — Si au domicile il n'y a ni parents, ni serviteurs, ou si ceux-ci refusent de recevoir l'acte, l'huissier constate le refus et remet la copie à un voisin qui, s'il l'accepte,
doit apposer sa *signature sur l'original.* Cette mesure a pour
but d'engager le voisin à remplir sa commission, car elle
l'oblige, sous peine de dommages-intérêts, à remettre à son
tour l'exploit au défendeur (*b*).

Au maire ou adjoint. — Si aucun voisin ne veut ou ne peut
signer, l'huissier constate ce refus ou cette impossibilité et laisse
la copie au maire, qui doit mettre son *visa sur l'original.* Cette
formalité est exigée afin d'éviter un conflit. Il pourrait arriver,
en effet, que l'huissier prétendît et ait écrit sur l'original qu'il

---

(*a*) La loi parle de *Parents* en général, par conséquent, il ne paraît pas nécessaire qu'ils
demeurent habituellement avec le défendeur. Le lien de parenté fait présumer assez d'affection pour que l'exploit soit remis promptement.

Quant aux *Serviteurs,* ils s'entendent dans un sens large et comprennent tant les domestiques que les employés, clercs et secrétaires. Le portier ou concierge d'une maison a
aussi qualité pour recevoir des significations au nom des différents locataires, bien qu'il
ne soit ni commis, ni payé par eux.

(*b*) Cette mesure n'est pas exigée des parents ni des domestiques, ces personnes étan
censées disposées à remettre fidèlement l'exploit.

a remis la copie au maire, et que celui-ci, de son côté, soutint ne pas l'avoir reçue. Ces allégations contradictoires ayant la même valeur, puisqu'elles émanent de deux officiers publics, auraient nécessité un débat judiciaire dont le résultat eût été d'établir le mensonge de l'un de ces officiers. Le visa, mis sans frais par le maire, obvie à cet inconvénient.

Au procureur de la République. — A défaut, ou en cas de refus du maire ou de l'adjoint, l'huissier laisse la copie au procureur de la République, qui met aussi son visa sur l'original (1039).

II. — Individu *sans domicile connu* en France. — L'ajournement est alors remis à la *résidence* actuelle. Si la résidence elle-même est inconnue, l'exploit est affiché *à la principale porte de l'auditoire du tribunal* où la demande est portée (a). Une seconde copie est donnée au procureur de la République.

III. — Individu *habitant le territoire français, hors du continent*, c.-à-d. dans les colonies françaises. — L'ajournement est remis au procureur de la République près le tribunal où doit être portée la demande. Le procureur vise l'original et envoie la copie au ministre de la marine, qui, à son tour, fait parvenir cette copie à la résidence du défendeur.

Si, au lieu d'être aux colonies, la partie *habite le territoire étranger*, les règles sont les mêmes, sauf que la copie est remise non au ministre de la marine, mais à celui des affaires étrangères.

On admet généralement que ces formalités doivent être suivies à l'égard des *Étrangers*.

IV. — Enfin, le défendeur est une *personne morale*. — La loi indique à la fois l'individu chargé de représenter cette personne et le lieu où doit se faire l'assignation.

1° L'*État* est assigné en la personne ou au domicile du Préfet du département où siége le tribunal compétent, — mais seulement lorsqu'il s'agit de son domaine ou de droits s'y rattachant (droits domaniaux) ; par ex., un particulier réclame en qualité d'héritier une succession dont l'Etat s'est emparé comme étant en déshérence ; ou bien il prétend avoir un droit de servitude sur un bien privé de l'Etat. Lorsqu'il s'agit, au contraire,

---

(a) Si l'action est réelle immobilière, aucune difficulté pour reconnaître le tribunal, c'est celui de la situation de l'objet litigieux. Mais si l'action est mobilière ou personnelle, devant quel tribunal assigner le défendeur, puisqu'il n'a ni domicile ni résidence ? Il n'y a aucune disposition à cet égard. Anciennement, on saisissait le tribunal du lieu où l'obligation s'était formée. Ce système est encore soutenu ; d'autres pensent que l'action doit être portée au domicile du demandeur.

de ses revenus, ou de droits d'enregistrement, l'Etat est alors représenté par l'Administration des domaines et de l'enregistrement.

2° Le *Trésor public*, en la personne ou au bureau de l'agent. — Dans les bureaux du Trésor, à Paris, il y a une agence judiciaire, c.-à-d. un certain nombre d'employés spécialement chargés de suivre et de diriger les procès concernant le Trésor; c'est le chef qui est assigné (a). Ces procès concernent, par ex., le transfert des rentes sur l'Etat, ou la saisie du traitement d'un fonctionnaire.

3° Les *Administrations* ou *Établissements publics,* en leur bureau dans le lieu où réside le siége de leur administration; dans les autres lieux, en la personne et au bureau de leur préposé.

4° Le *Chef de l'Etat* (Roi ou Empereur), pour ses domaines, en la personne, non plus du procureur (a. 69), mais de l'administrateur du domaine de l'Etat (l. 2 mars 1838, a. 27). Mais ceci ne s'applique que sous les gouvernements monarchiques; sous la République, le Président est assigné en sa personne.

5° Les *Communes,* en la personne ou au domicile du Maire, et à Paris, en la personne ou au domicile du Préfet de la Seine.

Le *Département* est assigné en la personne du Préfet. En cas de procès entre l'Etat et le Département, l'Etat étant représenté par le Préfet, le département le sera par un membre de la commission départementale (l. 10 août 1871, a. 54); autrefois, c'était un conseiller de préfecture (b).

6° Les *Sociétés de commerce,* tant qu'elles existent, en leur maison sociale, et, s'il n'y en a pas, en la personne ou au domicile de l'un des associés. Il importe, toutefois, de distinguer les différentes sortes de Sociétés commerciales.

Quant aux Sociétés civiles, cette disposition est inapplicable: au lieu d'assigner les associés en commun par un même exploit en la personne ou au domicile de l'un d'eux, il faut assigner chacun personnellement, car ces Sociétés ne sont généralement pas considérées comme une personne morale.

7° Les *Unions* et *Directions de créanciers,* en la personne ou au domicile de l'un des syndics ou directeurs (c).

(a) La plupart des Administrations et des grandes Compagnies ont aussi une agence judiciaire qui s'intitule plus volontiers : *Bureau du contentieux.*

(b) Dans les cinq hypothèses ci-dessus, l'huissier doit faire viser l'original à la personne à laquelle il remet la copie ; en cas d'absence ou de refus, le visa est donné par le juge de paix ou le procureur auxquels, dans ce cas, la copie est laissée. Ce visa est exigé pour éviter un conflit entre un fonctionnaire public et un officier ministériel (Voy. a. 68).

(c) Le mot *Direction* a vieilli et n'est plus employé. Quant au mot *Union,* il ne faut pas

Lorsqu'un commerçant est tombé en faillite, la loi veut que les créanciers, au lieu d'agir individuellement, agissent collec-tivement par l'intermédiaire d'un ou plusieurs syndics.

3° — Le **Délai.** — La jurisprudence admet qu'il suffit d'as-signer à comparaître *dans les délais de la loi* sans préciser au-trement le jour de la comparution. Le délai varie suivant que le défendeur est domicilié en France ou hors de France.

Il n'est nullement nécessaire d'indiquer l'heure, puisqu'on n'invite pas le défendeur à se présenter devant le tribunal au jour fixé, mais à faire connaître son avoué avant cette époque. Il en est différemment dans les assignations devant les tribu-naux de paix ou de commerce, car on doit venir ce jour même à l'audience.

1° — Si le défendeur est *domicilié en France,* le délai ordi-naire de l'ajournement est de huitaine franche, c -à-d. non compris le jour de l'assignation et celui de la comparution. Ainsi, l'ajour-nement remis le 1er du mois ne peut assigner à comparaître que pour le 10; mais on est libre de fixer un délai plus long (1033).

Ce délai est susceptible d'être *augmenté* à raison des distan-ces, et *diminué* en cas d'urgence. Ainsi, au délai de huitaine, il faut ajouter **1** jour par **5** myriamètres de *distance;* la distance se compte du domicile du défendeur au tribunal saisi (1033, et 1. 2 juin 1862).

Dans les *causes requérant célérité,* on peut, en présentant une Requête au président, obtenir, par une ordonnance, per-mission d'assigner à *bref délai.* La jurisprudence exige un jour au moins. Mais le Président peut-il aussi abréger les délais des distances? Controverse (a).

2° Si le défendeur est *domicilié hors de France,* les délais sont beaucoup plus longs, ils sont fixés d'après l'éloignement, mais on a tenu compte plutôt de la difficulté des communications que de la distance réelle. Ces délais ont été diminués par la loi du 2 juin 1862; ils varient aujourd'hui entre *1 mois et 8 mois* (73).

Toutefois, si l'assignation à une partie domiciliée hors de

---

le prendre dans son sens spécial. c.-à-d. comme indiquant la dernière phase d'une faillite (529, C. Co.), car, dès le début, les créanciers sont collectivement représentés par les syn-dics (143, C. Co.).

(a) L'ordonnance du Président abrégeant le délai est-elle susceptible d'être attaquée? Controverse.

1er *Syst.* — Non. — C'est un acte de juridiction gracieuse. On peut seulement demander au tribunal un délai pour répondre.

2° *Syst.* — Oui. — Tant par opposition devant le tribunal que par appel devant la Cour. Deux autres systèmes accordent l'un seulement l'opposition, — l'autre seulement l'appel,

France est remise à sa personne en France, elle n'emporte que les délais ordinaires, sauf au tribunal à les prolonger s'il y a lieu Cette partie peut, en effet, avoir des pièces à faire venir de son domicile.

L'assignation donnée à un délai supérieur à celui de la loi est valable. Quant à celle donnée à un délai plus court, il y a controverse. Suivant les uns, elle est nulle ; suivant les autres, le défendeur qui se présente peut seulement demander une prolongation.

Outre les énonciations ci-dessus, qui sont toutes prescrites, à peine de nullité, on exige encore :

La Copie du procès-verbal de non conciliation, ou la *Copie de la mention de non comparution* (aussi à peine de nullité), afin que le tribunal sache si la conciliation a été tentée, et par conséquent, si l'affaire est ou non recevable.

La Copie des pièces ou *de la partie des pièces* sur lesquelles la demande est fondée (cette formalité n'est pas requise à peine de nullité). Le demandeur pourrait signifier ces copies dans le cours de l'instance, mais, dans ce cas, elles n'*entrent pas en taxe,* c.-à-d. elles ne sont pas mises à la charge de l'adversaire qui succombe, le demandeur est toujour tenu de les payer : on a voulu empêcher que, par malice et dans le seul but d'augmenter les frais, il ne signifiât, au moment où il croit avoir gain de cause, des pièces tout à fait inutiles (a).

Le Coût *de l'original à la fin d'icelui* (de celui-ci), c.-à-d. le prix à la fin de l'original, et le *coût de la copie à la fin d'icelle* (de celle-ci), à peine de 5 fr. d'amende payables à l'instant de l'enregistrement, et même de l'interdiction de l'huissier (le coût comprend les honoraires de l'huissier, le timbre et l'enregistrement). Cette mention empêchera l'huissier d'exiger des honoraires supérieurs au tarif.

Enfin l'Ajournement doit être écrit sur papier timbré, sous peine de 20 fr. d'amende, et être enregistré dans les 4 *jours* de sa date, sous peine de nullité (b).

(a) L'assignation en paiement de frais par un officier ministériel doit contenir en tête copie du mémoire des frais réclamés (*état de frais*) (D. 16 fév. 1807, a. 9).

(b) Autrefois, après l'ajournement, le demandeur devait faire sa présentation au greffe c.-à-d. faire inscrire son nom et celui de son procureur.

EFFETS DE L'AJOURNEMENT. — Quand il n'y a pas eu citation en conciliation, ou lorsqu'il s'est écoulé *plus d'un mois* depuis la citation, l'Ajournement produit les mêmes effets que la citation :

    1° *Il interrompt la prescription ;*
    2° *Il fait courir les intérêts moratoires (a).*

Si l'Ajournement a lieu *dans le mois* de la citation en concilia-tion, il ne fait que confirmer les effets conditionnels de cet acte.

De plus, il constitue de *mauvaise foi* le possesseur, et le rend comptable des *fruits* à percevoir dans la suite (*b*). Mais c'est là un effet qui lui est commun avec la sommation et autres actes extra-judiciaires.

Enfin, l'ajournement produit un effet qui lui est spécial : il détermine la *valeur du litige*, chose importante au point de vue de la compétence et de l'appel.

Quid si l'ajournement est entaché de nullité ? On distingue si c'est pour *vices de formes* — ou pour *incompétence.*

L'exploit nul pour *défaut de formes* ne produit aucun de ses effets (2047 c. CIV.).

L'assignation devant *un tribunal incompétent* ne fait pas courir les intérêts, mais elle interrompt la prescription (2046).

Cette différence tient à ce que les vices de formes sont faciles à éviter, tandis que la compétence est diffiicile à déterminer. Mais, s'il eut été trop dur de faire perdre définitivement au demandeur sa propriété ou son capital par suite d'une erreur excusable, il n'y a pas d'inconvénient à lui refuser provisoire-ment les fruits ou intérêts.

AUTRES MODES D'INTENTER UNE DEMANDE. — Le plus sou-vent, la demande est formée par un Ajournement ; mais quel-quefois cet acte est précédé d'une REQUÊTE adressée, soit au Président, soit au Tribunal.

Au Président, — par ex., pour assigner à bref délai (72), ou agir en séparation de biens (865). Au Tribunal, — par ex., dans le Règlement de juges (364), ou la Prise à partie (511).

Quelquefois aussi, la demande s'introduit directement par une REQUÊTE, laquelle remplace alors l'Ajournement.

Cela a lieu d'abord dans toutes les affaires incidentes ; en effet, il est de principe que toutes les fois que l'adversaire est

---

(a) L'Ajournement fait-il courir les intérêts par lui-même, — ou fau-il qu'il contienne une demande expresse des intérêts, en outre de la demande du capital? Controverse.

(b) Ex. Demande en réduction des Donations (c. civ. 929).

assisté d'un avoué, c'est à ce dernier qu'on doit l'adresser directement. En outre, on emploie la requête dans les affaires où l'on n'a pas d'adversaire, par ex. dans l'envoi en possession de biens (859), ou la rectification d'un acte de l'état civil (855).

Les Requêtes sont toujours *rédigées* par un Avoué; elles sont aussi *remises* par lui au Président du Tribunal, excepté dans les affaires incidentes, où elles sont *signifiées* par Huissier à l'Avoué de la partie adverse.

Quelquefois enfin, la demande se forme par un ACTE AU GREFFE. Il en est ainsi dans le Désaveu (353), — le Renvoi, (370), — la Récusation (384). On exige même, dans ces cas, la *signature* de la partie demanderesse.

—————

— 4ᵐᵉ *Leçon* —

Titre III. — Constitution d'avoués et Défenses.

En matière civile *(a)*, les parties ne peuvent, sauf de rares exceptions, figurer seules en justice; elles doivent nécessairement se faire représenter par des avoués *(b)*. C'est pour cela que l'Ajournement, qui est le premier acte de procédure, doit contenir, de la part du demandeur, l'indication de l'avoué chargé de l'assister (ou d'*occuper* pour lui).

Cette désignation de l'avoué s'appelle *Constitution d'avoué*.

Constitution d'avoué. — Pour le demandeur, la *Constitution d'avoué* n'est pas un acte séparé, elle n'est qu'un des éléments de l'ajournement. Quant au défendeur, il doit, à son tour, faire connaître l'avoué auquel il a confié le soin de sa défense, mais il est forcé de faire à cet effet un acte spécial appelé CONSTITUTION D'AVOUÉ.

Cette constitution se fait par acte signifié *d'avoué à avoué*,

(a) En matière commerciale, le ministère des avoués est interdit. — En matière correctionnelle, on ne peut se faire représenter par un avoué qu'autant que le délit n'entraîne pas une peine de l'emprisonnement (a. 185, c. I).

(b) Dans les procès concernant l'*Etat*, les particuliers sont tenus de se faire représenter par des avoués, mais l'Etat n'a pas besoin de cette assistance (Ar. 10 thermidor, an IV. — Av. C. d'Etat, 1ᵉʳ juin 1807). Dans les procès avec l'*Enregistrement*, ni l'Administration, ni les particuliers n'ont besoin d'avoués, ces affaires se jugent sur mémoires et sans plaidoiries (l. 22 frimaire, an VII). Il en est de même en matière de Douanes et de Contributions indirectes.

Quant aux avoués, ils ne peuvent refuser leur ministère aux parties

c.-à-d. qu'elle est d'abord rédigée et signifiée par l'avoué qui se constitue, puis signifiée à l'avoué adverse par un *huissier audiencier* (*a*).

Cet acte doit être fait dans le délai de *huitaine* accordé par l'ajournement (*b*). Si, dans ce délai, le défendeur ne comparaît pas, c.-à-d. ne signifie pas sa constitution d'avoué, le demandeur peut, à l'expiration, obtenir jugement par défaut contre lui (*c*).

Dans le cas où l'assignation a été donnée à *bref délai* (c.-à-d. en général 3 jours), le défendeur peut ne pas avoir eu le temps de désigner son avoué, aussi la loi lui permet de faire présenter à l'audience un avoué qui se constitue verbalement sur l'appel de la cause. Le tribunal *donne acte* de cette constitution, c.-à-d. la constate, mais l'avoué doit la réitérer dans le jour, par acte ; faute par lui de le faire, le jugement sera *levé* à ses frais, c.-à-d. qu'il en sera pris copie et fait signification à ses frais par l'adversaire.

Chaque partie est libre de *révoquer* son avoué quand bon lui semble, mais elle doit notifier à l'autre partie cette révocation et la constitution du nouvel avoué, car le ministère des avoués étant indispensable, une partie ne peut par sa négligence empêcher son adversaire de continuer la procédure commencée. Aucun acte ne peut plus être fait *par* l'avoué révoqué, à partir du jour de sa révocation ; mais tous les actes faits *contre* lui sont valables, tant qu'il n'a pas été remplacé (75).

INSTRUCTION DE LA DEMANDE. — Lorsque les 2 parties ont ainsi désigné les avoués chargés de les représenter, le procès s'instruit avant d'être jugé. Mais l'*instruction* n'a pas toujours lieu de la même façon : elle est plus ou moins simple, et conséquemment, plus ou moins rapide, suivant la nature et l'importance de l'affaire.

On distingue l'instruction *écrite* — et l'instruction *orale*.

L'*instruction* ÉCRITE se fait par Mémoires, sans aucune plaidoirie. Elle a lieu très-rarement, car elle ne s'emploie que dans

(*a*) Les Huissiers audienciers sont ceux désignés par le président pour faire le service des audiences ; ils ont le monopole des actes d'avoué à avoué en compensation du temps qu'ils consacrent à ce service. Dans certains cas, le tribunal désigne l'un d'entre eux pour signifier certains actes ; celui qui est ainsi désigné s'appelle **Huissier commis.**

(*b*) Autrefois, le défendeur devait faire sa présentation au greffe, c.-à-d. faire inscrire sur le registre son nom et celui de son procureur.

(*c*) Toutefois, le délai pour comparaître n'est pas considéré comme fatal, le défendeur est admis à faire sa constitution tant que le jugement n'a pas été rendu. En pratique, les avoués se constituent souvent à l'audience, sur l'appel de la cause, à l'instar de ce qui a lieu pour les demandes à bref délai.

les affaires qui, en raison de leur complication, ne peuvent être utilement élucidées par une discussion orale. Telles sont les affaires de généalogie et de reddition de comptes.

L'*instruction* ORALE se fait tantôt par plaidoiries seulement, tantôt par plaidoiries et certaines écritures préalables (*a*). Dans le 1er cas, la procédure est dite *sommaire*, c'est l'exception ; — dans le 2me cas, elle est dite *ordinaire*, c'est la règle générale.

La procédure *sommaire* s'applique aux affaires qui, en raison de leur simplicité ou de la modicité de l'intérêt en litige, peuvent être suffisamment instruites par une discussion orale, sans écritures préparatoires. Ces affaires sont appelées *sommaires*, du nom de la procédure y appliquée.

La procédure *ordinaire* s'emploie pour toutes les autres affaires, lesquelles prennent le nom d'*affaires ordinaires*.

En somme, il y a 3 espèces de procédures :

1° La procédure ou instruction par écrit, qui fait l'objet d'un titre spécial, le titre VI ;

2° La procédure sommaire, qui fait également l'objet du titre XXIV ;

3° La procédure ordinaire, qui sera seule traitée ici.

PROCÉDURE ORDINAIRE. — Elle comprend, outre l'Ajournement et la Constitution d'avoué, — la Mise au rôle, — les Défenses, — la Réponse, — l'Avenir, — les Conclusions, — enfin les Plaidoiries.

Mise au rôle. — Le Code de procédure n'indique pas la manière dont les causes doivent être inscrites, distribuées et appelées ; on a pensé, peut-être à tort, que ces détails faisaient plutôt l'objet d'un règlement : ils se trouvent, en effet, dans le décret du 30 mars 1808, lequel a été modifié par le décret du 18 août 1810 et le décret du 10 novembre 1872.

Toutes les causes sont *inscrites* au greffe dans l'ordre de leur présentation sur un registre appelé Rôle général,

Les Avoués doivent requérir cette inscription la veille au plus tard du jour où l'on doit se présenter à l'audience : c.-à-d. la veille du délai de huitaine accordé par l'ajournement.

C'est la *Mise au rôle.*

A cet effet, dans les tribunaux composés d'une seule cham-

(*a*) Ces écritures préalables s'appellent quelquefois *instruction préparatoire* par opposition à l'instruction qui se fait devant le tribunal et qu'on appelle *instruction définitive.*

bre, l'avoué poursuivant remet au greffier une simple note énonçant les noms des parties, la nature et l'objet de la demande et le nom des avoués constitués.

Dans les tribunaux où il y a plusieurs chambres, l'avoué rédige un PLACET, c.-à-d. que, sur une feuille de papier libre portant en tête ces mots : *Réquisition d'audience*, il transcrit, outre les énonciations ci-dessus, le *libellé* de la demande (*a*).

DISTRIBUTION ET APPEL DES CAUSES. — C'est l'œuvre du tribunal.

Les causes autres que celles réservées par la loi à la chambre ou siége le Président (*b*) sont distribuées par lui, *en dehors* de l'audience, entre les diverses chambres, sur le rôle général. Il renvoie aussi à chaque chambre les affaires dont elle doit connaître pour motif de litispendance ou connexité, ou encore par suite d'une attribution spéciale faite par un règlement (*c*).

Ces renvois sont mentionnés en marge de l'inscription au rôle général (*d*).

On extrait pour chaque chambre, sur le rôle général du tribunal, un ROLE PARTICULIER des affaires qui lui ont été distribuées ou renvoyées.

A chaque chambre, au jour de la 1ʳᵉ audience de la semaine, l'huissier audiencier fait l'appel des causes dans l'ordre de leur placement au rôle particulier. On appelle d'abord les causes nouvelles ; sur cet appel, il est donné défaut sur les conclusions de l'avoué qui se présente, lesquelles sont déposées sur le bureau (*e*). Puis on appelle les causes anciennes.

(*a*) A Paris, l'avoué poursuivant rédige un **Placet** ou *réquisition d'audience*; qu'il reme au greffier, lequel, après l'avoir inscrit sur le rôle général, le transmet au président pour que la cause soit distribuée à l'une des chambres. Les avoués sont avertis de cette distribution par un bulletin envoyé du greffe. Le poursuivant fait son avenir et dépose, la veille du jour fixé pour se présenter, son placet sur le bureau de l'huissier audiencier, afin que celui-ci fasse l'appel de la cause. A l'audience, les conclusions sont prises et déposées, le jour pour plaider est fixé. Le greffier envoie encore un bulletin aux avoués pour rappeler le jour des plaidoiries.

En province, les avoués ne remettent pas le placet, ils requièrent verbalement la mise au rôle, le greffier mentionne le numéro du rôle sur le dossier ou sur l'ajournement.

(*b*) Sont réservées à la chambre où siége le président : les contestations relatives aux avis de parents, aux interdictions, à l'envoi en possession des biens des absents, à l'autorisation des femmes mariées, à la réformation des actes de l'état civil, et celles qui intéressent l'Etat, les communes et les établissements publics (a. 60).

(*c*) Ainsi la 2ᵉ chambre du tribunal de la Seine connaît des affaires de timbre et d'enregistrement, ainsi que de celles relatives au domaine.

(*d*) Avant le décret du 10 nov. 1872, toutes les affaires étaient appelées à l'audience de la chambre où siége le président (ordinairement la 1ʳᵉ chambre) et c'est là que les défauts étaient donnés, ce qui entraînait une grande perte de temps. Aujourd'hui les défauts sont donnés dans chaque chambre.

(*e*) Le placet tient lieu de conclusions et, dans beaucoup de tribunaux, on se borne à requérir de vive voix le défaut.

A Paris, le défaut est toujours prononcé hors de l'audience, ce qui permet au défaillant

Parmi ces causes, le président de chambre en désigne un certain nombre pour être instruites et jugées à la prochaine audience de la semaine suivante. Ces causes sont portées sur des tableaux appelés AFFICHES. C'est le *Rôle d'affiches.*

Ces affiches doivent être exposées dans la salle d'audience et au greffe 8 jours avant que les causes soient appelées (a).

Après la mise au rôle et avant que les Conclusions soient prises à l'audience, et l'affaire plaidée, les avoués signifient leurs Conclusions, c.-à-d. les Défenses et Réponse.

Défenses. — Le demandeur doit, dans l'Ajournement, non-seulement désigner son avoué, mais encore développer les Moyens sur lesquels il appuie sa prétention. Quant au défendeur, il suffit tout d'abord qu'il fasse une simple Constitution d'avoué, après quoi il a *15 jours* pour signifier à son tour les arguments qu'il oppose à ceux invoqués par le demandeur.

Ces écritures sont appelées par la loi des DÉFENSES, mais la pratique leur donne plus généralement le nom de REQUÊTES ou CONCLUSIONS; c'est aussi sous ce nom qu'elles sont désignées dans le Tarif (b).

La signification des Défenses est *facultative ;* en sorte que le défendeur peut, avant les 15 jours et même aussitôt sa Constitution, poursuivre l'audience de son chef ou garder le silence, jusqu'à ce que le demandeur l'appelle devant le tribunal.

Les Défenses doivent contenir offre de communiquer les pièces à l'appui. Cette communication peut se faire de 2 manières : — ou bien *à l'amiable*, c.-à-d. d'avoué à avoué et de la main à la main sur récépissé; — ou bien *par la voie du greffe*, c.-à-d. en déposant les pièces au greffe, où l'avoué du demandeur en prendra connaissance sans les déplacer et sous les yeux du greffier.

de *rabattre* le défaut, c.-à-d. de l'annuler, même après l'audience. Pour cela, son avoué remet au greffier des conclusions tendant à ce qu'il lui soit donné acte de sa constitution.

(a) Mais, lorsqu'il y a des causes urgentes, telles que celle de mise en liberté, ou provision alimentaire, ou bien encore lorsqu'il s'agit de déclinatoires, ces causes sont retenues pour être jugées avant celles des affiches.

(b) Le mot **Requête** est pris dans 2 sens : dans son sens propre, il désigne un acte rédigé et remis directement par un avoué soit au président, soit au tribunal, a l'effet d'obtenir certaines autorisations exceptionnelles, par ex., citer à bref délai (72) ou agir en Règlement de juges (364) — ou bien à l'effet d'obtenir jugement, lorsqu'on n'a pas d'adversaire; ex., envoi en possession de biens (859). Dans un sens détourné, ce mot s'entend de certains actes d'avoués non pas remis au président, ni au tribunal, mais à l'avoué de la partie adverse; seulement, comme ces actes sont rédigés dans la forme des Requêtes proprement dites, c.-à-d. avec la mention en tête : « A MM. les *Président et Juges composant le tribunal...* » on les appelle des Requêtes, mais elles n'ont des Requêtes véritables que la forme, car elles ne sont pas destinées à être remises de suite et directement aux juges. C'est dans ce sens que l'acte contenant les Défenses s'appelle *Requête en Défenses*, et celui contenant la Réponse, *Requête en Réponse.*

Cette dernière espèce de Requête est signifiée à l'avoué adverse par un acte d'huissier appelé **Acte de Palais**, parce que cette signification se fait au Palais, c.-à-d. au tribunal même.

Réponse. — Quand le défendeur signifie des défenses, le demandeur peut, à son tour, les réfuter ; c'est ce qu'on appelait autrefois la *Réplique* ; à cet effet, il a, non pas 15 jours, mais 8 jours à partir de la signification de la requête du défendeur. On lui accorde un délai moins long parce qu'il n'est pas surpris comme le défendeur et qu'il a eu le temps de préparer ses arguments avant d'intenter sa demande.

Ces écritures sont appelées par la loi une RÉPONSE, mais, en pratique, on leur donne le nom de REQUÊTES ou CONCLUSIONS, ainsi qu'aux Défenses.

Cette Réponse est *facultative* comme les Défenses ; en sorte que le demandeur peut, aussitôt la réception des moyens de son adversaire, mettre celui-ci en demeure de plaider. Si le défendeur n'a point fourni ses Défenses dans le délai de quinzaine, le demandeur peut également poursuivre l'audience.

Les avoués sont rétribués en raison de l'étendue de leurs requêtes, c.-à-d. à tant par rôle. Le rôle comprend une feuille, c.-à-d. 2 pages (le recto et le verso). Pour empêcher la fraude des anciens procureurs, qui consistait à insérer après coup des écritures qui n'avaient pas été produites, la loi exige que l'avoué déclare au bas de la requête le nombre des rôles qu'elle contient, à peine de rejet lors de la taxe. En outre, pour qu'il ne l'étende pas outre mesure, elle veut que la requête contienne 25 lignes à la page et 12 syllabes à la ligne (*a*).

Avenir. — L'*Avenir* est un acte d'*Avoué à Avoué* par lequel l'un des avoués constitués somme l'autre de venir au tribunal pour y conclure ou plaider la cause au jour fixé (*b*).

La loi n'ayant pas déterminé le délai qui doit s'écouler entre la signification de l'Avenir et le jour de l'audience, l'usage s'est établi de laisser 1 *jour franc*.

L'Avenir peut être envoyé tant par le demandeur que par le défendeur. Aussitôt sa constitution, ce dernier peut le faire, s'il renonce à ses Défenses ; aussitôt la réception des Défenses, le demandeur peut également le signifier, s'il renonce à sa Réponse ; enfin, après 8 jours accordés pour la Réponse, l'audience peut être poursuivie par la partie la plus diligente.

(*a*) Ces requêtes sont dites grossoyées parce qu'elles sont écrites en gros caractères.

(*b*) L'Acte d'**Avoué à Avoué** est une expression générale qui désigne tout acte *rédigé* par un Avoué et *signifié* à l'autre Avoué par un Huissier audiencier par *Acte de Palais*.

Parmi les Actes d'Avoué à Avoué il en est qu'on nomme **Simple Acte.** On entend par là tantôt l'*Avenir* lui-même, lequel ne contient aucune écriture (79), — tantôt la Requête faite pour introduire une demande incidente. Dans ce dernier cas, le *Simple Acte* contient bien les *moyens et conclusions*, mais d'une manière très-brève, et ces écritures ne doivent pas être étendues (c.-à-d. développées), car elles ne sont pas payées par rôle (357).

Il n'est admis en taxe QU'UN SEUL AVENIR *pour chaque partie.*

Cette disposition a pour but de prévenir un ancien abus : autrefois, en effet, on avait l'habitude de se signifier plusieurs Avenirs ; on se donnait successivement plusieurs rendez-vous à l'audience sans avoir l'intention de plaider et dans le seul but de multiplier les frais. Aujourd'hui, un seul Avenir est permis ; toutefois, si le procès se complique d'incidents qui nécessitent plusieurs jugements, on passe en taxe un Avenir pour chaque jugement, excepté pour les jugements simplement préparatoires ou de remise (T. a 70).

Les mots : *pour chaque partie* n'ont aucun sens, ils ont été ajoutés par inadvertance à la rédaction primitive ; il ne faut pas conclure de ces mots que l'avoué auquel Avenir a été donné peut à son tour en signifier un autre : cet acte serait frustratoire.

Ces actes sont les seuls que la loi permette. L'art. 81 porte, en effet : « AUCUNES AUTRES ÉCRITURES NI SIGNIFICATIONS N'ENTRERONT EN TAXE. » Cette disposition a encore pour but d'éviter un ancien abus, celui des *dupliques*, *tripliques*, etc., c.-à-d. de ces écritures que les procureurs se signifiaient réciproquement pour grossir les frais (a), et que déjà avait supprimées l'ordonnance de 1669.

Conclusions. — Le 1er jour d'audience de chaque semaine qui suit celle de l'exposition des affiches, on appelle les causes affichées afin que les avoués prennent leurs conclusions ou que les avocats fassent leurs plaidoiries, si les affaires sont déjà instruites ou s'il s'agit d'affaires sommaires.

En cas de non comparution des deux avoués, la cause est retirée du rôle, et l'avoué du demandeur est responsable envers sa partie, s'il y a lieu. Cette radiation n'éteint pas l'instance, mais a pour effet de faire refuser l'audience jusqu'à réintégration au rôle, laquelle s'opère par acte d'avoué à avoué.

Si un seul des avoués se présente, il requiert jugement par défaut.

Si les deux avoués sont présents, ils posent les qualités et *prennent des conclusions* ; il est ensuite indiqué un jour pour

(a) Toutefois, cette prohibition ne s'applique qu'aux procès dégagés de toute complication, car chaque incident nécessite souvent des écritures spéciales, et qui sont, au reste, prescrites par la loi elle-même. — D'un autre côté, ce n'est qu'au point de vue de la taxe qu'il est défendu d'augmenter les écritures: les parties sont libres, si les besoins de leur cause l'exigent, de produire de nouveaux moyens ou de notifier de nouvelles conclusions; seulement, chacune d'elles supporte les frais de ses propres écritures.

plaider, c'est le *Rôle d'audience*, mais il n'est plus nécessaire d'envoyer un avenir pour indiquer ce jour.

Les CONCLUSIONS *posées* à l'audience sont l'exposé précis des prétentions et des moyens contenus dans les écritures des parties, c.-à-d. dans l'ajournement et la réponse du demandeur et dans les défenses du défendeur (*a*). Généralement elles ne donnent pas lieu à un acte nouveau et distinct des écritures des parties.

Dans les affaires ordinaires portées aux affiches, les avoués sont tenus de signifier leurs conclusions 3 jours au moins avant l'audience. Toutefois, dans la pratique, ce délai n'est pas exigé à peine de nullité.

Dans les affaires sommaires, les conclusions peuvent être signifiées et développées à l'audience même.

Outre la signification des conclusions à l'avoué de la partie adverse, copie doit en être remise au greffier, mais cette copie, destinée à être mise sous les yeux du tribunal, est généralement sur papier libre.

En résumé, après l'*Ajournement* envoyé par le demandeur, le 2ᵐᵉ acte de procédure, la *Constitution d'avoué*, est fait par le défendeur ; puis le demandeur fait inscrire la cause au greffe (*Mise au rôle*) dans les 15 jours de constitution ; le défendeur a la faculté de notifier à son adversaire ses moyens, c.-à-d. ses *Défenses* ; le demandeur a 8 jours pour réfuter, c'est la *Réponse* ; après quoi, la partie la plus diligente prévient l'autre partie que l'affaire sera appelée tel jour pour poser les *conclusions*, cet avertissement s'appelle *Avenir*. Au jour fixé les Avoués lisent respectivement leurs *Conclusions* devant le tribunal.

Enfin les *plaidoiries* n'ont généralement lieu qu'à une autre audience.

(*a*) Les Conclusions sont **Principales** — ou **Subsidiaires**.

Les principales contiennent les prétentions les plus absolues et les plus étendues des parties, celles qu'elles désirent en 1ᵉʳ lieu être admises par le tribunal.

Les subsidiaires comprennent les prétentions plus modestes, pour le cas où le tribunal n'accorderait pas les principales.

Par ex. un propriétaire demande la résiliation du bail consenti à un fermier et l'expulsion immédiate pour inexécution des charges ou pour détériorations. Ce sont les conclusions principales. Mais pour le cas où le tribunal ne les admettrait pas, il demande pour l'avenir des garanties telles qu'une caution ou une hypothèque. Ce sont des conclusions subsidiaires.

Quelquefois aussi les conclusions subsidiaires tendent à faire autoriser par le tribunal certains moyens de preuves pour établir le fondement des conclusions principales.

On appelle Conclusions *reconventionnelles* celles prises par le défendeur contre le demandeur.

Telle est la marche de la procédure Ordinaire dépourvue de tout incident, de toute complication.

Dans la procédure Sommaire, au contraire, il n'y a ni Défenses, — ni Réponse, — ni Avenir : mais seulement : — un Ajournement — et une Constitution d'avoué (Tit. xxiv).

Il y a encore certaines procédures plus simples et plus rapides que la procédure sommaire, c'est la procédure commerciale et celle des Référés. — La procédure commerciale est traitée au titre XXV.

Le Référé est une procédure simple et rapide permise en cas d'urgence pour faire trancher provisoirement une difficulté par le président tout seul. On l'emploie principalement lorsqu'il s'agit de l'exécution d'un titre exécutoire ou d'un jugement (806 à 811).

La procédure consiste simplement dans une assignation donnée devant le président à la prochaine audience spéciale tenue à cet effet, sans observer aucun délai, et même, en cas d'extrême urgence, on adresse une requête au président afin de pouvoir citer devant lui en son hôtel et le jour même, bien que ce soit un jour de fête.

La décision du Référé n'est pas susceptible d'opposition en cas de défaut, parce que l'adversaire aurait toujours employé ce moyen pour gagner du temps, mais elle est attaquable par l'appel, si l'affaire en est susceptible. L'appel est porté non pas devant le Président mais devant la Cour. Il ne peut être fait que pendant 15 jours, mais on peut l'interjeter de suite sans attendre 8 jours comme en droit commun. L'exécution peut avoir lieu sur minute sans attendre que copie soit dressée, mais la décision sur Référé n'est que provisoire. l'affaire n'en doit pas moins être portée devant le tribunal pour y être jugée définitivement.

Titre IV. — De la Communication au ministère public.

On entend par MINISTÈRE PUBLIC, certains magistrats placés près les tribunaux pour requérir l'application et l'exécution de la loi.

Le ministère public se compose, devant les tribunaux d'arrondissement, d'un *procureur de la République* et d'un ou plusieurs *substituts*. Devant les cours d'appel, il y a un *procureur général*, des *avocats généraux* et des *substituts*. Ni devant le juge de paix, ni devant le tribunal de commerce, il n'y a de ministère public (*a*); ainsi, il n'y en a pas devant les tribunaux d'exception.

Le ministère public a des attributions *en dehors de l'audience* — et *à l'audience*.

En dehors de l'audience, il vérifie les registres des actes de l'état civil; — à propos du mariage, il transmet au chef de l'État les dispenses relatives à l'âge et à la parenté (164), et accorde directement la dispense de la 2e publication (169); — en cas de succession, il fait apposer les scellés quand l'héritier est non présent ou mineur; — enfin il est chargé de faire inscrire les hypothèques légales des femmes, mineurs et interdits.

A l'audience et dans les causes *civiles* (*b*), les fonctions du ministère public consistent à agir, tantôt comme *partie principale*, c.-à-d. par voie d'action, ce qui est rare, — tantôt comme *partie jointe*, c.-à-d. par voie de réquisition.

Le ministère public est partie principale, — lorsqu'au nom de la société, il joue le rôle de plaideur ordinaire contre un particulier. Dans ce cas, il est soumis aux mêmes règles que le demandeur ordinaire, sauf qu'il est dispensé du ministère d'un avoué; il parle le premier ou le second, suivant qu'il est demandeur ou défendeur, et son adversaire peut toujours lui répliquer.

En principe, le ministère public n'agit comme partie principale que dans les *cas spécialement prévus* par une loi (cass., 3 juillet 1865).

(*a*) En cas d'absence ou d'empêchement des procureurs et de leurs substituts, ils sont remplacés par l'un des juges ou suppléants, à défaut de ceux-ci par un avocat, — à son défaut par un avoué, suivant l'ordre du tableau (84 et 118, — l. 22 ventôse, an XII, a. 30. — D. 12 décembre 1810, a. 35).

(*b*) Dans les *affaires criminelles*, le ministère public est toujours partie principale.

Mais *quid* s'il s'agit d'ORDRE PUBLIC? Peut-il agir d'office dans *tous les cas*, — ou seulement dans *les cas spécifiés par une loi?* Cette question est très-controversée en jurisprudence et en doctrine; le doute vient de la rédaction ambiguë de l'art. 46 de la loi du 20 avril 1810, ainsi conçu:

« En matière civile, le ministère public agit d'office *dans les cas spécifiés par la loi.*

« Il surveille l'exécution des lois, des arrêts et des jugements; il poursuit d'office cette exécution *dans les dispositions qui intéressent l'*ORDRE PUBLIC » *(a)*.

Le Code civil autorise et même recommande au ministère public d'agir d'office dans les cas suivants :

En matière *d'absence*, il fait nommer un administrateur lorsque les biens de l'absent sont en souffrance.

En matière *d'actes de l'état civil*, il requiert d'office la rectification dans deux cas : 1° au profit des indigents (Décis. 6 brum. an XI); — 2° pour faire supprimer des énonciations contraires à la loi, par ex. l'indication d'un père adultérin (Avis du C. d'État 12 brumaire an XI).

En matière de *mariage*, il demande la nullité en cas d'impuberté, bigamie, inceste, ou défaut de publicité (C. civ. 184-190 et 191). — Il peut aussi, en cas de mort des époux, faire rétablir un acte de mariage falsifié (189 et 200).

En matière d'*interdiction*, il provoque la mesure en cas de fureur du fou ou d'abstention de ses parents (491).

Quant aux individus placés dans une maison d'aliénés, il fait nommer un curateur, ou accorder une hypothèque (l. 1838, c. 33 et 34).

En matière de *succession*, il fait nommer un curateur lorsqu'elle est vacante.

Dans les cas de *substitution*, il peut requérir la déchéance du grevé pour défaut de tuteur nommé (1057).

(a) 1er *Syst.* — *Dans tous les cas.* — Le 1er alinéa de l'art 46 exige bien, en principe, pour que le ministère public agisse d'office, que le cas soit spécifié par un texte de loi, mais précisément, dit-on, le 2e alinéa indique l'*ordre public* comme un cas particulier où il pourra agir.

On avoue, il est vrai, que c'est là une désignation un peu vague, car il est difficile de reconnaître si l'ordre public est ou non intéressé. Cependant, on a proposé cette distinction : Les règles d'*ordre public* sont celles qui concernent l'organisation sociale et qu'on ne peut se refuser d'observer — Les règles d'*ordre privé* sont celles établies dans l'intérêt des particuliers et auxquelles ils peuvent renoncer. Mais comme la loi ne dit pas souvent si l'on peut ou non renoncer à telle ou telle disposition, on n'est guère plus avancé (Cass. réq. 21 nov. 1850. — Id 19 déc. 1860).

2e *Syst*, — *Dans les cas spécifiés par une loi.* — A quoi servirait, dit-on, la restriction du 1er alinéa, si elle était supprimée par le 2e ? Autrefois, d'après la loi de 1790 le ministère public n'agissait comme partie principale que dans les cas exceptionnellement prévus. Si la loi de 1810 avait voulu déroger à ce système, elle s'en serait expliquée d'une manière plus précise (Cass. civ. 22 janv. 1862. — Id 21 nov. 1862. — Paris, 23 août 1870.)

En dehors des cas prévus par le Code civil, il y en a beaucoup d'autres dans des lois spéciales. Ainsi, la loi du 8 juillet 1844 l'autorise à demander, dans certains cas, la nullité d'un brevet d'invention (a).

Il est partie jointe, — lorsque, dans une instance entre deux ou plusieurs particuliers, il prend part à la discussion dans l'intérêt de l'un ou l'autre, et pose ses conclusions à l'audience, c.-à-d. donne son avis. Ici, il est pour ainsi dire l'avocat de la loi; il parle le dernier et aucune réplique n'est permise aux parties.

Dans toutes les causes, le ministère public a le *droit* de poser ses conclusions; mais son intervention étant, en règle générale, facultative, il use rarement de sa prérogative.

Dans certaines causes, c'est un *devoir*, une obligation pour le ministère public de prendre des conclusions à l'audience : dans ces cas spéciaux, on dit que l'*affaire est sujette à communication*, parce que les pièces du procès doivent être remises au ministère public quelques jours d'avance, afin qu'il puisse les étudier et conclure en connaissance de cause.

CAUSES SOUMISES A LA COMMUNICATION. — D'après l'art. 83, ce sont celles concernant :

1° L'*Ordre public*, — l'*État*, — le *Domaine*, — les *Communes*, — les *Etablissements publics*, — les *Dons aux pauvres*.

2° L'*Etat des personnes* (par ex., désaveu de paternité, nullité de mariage, séparation de corps), — et les *Tutelles*.

3° Les *Déclinatoires sur incompétence* (b).

4° Les *Réglements de juges*, — les *Récusations* — et les *Renrois pour parenté ou alliance* (c).

5° Les *Prises à partie* (d).

6° Les *Causes des femmes non autorisées par leurs maris*, ou même *autorisées losrqu'il s'agit de leur* DOT *et qu'elles sont mariées sons le régime dotal*.

Ainsi, la femme autorisée de son mari n'a pas besoin de la

(a) Lorsque des délits sont commis à main armée sur le territoire d'une commune, le ministère public doit se porter partie principale; mais si la partie lésée agit, il devient partie jointe (l. 10 vend. an IV, tit. 3, a. 9).

En matière *domaniale*, le ministère public ne représente plus l'Etat, c'est le préfet; mais celui-ci peut le charger de la défense de l'Etat. Le ministère public ne peut s'y refuser, mais après avoir lu les mémoires du préfet à l'audience, il peut se porter partie jointe et conclure contre l'Etat (A. 10 therm. an IV).

(b) Voy. Tit. IX. — (c) Liv. II, Tit. XIX, XX, XXI. — (d) Liv. IV, Tit. III.

protection du ministère public, mais il est un cas où l'intérêt public exige la communication : c'est lorsqu'il s'agit de la *dot* sous le régime dotal.

Sous tous les régimes, il y a une *Dot ;* mais, sous le régime dotal, cette dot offre cette particularité, qu'elle est, sauf exception, *inaliénable* (*a*), c -à-d. que les biens dotaux ne peuvent être aliénés, ni par le mari seul, ni par la femme seule, ni par tous les deux ensemble (1554, c. civ.). Cette disposition a pour but de garantir à la femme la restitution de sa fortune entière à la fin du mariage. Or, pour éluder cette prohibition gênante de la loi, les époux auraient pu, en simulant un procès, déguiser une aliénation : par ex., faire revendiquer un immeuble par le tiers auquel ils veulent vendre, et se laisser déposséder en n'opposant aucune défense sérieuse. C'est pour déjouer cette fraude et faire observer la loi que le ministère public doit prendre connaissance des affaires concernant la dot sous le régime dotal (*b*).

7° Les causes des *Mineurs*, et généralement toutes les causes où l'une des parties est défendue par un curateur, par ex , le curateur au ventre (393, c. civ.), — le curateur à une succession vacante (*c*).

8° Celles concernant les personnes *présumées absentes*.

Quant aux *absents déclarés*, ils sont représentés par les envoyés en possession provisoire, qui ont intérêt à bien les défendre (134, c. civ.).

Enfin, le *Tribunal* peut *ordonner d'office* la communication, — et la *Loi* elle-même prescrit cette formalité en dehors des cas énumérés par l'art. 83 ; ex. : désaveu d'un officier ministériel (359) (*d*).

(*a*) *Quid* si les biens dotaux sont déclarés *aliénables* par le contrat de mariage ? On exige généralement la communication, même dans ce cas, parce que l'art. 83 ne distingue pas, et, en outre, parce qu'il y a souvent des conditions à remplir en cas d'aliénation et que le ministère public pourra veiller à leur accomplissement.
Quid si la dot est *mobilière?* Controverse.
Mais s'il s'agit de biens *paraphernaux*, il n'y a pas lieu à communication, car ces biens sont en dehors de la dot et sont aliénables.

(*b*) Il ne faut pas prendre l'article à la lettre, comme on l'a soutenu, et dire qu'il n'y a lieu à communication que dans les causes où la femme agit *elle-même*. S'il en était ainsi, l'article serait à peu près inutile, puisque sous le régime dotal c'est le mari qui exerce *toutes* les actions de sa femme (a. 1519), la communication n'aurait donc lieu qu'en cas de séparation de biens, seul cas où la femme exerce elle-même ses actions (1563, 1445).

(*c*) Quant aux causes intéressant les *prodigues*, elles ne sont pas soumises à communication par ce que le prodigue assisté de son Conseil est apte à faire toute espèce d'actes, 513, c. civ.

(*d*) En outre, en matière de cession de biens (900), — d'assistance judiciaire (l. 30 janvier 1851, a. 15). — Incidents sur saisie immobilière (718), — Ordres et Contributions (668).

FORMES *de la Communication*. — (Décret de 1808.) — La communication se fait par le dépôt du dossier au parquet *3 jours* avant celui indiqué pour les plaidoiries (*a*). Mais la loi n'ayant pas prescrit ce délai à peine de nullité, en pratique, les avoués remettent le plus souvent les pièces le matin de l'audience et même pendant l'audience.

La communication, ordonnée d'office par le tribunal, n'a lieu qu'après les plaidoiries ; dans ce cas, le ministère public peut demander un sursis pour étudier l'affaire.

CONCLUSIONS DU MINISTÈRE PUBLIC. — Le ministère public est tenu de donner ses conclusions oralement et publiquement, mais il n'est pas forcé de prendre la défense des personnes dans l'intérêt de qui est faite la communication ; il peut donner un avis défavorable à leurs prétentions.

Aucunes formes n'ont été prescrites ; quelquefois, le ministère public développe ses conclusions, mais le plus souvent il se contente de se lever de son siége et de dire : *Je m'en rapporte à la prudence du tribunal.* Est-ce bien là le vœu de la loi ? Ne serait-il pas plus conforme à l'esprit du Code de donner un avis quelconque, même sans le motiver ?

Le ministère public n'a que le droit de conclure à l'audience, il n'a pas le droit d'assister aux délibérations du tribunal dans la chambre du conseil. Mais peut-il proposer d'office des moyens de défense non invoqués par les parties ? (*b*).

Si, en matière *criminelle*, la parole appartient toujours en dernier à l'accusé, en matière *civile*, au contraire, il est de principe que ni l'une ni l'autre partie ne peut répliquer au ministère public, quand il est partie jointe. On donne un double motif à cette règle : on dit d'abord, qu'étant désintéressé au débat, le ministère public présente ses conclusions avec impartialité, et que, dès lors, la réplique est sans utilité ; en second lieu, dit-on, ce serait porter atteinte à son caractère élevé que de soumettre ses conclusions à la discussion (*c*). Toutefois, comme le ministère public n'est pas infaillible, il est permis aux parties de transmettre immédiatement au tribunal des notes écrites, afin

---

(*a*) Le mot **Parquet** s'emploie dans 2 sens : ici il désigne les bureaux du ministère public, quelquefois il désigne les membres eux-mêmes.
Le **Dossier** est l'ensemble des actes de procédure et des pièces du procès réunis par ordre de date dans une forte enveloppe de papier.

(*b*) On admet qu'il peut d'office invoquer le défaut de préliminaire de conciliation, mais quelques autres lui refusent le droit de faire rejeter un appel formé après les délais.

(*c*) Le Code de Genève a repoussé la prohibition de répliquer, comme étant aussi contraire à l'intérêt de la vérité qu'à la dignité du ministère public.

de rectifier les erreurs qu'il aurait pu commettre. Mais ce cor-
rectif est insuffisant, car ces notes écrites, remises au moment de la délibération, restent secrètes, en sorte qu'elles peuvent contenir des moyens nouveaux, que la partie adverse ne
peut réfuter.

Les conclusions du ministère public sont toujours données
de vive voix, même dans les affaires instruites par écrit ; il n'y
a d'exception que pour les homologations de délibération du
conseil de famille, où il met son avis au bas de l'ordonnance
requérant la communication (886).

DÉFAUT DE COMMUNICATION AU MINISTÈRE PUBLIC. — Qu'arrive-
t-il, si la communication n'a pas eu lieu, dans le cas où elle est
exigée par la loi, ou plutôt si le ministère public n'a pas conclu ?
car ce sont ses conclusions à l'audience qui sont exigées bien
plus que la communication du dossier par les parties. Il faut
distinguer d'abord si le jugement est en premier ou en dernier
ressort. — Au 1er cas, les 2 parties peuvent faire appel. — Au
2e cas, la partie dans l'intérêt de qui la communication est
exigée a seule le droit de se plaindre. Il est de principe, en
effet, que les incapables *seuls* peuvent invoquer le défaut de formalités requises en leur faveur. Quant à la partie protégée,
elle ne peut pas toujours attaquer le jugement ; on distingue si
elle a triomphé — ou si elle a succombé : le jugement a-t-il été
rendu *en sa faveur ?* elle ne peut pas non plus l'attaquer, car
elle n'y a aucun intérêt ; — a-t-il été rendu *contre elle ?* alors
elle peut en demander la nullité par une voie extraordinaire
et spéciale aux jugements en dernier ressort, qu'on appelle
Requête civile (480). (Voy. liv. III, tit. 2) (*a*).

(*a*) Si les 2 parties étaient incapables, par ex 2 mineurs plaidant l'un contre l'autre.
alors celui qui a succombé pourrait seul se plaindre

Titre V. — Des Audiences, de leur publicité et de leur police.

PLAIDOIRIES. — Si le ministère des *Avoués* est indispensable, l'assistance des *Avocats* n'est que facultative pour les parties ; les plaideurs peuvent, assistés de leurs avoués, se défendre eux-mêmes ; mais le tribunal a la faculté de leur retirer ce droit, s'il reconnaît que la passion ou l'inexpérience les empêche de discuter avec la décence convenable ou la clarté nécessaire pour l'instruction de l'affaire. Toute personne peut plaider sa cause, femme ou mineur ; la personne contre laquelle on demande l'interdiction peut aussi se défendre elle-même. Au reste, les plaidoiries ne sont pas indispensables : les parties peuvent se contenter de faire lire leurs conclusions par les avoués, et il ne leur est pas désigné d'avocat d'office, comme en matière criminelle.

Mais si elles désirent faire plaider leur cause, doivent-elles absolument s'adresser à un avocat ? Controverse. Les uns étendent aux matières civiles la faculté accordée en matière criminelle (295 I, c.), de se faire défendre par un parent ou un ami avec l'autorisation du Président du tribunal. D'autres pensent que les avocats ont seuls le droit de plaider au civil.

Quant aux Avoués, ils ne peuvent plaider que sur les incidents de procédure ou sur les demandes incidentes de nature à être jugées sommairement. Mais devant les tribunaux où le nombre des Avocats est insuffisant, les Avoués, licenciés ou non, ont le droit de plaider (a). Cela a lieu dans beaucoup de petites villes.

Bien que les membres des tribunaux et les officiers du ministère public soient licenciés, il leur est interdit de prendre la défense des particuliers, soit verbalement, soit par écrit, même à titre de consultation, tant devant les tribunaux où ils exercent leurs fonctions que devant les autres. Toutefois, ils peuvent plaider devant tous les tribunaux leurs causes personnelles et celles de leurs femmes, parents ou alliés en ligne directe, et de leurs pupilles. Cette prohibition ne s'applique pas aux juges *suppléants*, mais elle s'applique aux juges *honoraires*.

(a) O. 27 février 1822. — Toutefois, les avoués reçus licenciés dans l'intervalle de la loi de ventôse an XII au décret de juillet 1812, ont le droit de plaider.

Lorsque les juges trouvent la cause suffisamment instruite, le président doit faire cesser la plaidoirie (D. 30 mars 1808). Mais, bien qu'il ait la police de l'audience, il ne peut seul retirer la parole dans ce cas; ce droit appartient au tribunal.

Outre les plaidoiries, les parties sont libres de remettre aux juges des mémoires manuscrits ou imprimés.

TENUE DES AUDIENCES. — *Publicité.* — Le principe de la publicité, applicable aujourd'hui, même en matière pénale, était déjà consacré dans notre ancienne jurisprudence, en matière civile.

La publicité de l'audience est une garantie de la bonne administration de la justice, car la présence du public sollicite les juges à bien remplir leurs devoirs.

Cependant, il est certaines affaires où, par exception, la publicité serait un inconvénient et où le *huis-clos* est ordonné, soit par la loi elle-même (adoption, 355, divorce, 241, c. civ.), soit par les tribunaux. Mais les plaidoiries seules ont lieu à huis-clos, le jugement doit toujours être rendu publiquement (l. 20 avril 1810).

Police. — Elle appartient au Président; les assistants doivent se tenir découverts dans le respect et le silence, mais les juges et les avocats restent couverts. Tout ce que le président ordonne pour le maintien de l'ordre doit être exécuté ponctuellement et à l'instant. Si quelqu'un trouble le silence ou donne des signes d'approbation ou d'improbation, soit aux paroles des défenseurs, soit aux paroles ou actes des membres du tribunal, il est averti par l'huissier audiencier; s'il ne rentre pas dans l'ordre sur-le-champ, il est expulsé; s'il fait résistance, il est saisi et déposé à la maison d'arrêt pendant 24 heures. Lorsque l'auteur du trouble remplit une fonction près le tribunal, il peut, outre la peine ci-dessus, être suspendu de ses fonctions. Si le tumulte est accompagné d'injures ou de voies de fait, constituant une *contravention* ou un *délit*, le délinquant est condamné sur-le-champ (505, i. c., 91).

S'il s'est rendu coupable d'un *crime*, le juge ou le tribunal le fait arrêter, dresse un procès-verbal, et renvoie devant les magistrats compétents (506, i. c., 92). Enfin, si ce fait se passait devant une Cour, la condamnation pourrait avoir lieu séance tenante et sans jury (507, i. c.).

Titre IV. — Des Délibérés et Instruction par écrit.

La loi a réuni sous le même titre deux choses distinctes : le *délibéré* et l'*instruction par écrit* ; c'est sans doute parce que l'instruction par écrit donne toujours lieu à un délibéré, et qu'autrefois ces deux choses constituaient la procédure des *appointements* (a). Il sera traité des *délibérés* seulement au titre suivant.

L'instruction d'une affaire déjà avancée par les écritures est ordinairement complétée par les plaidoiries des avocats et les conclusions du ministère public ; en sorte que le tribunal, étant suffisamment éclairé, rend son jugement le jour même des débats. Mais quelquefois, les juges, désirant examiner les dossiers, discuter entre eux la décision, enfin préparer la rédaction de leur sentence, renvoient à une autre audience pour prononcer.

C'est ce qu'on apelle le DÉLIBÉRÉ.

Quelquefois aussi, à raison de la longueur des débats, ou de la nécessité d'examiner avec soin des pièces nombreuses ou très-importantes, les juges *commettent* (désignent) l'un d'entre eux pour faire un *rapport* sur l'affaire à une audience prochaine.

C'est ce qu'on appelle le Délibéré sur rapport (b).

L'instruction d'une affaire devant le tribunal est le plus souvent orale, c.-à-d. qu'elle se fait par plaidoiries ; mais lorsqu'une affaire paraît compliquée ou difficile à suivre, le tribunal, craignant qu'un débat oral ne l'éclaire pas suffisamment, ordonne que l'instruction se fera par écrit, c.-à-d. par mémoires

(a) On appelait **Appointement** le fait par les juges d'ordonner une instruction plus complète ou de renvoyer leur jugement à une autre audience. On en distinguait plusieurs sortes ;

1° L'**Appointement en droit**, c'est le jugement qui ordonne dans les causes s'appuyant sur des titres que les parties remettent leurs pièces au greffe avec leurs mémoires (*avertissements*) contenant leurs moyens de droit, afin qu'il soit fait un rapport par un juge et statué en chambre du conseil. Cela correspond à notre *instruction par écrit*, sauf que le jugement est aujourd'hui rendu publiquement.

2° L'**Appointement à mettre**, qui consistait à ordonner la remise des pièces entre les mains d'un juge rapporteur avec mention sommaire des arguments que les parties en tirent. Il y était également statué en chambre du conseil. Il n'y a rien d'analogue à cela aujourd'hui.

3° L'**Appointement de délibéré**, lorsque les juges chargent l'un d'eux de faire un rapport sur l'affaire. C'est ce qu'on appelle le *délibéré sur rapport*. Le jugement est arrêté en chambre du conseil, mais il est prononcé à l'audience.

4° Il y avait aussi le **Délibéré** ordonnant que le tribunal se retirera en chambre du conseil pour examiner l'affaire, après quoi le jugement sera prononcé à l'audience.

(b) Le jugement qui ordonne le délibéré n'a pas besoin d'être levé ni signifié. Si l'une des parties ne remet pas ses pièces, la cause est jugée sur les pièces de l'autre.

au lieu de plaidoiries, et que l'un des juges fera un rapport à l'audience.

On emploie cette procédure dans les affaires de comptes ou de généalogie ; au reste, on y recourt rarement (*a*).

Le Délibéré simple et le Délibéré sur rapport ne sont ordonnés qu'*après* les débats terminés ; quant à l'instruction par écrit, elle est, au contraire, ordonnée le plus souvent *avant* les débats, et même au cours de l'instance. Les juges peuvent l'exiger, soit d'office, soit sur la demande des parties. Leur jugement doit être rendu à l'*audience* et à la pluralité des voix. Il désigne un juge rapporteur et fixe le jour auquel le rapport sera fait (*b*).

PROCÉDURE DE L'INSTRUCTION PAR ÉCRIT. — Le demandeur doit *lever* et *signifier le jugement* qui ordonne l'instruction par écrit. Il a *15 jours*, à partir de cette notification, pour *signifier une Requête* (ou mémoire) contenant ses Moyens et ses Conclusions. Cet acte remplace les plaidoiries. Il y joint un *état de pièces*, c.-à-d. l'énonciation des pièces invoquées au soutien de sa demande. — Dans les *24 heures* de cette nouvelle signification, — il doit encore produire, c.-à-d. déposer au greffe les pièces mentionnées dans la requête ; enfin, dans le même délai, *signifier sa production* au défendeur.

Le Défendeur, de son côté, a *15 jours*, à partir de cette production, pour prendre connaissance des pièces déposées au greffe et *signifier sa réponse* avec un état de pièces à l'appui (*c*). — Dans les 24 heures de cette signification, il doit remettre au greffe les pièces produites par son adversaire, — faire à son tour la production de ses propres pièces, — et signifier cet acte à son adversaire (*d*).

Le Demandeur a encore un délai de *8 jours* pour prendre communication des pièces produites par le défendeur et répon-

---

(*a*) Quant aux affaires de l'enregistrement, elles sont toujours instruites par écrit, mais comme elles n'exigent pas le ministère des avoués, elles ne sont pas soumises à toutes les formes de cette procédure.

(*b* Ces précautions tendaient autrefois à éviter un abus. En effet, les juges obtenant de plus fortes *épices* dans les instructions par écrit, on craignait qu'ils n'accordassent trop facilement ce genre de procédure. Mais aujourd'hui, il n'y aurait pas d'inconvénient à ce que le jugement fût rendu en chambre du conseil.
On appelait **Epices** les gratifications et honoraires qu'on donnait aux juges.

(*c*) Le greffier, sur un récépissé, donne les pièces aux avoués, qui ne doivent les garder que 24 heures, il y a contre eux des peines sévères s'ils ne rétablissent pas les pièces au greffe dans le délai voulu (106-108),

(*d*) Les parties peuvent signifier des pièces nouvelles, mais celle qui fait une nouvelle production supporte les frais d'écritures sans pouvoir les répéter, il n'en est pas de même de la partie adverse: on lui accorde le droit de répondre dans la huitaine (101-103).

dre au moyen d'une nouvelle Requête, laquelle ne peut excéder 6 rôles; on ne passe en taxe aucunes autres écritures (a).

La partie la plus diligente requiert du greffier qu'il remette les pièces.

Le Greffier, ces productions étant faites (ou le délai pour les faire étant expiré), remet les pièces au juge rapporteur en lui faisant signer le registre de production.

Le Juge rapporteur résume les faits et les moyens invoqués et lit son rapport à l'audience sans donner son avis Les Défenseurs (avoués ou avocats) n'ont, sous aucun prétexte, la parole après lui; ils peuvent seulement remettre sur-le-champ au président de simples notes énonciatives des faits sur lesquels ils prétendraient que le rapport a été incomplet ou inexact.

Le Ministère public, s'il y a lieu à communication, est entendu en ses conclusions à l'audience; il les donne de vive voix.

Enfin, le Tribunal rend son jugement.

Les pièces sont ensuite remises au greffe par le rapporteur, qui s'en décharge en signant de nouveau le registre; elles sont alors rendues aux avoués, qui déchargent le greffier en signant à leur tour (b).

On a supposé jusqu'ici, que les parties avaient fait, de part et d'autre, leurs significations et productions. Qu'arrive-t-il dans le cas contraire? Si le demandeur ne produit pas dans le délai fixé, le défendeur fait alors sa production, et le demandeur n'a que 8 jours pour prendre communication et contredire; ce délai passé, il est procédé au jugement sur les pièces du défendeur. — Si c'est le défendeur qui ne produit pas, à l'expiration du délai on procède au jugement sur les pièces du demandeur.

Les jugements rendus sur les pièces de l'une des parties, faute par l'autre d'avoir produit, quoique étant des jugements par défaut, ne sont *pas susceptibles d'Opposition*. L'Opposition est une manière particulière d'attaquer les jugements par défaut; elle est basée sur cette présomption, que le défendeur a ignoré le jugement. Mais en cette matière, l'Opposition n'est admise que contre le jugement qui ordonne l'instruction par écrit, parce

(a) S'il y a plusieurs défendeurs ayant des avoués et des intérêts différents, ils ont chacun et successivement un délai de quinzaine pour prendre communication, répondre et produire (97, 100 et 101).

(b) Il existait autrefois un abus : afin d'augmenter les frais de son adversaire, celui qui gagnait son procès faisait, après le jugement, insérer dans sa requête des cahiers de prétendus moyens qui n'avaient jamais été signifiés. Le Code a rendu désormais cette frande impossible en prescrivant aux avoués de déclarer au bas des originaux et copies de toutes les requêtes et écritures, le nombre des rôles qu'elles comprennent. Cette déclaration doit aussi être énoncée dans l'acte de produit, à peine de rejet de la taxe (104).

que ce jugement peut être ignoré du défendeur ; elle ne l'est pas
sur le jugement définitif, parce que le défendeur est réputé avoir
été averti par les significations successives qu'exige la procédure par écrit. De là le nom de jugement par Forclusion (de *forum
claudere*) pour indiquer que la porte du tribunal est fermée au
défaillant et ne lui sera pas ouverte par la voie de l'Opposition.

Quant à l'Appel, il est néanmoins possible lorsque le jugement est en 1er ressort (*a*).

— 5me *Leçon.* —

Titre VII. — Des Jugements.

Le mot JUGEMENT, dans son sens général, désigne toute décision
d'un tribunal ou d'un juge sur les affaires qui lui sont soumises.

Dans un sens spécial, le Jugement est la décision émanée des
tribunaux proprement dits (c.-à-d. justice de paix, tribunal
d'arrondissement ou de commerce).

Par opposition, on appelle :

Arrêt, la décision prononcée par une *Cour* (cour d'appel,
cour de cassation).

Ordonnance, celle rendue par un *Président* seul ou par un juge
commissaire (*b*).

Sentence, celle émanée des *Arbitres*.

DIVISION DES JUGEMENTS. — Selon le rapport sous lequel on
les considère, les jugements se divisent en :

Définitifs — ou *avant faire droit.*
Contradictoires — ou *par défaut.*
En 1er ressort — ou *dernier ressort.*
Exécutoires — ou *non exécutoires par provision.*

Jugements définitifs — ou **Avant faire droit**. — Le
jugement Définitif est celui qui termine une contestation en donnant la solution sur le fond même du procès, de telle sorte que

---

(*a*) Tant que le juge n'a pas fait son rapport, les productions faites après l'expiration
des délais sont admises ; mais une fois le rapport fait sur ce qui est produit, il y a déchéance
pour l'autre partie.

(*b*) Elles ont ordinairement en vue des mesures provisoires et d'urgence, mais ne portent pas sur le fond, par ex. l'autorisation de citer à bref délai (72). Celles des Juges de
paix s'appellent Cédules lorsqu'elles permettent de citer sans Avertissement, ou abrègent
les délais de la citation.

On appelle **Juge Commissaire** le juge désigné par le tribunal pour diriger certaines
procédures, par ex. une enquête, une expertise (255-305).

le tribunal n'a plus à s'occuper de l'affaire, ou tout au moins qui statue sur une exception proposée; par ex., sur la compétence (a).

Les jugements Avant faire droit (ou *avant dire droit*) ordonnent certaines mesures, soit pour cause d'urgence, soit pour faire avancer le procès, mais jamais ils ne le terminent.

On en distingue 3 espèces :

Les *Provisoires*.
Les *Préparatoires*.
Les *Interlocutoires*.

Le jugement PROVISOIRE est celui qui décide, pour le moment, certaines questions urgentes, sauf à revenir sur cette décision dans le jugement définitif. Les juges reconnaissant que la décision sur le fond ne peut être rendue prochainement, accordent immédiatement mais provisoirement à la partie qui le réclame, soit une somme d'argent pour subsistance par exemple, soit une mesure pour la conservation de l'objet litigieux. Tel est le jugement qui, au début d'une instance en séparation de corps, accorde à la femme une pension alimentaire pendant le cours du procès.

Ainsi encore : Je réclame un cheval ou une maison; mais je crains que pendant l'instance mon adversaire, possesseur de l'objet litigieux, ne le fasse périr ou ne le détériore; je demande le séquestre, c.-à-d. la remise de l'objet entre les mains d'un tiers désigné par le tribunal. Le jugement qui ordonnera le séquestre sera *provisoire*. (Voy. tit. VII, § VIII).

Le jugement PRÉPARATOIRE est celui qui ordonne certaines mesures propres à compléter l'instruction de l'affaire et à préparer une solution définitive, mais *sans préjuger le fond*, c.-à-d. sans faire pressentir quelle sera la décision définitive. Tel est le jugement ordonnant une communication de pièces, — une instruction par écrit, — la jonction de 2 causes connexes; il n'y a rien là, en effet, qui indique en quel sens le tribunal jugera le fond de l'affaire.

Le jugement INTERLOCUTOIRE a aussi pour but des mesures relatives à l'instruction, mais à la différence du préparatoire, il *préjuge le fond*, c.-à-d. qu'il fait prévoir quelle sera la décision définitive.

(a) **Définitif** ne veut pas dire inattaquable, exempt de recours; ainsi le jugement d'un tribunal d'arrondissement sur une demande supérieure à 1,500 fr. est définitif et dessaisit ce tribunal, mais il est susceptible d'appel devant la cour d'appel.

Il n'est pas toujours facile de distinguer si un jugement est interlocutoire ou préparatoire : Ainsi le jugement qui ordonne une enquête, une expertise, une descente sur les lieux, est tantôt préparatoire, tantôt interlocutoire; il faut rechercher, dit-on, si la mesure ordonnée par le tribunal a ou non été contestée et repoussée par la partie adverse (a).

Par ex : Dans une instance en séparation de corps, une femme demande à prouver qu'elle a été injuriée par son mari; si le tribunal s'y refuse, par ce motif que le fait, fût-il établi, n'est pas suffisant, la séparation est rejetée, et le jugement est définitif; si, au contraire, la preuve de l'injure est autorisée, cette décision est interlocutoire, car le tribunal reconnait par là que l'injure est susceptible d'entraîner la séparation, et il indique qu'il la prononcera si elle est prouvée (b).

L'utilité pratique de distinguer l'interlocutoire du préparatoire est au point de vue de l'*appel* et de la *Cassation* : le préparatoire n'ayant pas d'influence sur le fond, on ne peut en appeler qu'après le jugement définitif; au contraire, l'interlocutoire peut être porté en appel avant le jugement définitif afin d'éviter qu'il n'ait quelque influence sur ce dernier (450-451). De même la Jurisprudence admet le pourvoi en Cassation immédiat contre les jugements interlocutoires, tandis que le préparatoire ne peut être attaqué qu'après le jugement définitif rendu et en même temps que lui. Cependant il y a controverse. (Voy. Cassation) (c).

Les juges sont-ils forcés de décider dans le sens de l'interlocutoire? autrement dit : *l'interlocutoire lie-t-il les juges ?* Ainsi, après avoir ordonné la preuve testimoniale, peuvent-ils ne pas condamner, bien que la preuve soit constante ? Il y a controverse.

Quant au jugement *provisoire*, il n'a pas rapport à l'instruc-

(a) Quant au jugement qui ordonne une comparution personnelle ou un interrogatoire sur faits et articles, il est presque toujours préparatoire, celui, au contraire, qui ordonne un prestation de serment est interlocutoire.

b, De même le jugement qui en ordonnant la preuve testimoniale, décide la question de droit sur l'admissibilité de cette preuve (Req 20 juil. 1830). Par ex. : Je demande à prouver par témoins que vous me devez 200 fr.; vous opposez que la preuve testimoniale n'est pas admise au-dessus de 150 fr.; je réplique qu'il s'agit d'un des cas exceptionnels où cette preuve est admise quelle que soit la somme, vous prétendez le contraire. Si le tribunal admet la preuve, son jugement est interlocutoire, car il indique que vous serez condamné si j'établis la dette.

(c Les jugements préparatoires et interlocutoires sont quelquefois appelés *jugements d'instruction*. C'est sous ce nom qu'ils sont opposés au jugement définitif dans l'art. 251.
Il y a, en outre, d'autres jugements avant faire droit qui ne rentrent dans aucune des 3 classes ci-dessus. Ce sont les jugements sur la caution exigée du demandeur étranger, a. 16, — ceux sur la compétence a. 168, — sur la nullité des actes de procédure, a 173 ; ces jugements ne préjugent pas le fond, et cependant on peut en appeler immédiatement. Ils diffèrent donc à la fois des préparatoires et des interlocutoires.

tion de la cause ; en cela il diffère des 2 autres jugements avant faire droit. Mais il ressemble à l'interlocutoire et diffère encore du préparatoire en ce que l'appel peut en être formé sans attendre le jugement définitif. De plus, l'appel n'en suspend pas l'exécution, comme cela a lieu pour les jugements définitifs ou interlocutoires.

Jugements Contradictoires — ou Par défaut. — Le jugement est **Contradictoire** lorsque les 2 parties ont été représentées par des avoués et que ceux-ci ont posé leurs conclusions.

Le jugement est **Par défaut,** soit lorsque le défendeur n'a pas constitué avoué, soit lorsque l'un des avoués constitués n'a pas pris ses conclusions ; dans le 1ᵉʳ cas, le jugement est dit *par défaut contre-partie,* ou faute de comparaître ; dans le 2ᵐᵉ cas, *par défaut contre avoué,* ou faute de conclure.

Les jugements par défaut sont susceptibles d'être attaqués par l'*opposition* et l'*appel ;* — les jugements contradictoires, par l'*appel* seulement.

Jugements en 1ᵉʳ — ou en dernier ressort. — Le jugement est en 1ᵉʳ *ressort* lorsqu'il est susceptible d'*appel.*

Le jugement en *dernier ressort* n'est pas susceptible de ce recours, soit parce que dès le principe l'affaire, en raison de son peu d'importance ou de sa nature, n'était susceptible que d'un seul ressort, et, par conséquent, a été jugée en 1ᵉʳ et dernier ressorts à la fois, — soit parce qu'il s'agit d'un jugement d'a pel, c.-à-d. en 2ᵐᵉ ressort, lequel est toujours le dernier, puisqu'il n'y a jamais que 2 ressorts. Pour savoir si un jugement est en 1ᵉʳ ou dernier ressort, il ne faut pas s'attacher à la qualification donnée par les premiers juges, laquelle pourrait être inexacte.

La possibilité du recours en cassation n'empêche pas que le jugement soit en dernier ressort.

Les jugements en 1ᵉʳ ressort se subdivisent à leur tour en :

Jugements Exécutoires — ou non exécutoires par provision. — Les jugements *exécutoires par provision* sont ceux dont l'exécution peut être poursuivie et achevée malgré l'opposition ou l'appel interjeté. C'est l'exception.

Les *non exécutoires par provision* sont ceux dont l'exécution est suspendue dès qu'il est formé opposition ou appel. C'est la règle générale.

On distingue encore :

Les jugements d'Expédient (ou d'*accord*), c.-à-d. ceux où le tri°
bunal n'a qu'à homologuer les dispositions rédigées et présentées par les avoués, après avoir été arrêtées par les parties. Ex.:
Homologation de partage (466, c. civ.), — ou de transaction
intéressant un mineur (467).

Ce sont des conventions revêtues de la forme d'un jugement,
et rentrant dans la juridiction gracieuse, aussi n'y a-t-il lieu
ni à appel ni à cassation (*a*).

Les jugements sur Requête, c.-à-d. ceux rendus sur la demande
d'une partie qui n'a pas de contradicteur. Tels sont :

Les jugements d'envoi en possession de biens (120,770, c. civ.).

Ceux autorisant un héritier bénéficiaire à vendre les immeubles de la succession (806,987, c. civ.).

Ou ordonnant la rectification d'un acte de l'état civil (855).

Enfin les jugements par Forclusion, c.-à-d. rendus contre une
partie qui n'a pas produit ses titres, soit dans une instruction
par écrit (116),—soit dans 2 autres procédures spéciales : l'*Ordre* (756) et la *Distribution par contribution* (660). C'est une
espèce de jugement par défaut, qui n'est pas susceptible d'être
aux attaqué par l'Opposition.

CONDITIONS des jugements. — Un jugement est régulier
conditions suivantes :

1° Concours du nombre de juges fixé par la loi.
2° Assistance des juges à toutes les audiences de la cause.
3° Délibération secrète.
4° Pluralité des voix (*majorité absolue*).
5° Prononcé de la décision en public.
6° Conformité du jugement avec la demande.

1. — *Nombre de juges.* — Dans les tribunaux d'arrondissement, les juges, pour délibérer, doivent être *3 au moins* et *6 au
plus*. En cas d'empêchement d'un juge, on appelle, pour compléter le tribunal au minimum, un juge d'une autre section (s'il
y en a) ; à son défaut, un juge suppléant, puis un avocat, enfin
un avoué (*b*).

(*a*) Mais on peut les attaquer comme les conventions si le traité est le résultat du dol ou
de la violence. Les créanciers peuvent aussi former tierce opposition.

(*b*) On peut même appeler 2 juges d'une autre section ou 2 suppléants, mais non 2 avocats ou avoués, car il faut que la magistrature soit en majorité. Les juges sont appelés suivant l'ordre de nomination, les avocats et les avoués suivant l'ordre du tableau.

II. — *Assistance des juges aux audiences.* — On n'exige pas que les juges qui s'occupent d'une affaire soient les mêmes depuis la 1re audience jusqu'au jugement définitif. On considère généralement chaque incident produit dans une instance comme une cause distincte; en sorte qu'il peut y être statué par des jugements préparatoires ou interlocutoires émanant de juges différents et autres que ceux qui jugeront le fond.

III. — *Délibération en secret.* — Que la délibération ait lieu dans la salle d'audience ou dans la chambre du conseil, elle doit toujours être secrète; ni le ministère public, ni le greffier n'y assistent.

Le tribunal rend son jugement le jour même de la clôture des débats, — ou il remet à une autre audience pour le prononcer.

S'il le rend le jour même, il peut le faire de 2 manières :

1° Quand la cause est simple, aussitôt les plaidoiries terminées, le Président, séance tenante, et dans la salle même d'audience, recueille les voix et prononce le jugement.

2° Quand l'affaire présente quelque difficulté et que les juges ont à examiner des pièces, à consulter des textes, ils se retirent dans la chambre du conseil pour y délibérer plus à l'aise. Aussitôt la décision arrêtée, ils rentrent en séance et le président prononce le jugement.

Si l'affaire est compliquée, si les juges ont besoin d'examiner les dossiers et de préparer la rédaction de leur jugement, au lieu d'interrompre l'audience pendant un temps trop long, ils renvoient à une autre audience. C'est ce que l'on appelle *mettre la cause en délibéré.* Il y a 2 sortes de Délibérés :

Le Délibéré simple, lorsque le renvoi est prononcé purement et simplement;

Le Délibéré sur rapport, lorsque le tribunal charge un juge de faire un rapport sur l'affaire. Cela a lieu surtout lorsque l'affaire a occupé plusieurs audiences. Il peut même y avoir plusieurs remises successives.

Ainsi, 4 manières d'arrêter un jugement :

1° Su -le-champ, c.-à-d. après délibération à l'audience même.

2° Après délibération en chambre du conseil.

3° Après remise à une autre audience (*délibéré simple*).

4° Après remise et rapport d'un juge (*délibéré sur rapport*).

IV. — *Pluralité des voix* (majorité absolue). — Le président recueille les voix en commençant par le juge dernier nommé, afin que ce juge ne soit pas influencé par l'avis des autres (*a*) Il faut la majorité absolue ; une majorité relative, quelle qu'elle soit, ne suffit jamais (*b*). Quand on ne peut arriver à la majorité absolue, soit directement, soit en forçant la plus faible opinion à se réunir à l'une des plus fortes, on dit qu'il y a *partage*. Dans ce cas, il est rendu, en audience publique, un jugement qui déclare le partage ; puis on appelle un autre juge, et l'affaire est de nouveau plaidée, afin que le juge *d'partiteur* en prenne connaissance. Mais les parties ne peuvent rien changer à leurs conclusions, ni employer de nouveaux moyens de preuve.

Voici les différentes hypothèses qui se présentent :

1° **Tous les juges sont du même avis**, il y a alors *Unanimité* (*c*).

2° **Deux opinions se forment**, il y a dans cette hypothèse :

— *Majorité absolue*, si le tribunal siége en nombre impair (ce qui arrive le plus souvent), le jugement est alors prononcé ;

— Ou *Partage*, si le tribunal siége en nombre pair et si les 2 opinions ont le même nombre de voix ; dans ce cas, on recommence les plaidoiries en présence d'un juge départiteur (*d*).

3° **Trois opinions sont émises**, on distingue plusieurs cas :

— L'opinion la plus forte réunit à elle seule plus de voix que les 2 autres ensemble. Dans ce cas, il y a une majorité absolue. Ex. : sur 5 juges, il y a 2 opinions à une voix et une opinion à 3 voix.

— Ou 2 opinions (égales ou inégales entre elles) sont plus

(*a* **Confusion des voix.** — En principe, il est défendu, comme autrefois, de nommer à un tribunal le père et le fils, le beau-père et le gendre, 2 frères, l'oncle et le neveu ; mais le gouvernement peut accorder des dispenses pour les tribunaux de 8 juges au moins (D 20 avril 1810 a. 63). Comme tempérament, on admet encore la *confusion des voix*, c.-à-d que les voix de 2 juges parents et dispensés ne comptent que pour une lorsqu'ils sont de la même opinion ; mais chaque voix compte séparément si ces juges sont d'opinion opposée.

(*b*) Il y a **Majorité absolue** lorsqu'une opinion réunit à elle seule non pas la moitié de toutes les voix plus une, mais plus de la moitié des voix. Ainsi cette opinion est plus forte que toutes les autres Ex : 2 voix sur 3 ; 3 voix sur 4 ou sur 5 ; 4 voix sur 6 ou sur 7.

Il y a **Majorité relative** lorsqu'une opinion est plus forte que les autres prises isolément, mais inférieure à ces opinions réunies Ainsi, sur 4 voix, supposons 3 opinions : 2 opinions à une voix, la troisième de 2 voix, cette dernière a la majorité relative, car bien qu'inférieure aux 2 autres réunies, elle est toujours supérieure à l'une d'elles. De même, si, sur 7 voix, il y a trois opinions, dont une seule de 5 voix et les 2 autres de 2 voix chacune.

(*c*) Le jugement n'indique jamais s'il est rendu à la majorité ou à l'unanimité.

(*d*) Le juge départiteur n'est pas appelé pour trancher seul la question, les autres juges sont libres de modifier leur opinion tant que le jugement n'est pas prononcé.

fortes chacune que la 3ᵐᵉ. Dans ce cas, les juges de la plus faible opinion sont tenus de se réunir à l'une ou à l'autre des 2 opinions plus fortes. Toutefois, on doit auparavant recueillir les voix une seconde fois. Ex. : 3 personnes revendiquent une maison : sur 5 juges, 2 sont pour Primus, 2 autres sont pour Secundus, et 1 pour Tertius. On va aux voix une seconde fois, et si le résultat est le même, le juge favorable à Tertius doit prendre parti pour Primus ou pour Secundus.

— Ou bien une opinion seulement est forte, mais elle est inférieure aux 2 autres réunies, lesquelles sont égales entre elles. Ex. : Sur 7 juges, 2 opinions sont de 2 voix chacune, la 3ᵐᵉ de 3 voix. (Ou bien, sur 4 juges, il y a deux opinions à une voix, et la 3ᵐᵉ opinion à 2 voix.) Ici, les deux opinions faibles étant égales, on ne peut forcer l'une plutôt que l'autre à se sacrifier. La majorité relative n'étant jamais admise, il y a nécessairement *partage*.

— Enfin, si les 3 opinions sont égales entre elles, il y a encore partage. Ainsi, sur 3 juges, 3 opinions d'une voix chacune ; — sur 6 juges, 3 opinions de 2 voix (*a*).

V. — *Prononcé de la décision en public.* — Que les débats aient eu lieu publiquement ou à huis-clos, le jugement est toujours prononcé en audience publique.

Il n'y a d'exception qu'en matière d'adoption : le jugement de 1ʳᵉ instance, qu'il admette ou rejette l'adoption, ainsi que l'arrêt de la cour, en cas de rejet, ne sont pas prononcés à l'audience ; seul l'arrêt d'admission est prononcé publiquement (358, c. civ.).

En outre, en matière de discipline judiciaire, les jugements portant suspension ou destitution d'un membre attaché au tribunal sont rendus en chambre du conseil (D. 30 mai 1808, a. 102). Mais, en ce qui concerne les notaires, les jugements sont rendus à l'audience (l. 25 vent. an XI, a. 53).

---

a) Il ne faut pas croire que toutes les fois qu'on obtient trois opinions égales entre elles, il y ait nécessairement *partage* et que l'on soit obligé d'appeler un nouveau juge. Il peut se faire que 2 de ces opinions aient au fond une même manière de voir et qu'elles varient seulement dans le degré de la condamnation ; alors elles forment, vis-à-vis de la 3ᵉ, une sorte de majorité. Par ex. sur 3 juges statuant sur des dommages et intérêts, l'un accorde 200, l'autre 100, le 3ᵉ rien ; 2 juges étant d'avis d'accorder une idemnité, il y a, dit-on, sur cette question, majorité. Reste à fixer le taux ; sur ce point, les uns veulent que le 3ᵉ juge se réunisse à l'un de ses collègues, qu'il opine pour 200 ou pour 100, à son choix ; — les autres disent que 200 comprenant 100, il y a deux voix pour 100, c.-à-d. majorité.

Dans le cas où, sur 6 juges, il y a 3 opinions de 2 voix chacune, combien faut-il appeler de départiteurs ? La loi parle d'un seulement. Mais si chaque juge maintient son avis, l'opinion la plus forte sera de 3 sur 7, ce qui ne forme qu'une majorité relative. Que, si l'on en appelle 2, il en sera peut-être de même, car s'ils se réunissent tous les 2 à la même opinion, on aura 4 voix sur 8, ce qui ne donnera pas la majorité absolue, et comme les 2 opinions plus faibles sont égales, aucune n'est tenue de se sacrifier. Heureusement, ce cas se présente rarement.

VI. — *Conformité du jugement avec la demande.* — Le jugement doit prononcer sur *toutes* les questions contenues dans les
conclusions tant principales que subsidiaires des parties, et il
ne peut statuer sur des points qui ne seraient pas compris (a).
Toutefois, il peut prononcer la condamnation aux dépens, bien
que les parties n'aient pas conclu.

. Mais les moyens de preuve peuvent, en général, être invoqués
d'office, par ex. les juges peuvent ordonner une enquête, une
expertise.

Dans les motifs, ils peuvent s'appuyer sur des moyens de
droit omis par les parties, par ex. invoquer un texte de loi passé
sous silence par les parties, mais ils ne peuvent suppléer
d'office le moyen résultant de la *prescription* (a. 2223).

Enfin, les juges peuvent proposer d'office certaines fins de
non-recevoir, telles que l'incompétence et le défaut de tentative de conciliation.

(a) Excepté lorsqu'il s'agit d'*Ordre public*; ainsi en matière de séparation de corps, le
tribunal peut, sur la réquisition du ministère public, condamner la femme à la peine de
: adultère, bien que le mari ne l'ait pas demandé (c. civ. 308).

DIVERSES MATIÈRES CONTENUES DANS LE TITRE DES JUGEMENTS.

Outre les règles sur la formation et le prononcé des sentences expliquées ci-dessus. le titre des jugements (a. 116 à 148) contient, en outre, des dispositions sur la Rédaction de la Minute et l'Expédition des jugements (138-146) ainsi que sur leur Signification et Exécution (147-148).

Il serait peut-être plus méthodique que ces matières fussent traitées de suite; cependant, elles sont renvoyées à la fin de ce titre, place qu'elles occupent dans le Code.

Il sera donc parlé, auparavant, des autres dispositions, dont les unes ont trait à des mesures d'*instruction*, les autres à des mesures d'*exécution*. Les 1res font l'objet de jugements préparatoires et interlocutoires, — les 2mes de jugements définitifs.

Les jugements *préparatoires* ou *interlocutoires* ordonnent des mesures d'instruction, telles que :

> La Comparution personnelle des parties (119).
> La Prestation de Serment (120-121).
> L'Interrogatoire sur faits et articles (324-336).
> La Vérification d'écritures (193-213).
> Le Faux incident civil (214-251).
> Les Enquêtes (252-294).
> La Descente sur les lieux (295-301)
> L'Expertise (302-323).

(Les 2 premières mesures sont traitées au titre des jugements, parce qu'elles ne donnent pas lieu à une procédure incidente et que tout se passe à l'audience ; les autres, étant plus importantes et plus détaillées, font chacune l'objet d'un titre spécial.)

Les jugements *définitifs*, outre la décision sur le fond, contiennent des dispositions accessoires relatives à l'exécution de la condamnation, telles que :

> Les Délais de grâce (122-125).
> La Contrainte par corps (126-127).
> Les Dommages-Intérêts (128).
> Les Restitutions de fruit (129).
> Les Dépens du procès (130-133).
> L'Exécution provisoire (134-137).

(Toutes ces matières sont traitées au titre des jugements.)

Avant de traiter séparément des diverses mesures d'instruction à la place qu'elles occupent, il est utile de rappeler dans leur ensemble les *preuves* admises en droit civil.

DES PREUVES (a).

En principe, chaque partie doit établir sa prétention ; de là la double règle :

Actori incumbit probatio, — *Reus in excipiendo fit actor.*

C'est au Demandeur à prouver sa réclamation, — c'est au Défendeur à prouver les faits qu'il oppose pour la contredire ; car à l'égard de ces faits, il est, comme le demandeur, tenu de faire la preuve (1315).

Le Code civil admet 5 genres de preuves ; savoir :

> La preuve littérale,
> La preuve testimoniale,
> Les présomptions,
> L'aveu,
> Le serment.

1° La *Preuve écrite* est toujours admise ; c'est la meilleure, car elle est la plus sûre et la moins altérable.

Pour invoquer un écrit, il suffit d'en signifier copie à l'adversaire et de lui offrir de lui communiquer l'original.

Les plaideurs peuvent toujours se procurer ces copies. D'abord, tout le monde peut, sans autre formalité qu'un salaire déterminé, se faire délivrer copie des jugements, actes de de l'état civil, transcriptions et inscriptions hypothécaires, car les registres du greffe, de l'état civil et des hypothèques sont publics (853).

En outre, chacun a le droit de se faire donner par les notaires ou autres dépositaires publics copie des actes dans lesquels il a été partie intéressée (839).

Enfin, s'il s'agit d'un acte à la confection duquel on a été étranger, bien qu'en principe on n'ait pas le droit d'en demander communication, on peut cependant, si cet acte est utile à la

---

(a) Le mot **Preuve** a 3 sens :

1° Il désigne les *moyens* par lesquels l'intelligence arrive à découvrir la vérité. Ce sont les éléments qui forment la conviction du juge ; tels que écrits, témoignages, présomptions, aveu, serment.

2° Il désigne la *preuve acquise*, c.-à-d. la conviction du juge. On peut avoir invoqué tous les moyens de preuve et ne pas avoir convaincu le juge. Pour lui, il y a ou il n'y a pas preuve, suivant que les moyens invoqués lui paraissent sérieux ou non.

3° Il désigne la *production des moyens* de preuve, c-à-d. le mode de faire valoir les éléments de preuve. Ainsi la production d'un titre — pour la preuve écrite, — l'enquête — pour la preuve testimoniale, — la comparution des parties ou l'interrogatoire — pour l'aveu et le serment.

C'est dans ce dernier sens que la procédure s'occupe des preuves

cause, obtenir du tribunal l'autorisation de s'en faire délivrer copie. La procédure employée à cet effet s'appelle COMPULSOIRE (846 à 852).

Si l'écrit invoqué est contesté, tantôt celui qui l'invoque devra en prouver la sincérité par une procédure appelée VÉRIFICATION D'ÉCRITURES (cela a lieu pour les actes privés) (Voy. tit. x) ;—tantôt il pourra se borner à dire à son adversaire d'en prouver la fausseté en recourant alors à une procédure plus sérieuse, le FAUX INCIDENT CIVIL. (Cela se présente pour les actes authentiques principalement. (Voy. tit. xi.)

2° La *Preuve testimoniale* est, au contraire, exceptionnellement autorisée par la loi et renfermée dans des limites étroites : en effet, elle n'est, en principe, permise que jusqu'à 150 fr.

La procédure employée à cet égard s'appelle ENQUÊTE. (Voy. tit. xii.)

3° Les *Présomptions* sont de 2 sortes : 1° Les présomptions *légales* ainsi appelées parce qu'elles sont écrites dans la loi ; il suffit donc de les invoquer. Mais tantôt la loi les déclare irréfutables (*absolues*), — tantôt elle permet de les combattre par des preuves contraires (*relatives*). — 2° Les présomptions *laissées aux lumières des juges* (on pourrait les appeler *judiciaires*). Les parties s'appuieront sur des faits incontestables et des circonstances connues qu'ils croiront propres à former indirectement la conviction des juges. Ceux-ci pourront aussi, soit d'office, soit sur la demande des parties, recourir aux lumières de tiers plus compétents qu'eux : c'est l'EXPERTISE. (Voy. tit. xiv.)

Ou bien encore se livrer à un examen personnel des objets litigieux : c'est la DESCENTE SUR LES LIEUX. (Voy. tit. xiii.)

4° Quant à l'*Aveu*, il s'obtient en justice de 2 manières : par la COMPARUTION PERSONNELLE des parties devant le tribunal. (Voy. le § i du présent titre), — ou par l'INTERROGATOIRE SUR FAITS ET ARTICLES dans la chambre du Conseil. (Voy. tit. xv.)

5° Enfin le *Serment* s'obtient par la comparution seulement. (Voy. le § ii du présent titre.)

§ I. Comparation personnelle (a. 119).

Lorsque la cause exige des éclaircissements de la bouche des parties elles-mêmes, et qu'on désire provoquer un aveu de la part de l'une ou l'autre partie, on emploie, au choix, 2 moyens :

La *Comparution des parties à l'audience.*

L'*Interrogatoire sur faits et articles en la chambre du conseil* (voy. tit. xv).

Le 1er moyen est nouveau, au moins en procédure civile, — le 2e était déjà admis dans l'ancien droit (a).

La COMPARUTION PERSONNELLE est ordonnée par un jugement, soit sur la demande de l'une des parties, soit d'office par le tribunal.

Elle ne s'applique qu'aux parties en cause, les tiers ne peuvent être appelés au procès qu'à titre de témoins et au moyen d'une procédure particulière appelée *Enquête*. (Voy. tit. xii.)

La Comparution peut être ordonné en toute matière, même dans les cas où la preuve testimoniale n'est pas admissible. En pratique, elle joue un grand rôle ; les juges considèrent souvent ce mode d'instruction comme ayant fourni un commencement de preuve par écrit, et ils s'appuient sur ce fait pour permettre la preuve testimoniale dans les affaires dépassant 150 fr.

Le jugement qui ordonne la Comparution indique le jour où elle aura lieu, le nom des parties et celui des avoués ; mais il ne contient pas les questions qui doivent être posées, afin que les réponses ne soient pas combinées à l'avance (b).

Procédure. — Au jour fixé, les 2 parties se présentent en personne devant le tribunal entier, c.-à-d. en audience publique ; là, chacun des juges peut les interroger sur tous les faits de la cause, en présence l'une de l'autre, ou même isolément ; c'est du moins l'avis général. On admet aussi que le tribunal peut ordonner la comparution d'une seule partie, soit que seule elle puisse donner des renseignements, soit lorsque l'autre est éloignée. Chacune des parties a la faculté d'interpeller l'autre, non directement, mais par l'organe du président; le même droit appartient à leurs défenseurs (c).

(a) En matière *commerciale*, la Comparution personnelle était permise dans l'ancien droit.
(b) Le jugement doit être signifié aux parties, mais, en pratique, on ne le fait pas.
(c) Toutefois, durant l'Interrogatoire, le tribunal ne permet guère aux avoués ou avocats de présenter des observations; autrement, les réponses des parties ne seraient plus spontanées.

Les réponses se font verbalement, et non par écrit. Aucune forme n'étant prescrite par la loi, il n'est pas dressé procès-verbal des déclarations des parties, mais lorsque la cause est sujette à appel, les juges les reproduisent dans le jugement afin qu'une nouvelle comparution ne soit pas nécessaire devant la cour *(a)*.

§ II. Serment (a. 120-121).

Le SERMENT est l'affirmation solennelle d'un fait en prenant *Dieu* à témoin.

Il est *judiciaire* ou *extrajudiciaire*, suivant qu'il est prêté devant la justice — ou en dehors du tribunal.

Le Serment judiciaire est, comme la Comparution personnelle et l'Interrogatoire, un moyen d'obtenir la vérité par la déclaration des parties elles-mêmes. Il tend également à provoquer un aveu en faisant un appel solennel à la conscience de l'adversaire.

Il y a 2 espèces de Serment judiciaire *(b)* :

    1° *Décisoire* (1358, c. civ.).
    2° *Supplétoire* (1366, c. civ.).

Le Serment Décisoire est celui *déféré* par une partie à l'autre pour en faire dépendre le jugement de la cause.

C'est une espèce de transaction *(c)*, car la partie qui, n'ayant aucune preuve de sa prétention, défère le Serment à son adversaire, en disant, par ex. : *Jurez que vous ne m'avez pas emprunté mille francs*, dit implicitement : *Si vous jurez, je consens à perdre mon procès*. Si la partie à qui le Serment a été déféré jure, elle obtient gain de cause ; — si elle refuse, elle est condamnée. Mais elle peut, à son tour, référer le Serment à son adversaire, en lui disant : *Jurez vous-même que vous m'a-*

(a) Voir les différences avec l'Interrogatoire, tit. xv, a. 325-336.

(b) Le serment peut porter soit sur un fait *passé*, soit sur des faits futurs: au 1er cas, il est dit affirmatif; — au 2e cas, promissoire.
Le serment décisoire et le supplétoire sont toujours affirmatifs. En procédure, le serment promissoire n'est employé qu'à l'égard des experts et des témoins (305-262). On l'exige surtout en matière professionnelle, par ex. des juges, des avocats, avoués et autres officiers ministériels. Il n'y a plus de serment politique.
Enfin, en matière civile, la *caution juratoire* exigée de l'usufruitier qui ne peut offrir caution est aussi un serment promissoire.

(c). Mais le serment décisoire diffère de la transaction proprement dite en ce que celle-ci est toujours volontaire, tandis que le serment déféré rend obligatoire la transaction offerte par l'adversaire. Il en diffère encore, d'après certains auteurs, en ce que la transaction tombe par la découverte d'un titre constatant l'absence de droits de la part de d'une des parties, tandis que le serment produit néanmoins ses effets (2057).

vez prêté mille francs. Elle est censée lui dire : *Si vous jurez, ie m'engage à vous payer.* Celui à qui le Serment est référé doit nécessairement jurer ou succomber, car son refus est un aveu tacite.

. La partie qui a déféré ou référé le Serment ayant librement consenti à s'en rapporter à la parole de son adversaire ne peut pas prouver plus tard la fausseté du Serment prêté (c. civ. 1363). Il est admis généralement qu'elle ne peut même pas se porter partie civile, si le faussaire est poursuivi par le ministère public devant les tribunaux correctionnels (366 c. p.) (a).

Le Serment décisoire peut être employé dans toute cause, et en l'absence de toute espèce de preuves, pourvu, toutefois, que la matière soit susceptible de transaction et les personnes capables de transiger (b) ; mais peu importe la nature et la valeur du litige.

Toutefois, il est des faits sur lesquels le Serment ne peut être déféré, par ex. : la partie qui invoque un acte authentique ne peut être tenue de jurer que sa prétention est fondée. Mais cela ne doit s'entendre que des choses attestées *de visu et auditu* par l'officier public, et non des choses qu'il relate comme lui ayant été déclarées ; ainsi on peut déférer le Serment sur la sincérité d'un prix de vente (Grenoble, 10 juillet 1806).

De même on ne peut pas déférer le Serment à celui qui invoque la chose jugée (Cass., 22 août 1822). Non plus pour combattre les autres présomptions légales absolues (c.-à-d. irréfutables) (c. civ., 1352).

Le Serment ne peut être déféré que sur *un fait personnel* à celui auquel il est déféré (c) ; cependant, le code admet la délation de serment à l'*héritier* ou à la *veuve* sur la question de savoir s'ils ont eu connaissance (s'ils *croient*) que le défunt était débiteur, ou s'ils reconnaissent son écriture (2275-1323 c. civ. — 189 c. co.). C'est ce qu'on appelle le Serment de Crédibilité ou de Crédulité (d).

(a) La loi du 13 mars 1863 a correctionnalisé le parjure ; auparavant, c'était un crime puni de la dégradation civique.

(b) Ainsi, on ne peut déférer le serment sur les questions d'état (cass., 12 juillet 1838, — 27 fév. 1839) ; non plus sur la séparation de corps, ni sur un contrat de mariage ou une donation, à défaut d'acte solennel (cass., 21 juillet 1852).

(c) Bien qu'il soit permis d'interroger les *administrateurs* au nom des établissements publics, on ne peut leur déférer le serment au nom d'un établissement, car un être moral n'a pas une conscience. Mais on pourrait déférer le serment à des administrateurs sur leurs faits personnels.

(d) Ce serment peut aussi être déféré aux *tuteurs* des héritiers mineurs.

Le Serment Supplétoire est celui déféré d'office par le tribunal à l'une des parties, pour en faire dépendre la *décision de la cause,* — ou seulement pour déterminer le *montant de la condamnation,* lorsqu'il y a insuffisance de preuve (1366, c. civ.). Ce Serment ne peut être *référé* (1368).

Le tribunal, pour s'éclairer, soit sur la réclamation du demandeur, soit sur l'exception du défendeur, peut déférer le Serment supplétoire à celle des parties qu'il estime la plus digne de foi ; mais il n'est nullement lié par ce serment, et il peut décider contrairement à ce qui a été juré, surtout lorsqu'en découvre ensuite d'autres preuves, par ex. : un écrit.

Le refus de prêter le Serment supplétoire entraine presque toujours la condamnation de la partie interpellée ; cependant, il n'est pas censé être un aveu tacite comme le décisoire. De même, la prestation du Serment supplétoire ne tranche pas la contestation, car la partie adverse n'y ayant pas adhéré, il n'y a pas transaction entre les parties. Aussi, il est généralement admis qu'en appel on peut combattre la preuve résultant de ce serment, même en poursuivre la fausseté devant les tribunaux correctionnels en se portant partie civile. Mais il y a controverse.

Les juges n'ont pas, comme les parties, la faculté de déférer le serment quand bon leur semble : cette faculté est restreinte. Il faut, en effet, les 2 conditions suivantes : — 1° Que la demande ou l'exception ne soit pas pleinement justifiée ; — 2° qu'elle ne soit pas totalement dénuée de preuves. Ainsi, les juges ne peuvent avoir recours au Serment supplétoire, — ni s'il y a absence de preuves, — ni s'il y a preuve complète (1367, c. civ.) (*a*).

Quelquefois, le Serment supplétoire a seulement pour but de déterminer la valeur de la chose demandée, on l'appelle *Jusjurandum in litem* (Serment en *plaids*). Le juge ne peut le

---

(*a*)	DIFFÉRENCES	
Entre le Serment décisoire	et le Serment supplétoire.
Il fait preuve.	Il n'est qu'un supplément et ne fait qu'éclairer le juge
Il entraine la décision du juge.	Il est déféré par le juge à l'une ou l'autre partie.
Il est déféré par une partie à l'autre.	
Il peut être référé.	Il ne peut être référé.
Il est permis même en l'absence de toute preuve.	Il n'est permis que s'il y a un commencement de preuves et s'il n'y a pas preuve complète.
La preuve de la fausseté n'est pas autorisée à la partie adverse.	Cette preuve semble autorisée, mais il y a controverse.
La partie qui l'a déféré ne peut, s'il est accepté, le rétracter.	Le Juge peut toujours le rétracter.

déférer au demandeur que lorsqu'il est impossible de constater autrement cette valeur. Par ex., lorsqu'un voyageur réclame à une Compagnie de chemin de fer la valeur des effets contenus dans une malle égarée (1369, c. civ.). Le juge doit même, en ce cas, déterminer la somme jusqu'à concurrence de laquelle le demandeur sera cru.

Ainsi, le Serment supplétoire doit toujours être ordonné par jugement contenant les faits sur lesquels il doit porter. Quant au Serment décisoire, il n'exige un jugement qu'autant que la partie à qui on le défère ne consent pas à le prêter, alléguant, soit que la matière n'est pas susceptible de transaction ou que son adversaire n'est pas capable de transiger, soit que le fait ne lui est pas personnel. Ces jugements doivent être signifiés tant à l'avoué qu'à la partie interpellée. Mais lorsqu'une partie défère ou réfère un Serment à l'autre, qui le prête sans contestation, le tribunal ne prononce pas de jugement, il donne seulement *acte* de la délation et de la prestation.

Le Serment peut être déféré en tout état de cause, et aussi bien en appel qu'en 1re instance mais non en cassation, car devant ce tribunal il ne s'agit plus de la vérification des faits mais de l'examen du droit.

Formes. — Le Serment est prêté *en personne* (et non par procureur, comme l'admettaient certains parlements), — *en audience publique* (a), — enfin, *en présence de l'adversaire* ou lui dûment appelé. Ce sont autant de garanties contre le parjure.

La loi n'a pas déterminé la formule de la prestation de Serment ; dans l'usage, le président ordonne à la partie de lever la main droite et lui dit : *Vous jurez devant Dieu que...* (Il énonce les faits) ; la partie, la main droite toujours levée, répond simplement : *Je le jure* (b).

(a) Dans le cas d'empêchement légitime et dûment constaté, le Serment est prêté devans un juge commis, qui se transporte chez la partie avec son greffier. Si la partie est trop éloignée, le tribunal ordonne qu'elle prêtera serment devant le tribunal du lieu de sa résidence (121), ou devant un juge désigné par celui-ci. A cet effet, le premier tribunal adresse au second un mandat appelé **commission rogatoire** (1035). Ces commissions peuvent être données à des tribunaux de juridiction différente, même à des consuls ou à des tribunaux étrangers.

(b) Quant aux Israélites, doivent-ils prêter serment *more judaico*, c.-à-d. avec les solennités dont leur religion entoure le Serment? Les tribunaux, en général, ne l'exigent pas; les formes ordinaires suffisent.

Quid, si l'individu appelé à prêter serment ne croit pas en Dieu? En pratique, on ne s'inquiète pas de la foi religieuse ; chacun est présumé croire à la divinité. Mais il est possible qu'une partie soit bien connue comme athée ou qu'elle se déclare telle à l'audience. Dans ce cas, les uns prétendent qu'elle doit jurer sur l'*honneur*, d'autres, qu'elle ne doit pas jurer du tout parce qu'elle ne peut être retenue par la crainte d'être punie par Dieu de son parjure.

§ III. Délai de grâce.

Les juges ont recours : — tantôt à des mesures de rigueur pour rendre l'exécution de leurs jugements plus efficace et plus rapide (Contrainte par corps, — Exécution provisoire), — tantôt à des mesures de faveur pour rendre cette exécution moins onéreuse et moins prompte (*Délai de grâce,* — Sursis à la Contrainte par corps).

Le plus souvent, les parties fixent un délai pour l'exécution des obligations qu'elles contractent ; or, d'après le principe que *les conventions font la loi des parties*, ce délai ne peut être dépassé par le débiteur, ni modifié par les juges. Lors donc qu'un créancier cite son débiteur devant le tribunal afin de le contraindre à remplir ses engagements, les juges devraient faire exécuter rigoureusement la convention et condamner le débiteur à s'acquitter de suite. Toutefois, il leur est permis, en considération de la position malheureuse du débiteur, d'accorder des délais modérés pour le paiement, ou l'accomplissement de ces engagements, et de surseoir à l'exécution des poursuites. Mais les juges doivent user de ce pouvoir avec une grande réserve, c.-à-d. dans le cas seulement où le débiteur ne saurait exécuter de suite la condamnation sans inconvénients graves (1244, 1184-1654, c. civ.).

Ce sursis à l'exécution des condamnations s'appelle DÉLAI ou TERME DE GRACE, par opposition au *Terme de droit,* c.-à-d. celui fixé par les parties et quelquefois par la loi (1185 et 1292, c. civ.).

On a discuté si les juges doivent accorder *un seul délai* au débiteur, afin de ne pas fractionner l'exécution, — ou s'ils ont le pouvoir de lui accorder *des délais successifs* de manière à échelonner les paiements et à les rendre moins onéreux au débiteur ; ce dernier système semble prévaloir. Tous les jours, en effet, les tribunaux permettent de se libérer d'une obligation unique, en payant une certaine somme par mois ou même par semaine (*a*).

Le Délai de grâce ne peut être accordé que par le jugement qui statue sur le fond, ce jugement doit indiquer les motifs de cette indulgence. Ainsi, un débiteur ne serait pas admis, quel-

---

(*a*) L'art. 1244, après avoir exprimé que le créancier n'est pas tenu de recevoir un paiement partiel, ajoute : Néanmoins, les juges peuvent accorder des délais. C'est là, dit-on, une dérogation au principe énoncé. — En outre, le § 2 dit *des Délais* et non un *Délai.* — Enfin la discussion au conseil d'Etat montre que le juge peut accorder plusieurs délais, et tel est l'esprit de la loi, puisqu'elle a voulu protéger le débiteur.

ques jours après sa condamnation, à réclamer un sursis. Il ne l'obtiendrait pas davantage en faisant opposition à l'exécution du jugement qui le condamne sans lui accorder de délai (a).

Il est admis que ce délai peut être accordé d'office, notamment dans un jugement par défaut.

Les juges ont la faculté d'accorder des Délais de grâce dans tous les cas où la loi ne le défend pas. Mais la loi le défend, d'abord en raison de certaines matières : ainsi, dans la *vente*, quand il a été stipulé que, faute de payer le prix au jour fixé, il y aurait résolution (1656, c. civ.). Ainsi encore, le paiement des lettres de change ne peut être retardé par les juges (157. c. co.) (b).

En second lieu, la loi défend dans certains cas de donner répit au débiteur, en raison de la condition dans laquelle il se trouve, et même elle lui retire le sursis déjà accordé.

Ces cas sont au nombre de 5.

1° — *Si ses biens sont vendus à la requête d'autres créanciers.* — Tous les biens d'un débiteur étant le gage commun de ses créanciers, le prix doit être distribué à tous ; or, si le tribunal, au moment où les biens sont vendus à la requête de l'un des créanciers, accordait à ce débiteur des délais pour payer un autre créancier, ce dernier ne pourrait participer à la distribution du prix des objets vendus, et serait victime ainsi de l'indulgence intempestive des juges.

2° — *S'il est en faillite.* — Un des effets de la faillite est de rendre immédiatement exigibles toutes les dettes, même celles à terme. Puisque le failli est privé du terme de droit (c.-à-d. consenti librement par le créancier, à plus forte raison doit-il être déchu du terme accordé par justice, contre le gré du créancier (c).

Bien que la loi ne parle pas de la *déconfiture*, on refuse éga-

(a) Les juges peuvent-ils non-seulement accorder des Délais dans le cas où on leur demande une condamnation contre le débiteur, mais encore arrêter les poursuites déjà commencées en vertu d'un exécutoire émané soit d'un notaire, soit d'un autre tribunal? Ce pouvoir est très-contesté ; il y a cependant un cas où la loi le reconnaît formellement (2212 c. civ.). Mais cette exception, dit-on, confirme la règle.

On admet généralement la convention par laquelle le débiteur renoncerait à l'avance au Delai de grâce est nulle : cette disposition du Code étant fondée sur un principe d'humanité, et par conséquent d'ordre public (6, c. civ.).

(b) De même, quand le vendeur est en danger de perdre son prix (1655) ou quand il s'agit d'une vente à réméré (1661) ou bien d'un prêt de consommation (1900, c. civ.).

(c) La **Faillite** est l'état d'un *commerçant* qui a cessé ses paiements ; elle peut arriver sans qu'il y ait ruine. Un commerçant peut, en effet, avoir plus de biens que de dettes et être cependant dans l'impossibilité, à un moment donné, de se procurer l'argent nécessaire pour ses paiements. L'insolvabilité n'est que probable.

La **Déconfiture** est l'état notoire d'insolvabilité d'un *non commerçant* Le motif est, comme dans le cas précédent, de faire participer tous les créanciers au partage de la fortune ; autrement, les uns seraient intégralement payés, tandis que d'autres n'auraient rien, et cela, par le fait du tribunal).

lement, dans ce cas, le bénifice du terme, par analogie à ce qui a lieu dans la vente (1613, c. civ.).

3° — *En état de contumace.* — Le Contumax est celui qui, étant accusé de *crime*, refuse de se présenter devant la justice après un appel solennel et réitéré ; la justice ne doit plus le couvrir de sa protection, du moment qu'il est sourd à son appel (a).

4° — *S'il est constitué prisonnier.* — De l'avis général, il s'agit ici de l'*emprisonnement pour dettes*, et non de l'emprisonnement en matière criminelle. Le créancier qui a exercé la contrainte par corps pouvant saisir et vendre les biens, les autres créanciers ne doivent pas être retardés dans leur exécution.

5° — *Si, par son fait, il a diminué les sûretés données par contrat à son créancier.* — Par ex., s'il a dégradé ou détruit une maison qu'il avait hypothéquée, pour sûreté de sa dette.

Effets. — Le délai de grâce suspend les *actes d'exécution*, mais non les *actes conservatoires*. Ainsi, le créancier peut, sans en attendre l'expiration, inscrire son hypothèque judiciaire sur les biens du débiteur (2123, c. civ.), et faire opposition à la levée des scellés (926) (b). Mais peut-il également faire une *Saisie-Arrêt* sur les sommes dues au débiteur ? Controverse. Suivant les uns, cette saisie est un acte d'exécution ; suivant d'autres, c'est une mesure mixte.

Point de départ. — Si le jugement est par défaut, le délai court du jour de la signification ; mais s'il est contradictoire, il court du *jour de la sentence*, contrairement au principe que : les jugements ne produisent d'effet que du jour de leur signi-

---

(a) Le **Contumax** n'est pas tout individu qui fait défaut devant un tribunal criminel : celui qui ne se présente pas devant un tribunal correctionnel ou de police est simplement *défaillant* : il n'y a que celui qui ne comparaît pas devant la cour d'assises qui est contumax (455, I, c.).

(b)   Différences

Entre le **Terme de droit**	et le **Terme de grâce.**
Il est en faveur, tantôt du débiteur, tantôt du créancier.	Il est toujours en faveur du débiteur.
Il peut toujours être stipulé.	Il ne peut pas toujours être accordé.
Les intérêts ne courent pas sans convention expresse, sauf exception.	Les intérêts moratoires courent toujours à partir de la demande en justice, et malgré le terme de grâce.
La compensation n'a pas lieu, car la dette n'est pas échue.	La compensation a lieu, a. 1292.
Le bénéfice en est perdu dans 2 cas : par la faillite et la déconfiture du débiteur, — ou s'il diminue les sûretés données au créancier.	Outre ces 2 cas, il se perd, de plus, par l'emprisonnement, la saisie des biens et la contumace.
La saisie-arrêt n'est pas possible.	Elle est permise, mais c'est controversé.
La reconnaissance d'écritures ne permet pas l'inscription hypothécaire avant l'échéance (l. de 1807).	L'inscription hypothécaire est permise, malgré le terme de grâce.

fication. Il y a un double motif : d'abord, le débiteur connaît ce délai, soit par lui, soit par son avoué; en second lieu, le créancier, s'il n'a pas d'autre intérêt à signifier le jugement, se dispensera de le faire et évitera ainsi des frais.

§ IV. Contrainte par corps (126-127).

La CONTRAINTE PAR CORPS consiste à emprisonner un débiteur nendant un certain temps pour le forcer à acquitter sa dette.

Cette saisie de la personne est une *voie exceptionnelle* d'exé- cution des jugements, c.-à-d. qu'elle s'exerce seulement dans certains cas déterminés, tandis que la saisie des biens, *voie ordinaire* d'exécution, s'applique dans tous les cas. Il y a entre ces deux sortes de saisies plusieurs autres différences (a).

La loi du 15 avril-22 juillet 1867 a, sinon supprimé, du moins considérablement restreint l'application de la Contrainte par corps. Autrefois, la Contrainte n'était accordée en matière *civile* que dans des cas déterminés et peu nombreux, et seulement au delà de 300 fr. ; mais en matière *commerciale*, elle était de droit commun lorsque la dette était de 200 fr. ; contre les Etrangers, il suffisait même d'une dette de 150 fr. ; enfin, en matière crimi- nelle, elle était applicable dans tous les cas et quelque minime que fût la somme. Aujourd'hui, la Contrainte par corps est com- plétement supprimée en matière *civile, commerciale* et *contre les Etrangers*; elle n'est maintenue qu'en matière CRIMINELLE. Le mot *criminelle* est pris ici dans son sens le plus large et comprend les matières criminelles, correctionnelles et de police.

La Contrainte par corps peut être exercée :

Soit dans l'intérêt de l'Etat,
Soit dans l'intérêt des Particuliers.

Dans l'intérêt de l'Etat, — elle s'exerce pour les *amendes,* —

(a) DIFFÉRENCES

Entre la **Saisie des biens**	et la **Contrainte par corps.** [Saisie de la personne.]
La saisie des biens est de droit commun, c.-à-d. a lieu dans tous les cas, et en matière civile, commerciale et criminelle.	La contrainte par corps est exceptionnelle, c.-à-d. a lieu seulement en matière criminelle.
Quelle que soit la somme.	La durée varie suivant la somme.
En vertu d'un jugement, d'un exécutoire notarié, ou même sans titre.	En vertu d'un jugement seulement.
Contre toute personne, quel que soit l'âge.	Jamais contre les mineurs de 16 ans.
Contre l'héritier du débiteur, a. 887, c. civ.	Ni contre l'héritier du débiteur
Elle peut être exercée simultanément contre le mari et la femme.	Elle ne peut être exercée que contre l'un des deux époux à la fois.
Au profit des parents ou alliés à quelque degré que ce soit, même entre époux.	Elle n'a pas lieu au profit de certains pa- rents, ni au profit d'un époux.

restitutions, — *dommages-intérêts* résultant de condamnations criminelles. Elle peut même, aujourd'hui, avoir lieu pour le paiement des FRAIS au profit de l'Etat (a).

Dans l'intérêt des PARTICULIERS, — elle s'exerce pour *réparations* de crimes, délits ou contraventions ; tant lorsque la condamnation émane d'un tribunal criminel devant lequel la personne lésée s'est portée partie civile, que lorsque la condamnation a été prononcée par un tribunal civil, pourvu, dans ce dernier cas, que l'infraction à la loi pénale ait été précédemment reconnue par un tribunal criminel. Ex., je réclame devant le tribunal civil une indemnité à un individu qui a été condamné par la Cour d'assises pour avoir incendié ma maison.

DURÉE. — Autrefois illimitée, puis réduite à 6 mois au minimum et 5 ans au maximum, la durée de la Contrainte par corps varie aujourd'hui entre 2 jours et 2 ans : Elle est proportionnée au chiffre de la dette, mais on laisse aux juges la faculté de la faire varier entre un maximum et un minimum. Ainsi, jusqu'à 50 fr., la durée est de 2 à 20 jours ; de 50 à 100 fr., elle est de 20 à 40 jours ; au delà de 2,000 fr., elle est de 1 à 2 ans. Toutefois, en matière de simple police, la durée ne peut excéder 5 *jours,* quelque élevé que soit le chiffre de la condamnation (b). Elle est réduite de moitié en faveur des *insolvables* et des *sexagénaires.*

Celui qui a été élargi après avoir subi la Contrainte ne peut plus être arrêté pour condamnations antérieures, à moins qu'elles n'entraînent une contrainte plus longue ; dans ce cas, le temps de la 1re incarcération est déduit de la durée de la 2e.

EXCEPTIONS. — Il y a des exceptions absolues et relatives. Ainsi, les *Mineurs de 16 ans,* à l'époque des faits reprochés, ne peuvent jamais être contraints par corps à la requête de qui que ce soit.

La Contrainte ne peut être exercée à la requête d'un *Époux,* ni à la requête de certains *Parents* ou *Alliés* (ascendants, descendants, frères, oncles et grands-oncles, neveux et petits-neveux).

(a) La loi du 19-23 décembre 1871 a abrogé l'art. 3 § 3 de la loi du 22 juillet 1867 qui ne permettait pas la contrainte par corps pour *frais* dus à l'Etat.

(b) En matière de simple police, la contrainte par corps n'a été maintenue que dans le but d'avoir une sanction contre les indigents qui, ne pouvant être contraints de payer les amendes, auraient pu commettre impunément la plupart des contraventions : mais, d'un autre côté, comme, en cette matière, l'emprisonnement, à titre de peine, est de cinq jours au maximum, on n'a pas voulu que la Contrainte fût plus sévère.

La Contrainte par corps est encore maintenue en matière forestière et de pêche fluviale.

Sunsis. — A l'instar du délai de grâce, qui est un sursis à la saisie des biens, il y a un répit à la saisie de la personne ; les juges peuvent, en effet, dans l'intérêt des enfants mineurs du débiteur, ordonner dans le jugement qu'il sera sursis à l'exécution de la contrainte par corps pendant *un an* au plus. A l'expiration du délai fixé, la contrainte s'exerce sans nouveau jugement.

Exécution. — (a. 780 à 805.) Le créancier fait signifier par huissier commis le jugement avec commandement de payer. Ce dernier acte n'est valable que pendant un an.

Le débiteur a 5 jours francs pour se mettre en mesure (l. 22 juillet 1867).

Puis le créancier fait une requête au procureur afin que celui-ci adresse une réquisition aux agents d'arrêter et d'incarcérer le débiteur.

L'arrestation ne peut avoir lieu la nuit (c.-à-d. ni avant ni après le coucher du soleil) ; non plus un jour de fête légale ; elle est opérée par un huissier qui peut se faire aider par la force publique, mais qui n'a plus besoin d'être assisté de 2 recors.

Le créancier doit consigner à l'avance les aliments pour 30 jours au moins ; s'il ne le fait pas, le débiteur est mis en liberté.

Il est dressé un acte d'écrou qui décharge l'huissier.

Le débiteur peut obtenir son élargissement en fournissant caution pour le montant de la dette ; il peut aussi l'obtenir en faisant cession de biens judiciaire (c. civ. a. 1265).

Dès qu'il est arrêté, le débiteur peut opposer des nullités, soit de forme (ex. défaut de commandement ou défaut de consignation d'aliments), — soit de fond (ex. extinction de la créance).

Dans ce cas, il a droit de se faire conduire devant le président du tribunal du lieu de la saisie, afin qu'il soit statué en référé.

Le tribunal compétent pour statuer définitivement est celui du lieu où il est détenu, pour les nullités de forme, et celui qui doit connaître de l'exécution du jugement, pour les nullités de fond.

Nota.—Ne pas confondre l'emprisonnement pour dettes, qui

est une mesure de coercition pour faire payer le débiteur, avec l'emprisonnement pour infraction à la loi pénale (a).

§ V. **Dommages et intérêts** (a. 128).

Les DOMMAGES-INTÉRÊTS sont la réparation d'un préjudice causé ; ils consistent en une indemnité pécuniaire représentant la perte éprouvée et le gain manqué (*damnum emergens*, *lucrum cessans*) (1149, c. CIV-).

Ce préjudice peut résulter de l'inexécution ou de l'exécution tardive d'un engagement (contrat ou quasi-contrat) ou d'un fait résultant d'un délit ou quasi-délit.

Lorsque le montant des Dommages-intérêts n'a pas été fixé à l'avance par *les parties* (clause pénale, 1158), — ni déterminé par *la loi* (taux légal de l'argent, 1153, résiliation des baux, 1744. c. CIV.), — c'est *la justice* qui l'apprécie.

LIQUIDATION. — Les juges doivent non-seulement décider que des Dommages-intérêts sont dus, mais encore déterminer en chiffres la somme exacte à laquelle ils s'élèvent ; c'est ce qu'on appelle la *Liquidation des dommages et intérêts*. Elle est indispensable, car pour saisir et vendre les biens du débiteur, il faut un titre exécutoire, et qu'il s'agisse de choses liquides.

Il n'est pas toujours possible aux juges de fixer immédiatement le chiffre de l'indemnité. Ainsi, quand une personne est

---

(a)   DIFFÉRENCES

Entre l'**Emprisonnement** pour *Dettes*.	et l'**Emprisonnement** pour *Délits*.
Son but est de contraindre le débiteur récalcitrant à payer.	Son but est de punir le délinquant.
Il est exercé à la requête du créancier et dans son intérêt.	Il est exercé à la requête du procureur et dans l'intérêt de la Société.
Il est opéré par les huissiers.	Il est opéré par les agents de la force publique.
Le minimum est de 2 jours, et le maximum de 2 ans.	Le minimum est de 1 jour, et le maximum de 5 ans.
Il est aux frais du créancier, qui doit avancer la nourriture, sauf son recours contre le débiteur.	Il est aux frais de l'Etat, sans aucun recours.
Il se prescrit avec le jugement.	Il se prescrit par 2 ans ou 5 ans, suivant qu'il s'agit d'une contravention ou d'un délit.
Il n'est jamais exercé à la requête de certaines personnes (parents ou époux).	Il est exercé pour délits commis même envers les parents ou l'époux.
Ni contre les mineurs.	Contre toute personne, sans exception.
Ni contre deux époux simultanément.	Même contre deux époux à la fois.
Il est de moitié pour les insolvables et les sexagénaires.	Il n'est pas réduit en raison de l'indigence ou de l'âge.
Le tribunal peut accorder un sursis d'un an dans le jugement.	Le tribunal ne peut accorder un sursis ; cela regarde le parquet.
On peut s'en affranchir en payant ou en donnant caution, mais le créancier peut y renoncer.	On ne peut jamais s'en affranchir, mais on peut être gracié par le Chef de l'Etat.

condamnée à exécuter un fait (par ex., à détruire des travaux faits à tort), et, en outre, à une somme (5 fr., par ex), par chaque jour de retard, on comprend que le montant des Dommages-intérêts ne peut être connu au moment où les juges rendent leur décision ; alors ils peuvent ordonner que la liquidation sera faite PAR ÉTAT, c.-à-d que, plus tard, le créancier donnera un compte détaillé qui sera envoyé à l'avoué du débiteur, afin que celui-ci y adhère ou le fasse régler par le tribunal (523).

Mais pourquoi condamner de suite à des Dommages-intérêts indéterminés, au lieu d'attendre l'époque où l'on pourra en fixer le chiffre ? Il est vrai que ce mode de procéder exige 2 jugements, conséquemment, plus de frais, — et que la 1re condamnation ne peut être exécutée, puisqu'elle n'est pas liquidée, mais cette 1re décision a son utilité, car elle permet au créancier de prendre de suite une hypothèque judiciaire sur tous les biens du débiteur, en évaluant provisoirement lui-même, d'une manière *approximative*, le montant des Dommages-intérêts (2132, c. civ.). Cette inscription est très-avantageuse, en ce sens qu'elle fixe immédiatement le rang de l'hypothèque et qu'elle prime celles qui seront prises par d'autres créanciers avant la Liquidation définitive des dommages-intérêts.

En outre, le gagnant peut, dès lors, faire une saisie-arrêt entre les mains des tiers ; enfin, il peut obtenir que le tribunal lui alloue une partie des Dommages-intérêts à titre de provision.

§ VI. **Restitution de Fruits** (a. 129).

Il y a plusieurs hypothèses où une personne est obligée à faire des RESTITUTIONS DE FRUITS, notamment en matière de succession, quand il y a lieu au rapport ou à la réduction (856 et 928, c. civ.) (a).

Quand les juges ont à ordonner des Restitutions de Fruits, ils doivent d'abord déterminer la nature et la quotité des fruits, ce qui a lieu par titres, enquête ou expertise, puis ils doivent fixer la manière dont ces fruits seront restitués.

Il y a 2 modes de Restitution : 1° *en nature*, — 2° *en argent*.

Sont restitués en nature, les Fruits de la *dernière année*, c.-à-d. de l'année qui a précédé la demande, et non de celle qui a pré-

---

(a) De même, lorsqu'un envoyé en possession provisoire rend les biens à l'absent (127. c. civ.), ou lorsqu'un possesseur de mauvaise foi restitue un immeuble au vrai propriétaire (519, c. civ.).

cédé la condamnation, la partie est censée ne pas les avoir consommés.

Quant aux Fruits perçus *depuis* la demande, ils doivent, à
plus forte raison, être restitués en nature, parce que la partie
ne devait pas s'en dessaisir (558, c. CIV.).

Sont restitués en argent, les Fruits des *années antérieures*, et,
en second lieu, les Fruits restituables en nature, mais qu'il est
impossible de remettre de cette façon, parce qu'ils sont déjà
consommés. Le calcul se fait différemment suivant les cas :

Les Fruits perçus depuis la demande sont estimés *au plus
haut prix* auquel ils ont été vendus pendant cette période. Ceux
de la dernière année, suivant les *Mercuriales* du marché le
plus voisin, eu égard aux saisons et au prix commun de l'année (*a*). Ainsi, le prix de l'hectolitre de blé étant de 17 fr. pour
le 1er trimestre, 18 fr. pour le 2me, 19 fr. pour le 3me et 20 fr.
pour le 4me : en réunissant les prix des 4 saisons, on obtient
74 fr., dont le 1/4, 18 fr. 50, est le prix moyen de l'année.

Enfin, les Fruits des années antérieures à celle qui a précédé
la demande sont également estimés d'après les Mercuriales

Quand il n'y a pas de Mercuriale, ou quand les Fruits ne sont
pas susceptibles d'être cotés, l'estimation est faite par experts.

§ VII. Dépens. (a. 130-133).

Les DÉPENS (ou *Frais*) d'un procès comprennent : 1o Les droits
de timbre, d'enregistrement et de greffe perçus par le fisc sur
les divers actes de l'instance ; — 2o Les honoraires dus aux officiers ministériels, auxquels les parties sont obligées de recourir (*b*).

Les Frais font toujours l'objet d'une disposition du jugement.
Mais la condamnation aux Dépens peut-elle être ordonnée
d'office par les juges — ou doit-elle être prononcée seulement

---

(*a*) Les **Mercuriales** sont la constatation par les maires ou commissaires de police du
prix moyen des différentes denrées vendues à chaque marché.

(*b.* Toutefois, la partie perdante ne doit pas acquitter tous les déboursés faits par son
adversaire, mais seulement les frais passés en taxe; les *faux frais*, c.-à-d. les voyages et
les consultations, mémoires imprimés, ne sont à sa charge. Quant aux honoraires des
avocats, il n'est passé en taxe que 15 fr. à Paris, et 10 fr. en province; le client paie le
surplus.

Les droits d'enregistrement des actes sous seing privé perçus par suite du procès, sont-
ils compris dans les frais mis à la charge du perdant? 3 Systèmes :

1er Syst. — Cela est laissé à l'appréciation du tribunal.

2e Syst. — L'enregistrement doit être supporté par celui à qui l'acte enregistré a été utile.

3e Syst. — Ces droits sont supportés par le perdant, car c'est lui qui les a occasionnés.

En pratique, on a le soin d'insérer dans les actes que l'enregistrement sera supporté
par celui qui y donnera lieu.

sur la demande de l'adversaire ? La 1re opinion est généralement admise (Cass., 5 déc. 1838. — 22 août 1871) (a).

La *Taxe* des Frais se fait d'après des Tarifs; elle ne se trouve
pas dans le Code de procédure civile, elle est simplement annoncée dans l'art. 1042. Elle a été réglée depuis par 3 décrets
du même jour (16 février 1807).

Le 1er concerne les Frais faits dans le ressort de la Cour
d'appel de Paris.

Le 2e fixe les Dépens en matière sommaire.

Le 3e concerne les Frais faits dans les tribunaux autres que
ceux du ressort de Paris.

Ces Tarifs sont encore en vigueur ; toutefois, ils ont été modifiés plusieurs fois, notamment par le décret du 16 déc. 1871.

ADJUDICATION DES DÉPENS.— En principe, la partie *perdante*
est condamnée aux Dépens, elle doit supporter non-seulement
les Frais faits par elle, mais encore ceux faits par son adversaire ; dans ce cas, on dit que les Dépens sont adjugés à la partie *gagnante* (b).

Quand plusieurs plaideurs liés par un intérêt commun sont
condamnés ensemble, le tribunal désigne la part que chacun
doit supporter dans les Frais, autrement chacun doit en payer
une part égale. Toutefois, si plusieurs cohéritiers sont condamnés envers un créancier du défunt, ils sont tous tenus,
non plus par portion virile, mais suivant leur part héréditaire.

Mais la condamnation aux Dépens peut-elle être prononcée
solidairement ? Controverse.

La Jurisprudence ne l'admet pas en principe parce que la
solidarité ne se présume pas, et qu'aucun texte de loi ne l'établit pour les condamnations en matière civile ; il en est différemment en matière criminelle (c).

Au principe que le perdant est condamné aux Dépens, il y a
deux exceptions :

1° Le *Ministère public*, qu'il soit partie jointe ou partie

_____

(a) Autrefois, les juridictions ecclésiastiques seules condamnaient aux Dépens; ce n'est
que sous Philippe le Bel qu'il fut permis aux cours royales de condamner aux Dépens
(Ord. de 1324).

(b) Si une partie est représentée en justice par un *mandataire* (conventionnel, légal ou
judiciaire), c'est elle, si elle succombe, qui est condamnée aux Dépens, et non pas son représentant. Toutefois, les Tuteurs, Curateurs, Héritiers bénéficiaires et Administrateurs
qui compromettent les intérêts de leur administration, peuvent être condamnés aux Dépens
en leur nom et sans répétition, même aux dommages-intérêts, s'il y a lieu, sans préjudice
de la destitution. Même responsabilité pour les Avoués et Huissiers qui excèdent les bornes
de leur ministère, a. 132.

(c) Les individus condamnés pour un même crime ou délit sont tenus solidairement des
demandes, des restitutions, des dommages-intérêts et des Frais (55, c. p.).

principale, n'est jamais condamné aux Dépens ; la partie qui triomphe contre lui supporte seule les Frais sans pouvoir se les faire rembourser. C'est là une exception fort ancienne et très-injustement maintenue (D. 18 juin 1811, a. 121).

2° Lorsqu'il y a lieu à *compensation* des Dépens.

COMPENSATION DES DÉPENS.— Elle a lieu dans deux cas :

1° Si les parties sont *parentes* à un certain degré (conjoints, — ascendants, — descendants, — frères et sœurs,— ou alliées au même degré) (a).

2° Si elles *succombent respectivement* sur quelques chefs.

Dans ces 2 cas, les Dépens peuvent être compensés *en tout* ou *en partie* par les juges, c.-à-d. qu'ils sont mis à la charge de l'un et l'autre des plaideurs. La Compensation des dépens est *totale* lorsque les juges renvoient les parties *sans Dépens* ou *Dépens compensés* ; dans ce cas, chaque partie supporte sans répétition les frais qu'elle a fait. La Compensation est *partielle* lorsque l'une des parties doit payer, outre ses propres frais, une fraction de ceux de son adversaire, tels que le 1/3 ou le 1/4 (b). Cela a lieu, par ex., lorsqu'une partie, tout en succombant sur certains chefs, est considérée, au fond, comme gagnant le procès (c).

Il y a aussi 2 cas où le perdant n'est pas tenu de payer les Dépens, bien qu'en principe il devrait les supporter. C'est :

1° Lorsque le gagnant est condamné envers lui à payer tous les Dépens à titre de dommages-intérêts pour insultes ou mesures vexatoires.

2° Lorsque le perdant est indigent et qu'il a obtenu l'assistance judiciaire ; en effet, bien que condamné aux Dépens, il est dispensé de les payer, c'est le Trésor qui les solde provisoi-

---

(a) La crainte de supporter une partie des Frais arrêtera souvent un parent, quand même il saurait avoir gain de cause ; d'un autre côté, celui qui perdra sera moins irrité. Toutefois, lorsqu'un frère demande contre son frère la rescision d'un partage fait par un ascendant pour cause de lésion, il paie seul tous les Frais s'il succombe (1080, c. civ.).

(b) Les Dépens n'étant pas liquidés lors du jugement, le tribunal ne sait pas, en employant ce mode de compensation, dans quelle proportion les Frais seront supportés par les parties, aussi ordonne-t-il souvent qu'il sera fait une masse des Dépens, tant du demandeur que du défendeur, et que chaque partie paiera une part déterminée, par ex., le 1/3 ou le 1/4 de la totalité.

(c) **DIFFÉRENCES**

Entre la **Compensation des Dépens**	et la Compensation ordinaire.
La compensation des Dépens a lieu le plus souvent pour Dépens non liquidés.	La compensation ordinaire exige toujours 2 dettes liquidés (1291, c. civ.).
Elle n'a lieu qu'en vertu d'une décision du juge.	Elle s'exerce de plein droit, par la seule volonté de la loi (1290).
Elle éteint 2 dettes en entier, même quand elles sont inégales.	Elle n'éteint la dette la plus forte que jusqu'à concurrence de la plus faible (1290).

rement; mais si plus tard l'assisté acquérait des ressources suffisantes, il serait tenu de rembourser au Trésor ses avances (a).

LIQUIDATION DES DÉPENS. — Dans les affaires sommaires, le jugement contient la liquidation des Dépens ; — dans les affaires ordinaires, l'avoué du gagnant provoque le règlement ou la taxe des Dépens. A cet effet, il remet au greffier un état des Frais avec pièces justificatives. Le président ou l'un des juges qui ont suivi le procès établit la Taxe. Cette Taxe est remise au greffier. La partie perdante a le droit de faire opposition à la Taxe par acte d'avoué à avoué. Le règlement se fait en chambre du conseil.

DISTRACTION DES DÉPENS. — Les avoués font habituellement les avances des Frais pour le compte des parties; chaque avoué alors a un recours contre son client pour recouvrer ses déboursés et ses honoraires. Mais quand une partie s'est fait adjuger les Dépens, et par suite a le droit de se faire payer ses propres dépens par son adversaire, l'avoué qui a fait pour elle l'avance des Frais peut-il agir lui-même contre le perdant ? En principe, l'avoué, comme tout créancier, peut, en vertu de l'art. 1166, exercer l'action de son débiteur, c.-à-d., dans l'espèce, exercer, du chef de son client, une action en paiement des frais contre l'adversaire condamné aux Dépens. Mais cette action *indirecte* offre des inconvénients, car l'avoué n'étant que l'ayant-cause de son client, se verra repousser par les mêmes exceptions que celui-ci, notamment par la compensation ; d'un autre côté, étant en concours avec les autres créanciers du perdant il viendrait au marc le franc avec eux.

Ainsi, dans un procès où les Dépens ont été mis à la charge du perdant, s'il est dû 100 fr. à l'avoué du gagnant, cet avoué peut, du chef de son client, réclamer les 100 fr. au perdant, mais celui-ci pourra lui répondre : *Je dois, il est vrai, 100 fr. à mon adversaire, votre client ; mais, comme de son côté, il me*

(a) L'Assistance judiciaire a été établie par le Décret du 30 janvier 1851 pour venir en aide aux plaideurs indigents.

Près chaque tribunal, est institué un bureau d'assistance judiciaire. Près les tribunaux inférieurs, il est composé de 5 membres (un délégué de l'administration de l'Enregistrement, — un délégué de l'administration préfectorale — et 3 membres pris parmi les anciens magistrats, ou les avocats, avoués et notaires). Près les Cours d'Appel ou de Cassation, le bureau est composé de 7 membres. Celui qui désire être assisté adresse, sur papier libre, une demande au procureur, lequel la remet au bureau Cette demande doit être accompagnée d'un certificat du percepteur constatant qu'il paie peu ou point de contributions et d'un certificat du maire constatant qu'il est indigent. Si elle est admise, on lui désigne un avocat, un avoué et un huissier; les actes de procédure faits à sa requête sont visés pour timbre et enregistrés en débet, et tous les frais de transport des juges, des officiers ministériels, des experts et des témoins, sont avancés par le Trésor.

doit 200 fr. que je lui ai prêtés, je ne paie pas, car il y a compensation. Peut-être aussi le gagnant s'est-il déjà fait payer lui-même.

Pour mettre l'avoué en mesure de recouvrer ses Frais sans craindre l'insolvabilité de son client, on a imaginé de lui donner une action *directe* contre le perdant : à cet effet, il peut obtenir du tribunal que la condamnation aux Dépens soit prononcée à son profit ; c'est une sorte de cession de créance. Ce bénéfice s'appelle la Distraction des Dépens ; il ne peut être accordé que par le jugement et à la condition que l'avoué *affirmera,* lors de la prononciation de la sentence, *qu'il a fait la plus grande partie des avances.* La Distraction est demandée soit dans les conclusions, soit à l'audience ; le plus souvent les avoués attendent que le jugement soit prononcé, et alors celui de la partie gagnante se lève et demande au tribunal de lui accorder la distraction.

La *Taxe est poursuivie* et l'*Exécutoire délivré* au nom de l'avoué, sans préjudice de l'action directe contre son client (a). La créance du gagnant, par ce transport judiciaire, passe sur la tête de l'avoué, qui devient créancier personnel de la partie adverse, et peut exercer une action de son chef, sans craindre les exceptions que celle-ci pourrait opposer à son client. Ce bénéfice a surtout pour but d'encourager les avoués à faire crédit aux plaideurs peu aisés qui ont une cause juste à soutenir contre un adversaire riche.

L'opposition et l'appel contre le jugement suspendent également l'exécution des dépens, mais ni la requête civile ni la cassation ne produisent cet effet.

(a) **Poursuivre la Taxe**, c'est faire régler par l'un des juges les Frais adjugés au gagnant, afin de les recouvrer contre la partie adverse. Toutefois, la Taxe n'est poursuivie que dans les affaires ordinaires, parce qu'alors on fait autant d'articles qu'il y a de pièces ou de vacations : mais dans les affaires sommaires, comme il n'y a qu'une somme fixe, établie eu égard à l'importance de l'affaire, et non d'après le nombre des pièces, le jugement doit contenir la liquidation des Dépens.

L'**Exécutoire** est la copie de la partie du jugement relative aux Frais, copie délivrée par le greffier, avec la formule exécutoire.

§ VIII. **Demandes provisoires** (a. 134).

Les Demandes Provisoires sont celles par lesquelles on réclame des mesures d'urgence et dont la décision ne saurait être retar-, dée sans péril jusqu'à la fin de l'instance (*a*). Le jugement qui intervient est dit jugement *provisoire*.

Sont provisoires : la demande de pension alimentaire faite par la femme qui plaide en séparation de corps ; — celle de mise en séquestre de l'objet litigieux faite par un demandeur en revendication ; celle tendant à faire lever les scellés.

En général, ces demandes sont instruites et jugées *avant* la demande principale ; alors, il y a 2 jugements. Mais lorsque la cause est *en état* sur le provisoire et le principal en même temps, c.-à-d. lorsque l'une et l'autre demandes sont suffisamment instruites pour être jugées, les juges doivent prononcer sur le tout par un seul et même jugement ; il y a ainsi économie de frais (*b*).

Il semble inutile, à *priori*, de statuer sur le provisoire du moment qu'on prononce définitivement sur le principal ; il y a cependant un double intérêt. D'abord, au point de vue des frais, car si la demande provisoire a été faite sans motifs, si, par ex., la femme n'a pas besoin de provision, si l'immeuble n'est pas en péril, les frais du provisoire sont à la charge du demandeur, bien qu'il triomphe sur le principal. En second lieu au point de vue de l'appel. L'appel est, en effet, suspensif, c.-à-d. qu'aussitôt que le perdant fait appel, le gagnant ne peut plus exécuter la sentence, mais il y a des exceptions. Or, il est possible que le jugement provisoire porte sur des matières où, par exception, l'exécution a lieu *nonobstant appel ;* telles sont, en effet, les demandes de provision alimentaire et celles de séquestre. Dans ce cas, si le demandeur triomphe à la fois sur le provisoire et sur le principal, et que le défendeur fasse appel, la décision sur le provisoire sera exécutée quand même, tandis que l'exécution sur le principal sera suspendue. Ainsi, lorsque j'ai été reconnu propriétaire de l'immeuble par moi revendiqué, si mon adversaire fait appel, cet appel aura pour

---

(*a*) Elles sont formées, soit *avant* la demande principale, soit *en même temps* qu'elle, soit *après*, dans le cours de l'instance. Celles formées avant, le sont par un *Référé* (806), ou par une demande sommaire (404).

(*b*) Les mots **Cause en état** ne sont pas pris ici dans le même sens que dans l'art. 343. Dans ce dernier cas, c.-à-d. au point de vue de l'interruption d'instance, ils indiquent seulement que les conclusions des parties ont été prises à l'audience, tandis qu'ici ils indiquent un degré plus avancé de l'instruction, puisque celle-ci doit être complète.

effet de m'empêcher de prendre possession de l'immeuble, ce qui constitue l'exécution du jugement définitif, mais il ne pourra pas arrêter la mise en séquestre accordée sur ma demande par jugement provisoire.

§ IX. Jugements exécutoires par provision (a. 135).

En principe, les jugements par défaut ne peuvent être exécutés avant huitaine à partir de la signification (155) et les jugements en 1ᵉʳ ressort, c.-à-d. susceptibles d'appel, ne peuvent non plus être exécutés pendant huitaine à dater de leur prononcé (450).—En outre, les voies de recours ordinaires, c.-à-d. l'opposition et l'appel, dès quelles sont formées, suspendent de droit l'exécution des jugements attaqués (161-457, (*a*).

Mais il est des cas où, en raison, soit de l'urgence, soit de la probabilité du mérite de la décision, l'exécution a lieu *nonobstant opposition* ou *appel ;* les jugements alors sont dits EXÉCUTOIRES PAR PROVISION.

L'exécution provisoire *nonobstant* APPEL est ordonnée, tantôt par la *Loi*, — tantôt par les *Juges.*

Celle ordonnée par la LOI a lieu de *plein droit*, c.-à-d. sans qu'on y ait conclu et sans que les juges l'aient prononcée (*b*). Ex. : les ordonnances de référé (809). Les jugements prescrivant des mesures pour la police des audiences (89 à 90).—Ceux ordonnant la délivrance d'expédition d'actes ou un compulsoire (*c*). Quant aux jugements des *tribunaux de commerce*, il y a controverse (voy. tit. XXV).

Celle ordonnée par les JUGES ne peut l'être que *sur la demande des parties*, et *non d'office*.

Elle est—tantôt *impérative*,—tantôt *facultative*, suivant que les juges doivent nécessairement l'accorder, ou sont libres de l'accorder ou de la refuser.

Lorsqu'elle est impérative, elle a toujours lieu SANS *caution*.

Quand elle est facultative, elle a lieu AVEC — ou SANS *caution*, à la volonté des juges.

(*a*) Au contraire, les voies de recours extraordinaires (Tierce opposition, Requête civile, Cassation) ne suspendent pas l'exécution des jugements.

(*b* Dans un autre système, on dit que si les juges ne peuvent refuser l'exécution provisoire ordonnée par la loi lorsqu'elle est demandée, ils ne peuvent l'ordonner *d'office*, par ce motif que cette mesure n'est accordée que dans l'intérêt privé des parties.

(*c*) En outre, les jugements statuant sur la récusation des experts (312), — sur les réceptions de caution (421). — les ordonnances du juge condamnant à l'amende un témoin défaillant (263), — ou l'individu qui interrompt un témoin dans sa déposition (276).

L'Exécution provisoire ordonnée par les Juges est IMPÉRATIVE dans 3 cas :

  1° *S'il y a Titre authentique.*
  2° *Promesse reconnue.*
  3° *Condamnation précédente sans appel.*

1° — S'il y a Titre **authentique.** — On peut se demander comment il peut y avoir procès, puisqu'il y a titre authentique, c -à-d. titre certain. D'abord, il peut se faire, et cela se présente souvent, que le titre, tout en étant authentique, ne soit pas exécutoire, et que le demandeur vienne simplement demander à la justice de prononcer un jugement afin de pouvoir saisir les biens du défendeur. Ou bien encore, le défendeur, tout en reconnaissant la validité du titre, peut prétendre que son obligation est éteinte, par ex., par un paiement, une remise, une compensation ou autre mode d'extinction ; si sa prétention est repoussée, le jugement sera exécutoire par provision (*a*).

2° — **Promesse reconnue.** — Les actes sous seing-privé lorsqu'ils sont reconnus, ont autant de foi que les actes authentiques (1252, c. CIV.). Mais le débat peut encore porter sur les mêmes points que dans le cas précédent.

3° — **Condamnation** précédente par jugement dont il n'y a pas d'appel. — On ne voit pas non plus tout d'abord comment, après un premier jugement, il peut y avoir encore lieu à contestation, et à quoi peut servir un second jugement. Cependant, il arrive souvent que le défendeur, ayant reconnu le fondement de la sentence rendue contre lui, n'en ait point appelé, mais qu'au moment où l'on vient exécuter le jugement, par ex., saisir ses meubles ou ses immeubles, il prétende que cette exécution n'est pas régulière, qu'elle n'a pas été précédée des significations voulues, ou qu'il soulève quelque autre difficulté, en un mot, qu'il fasse opposition à l'exécution. Dans ce cas, si le tribunal saisi de cette nouvelle contestation la reconnaît mal fondée et condamne de nouveau le défendeur primitif, ce

---

(a) *Quid*, si l'authenticité est contestée ? S'il y a inscription de faux. Pas de difficulté s'il s'agit d'un faux principal, puisque l'exécution est suspendue de droit, — non plus s'il s'agit d'un faux incident, lorsque les juges ont suspendu eux-mêmes l'exécution du titre (1319, c. CIV.). — Mais si le titre, sans être argué de faux, est simplement dénié, il y a controverse : dans un 1er système, on a prétendu que, dans ce cas, l'authenticité étant douteuse, ne devait pas entraîner l'exécution provisoire ; mais, dans un 2e système, on répond, avec raison, que ce doute est enlevé par le jugement qui rejette la contestation; autrement, dit-on, le défendeur pourrait toujours empêcher l'exécution provisoire par une inscription de faux. Au reste, la loi n'exige la reconnaissance du débiteur que pour les actes sous seing-privé.

second jugement, offrant une grande probabilité de validité, sera exécutoire par provision (*a*).

L'exécution provisoire ordonnée par les juges est FACULTATIVE dans plusieurs cas (*b*) :

1° **Apposition et levée des scellés ou Confection d'inventaire.** — L'apposition des scellés est une mesure conservatoire dans les cas de succession, faillite ou dissolution de Société. La levée des scellés peut être ordonnée afin d'extraire un titre nécessaire pour interrompre une prescription sur le point de s'accomplir (*c*).

2° **Réparations urgentes.** — Par ex., un locataire s'oppose aux réparations que veut faire le propriétaire (1724, c. civ.).

3° **Expulsion des lieux** (quand il n'y a pas de bail ou que le bail est expiré). — Il y a, en effet, une grande présomption en faveur du propriétaire (1724, c. civ.).

4° **Séquestres, commissaires, gardiens** (596-628). — Le séquestre est l'individu chargé par la justice de conserver une chose dont la propriété ou la possession est contestée (1961, c. civ.). Le gardien est l'individu chargé de veiller sur les objets saisis. Le mot *commissaire* est une ancienne locution désignant le gardien d'un immeuble saisi.

5° **Réception de cautions et de certificateurs.** — Le certificateur est la caution d'une caution. C'est à tort que, dans ce cas, l'exécution provisoire est dite facultative, car elle a lieu de plein droit, d'après l'art. 521.

6° **Nomination de tuteurs, curateurs** et autres administrateurs, et redditions de comptes (440, c civ.) (527).

7° **Pensions ou provisions alimentaires** (203, c. civ.). — La provision alimentaire est une pension accordée à titre provisoire, par ex., à une femme, durant l'instance en séparation de corps. Les pensions sont celles dues entre ascendants et descendants.

L'exécution provisoire ne peut *jamais* être ordonnée pour les DÉPENS, quand même ces dépens seraient adjugés pour

---

(*a*) Dans ces 3 cas, on applique la maxime : *Provision est due au titre*, c.-à-d. que lorsque le demandeur produit, à l'appui de sa prétention, un titre sérieux, cela fait présumer que le jugement rendu en sa faveur ne sera pas réformé, et la loi veut que l'exécution ait lieu malgré l'appel.

(*b*) L'exécution provisoire est facultative, tant pour les juges de paix que pour les tribunaux d'arrondissement (25 mai 1832, 12). Mais cette disposition ne s'applique ni aux tribunaux de commerce, puisque l'exécution provisoire de leurs jugements a toujours lieu de plein droit, ni aux cours d'appel, puisque leurs décisions ne sont pas susceptibles d'appel, et que les voies d'attaque contre leurs arrêts ne sont pas suspensives.

(*c*) Il y a des circonstances où ces 3 mesures ont un caractère d'urgence qui exige un référé (921-928-944). Dans ce cas, l'exécution provisoire a lieu de plein droit, ainsi que pour les autres ordonnances de référé (809).

tenir lieu de dommages-intérêts. Le remboursement des Dépens n'a pas un caractère d'urgence, aussi n'est-il jamais exigé par provision, bien que la condamnation principale puisse l'être. Les dépens sont adjugés *à titre de dommages-intérêts*, par ex., lorsqu'ils sont mis à la charge du gagnant, à titre de réparation des injures par lui adressées à son adversaire.

Si les juges ont omis de prononcer l'exécution provisoire dans le cas où ils avaient, soit l'obligation, soit la faculté de le faire, ils ne peuvent l'ordonner par un second jugement. Il est, en effet, de principe, qu'une fois le jugement rendu, les juges sont dessaisis (122-127). Mais les parties peuvent la demander aux juges d'appel (136) (a).

Rédaction des Jugements (a. 138-146).

MINUTE DES JUGEMENTS. — La rédaction des jugements est divisée en 2 parties : l'une est l'œuvre des juges (la Minute) l'autre est l'œuvre des avoués (les Qualités). A l'instant où le jugement est prononcé à l'audience, il appartient aux parties, les juges ne peuvent plus le modifier.

De là, les formalités suivantes pour assurer sa conservation: Le greffier écrit, sur un cahier appelé *Plumitif*, le prononcé du jugement sous la dictée du président, puis il porte sur la *Feuille d'audience* du jour les motifs et le dispositif du jugement aussitôt que ce jugement est rendu (b). Il fait mention, en marge, des noms des juges et du procureur de la République qui ont siégé. Le président vérifie cette feuille à l'issue de l'audience ou dans les 24 heures, et signe, ainsi que le greffier, chaque jugement avec les mentions (c). Cet acte constitue la Minute ou l'Original du jugement ; il doit rester au greffe.

La Minute contient :

    1º Les Noms des Juges et du Ministère public ;
    2º Les Motifs;
    3º Le Dispositif.

(a) Ainsi, l'intimé, en cas d'appel, peut, sur un simple acte, faire ordonner l'exécution provisoire par la cour avant l'instruction et le jugement d'appel (458); et à l'inverse, si les juges ont ordonné l'exécution provisoire hors des cas prévus par la loi, l'appelant peut obtenir de la cour une défense d'exécuter jusqu'à ce qu'il soit statué sur le fond (459).

(b) Les feuilles d'audience sont réunies par année en forme de registre.

(c) Le greffier qui délivrerait copie d'un jugement avant qu'il ait été signé, serait poursuivi comme faussaire. Les procureurs généraux et de la République doivent se faire représenter, tous les mois, les minutes des jugements, pour constater si la formalité de la signature a été remplie.

Noms des juges. — Il est utile d'indiquer les Noms des juges et celui du procureur de la République, afin qu'on puisse reconnaître si le tribunal a été régulièrement composé.

Motifs. — Les Motifs sont les raisons sur lesquelles est fondée la décision du tribunal. En principe, tout jugement doit être motivé, à peine de nullité. Mais ce n'est que l'absence complète de motifs qui peut faire annuler un jugement, et non pas l'erreur ou l'inexactitude dans les *Considérants* ou *Attendus* du jugement. Une sentence peut être bien rendue au fond, quoique basée sur des Motifs erronés (a). Par exception, certains jugements n'ont pas besoin d'être motivés, tel est le jugement sur l'adoption (356, c. civ.).

Dispositif. — C'est la partie la plus essentielle du jugement : le Dispositif contient, en effet, la solution des points en litige, — la déclaration des droits des parties et les mesures ordonnées par le tribunal pour maintenir ou rétablir les droits, — enfin la condamnation aux dépens.

Expédition des Jugements. — Grosse. — La copie d'un jugement s'appelle Expédition.

Entre la Minute et l'Expédition, il y a plusieurs différences (b).

Outre les éléments de la Minute (noms des juges, motifs et dispositif), l'Expédition d'un jugement comprend encore les *Qualités*. Enfin, si l'on veut faire exécuter le jugement, il faut de plus la *Formule exécutoire ;* l'Expédition prend alors le nom de Grosse (c). Ce nom vient de ce qu'elle est écrite en grosses

---

(a) Les actes judiciaires appelés jugements de renvoi de cause, jugements d'adjudication, etc., n'ont pas besoin d'être motivés ; les jugements préparatoires non plus.

(b)   DIFFÉRENCES

Entre la **Minute**	et l'**Expédition**.
La Minute est l'*orignal* d'un jugement.	L'Expédition en est la *copie*.
Elle est signée par le *président* et le *greffier*.	Elle est signée par le *greffier* seul.
Elle n'est pas revêtue de la formule exécutoire.	Elle peut contenir cette formule, alors elle s'appelle *Grosse*.
Elle reste au greffe et, sauf de rares exceptions, ne doit jamais en sortir.	Elle est remise aux parties, et même à toute personne qui en fait la demande, puisqu'elle est publique ; mais la *Grosse* ne doit être remise qu'à la partie, et il ne peut pas en être délivré plus d'une sans permission du président (844 et 854).

(c) La **Formule exécutoire** consiste d'une part dans les mots :
« RÉPUBLIQUE FRANÇAISE, *au nom du peuple français.* » placés en tête de l'expédition.
D'autre part, dans ces mots, placés à la fin de l'acte :
« En conséquence, *le Président de la République française mande et ordonne à tous huissiers, sur ce requis, de mettre le présent jugement à exécution ; aux procureurs généraux et aux procureurs près les tribunaux de 1re instance d'y tenir la main ; à tous commandants et officiers de la force publique de prêter main-forte lorsqu'ils en seront requis.*
« *En foi de quoi le présent jugement a été signé par...* » (D. septembre 1871).

lettres, à la différence de la Minute, qui est *minutée*, c.-à.-d. en petits caractères.

QUALITÉS. — Les énonciations contenues dans la Minute ne sont pas suffisantes pour faire connaître les parties en cause, — le rôle qu'elles jouent, ni les circonstances du procès ou les droits débattus ; ce sont les Qualités qui établissent ces différents points et constituent un acte complet (a).

Elles comprennent :

Les noms des Avoués ;
Les noms, professions et demeures des Parties ;
Leurs Conclusions ;
L'exposé sommaire des Points de fait et de droit.

Noms des Avoués. — Cela sert à justifier que les Parties ont été représentées. En pratique, on ajoute les noms des Avocats.

Noms des Parties. — On doit toujours préciser à quel titre les Parties figurent au procès, par ex., pour un tuteur, s'il agit en son nom ou au nom de sa pupille ; — pour un héritier, s'il est pur et simple ou bénéficiaire.

Conclusions. — C'est la partie la plus importante des Qualités, car c'est en les rapprochant du Dispositif qu'on reconnaît si le jugement est ou non conforme à la demande et s'il a statué sur plus ou moins de chefs qu'il n'en a été soumis au tribunal.

On cite les Conclusions des 2 parties ; mais, par un motif d'économie et dans la crainte qu'on n'insère les requêtes en entier, la loi défend de reproduire, dans les Qualités, les motifs des Conclusions.

Point de fait. — C'est le résumé des circonstances de l'affaire; mais en pratique, on fait plutôt l'historique de la procédure suivie depuis le début du procès jusqu'au jour du jugement.

Point de droit. — Ce devrait être l'exposé sommaire des questions de droit qui ont été discutées. Mais au lieu de dégager nettement chaque question, on emploie une formule complexe qui embrasse à la fois les faits et le droit ; *la cause, en cet état, présentant les questions suivantes* : Le tribunal devait-il adjuger au demandeur ses conclusions ? Devait-il, au contraire, les

_____

(a) Tel est le sens le plus large et le plus usité du mot *Qualités*, en procédure (a. 142). Dans un sens plus restreint, il désigne seulement à quel titre les parties agissent (144, c. PR. 1351, c. CIV.).

déclarer non recevables ? Que devait-il statuer sur les dépens ?
(Ou plus simplement : *Quid* des dépens ?)

A qui appartient la rédaction des Qualités?

Le jugement étant l'œuvre du tribunal, il semble que les
Qualités qui en sont le complément devraient être rédigées par
le tribunal, ou par l'un des juges, ou tout au moins par le greffier : cependant la rédaction en est confiée aux avoués (*a*).

En principe, c'est l'avoué de la partie gagnante qui a le droit
de lever le jugement, et par conséquent, d'en signifier les Qualités (*b*). Mais, si par négligence ou autrement, il ne le fait pas,
l'avoué de l'autre partie peut le sommer d'y procéder dans les
3 jours. Passé ce délai, il peut rédiger lui-même les Qualités,
car il a peut-être intérêt à lever le jugement, par ex., afin d'en
examiner les termes et voir s'il est attaquable.

Voici comment on procède pour faire et arrêter les Qualités :

L'avoué qui a le droit de lever le jugement rédige les Qua-
tés et les remet à un huissier audiencier ; celui-ci signifie la
copie à l'avoué de la partie adverse et garde l'original entre
ses mains, pendant 24 heures, afin d'y inscrire les oppositions
de cet avoué, dans le cas où les Qualités soumises à son con-
trôle ne lui paraîtraient pas rédigées avec exactitude par son
confrère.

Si, à l'expiration du délai, il n'y a pas eu d'opposition, les
Qualités sont remises au greffier, qui les annexe à la minute
et peut dès lors délivrer expédition du jugement. — Si l'avoué
adverse veut les contredire, il le déclare, dans les 24 heures, à
l'huissier, qui en fait mention sur l'original, puis, sur un
simple acte d'avoué à avoué, le différend est vidé par l'un des
juges qui ont concouru au jugement.

(*a*) Ce système est vivement critiqué : d'abord, il est possible que les avoués commettent
des inexactitudes sur la désignation des parties ou sur le rôle qu'elles ont joué dans la
cause, en indiquant, par ex., un héritier sous bénéfice d'inventaire comme héritier pur
et simple; en second lieu, un jugement pouvant être attaqué par la requête civile toutes
les fois qu'il n'aura pas été statué sur tous les chefs ou qu'il a été statué sur des points
non soumis au tribunal, il est à craindre que l'avoué rédacteur des qualités ne commette des
erreurs susceptibles de faire réformer la sentence. Enfin, comme il y a lieu à cassation
pour violation ou fausse application de la loi, les avoués peuvent même rendre le jugement
attaquable en dénaturant, avec ou sans intention, les faits ou les prétentions des parties.
Au reste, ce mode de procéder est illogique, puisque les questions posées dans les qualités
sont faites *après* les réponses contenues dans le dispositif.
    On justifie cependant le système de la loi en disant qu'il n'est pas de la mission des juges
 e rechercher les noms des parties ou leurs titres, et que le greffier, ne pouvant avoir le
temps de rédiger les qualités de tous les jugements, s'adresserait le plus souvent à l'un des
avoués, qui lui remettrait les qualités toutes faites, lesquelles seraient ainsi l'œuvre d'un
seul des avoués sans être contrôlées par l'autre.
    (*b*) Le Décret du 16 février 1807 a. 7, modifie en ce sens l'art. 142, qui semblait accorder
cette faculté à la partie la plus diligente.

C'est ce qu'on appelle le Règlement de Qualités.

Cette manière do procéder ne s'applique qu'aux jugements contradictoires. Quant aux jugements par défaut, que le défaillant ait ou non constitué avoué, les Qualités sont rédigées par l'avoué qui a obtenu jugement et remises directement au greffier sans être signifiées au défaillant; il est inutile, en effet, de le mettre en demeure de faire rectifier les Qualités par un juge, puisqu'il a le droit, par l'opposition, de faire rétracter la sentence elle-même par le tribunal tout entier (a).

Toutes les énonciations que doit contenir l'Expédition d'un jugement sont-elles requises à peine de nullité ? C'est une question fort débattue (b). La jurisprudence les divise en 2 catégories : les unes sont dites *substantielles*, les autres *secondaires;* l'omission des premières, seule, cause la nullité de l'acte. Le nom des juges est exigé à peine de nullité.— L'indication de la présence du ministère public n'est essentielle que dans les causes soumises à communication, mais le nom ne paraît pas indispensable.—Bien que la loi ne mentionne pas la *date* du jugement, elle est essentielle, car elle fait courir les délais. Le nom du greffier est exigé à peine de nullité.— De même, le nom des parties, mais non pas leurs prénoms et profession, s'il n'y a aucun doute sur leur identité.—Quant aux noms des avoués, il y a controverse.— Les conclusions sont exigées aussi à peine de nullité, à moins qu'elles ne soient contenues dans le dispositif du jugement. — Quant à la mention des Points de fait et de droit, on admet également qu'il suffit qu'elle résulte des motifs et des conclusions. — Enfin les motifs, et le dispositif sont indispensables.

Signification des Jugements (147-148).

En principe, nul n'est réputé bien connaître les dispositions du jugement qui le condamne, quoique la sentence ait été prononcée en sa présence ; de là la maxime : *Paria sunt non esse et non significari,* un jugement n'est pas considéré comme existant tant qu'il n'a pas été signifié.

(a) Dans les juridictions où il n'y a pas d'avoués, c'est le greffier qui rédige les qualités; toutefois, dans les tribunaux de commerce, ce sont ordinairement les agréés. Devant la Cour de cassation, c'est un conseiller.

(b) 1er Syst. — Elles le sont toutes, car elles constituent le jugement.

2e Syst.— Aucune ne l'est, puisque le Code ne prononce pas la nullité.

3e Syst. — Celles seulement qui sont l'œuvre des juges (motifs et dispositif) et non celles émanant des parties (qualités).

4e Syst. — Les juges ont la faculté d'apprecier et prononcent ou non la nullité, suivant que la formalité est ou non substantielle.

Toutefois, la Signification d'un jugement n'est nécessaire qu'à 2 points de vue :

1° Pour préparer l'exécution.

2° Pour faire courir les délais de recours contre le jugement.

La partie qui veut faire exécuter un jugement doit le lever et le signifier ; *lever* un jugement, c'est, ainsi qu'on vient de le voir, en obtenir la copie : le *signifier*, c'est en faire remettre copie, par huissier, à la partie adverse ou à son avoué.

Quels jugements doivent être signifiés avant d'être exécutés ? — Tout jugement *(définitif* ou *avant dire droit)* doit être signifié à l'Avoué *(a)*.

De plus, les jugements *définitifs* ou *provisoires* EMPORTANT CONDAMNATION sur les biens ou la personne sont signifiés à la Partie (147).

Dans la Signification à la partie, on doit relater celle faite à l'avoué.

Ainsi, la Signification est toujours faite à l'avoué, s'il y en a un en cause ; la loi a pensé que, connaissant mieux la procédure, l'avoué avertirait son client de l'expiration des délais et des modes de recours. De plus, lorsqu'il y a *condamnation*, la Signification est faite à la partie, afin que celle-ci se mette en mesure d'exécuter ou d'attaquer le jugement *(b)*.

Si l'avoué est décédé ou a cessé de postuler, la signification à partie suffit, mais il doit être fait mention du décès ou de la cessation de fonctions de l'avoué (148).

La Signification à partie se fait à personne — ou à domicile.

A personne, c.-à-d. en lui remettant l'acte entre les mains, dans quelque lieu qu'on la rencontre.

A domicile, c.-à-d. en se transportant à sa demeure, et en remettant l'acte à ses gens ou à ses voisins *(c)* Mais s'il y a un

---

a) Ainsi, les jugements, tant provisoires, interlocutoires que préparatoires, doivent être signifiés à l'avoué ; cependant, il y a des cas où, en raison de la simplicité de l'exécution, et pour éviter des frais, le jugement n'est ni levé, ni signifié, ex. : lorsque le tribunal donne acte à un avoué de sa constitution, a. 76, — ou lorsqu'il ordonne un délibéré, a. 94 — ou la remise d'une cause, a. 83, т.

(b Quand le jugement interlocutoire ordonne à la partie de faire quelque chose, comme de comparaître ou de prêter serment, la signification à l'avoué suffit-elle ? Controverse.

c) La signification, soit à l'avoué, soit à la partie, est exigée, à peine de nullité, non du jugement, mais de tous les actes d'exécution. Quant à la mention de la signification préalable à l'avoué dans l'acte signifié à la partie, son omission ne rend même pas nuls les actes d'exécution, elle permet seulement de s'opposer à l'exécution jusqu'à ce qu'il soit justifié que cette formalité est accomplie.

domicile élu pour l'exécution de l'acte qui a donné lieu au jugement, la signification peut-elle être faite à ce domicile ? Controverse (a).

En pratique, on signifie quand même au domicile réel.

Exécution des Jugements (543-556) (b).

Lorsqu'une partie s'adresse à la justice et demande un jugement, ce n'est pas uniquement pour faire reconnaître ou fixer ce
qui lui est dû par son adversaire, ou pour faire constater son
droit de propriété ou autre droit réel sur une chose. C'est surtout afin de pouvoir, en cas de résistance de l'adversaire, recourir à la force publique et le contraindre, — soit à payer, — soit
à restituer une chose déterminée, — soit enfin à cesser toute
opposition à l'exercice de ses droits.

L'Exécution des jugements est *volontaire* — ou *forcée*.

Cette dernière est confiée aux huissiers, lesquels peuvent, au
besoin, recourir à la force publique.

L'Exécution forcée se poursuit ordinairement sur les *biens*
par la voie des saisies (mobilière, immobilière, etc.), et exceptionnellement sur la *personne* (contrainte par corps). Ces mesures peuvent se cumuler (2069, c. civ.).

Elle a lieu sur la grosse du jugement dûment signifié, mais,
s'il n'est pas nécessaire que la créance soit fixée en argent lors
de la saisie, il est indispensable qu'elle le soit avant la vente
des biens (c).

Les jugements rendus en France sont exécutoires dans tout
le territoire, sans *visa* ni *pareatis*, quand même l'exécution
aurait lieu hors du ressort du tribunal qui a prononcé le jugement (d). Il en est différemment des grosses délivrées par les
notaires (547) (e).

En principe, il doit s'écouler un certain temps (8 jours) entre

---

(a) Si l'élection de domicile est forcée, c.-à-d. prescrite par la loi, on admet généralemen
que la signification peut être faite à ce domicile. — Mais si l'élection est volontaire, on
n'est plus d'accord.

(b) Bien que cette matière soit en dehors du programme, il est cependant utile d'en
donner un aperçu.

(c) Exceptionnellement, l'exécution peut être ordonnée sur minute. Ex. Référés, jugements provisoires des juges de paix.

(d) Autrefois, ce n'était que dans le ressort du parlement qui l'avait rendu, que le jugement était exécutoire, il ne pouvait l'être ailleurs qu'en vertu d'un pareatis.

(e) Ces actes, s'ils sont faits par des notaires de la résidence de la cour d'appel, ne sont
exécutoires que dans le ressort de la cour, et ceux faits par les autres notaires ne sont
exécutoires que dans le département. Pour être exécutoires en dehors de ces limites, ils
doivent être *légalisés* par le président du tribunal de la résidence du notaire.

le prononcé de la sentence et son exécution, à moins que le jugement ne soit exécutoire par provision. De plus, certains recours contre le jugement suspendent son exécution, tels sont l'opposition et l'appel.

Outre la signification, un jugement ne peut être exécuté, soit sur les biens, soit sur la personne, qu'après *Commandement*, lequel se fait le plus souvent à la suite de la signification et dans le même acte. Il doit précéder de 24 heures la saisie mo-bilière, et de 30 jours la saisie immobilière (583).

La *Saisie des meubles* (ou Saisie-exécution) est simple et ra-pide: après le commandement (24 heures), il y a un procès-verbal de saisie, — signification de ce procès-verbal, avec indication du jour de la vente, — puis affichage annonçant la vente (1 jour avant l'adjudication), — enfin vente aux enchères publiques (583).

Les fruits pendants par branches et par racines, bien qu'im-meubles, sont soumis à une saisie analogue et appelée *Saisie-brandon* (faisceau de paille qu'on mettait autrefois à la limite des champs (626).

La saisie des actions et obligations des sociétés commerciales se fait, d'après la jurisprudence, au moyen d'une *Saisie-arrêt* entre les mains de la société. Puis, on fait autoriser la vente par le tribunal. Elle a lieu soit à l'audience des criées, soit par-devant un notaire, soit à la Bourse.

Les rentes sur les particuliers sont l'objet d'une saisie spé-ciale (636). Quant aux rentes sur l'Etat, elles sont insaisissables.

La *Saisie des immeubles* est plus compliquée (673); elle comprend : outre la Signification du jugement, Commande-ment de payer dans les 30 jours, — Procès-verbal de saisie, — Transcription au bureau des hypothèques, — Dénonciation de la saisie, — Dépôt du cahier des charges au greffe, — Somma-tions aux créanciers et au procureur, — Mention de ces som-mations aux hypothèqes, — Publication du cahier des charges et Jugement fixant le jour de la vente, — Annonce de ce jour par placards et journaux. — Enfin, Adjudication à l'audience.

Quand les biens sont vendus, le prix est remis aux mains des créanciers ; mais, s'il n'est pas suffisant pour les payer tous, il y a alors une procédure particulière appelée *Distribu-tion par contribution*, à l'effet de partager le prix des meu-bles entre les différents créanciers (656). Quant au prix des

immeubles, il donne généralement lieu à une procédure appelée *Ordre*, à l'effet de déterminer le rang d'après lequel seront
payés les créanciers privilégiés, puis les créanciers hypothécaires ; le surplus est distribué au marc le franc entre les
créanciers chirographaires (749).

Enfin, les jugements qui prononcent une radiation d'hypothèque, un paiement ou quelque autre chose à faire *par un tiers*
ou à sa charge, ne sont pas exécutoires de suite par les tiers ou
contre eux, mais seulement lorsque l'opposition et l'appel ne
sont plus possibles, ce qui doit être certifié par l'avoué poursuivant, sur une attestation du greffier.

Effets des Jugements

Le principal effet des jugements est de trancher les questions en litige et de dessaisir les tribunaux.

Les jugements sont déclaratifs de droits préexistants et non
constitutifs de droits nouveaux, en sorte qu'ils ont un effet
rétroactif au jour de la demande, mais il est d'autres effets
très-importants et très-divers.

Les jugements donnent toujours un *Titre authentique*, et
souvent même un TITRE EXÉCUTOIRE. Cela a lieu toutes les fois
qu'ils contiennent une condamnation sur les biens ou sur la
personne.

Dans ces mêmes cas, et pour garantir l'exécution de la condamnation, ils donnent de plein droit (a) une HYPOTHÈQUE JU-
DICIAIRE sur tous les biens présents et à venir de la partie
condamnée, à la seule condition pour le gagnant de prendre
inscription au bureau des hypothèques.

Ils donnent une ACTION NOUVELLE (*actio judicati*) pour faire
exécuter les dispositions qu'ils contiennent. Cette action dure
30 ans, bien que l'action primitive fût plus courte. Ainsi, les
jugements opèrent pour ainsi dire une sorte de NOVATION, en
ce sens qu'ils constituent un titre nouveau, lequel, en principe,
est valable pendant 30 ans, quelle que fût la durée de l'action
qui a donné lieu au procès. Par ex., bien que le paiement d'une
lettre de change ne puisse, en vertu du titre lui-même, être
poursuivi que pendant 5 ans, dès qu'il y a eu condamnation,

_____

(a) Quant aux sentences arbitrales et aux jugements étrangers, ils n'entraînent hypothèque qu'en tant qu'ils ont été rendus exécutoires (1020, c. PR. — 2223, c CIV.).

on peut, à l'aide du jugement, agir désormais pendant 30 ans (189, c. co.). Mais cette espèce de novation ne détruit pas, comme la novation ordinaire, les garanties du titre primitif. Ainsi, les hypothèques, gages et cautionnement subsistent, car le recours à la justice a pour but de protéger les parties et d'augmenter leurs sûretés plutôt que de les diminuer (1279, c. civ.).

Dans le cas où le demandeur succombe, les jugements ANÉANTISSENT, au profit du défendeur, l'INTERRUPTION DE PRESCRIPTION produite d'une manière conditionnelle par la demande en justice (Ajournement ou Citation en conciliation) (2047, c. civ.).

Enfin, les jugements établissent la PRÉSOMPTION DE CHOSE JUGÉE, c.-à-d. qu'entre les parties en cause, ils sont réputés être la vérité, tant qu'ils n'ont pas été attaqués (1351, c. civ.). Car la possibilité d'une opposition ou d'un appel n'empêche pas cet effet. — Lorsqu'un jugement n'est plus susceptible d'opposition ou d'appel, on dit qu'il est *passé en force de chose jugée*, bien qu'il soit encore susceptible de recours extraordinaires (requête civile ou cassation). Enfin, lorsque ces recours ne sont plus possibles, le jugement est *irrévocable*.

— 7ᵐᵉ *Leçon*. —

Titre VIII. — Des Jugements par défaut et Opposition.

Les jugements sont *Contradictoires* — ou *Par défaut* :

CONTRADICTOIRES, lorsqu'ils ont été rendus après le *Contredit* des parties, c.-à-d. après leurs conclusions respectives ; il suffit que les conclusions au fond aient été posées à l'audience par les avoués ; il n'est pas nécessaire qu'il y ait eu plaidoiries.

PAR DÉFAUT, lorsqu'ils sont rendus contre une partie dont l'avoué ne s'est pas présenté à l'audience, ou n'y a pas pris de conclusions, tout en étant présent à l'audience.

De là, 2 sortes de jugements par défaut : (a).

1º Défaut contre Partie, — ou faute de comparaître, — ou faute de constitution d'avoué. (Ces 3 expressions sont synonymes.)

(a) Dans l'ancien droit, il y avait 3 sortes de défaut, savoir :

1º *Faute de se présenter*. — C.-à-d. faute de faire connaître au greffe le procureur choisi. Cette formalité, imposée autrefois tant au demandeur qu'au défendeur, est aujourd'hui remplacée par la constitution d'avoué dans l'ajournement, pour le demandeur, et par la

2° Défaut contre Avoué, — ou faute de conclure, — ou faute de comparution d'Avoué. (Expressions également synonymes.) (a).

Les jugements par défaut sont susceptibles d'un recours particulier, appelé Opposition, et, en outre, des mêmes recours que les jugements contradictoires. (Appel, Requête civile, Cassation).

Défaut du demandeur.

Le Défaut a lieu, tantôt de la part du défendeur, tantôt de la part du demandeur ; ce dernier cas est le moins fréquent.

Les 2 défauts (*contre avoué* ou *contre partie*) sont possibles au défendeur, — le 1er est seul possible au demandeur, qui, dans son ajournement, doit constituer avoué, sous peine de nullité.

En pratique, le défaut du défendeur s'appelle simplement *défaut* ; celui du demandeur s'appelle Congé, ou *défaut congé*.

Dans le défaut du défendeur, le tribunal ne devant adjuger au demandeur ses conclusions qu'autant qu'elles sont justifiées, il y a examen du fond, et par conséquent une véritable condamnation motivée, sauf au défendeur à faire tomber le jugement par une *opposition*. Mais, quand c'est le demandeur qui est défaillant, quel est l'effet, sur le fond du droit, de ce défaut ? Controverse.

1er Syst. — Le jugement ne concerne que la procédure et ne touche pas au fond du droit ; le tribunal renvoie le défendeur sans examiner le mérite de sa défense, car c'est au demandeur à prouver ses prétentions ; le jugement n'est donc qu'un *renvoi*, qu'un *congé* de l'assignation, sans énoncé de motifs. Dès lors, les choses, quant au fond, restent dans l'état où elles étaient avant l'ajournement ; le demandeur pourra renouveler sa demande quand il voudra, sans être tenu de former opposition

---

constitution d'avoué par acte spécial d'avoué à avoué, pour le défendeur. Ce défaut ne peut donc plus exister du côté du demandeur, et correspond seulement au défaut faute de constitution du côté du défendeur.

2° *Faute de Défendre*. — Lorsque le procureur, tant du demandeur que du défendeur, ne signifie pas ses moyens. Aujourd'hui, le demandeur devant faire connaître ses moyens dans l'ajournement, et le défendeur n'étant plus forcé de signifier ses défenses, ce genre de défaut n'existe plus d'aucun côté.

3° *Faute de Plaider*. — Lorsqu'après la signification des conclusions les parties ne se présentent pas à l'audience pour plaider, il correspond à notre défaut faute de conclure.

Il est utile de remarquer qu'il n'y a plus que 2 défauts au lieu de 3, cela servira à expliquer certaines expressions anciennes reproduites par le Code et devenues inexactes, notamment art. 179.

(a) On dit encore dans ce cas, par souvenir de l'ancien droit : défaut *faute d défense*, — ou *faute de plaider*.

ou appel. L'art. 434 semble admettre ce système pour les jugements de commerce.

2ᵉ Syst. — Le jugement concerne le fond et statue sur la demande elle-même ; dès lors, le demandeur ne peut plus reprendre l'action sans faire tomber le jugement par opposition ou appel.

3ᵉ Syst. — Les juges ont la faculté de statuer au fond ou de prononcer un simple renvoi : si le défendeur, sans discuter au fond la prétention du demandeur, a simplement pris défaut contre lui, alors le tribunal, n'ayant rien à examiner, mais seulement à constater le défaut, n'a fait que relaxer le défendeur de l'assignation. Mais si le défendeur, au lieu de demander simplement son renvoi de l'assignation, a voulu que le procès fût vidé et a conclu à ce que le demandeur fût déclaré mal fondé, alors le tribunal, en lui adjugeant le profit du défaut (a), a entendu le renvoyer de la demande elle-même ; et le demandeur, ainsi condamné, devra faire opposition au jugement s'il veut recommencer le procès. Autrement, dit-on, ce serait permettre au demandeur de vexer son adversaire par des assignations renouvelées indéfiniment ; au reste, son absence fait présumer son désistement. Toutefois, on répond que le désistement a précisément pour effet de remettre les choses en l'état où elles étaient avant la demande, et que le danger de demandes réitérées et vexatoires est suffisament atténué par la condamnation aux frais de chaque tentative, et par les dommages-intérêts que le défendeur est en droit de réclamer.

Défaut du défendeur.

Du côté du défendeur, il y a deux sortes de défaut : *contre partie*, — ou *contre avoué*.

Si, dans les délais de l'ajournement (huitaine franche), le défendeur n'a pas comparu, c.-à-d. n'a pas constitué avoué, alors, au jour indiqué pour l'audience, le demandeur fait prononcer le défaut faute de comparaître ou faute de constitution d'avoué.

C'est le Défaut *contre Partie*.

Si, au contraire, le défendeur a constitué avoué, mais qu'après les délais pour signifier les défenses et les réponses et au

---

(a) *Adjuger le profit du défaut*, signifie condamner le défaillant : le profit du défaut consiste à admettre les conclusions du comparant
Donner défaut contre telle partie, signifie condamner cette partie par défaut.

jour fixé par l'avenir, son avoué ne pose pas de conclusions à l'audience, il est donné contre lui défaut faute de conclure, ou faute de comparution d'avoué (a.

C'est le Défaut *contre Avoué*.

Sur l'appel de la cause, le tribunal constate que le défendeur n'a pas d'avoué, ou que son avoué n'a pas conclu, et prononce le défaut, puis il adjuge au demandeur ses conclusions; il y a là 2 opérations distinctes, quoique confondues dans le même jugement : par la 1re le tribunal *donne défaut*, — par la 2me il *adjuge le profit du défaut* (b). Mais les conclusions du demandeur doivent-elles être admises sans examen et le défendeur doit-il être condamné par cela seul qu'il fait défaut ? Une Ordonnance de 1539 le voulait ainsi : le défaillant était présumé reconnaitre la justesse de la demande. Aujourd'hui, le Code ne permet aux juges d'adjuger immédiatement au demandeur ses conclusions qu'autant qu'elles se trouvent *justes et bien vérifiées*. S'il y a doute, ils doivent se faire remettre les pièces, afin de les examiner, et renvoyer à l'audience suivante afin de ne prononcer qu'en connaissance de cause. On soutient même qu'ils peuvent ordonner une enquête ou une expertise.

— L'art. 257 suppose une enquête ordonnée par défaut. En effet, il y a des cas, notamment la séparation de corps, où une enquête est indispensable; autrement il suffirait qu'une des parties f.t défaut pour obtenir la séparation alors que la loi ne veut pas qu'elle résulte d'un commun accord, mais quelle soit basée sur des faits sérieux (c).

En pratique, la communication des pièces est peu exigée par les juges, et le délibéré est rarement prononcé; le plus souvent, les conclusions sont adjugées sans un examen sérieux.

Quand il y a *plusieurs* défendeurs, cités pour le *même objet*, on distingue s'ils sont tous défaillants, — ou si les uns font défaut et les autres comparaissent

---

(a) Il arrive quelquefois que l'avoué du défendeur se présente à l'audience pour poser des conclusions, non sur le fond du procès, mais seulement sur des questions préjudicielles ou des exceptions par ex sur la compétence. Dans ce cas, le 1er jugement rendu est contradictoire, mais si l'avoué refuse de conclure au fond, le jugement définitif est par défaut.

(b) Autrefois, c.-à-d. sous les anciennes ordonnances, ces 2 opérations étaient faites séparement et à un certain intervalle de temps : en effet, le défaut était donné au greffe par un certificat du greffier et non à l'audience; ce n'était qu'après un certain délai qu'on demandait à l'audience la condamnation du défaillant.

(c) Le ministère public, lorsqu'il est partie principale, peut-il faire défaut ? Controverse Comme il n'a pas à constituer avoué, ce ne peut être un défaut faute de concluro. Mais d'un autre côté, puisqu'il doit toujours être présent à l'audience, il est difficile que ce soit un défaut faute de comparaitre.

Si tous font défaut, il n'est pris qu'un seul jugement, non-seulement lorsqu'ils ont été cités pour le même jour, mais encore lorsqu'ils ont été appelés à des termes différents (soit à raison des distances, — soit parce que l'assignation n'a pas la même date) ; dans ce cas, en effet, on attend l'expiration du plus long délai, afin de comprendre toutes les parties dans le même jugement. L'avoué qui prendrait des jugements séparés en supporterait seul les frais. Mais ces jugements seraient-ils nuls? Controverse (a).

DÉFAUT PROFIT JOINT. — Lorsque de 2 ou de plusieurs défendeurs, l'un comparaît et l'autre fait défaut, on ne rend pas 2 jugements, l'un contradictoire, l'autre par défaut ; d'abord pour économiser des frais, puis pour éviter la contrariété de jugements sur le même objet. En effet, qu'on suppose une affaire non susceptible d'appel, c.-à-d. en dernier ressort, par ex. une dette inférieure à 1,500 fr. contractée par 2 débiteurs solidaires : s'il était prononcé 2 jugements, le jugement contradictoire rendu contre l'un serait inattaquable, tandis que le jugement par défaut rendu contre l'autre serait susceptible d'opposition, et, par conséquent, d'être réformé; or, si le défaillant, muni de nouvelles pièces ou invoquant de meilleurs arguments, présentait l'affaire une 2me fois devant le tribunal, il serait à craindre que les juges n'hésitassent à reconnaître qu'ils se sont trompés ; et d'un autre côté, s'ils reconnaissent leur erreur, on aurait, entre les mêmes parties, dans une cause identique et émanant d'un même tribunal, 2 décisions en sens opposé.

La loi a évité ce résultat fâcheux : au lieu de statuer à l'égard du défendeur présent, le tribunal donne simplement défaut contre le défendeur absent, sans adjuger le profit de ce défaut au demandeur; le profit est réservé et joint à la cause du défendeur présent, laquelle est renvoyée à la prochaine audience ou à une audience ultérieure désignée par le tribunal. De là vient le nom de jugement par Défaut profit joint. Ce jugement, appelé aussi jugement *de jonction*, est signifié au défaillant par un huissier *commis*, avec assignation au jour où la cause doit être de nouveau appelée.

(a) 1er Syst. — Oui. — 2e Syst.— Non. L'art. 152 ne prononce pas la nullité, il met seulement les frais à la charge de l'avoué.— 3e Syst.— On distingue si le jugement est pris après ou avant l'expiration du plus long délai. Au 1er cas, les jugements sont inattaquables, car la cause est définitivement fixée pour tous les défaillants. Au 2e cas, les jugements pris plus tard pouvant être contradictoires, seraient peut-être contraires aux premiers, ce que la loi a voulu éviter.

Dans la crainte que la 1re assignation n'ait pas été connue du défaillant, soit qu'elle n'ait pas été remise, soit qu'elle ait été *soufflée*, c.-à-d. escamotée par l'huissier, le tribunal désigne expressément un huissier pour remettre la 2me assignation. Mais si sur cette nouvelle assignation le défendeur ne comparaît pas, son ignorance n'étant plus probable, il est présumé, par son abstention, reconnaître la prétention du demandeur, ou tout au moins se reposer sur son codéfendeur du soin de sa défense, et le jugement, qui est contradictoire vis-à-vis de ce dernier, est réputé tel vis-à-vis du défaillant, qui ne pourra pas faire opposition (a).

SIGNIFICATION DES JUGEMENTS PAR DÉFAUT. — Si le jugement est par défaut contre partie ou par défaut profit joint, la signification est faite à la partie défaillante par un *huissier commis*, c.-à-d. désigné par le tribunal. Mais, quand c'est un défaut contre avoué, elle est faite à l'avoué et, en outre, à la partie, si le jugement contient condamnation. Dans ce cas, elle est faite par un *huissier ordinaire*, comme si le jugement était contradictoire. Le motif de cette différence est que, dans les 2 premiers cas, on craint que le défaillant n'ait pas reçu l'ajournement, ce qui n'est pas à redouter dans le dernier cas, puisque la partie défaillante a constitué avoué.

EXÉCUTION. — Tout jugement portant condamnation doit être signifié à personne ou à domicile avant d'être exécuté. Mais le délai qui doit s'écouler entre la signification et l'exécution diffère suivant que le jugement est contradictoire ou par défaut. — Pour les jugements contradictoires, il suffit que la signification précède l'exécution de *24 heures* ; car la partie condamnée, connaissant le jugement, a dû se préparer à l'exécuter ou à l'attaquer (b). — Pour les jugements par défaut, l'exécution ne peut être commencée que *8 jours* après la signification. Le défaillant pouvant ignorer le jugement, on lui donne le temps de l'examiner et de l'attaquer (c). Toutefois, si, pendant la

(a) *Quid* si celui qui a comparu à la 1re audience fait, à son tour, défaut à la 2me ? On soutient, et il a été jugé que le jugement est par défaut vis-à-vis de lui, et, par conséquent susceptible d'opposition, car cette voie de recours, dit-on, n'est refusée qu'à ceux qui 2 fois ont fait défaut, parce que leur absence n'a pas d'excuse, tandis qu'ici, c'est le 1er défaut. Mais d'autres prétendent que le jugement est réputé contradictoire. En effet, la loi, par la généralité de ses termes, embrasse tous les cas; et puisque le défendeur a comparu une 1re fois, on n'a pas à craindre son ignorance ; enfin, on évite la contrariété de jugements.

(b) L'exécution des jugements en 1er ressort non exécutoires par provision est, en outre, suspendue pendant 8 jours à dater du jugement (450).

(c) *Pourquoi la prescription, qui est trentenaire dans ce cas, est-elle de 6 mois dans l'autre ?* La loi a craint que, dans le 1er cas, le défaillant n'ait pas été averti et que son adversaire,

huitaine de la signification, il est défendu d'exécuter les jugements par défaut, il est permis de faire des actes conservatoires, par ex., inscrire l'hypothèque judiciaire (a. 2123), et le défaillant, de son côté, peut faire opposition de suite.

Il arrive quelquefois qu'un jugement ordonne certaines choses à des *tiers* (c.-à-d. à des personnes qui n'ont pas figuré au procès), par ex., la restitution de l'objet litigieux par un *séquestre*, — le paiement d'une somme par un *tiers saisi*. Dans le cas d'un jugement par défaut, ces tiers ne doivent exécuter le jugement qu'autant que l'exécution n'aura pas été suspendue par une Opposition. Aussi, doivent-ils exiger de celui qui exécute un certificat du greffier, constatant qu'il n'y a aucune Opposition portée sur le registre à ce destiné. En outre, il faut remettre deux autres pièces au tiers : 1º une expédition du jugement ; 2º un certificat de l'avoué constatant que le jugement a été signifié (548).

Péremption. — En principe, le droit de faire exécuter un jugement se prescrit, comme tout autre droit, par *30 ans*. Il en est ainsi pour les jugements contradictoires et même pour les jugements par défaut contre avoué. Quant aux jugements par défaut contre partie, il y a une prescription de *6 mois*. Cette courte prescription s'appelle *Péremption* ; c'est une péremption spéciale qu'il ne faut pas confondre avec la péremption d'instance (Voy. tit. XXII).

Voies de recours. — Les jugements par défaut sont, comme les contradictoires, susceptibles d'*appel* dans certains cas ; mais, de plus, ils sont toujours, en principe, attaquables par un moyen qui leur est spécial, l'*Opposition* ; il n'y a que de très-rares exceptions. (Les recours extraordinaires sont également permis.)

Opposition.

On appelle Opposition la voie par laquelle la partie défaillante demande au tribunal même qui l'a condamnée de rétracter la décision rendue en son absence, et de juger de nouveau, après avoir entendu sa défense. Mais la partie qui a comparu ne peut jamais faire opposition (*a*).

---

après avoir tenu caché le jugement pendant longtemps, ne vienne l'exécuter au moment où il pense que les titres sont perdus ou détruits. Sans doute, l'opposition est encore possible, mais elle est vaine et inutile, s'il n'y a plus de preuves à l'appui.

(*a*) Il arrive quelquefois que l'avoué ne s'étant pas trouvé à l'audience lors de l'appel de la cause, prie les juges, durant la même audience, de retirer le défaut, c'est ce qu'on appelle *Rabattre* le jugement.

Les règles sur les délais et la forme de l'Opposition varient suivant que le jugement par défaut est contre avoué — ou contre partie.

DÉLAIS DE L'OPPOSITION. — Si le jugement est contre avoué, le délai est de huitaine, à partir de la signification à l'avoué (a). — Si le jugement est contre partie, l'Opposition est recevable jusqu'à l'exécution *du jugement.*

Cette différence s'explique facilement; en effet, dans le 1er cas, le défendeur ayant constitué avoué, a nécessairement connu l'ajournement; s'il ne s'est pas défendu, c'est qu'il ne l'a pas voulu, il n'a donc pas besoin de la protection de la loi; au reste, son avoué peut le conseiller; aussi le délai est-il très-court. Dans le 2me cas, le défendeur n'a pas constitué avoué; on peut donc supposer qu'il n'a reçu, ni l'ajournement, ni la signification du jugement; dès lors, on devait prendre plus de précautions et lui accorder un délai assez long.

Quand un jugement est-il réputé EXÉCUTÉ *au point de vue de l'Opposition?* Autrement dit, quel est le moment à partir duquel l'Opposition n'est plus recevable? l'art 159 indique d'une manière expresse certains actes après lesquels le jugement est réputé exécuté et l'Opposition devenue impossible. Puis il attribue d'une manière générale le même effet *à tout acte* duquel il résulte nécessairement que le défaillant *a connu* l'exécution du jugement. D'après l'esprit de cet article, il n'est pas nécessaire, pour que l'Opposition soit inadmissible, que l'exécution soit *achevée,* soit complète; mais il ne suffit pas non plus qu'elle soit simplement *commencée* : il faut que l'exécution ait été connue du défaillant, ou tout au moins qu'elle soit *assez avancée* pour être réputée connue de lui. C'est là une question de fait laissée à l'appréciation des tribunaux.

Les actes indiqués par la loi comme faisant présumer que l'exécution a été connue du défaillant sont :

La *vente des meubles après saisie.*
La *notification de la saisie des immeubles.*
L'*emprisonnement* ou la *recommandation du défaillant.*
Le *paiement par lui des frais du procès.*

(a) Est-ce ici une *huitaine franche* comme dans les ajournements?

1er Syst. — Oui, — on ne compte ni le jour de la signification, ni celui de l'échéance.

2e Syst. — Non, — on ne compte pas, il est vrai, le jour de la signification du jugement, mais l'opposition doit être faite dans les 8 jours suivants, inclusivement. Ainsi, le jugement signifié le 1er devra être attaqué le 9 au plus tard, tandis que si la huitaine eût été franche, l'opposition aurait pu être utilement faite le 10.

1º *Vente des meubles saisis.* — Ainsi, ni la signification du jugement, ni le commandement, ni la saisie ne suffisent pour empêcher l'Opposition. Si la loi ne se contente même pas de la saisie, qui est par elle-même un acte d'exécution, c'est qu'elle craint que cet acte ne reste ignoré du défendeur; mais la vente après saisie, donnant lieu à plusieurs actes et étant publiquement annoncée, ne laisse plus la même crainte.

2º *Notification de la saisie des immeubles.* — Ici, la loi n'exige pas, comme pour les meubles, que l'exécution soit aussi avancée; le défaillant est réputé connaître l'exécution sur les immeubles, même avant la vente : et cela est rationnel, parce que la procédure de la saisie immobilière est plus longue et plus compliquée que celle de la saisie mobilière. En effet, au moment où on notifie la saisie au défaillant, il s'est déjà écoulé un certain temps, puisque le *Commandement* accorde 30 jours pour payer; de plus, comme certains actes ont été visés par le maire, il est difficile d'admettre que le débiteur ait ignoré le jugement (a).

3º *Emprisonnement* ou *Recommandation du défaillant.* — La RECOMMANDATION est l'acte par lequel un créancier, qui a obtenu une condamnation avec contrainte par corps, déclare à la prison où son débiteur est déjà incarcéré à la requête d'un autre créancier, qu'il entend que ce débiteur ne soit relâché qu'après paiement de ce qui lui est dû. Ce créancier profite ainsi de l'arrestation opérée à la requête d'un autre; mais à partir de la recommandation, il participe avec le premier créancier à l'entretien du prisonnier. Celui qui souffre qu'on le mette en prison ou s'y laisse maintenir en vertu d'un jugement par défaut, est censé acquiescer à ce jugement, il ne proteste pas à l'instant même.

4º *Paiement des frais.* — C'est une reconnaissance formelle de la condamnation; cet acte est même considéré, en jurisprudence, comme une renonciation au droit d'attaquer le jugement.

En dehors de cette énumération, la loi laisse aux juges le soin d'examiner si les actes d'exécution ont été ou non connus du défaillant, et par conséquent, si l'Opposition doit être repoussée ou admise (b).

(a) D'après l'art 2215 du Code civil, la saisie des immeubles ne peut avoir lieu tant que le délai d'opposition n'est pas expiré. Le Code de procédure considère au contraire cette saisie comme possible puisqu'elle arrête la faculté de faire opposition, ce qui est contradictoire. Cela tient à ce que l'article 2215 a été rédigé sous l'ordonnance de 1667, laquelle n'admettait qu'un seul délai de 8 jours dans les 2 sortes de défaut. Cet article ne doit plus s'appliquer dans le jugement par défaut contre partie.

b. Lorsqu'on est en dehors des hypothèses énumérées, il n'y a aucune difficulté : un acte d'exécution, quel qu'il soit, pourvu qu'il ait été connu, suffit pour rendre l'opposi-

Telle est l'exécution exigée au point de vue de l'*Opposition*. il faut examiner maintenant quelle est l'exécution réclamée à l'égard de la *Péremption*. On a vu, en effet, que le jugement par défaut contre partie doit être *exécuté dans les 6 mois*, sous peine d'être considéré comme non avenu.

Quand un jugement est-il réputé EXÉCUTÉ, *au point de vue de la* PÉREMPTION? Une exécution complète n'est certainement pas exigée : mais si une exécution commencée suffit, faut-il au moins qu'elle remplisse les conditions qu'exige l'art. 159 pour empêcher l'opposition ? autrement dit, est-il nécessaire qu'elle ait été connue du défaillant ou qu'elle soit parvenue au point indiqué par cet article ? Cette interprétation rigoureuse a été soutenue ; mais on admet généralement que tel acte qui, aux termes de l'art. 159, permettrait néanmoins au défendeur de former Opposition, lui interdit d'invoquer la Péremption.

Ainsi, par ex., un procès-verbal de Carence est un acte insuffisant à l'égard de l'Opposition, mais suffisant quant à la Péremption (a). En effet, cet acte n'est pas rangé, par l'art. 159, parmi ceux qui font présumer que le défaillant a connu l'exécution, et il est possible qu'il soit resté ignoré de lui : l'Opposition est donc néanmoins admissible, mais il serait in-juste de permettre au défaillant d'invoquer la Péremption con-tre le demandeur, qui a fait toutes ses diligences et qui n'a pu exécuter le jugement, c.-à-d. saisir et vendre, faute d'objets saisissables.

Cette différence s'explique : en effet, l'art. 159 a pour but de protéger le défendeur contre une condamnation qu'il a pu ignorer, et de lui permettre d'empêcher que cette condamna-tion ne devienne définitive. Au contraire, l'art. 156 a pour but de punir le demandeur négligent, mais sans lui faire perdre définitivement ses droits, puisque, malgré la Péremption, il peut agir de nouveau. Il était donc naturel que la loi prît plus de précaution à l'égard du défendeur qu'à l'égard du deman-deur.

---

tion inadmissible. Mais que décider si, dans le cas où la loi a fixé le point où l'exécution devait être arrivée pour être réputée connue, un acte d'exécution a été réellement connu du défaillant, mais que cet acte n'ait pas amené l'exécution au point marqué par la loi ? Par ex., dans une saisie faite en sa présence, le défaillant a signé le procès-verbal et accepté d'être gardien des objets saisis (593). On a soutenu, et il a été jugé qu'il pouvait encore former opposition, car la vente n'ayant pas eu lieu, l'exécution n'est pas arrivée au point fixé par l'art. 159, mais il est préférable d'appliquer la fin de l'article et dire que, la saisie ayant été connue du défaillant, cela suffit pour empêcher l'opposition. Les 2 dispositions de l'art. 159 doivent se combiner, et non s'appliquer à l'exclusion l'une de l'autre.

(a) On appelle procès-verbal de Carence l'acte constatant que l'huissier venu pour saisir les meubles du débiteur n'a rien trouvé à saisir. Ce mot vient de *carere*, manquer.

FORMES DE L'OPPOSITION. — Elles varient suivant l'espèce de défaut.

1° *Jugement par défaut contre avoué*, — l'opposition est formée par Requête d'avoué à avoué.

Cette requête doit contenir les *moyens* d'Opposition, car l'Opposition non motivée n'est pas suspensive de l'exécution, et est *rejetée* sur un simple acte, sans qu'il soit besoin d'aucune instruction. Ainsi, lorsque l'Opposition est irrégulière en la forme, celui qui a obtenu jugement peut n'en tenir aucun compte et continuer l'exécution ; mais il le fait à ses risques et périls, car si le tribunal la déclare régulière, les actes d'exécution postérieurs à l'Opposition seront annulés.

2° *Jugement par défaut contre partie*. — Quand le défaillant n'a pas d'avoué, la loi prend plus de précautions, elle lui permet de former Opposition de deux manières :

1° Par un Acte extrajudiciaire.
2° Par une Déclaration sur les actes d'exécution.

L'*acte extrajudiciaire* dont il est question ici est un exploit par lequel le défaillant notifie à son adversaire son intention de s'opposer au jugement (a). Il n'est même pas nécessaire de signifier un acte préalable, on peut faire directement une requête.

La seconde manière est fort simple : quand l'huissier vient signifier un acte d'exécution, un commandement, par ex., le défaillant peut déclarer son opposition et exiger que l'huissier en fasse mention sur cet acte. De même, si l'huissier veut saisir ses meubles ou sa personne, le défaillant fait inscrire sa déclaration d'opposition sur le procès-verbal de saisie ou d'emprisonnement.

L'Opposition faite d'après les 2 modes ci-dessus n'est pas complète ; elle suffit provisoirement pour suspendre l'exécution du jugement, mais elle n'est définitive et valable qu'autant qu'elle a été *réitérée* par l'opposant *dans la huitaine, par Requête* avec constitution d'avoué. Sans cette formalité complémentaire, l'Opposition est non recevable, est l'exécution est continuée sans le faire ordonner par le tribunal.

En outre, toute opposition doit être mentionnée au greffe sur un registre spécial à la requête de l'avocat opposant (163).

_____

(a) On appelle Acte extrajudiciaire tout acte qui ne s'adresse pas directement à la justice. Dans ce sens, ce mot comprend également l'autre mode, c.-à-d. la déclaration faite sur les actes d'exécution, car ces actes ne s'adressent pas au tribunal.

EFFETS DE L'OPPOSITION.— Quand elle est régulière, l'Opposition produit 2 effets :

1° Elle arrête ou suspend l'exécution du jugement, à moins qu'il n'ait été déclaré exécutoire par provision.

2° Elle permet au défaillant de présenter sa défense et de demander la rétractation du 1er jugement.

Effet suspensif. — L'exécution des jugements contradictoires (au moins de ceux en 1er ressort) est suspendue de plein droit pendant *8 jours francs* à partir du prononcé de la sentence. Quant à l'exécution des jugements par défaut, elle est aussi suspendue de plein droit pendant *8 jours*, mais ce délai court seulement de la signification, et non de la prononciation du jugement (*a*).

Toutefois, s'il y a *urgence*, les juges peuvent, dans certains cas (ceux de l'art. 135), ordonner l'*exécution provisoire*, et même, s'il y a *péril en la demeure*, l'ordonner dans tous les cas.

Ainsi, la possibilité d'une Opposition suspend momentanément (8 jours) l'exécution. Bien plus, l'Opposition elle-même, lorsqu'elle est formée, suspend définitivement l'exécution, à moins que les juges n'aient ordonné l'exécution provisoire (*b*).

L'Opposition arrête l'exécution, même à l'*égard des tiers*.

Jugement sur l'Opposition. — Le tribunal doit examiner d'abord si l'Opposition est régulière ou non : — si les délais ou les formes n'ont pas été observés, il déclare l'Opposition non recevable, et tout est fini (*c*).

Quand l'Opposition est régulière en la forme, le tribunal examine alors si elle est juste au fond, c.-à-d. si les moyens proposés sont susceptibles de faire réformer le jugement : — si l'Opposition ne lui paraît pas fondée, il la rejette et déclare que le 1er jugement est maintenu, en termes de palais (*sortira son plein et entier effet*) ; l'opposant n'est jamais condamné à une amende ; — s'il la reconnaît fondée, il réforme sa sentence. Il n'est rendu qu'un seul jugement tant sur la forme que sur le

_____

(*a*) Les actes interdits avant l'expiration de la huitaine sont les actes d'*exécution proprement dits*, tels que saisie ou contrainte. Mais on peut faire des actes *conservatoires*, par ex., prendre une hypothèque judiciaire sur les biens du défaillant.

(*b*) En matière d'opposition, l'exécution provisoire, dans les 3 cas de l'art. 135 (c.-à-d. s'il y a titre authentique, promesse reconnue, condamnation précédente sans appel), a lieu par la volonté des juges et seulement en cas d'urgence, tandis que vis-à-vis de l'appel, elle a lieu de plein droit, c.-à-d. par la volonté de la loi, qu'il y ait ou non urgence.

(*c*) Toutefois, si les délais pour faire opposition n'étaient pas encore expirés, le défaillant pourrait former une nouvelle opposition.

fond de l'Opposition. Celui qui succombe paie les frais des 2 instances. Autrefois, le défaillant devait toujours supporter les frais de la 1ʳᵉ instance (a).

Le défaillant qui s'est rendu opposant au jugement par défaut doit nécessairement se présenter sur l'Opposition ; autrement, il est *débouté* de son opposition (c.-à-d. repoussé sans pouvoir en former une nouvelle) ; c'est ce qu'exprime l'adage : Opposition sur Opposition ne vaut. Ainsi, le 2ᵐᵉ jugement, bien que rendu par défaut, est réputé contradictoire ; cette mesure a pour but d'empêcher que le défaillant ne retarde indéfiniment l'issue du procès par des oppositions successives (b).

JUGEMENTS PAR DÉFAUT NON SUSCEPTIBLES D'OPPOSITION. — En principe, tous les jugements par défaut sont attaquables par l'Opposition, quelles que soient la nature et l'importance des droits en litige ; en cela, l'Opposition diffère de l'Appel qui, en général, n'est permis que dans les affaires d'une certaine importance. Toutefois, certains jugements par défaut ne sont pas susceptibles de ce recours, ce sont :

Le jugement qui déboute d'une Opposition.

Le jugement par défaut *profit joint*.

Le jugement par *forclusion*, c.-à-d. faute de produire des pièces dans une instruction par écrit ou un Ordre.

(a) **DIFFÉRENCES**

Entre le jugement **Contradictoire**	et le jugement par **Défaut**.
L'appel seulement est permis, s'il y a lieu.	Outre l'appel, *l'opposition* est toujours permise.
Les *Qualités*, avant d'être remises au greffier, sont signifiées à l'avoué adverse, qui a 24 heures pour y faire opposition.	Elles sont remises directement au greffier, sans être signifiées ni à l'adversaire, ni à son avoué.
Le *Délai de grâce* court du jour du jugement (123).	Il court seulement du jour de la signification.
La *signification* est toujours faite par un huissier ordinaire.	Elle est faite qq. fois par un huissier *commis* (défaut contre partie).
L'exécution, si le jugement est en 1ᵉʳ ressort, est suspendue pendant 8 jours après le prononcé.	Elle est suspendue pendant 8 jours, mais à partir de la signification.
L'exécution *provisoire* a lieu soit par la volonté de la loi, soit par celle des juges, dans les cas de l'art. 135, alors elle est tantôt impérative, tantôt facultative.	Elle n'a lieu que par la volonté des juges et est toujours facultative. Dans les cas de l'art. 135, elle exige l'urgence Mais s'il y a péril en la demeure, elle est toujours possible.
L'exécution *définitive* est possible pendant 30 ans.	Elle est permise tantôt pendant 30 ans (défaut contre avoué), tantôt pendant 6 mois (défaut contre partie).
La *Requête civile* n'est pas permise si le jugement a été susceptible d'appel, bien que les délais soient expirés.	Elle est permise, bien que l'opposition ait été possible, mais seulement après les délais expirés.
La *Cassation* est défendue dans le même cas.	Elle est également permise dans ce cas.

(b) Si c'est le demandeur primitif qui fait défaut à son tour lors de l'opposition, on admet que le jugement n'est pas réputé contradictoire à son égard et qu'il peut y former opposition.

Les jugements sur un incident de Saisie immobilière (731).
Les ordonnances de Référé (809) (*a*).
Les sentences arbitrales (1016).
Les jugements en matière de faillite (583, c. civ.).
Ceux en matière d'expropriation publique (l. 3 mai 1841).

— 8me *Leçon*. —

Titre IX. — Des Exceptions (*b*).

Les moyens ou arguments à faire valoir en justice contre une demande sont de 2 sortes : — les Défenses — et les Exceptions.

Les Défenses sont les moyens qui portent sur le fond ou le mérite de la demande, et qui tendent à la faire rejeter comme faite sans droit.

Les Exceptions sont les moyens qui, sans attaquer le fond ou le mérite de la demande, concluent à la faire écarter pour le moment, et jusqu'à l'accomplissement de certaines conditions.

(*a*)   DIFFÉRENCES

Entre le **Défaut contre partie**	et le **Défaut contre avoué.**
Le jugement est signifié par un *huissier commis* (446).	Le jugement est signifié par un *huissier ordinaire.*
Le jugement doit être *exécuté* dans les 6 mois de son obtention, sinon, il est périmé, c.-à-d. non avenu.	Le jugement peut être *exécuté* pendant 30 ans, car il n'est prescrit qu'après ce temps.
L'opposition est recevable tant que le jugement n'est pas exécuté (158).	L'opposition est recevable pendant 8 jours, à partir de la signification.
L'opposition se forme de 2 manières : par acte extrajudiciaire ou par déclaration sur un acte d'exécution, sauf, dans les 2 cas, à la renouveler dans la huitaine, par requête avec constitution d'avoué.	L'opposition se forme d'une seule manière : par requête d'avoué à avoué avec exposé des moyens.
L'exécution ne peut avoir lieu que 8 jours après la signification *à partie.*	L'exécution ne peut avoir lieu que 8 jours après la signification à *l'avoué* (155).

(*b*) En droit romain, les exceptions étaient des moyens fondés sur l'équité et quelquefois sur le droit civil, par lesquelles le défendeur, sans contredire directement la demande, prétendait la repousser. Tel était le dol, la violence. — En général, les exceptions devaient être insérées dans la formule. Notre ancienne jurisprudence admettait aussi des défenses et des exceptions; mais elle divisait les exceptions en *péremptoires* et *dilatoires*. Les premières se subdivisaient en *péremptoires du fond* et *péremptoires en la forme*. Les péremptoires du fond, appelées aussi *fins de non recevoir*, sans discuter le mérite de la demande, tendaient à démontrer que le demandeur n'avait pas le droit d'agir: telles étaient la prescription et la transaction; si ces exceptions étaient admises, elles éteignaient l'action. Les péremptoires en la forme tendaient à prouver l'irrégularité ou les vices de la procédure, par ex., une nullité d'exploit. Dans ce cas, le droit n'était pas éteint, et une nouvelle action pouvait être intentée. Les exceptions *dilatoires* tendaient seulement à différer l'examen de la demande. Elles se divisaient aussi en *déclinatoires* et *dilatoires simples*. Les *déclinatoires*, ou fin de non procéder, comprenaient l'incompétence, les renvois, la récusation. — Les *dilatoires* comprenaient l'exception de l'héritier, celle de la femme commune, la garantie.
Le Code assimile les exceptions péremptoires du fond aux défenses, et donne à toutes les autres le nom d'*exceptions*, en réservant l'épithète *dilatoires* seulement à celles qui ont directement pour objet d'obtenir un délai.

Quand on oppose une Défense, on soutient que le droit réclamé n'a jamais existé ou qu'il est éteint, et l'on conclut directement au rejet de la demande comme faite sans fondement. Ainsi, vous réclamez 1,000 francs que vous prétendez m'avoir prêtés : si je soutiens ne vous avoir jamais emprunté cette somme, ou si, reconnaissant l'avoir reçue de vous, je déclare vous l'avoir remboursée ou être libéré à tout autre titre (en invoquant, par ex., la prescription à l'appui de mon dire), mes arguments sont des Défenses proprement dites, car ils tendent à faire repousser définitivement votre demande.

Lorsqu'on oppose, au contraire, une Exception, on n'entre pas dans la discussion du fond, on laisse de côté la question de savoir si la prétention du demandeur est ou non sérieuse, car le plus souvent, l'Exception tend seulement à retarder la discussion sur le fond jusqu'à l'accomplissement de certaines formalités ; et si l'on conclut au rejet de la demande, ce n'est pas comme faite sans fondement, mais pour vice de formes. Ainsi, vous me réclamez 1,000 francs que vous prétendez avoir prêtés à mon père, dont je suis héritier ; si, sans m'occuper de savoir si cette somme vous a été réellement empruntée ou si elle vous a été remboursée, je soutiens que votre demande doit être repoussée, parce que le tribunal n'est pas compétent, ou parce que l'ajournement est nul pour vice de formes, ou bien encore, si, étant dans les délais pour faire inventaire et délibérer, j'exige qu'il soit sursis à l'examen de votre réclamation jusqu'à l'expiration des délais, les moyens que je vous oppose sont des Exceptions, car je n'attaque pas le mérite de votre demande (a).

Parmi les Exceptions, les unes ont pour effet d'entraîner indirectement un retard, les autres ont pour objet direct d'obtenir un délai : ces dernières prennent l'épithète de Dilatoires (b).

(a) DIFFÉRENCES

Entre les **Défenses**	et les **Exceptions.**
Elles peuvent être proposées en tout état de cause.	Elles doivent être proposées au début de l'instance, excepté l'incompétence *rations materiæ* et la communication des pièces.
Quand il y en a plusieurs, aucun ordre n'est exigé pour leur présentation.	Elles doivent, sous peine de nullité, être présentées dans un ordre déterminé, excepté celles qui peuvent être opposées en tout état de cause.
Le juge peut les suppléer d'office, excepté celle de prescription (2223, c. civ.).	Le juge ne peut les suppléer d'office, sauf celles d'incompétence à raison de la matière.

Toutefois, les mots *Défenses* et *Exceptions* sont souvent pris comme synonymes par le Code lui-même (1200, 1360, 2036, c. civ.). L'exception n'est, en effet, qu'une espèce particulière de défense, en ce sens, qu'elle est, comme la défense proprement dite, un moyen opposé par le défendeur.

(b) Il y a encore les exceptions appelées DÉCLINATOIRES. ce sont celles d'incompétence,

Les Exceptions admises par le Code sont :

La *Caution à fournir par les Etrangers.*

Les *Renvois* (incompétence,— litispendance,— connexité).

Les *Nullités.*

Les Exceptions *dilatoires* (de l'héritier, — de la femme commune en biens, — et en garantie).

La *Communication des pièces.*

---

§. I. Caution à fournir par les Etrangers.

L'Etranger a le droit de poursuivre devant un tribunal de France le Français qui a contracté des obligations envers lui, même en pays étranger (15, c. civ.).

Mais en accordant cette faculté à l'Etranger, la loi a pris une précaution dans l'intérêt du Français. Il pourrait arriver, en effet, que le Demandeur Etranger, après avoir intenté une action mal fondée, abandonnât le procès au moment où il s'aperçoit qu'il va être condamné, et que, se retirant dans son pays, il laissât le Français dans l'impossibilité de recouvrer ses frais et d'obtenir le montant de la condamnation ; ce jugement, en effet, ne pourra peut-être pas être exécuté en pays étranger. Pour éviter ce danger, on permet au Français d'exiger, au début du procès, que l'Etranger fournisse une *Caution*, c.-à-d. présente une personne solvable qui s'engagera à rembourser les *Frais* et les *Dommages-intérêts* auxquels l'Etranger pourrait être condamné (16 c. civ.).

Cette garantie que le Défendeur français a le droit d'exiger du Demandeur étranger est appelée Exception Judicatum solvi

Objet *de la caution.* — La caution doit garantir les frais et les dommages-intérêts.

Les *Frais* sont les dépens auxquels le Demandeur étranger peut être condamné.

Les *Dommages et intérêts* dont est tenue la caution ne sont pas tous ceux qui seront compris dans le jugement, mais seulement ceux résultant du procès. Ainsi, à la réclamation faite par l'Etranger, si le Français défendeur répond par une demande

---

litispendance et connexité. Bien que le Code emploie quelquefois le mot *déclinatoires* (83. 424), il désigne le plus souvent ces exceptions sous le nom de *Renvois*; c'est sous ce titre qu'il en traite (Voyez p. 119).

de dommages-intérêts, en raison d'un préjudice causé *avant* le procès, la caution ne sera pas tenue de payer la somme allouée à cet égard. Ex. : Un étranger locataire demande la résiliation de son bail parce que la maison est devenue inhabitable faute de réparations ; le Français bailleur demande, à son tour, des dommages-intérêts pour dégradations ; ce sont là des dommages-intérêts *antérieurs* pour lesquels la caution n'est pas exigée, parce qu'il eût dépendu du Français de mettre l'Etranger dans l'impossibilité d'agir en lui réclamant des dommages considérables, et que le juge ne pourrait apprécier, *à priori*, comme ceux basés sur le tort causé par l'action elle-même.

La caution ne répond donc que des dommages *résultant du procès*, par ex., à raison des injures ou vexations que le demandeur se serait permises dans le cours de l'instance. Ainsi, un Etranger revendique un cheval contre un Français en prétendant que celui-ci le lui a soustrait ; le Français soutient que le demandeur lui a confié lui-même le cheval à titre de dépôt ; en conséquence, il demande reconventionnellement, à titre de dommages-intérêts : d'abord, 500 fr. pour l'entretien du cheval et autres dépenses ; en outre, 1,000 fr. pour l'atteinte que cause à son honneur le caractère injurieux que l'Etranger a donné à l'action. Dans cette espèce, si le Français triomphe, la caution, outre les frais du procès, garantira les 1,000 fr. dus pour injures, mais non les 500 fr. dus pour entretien du cheval, car ces 500 fr. ne sont plus des dommages-intérêts résultant du procès, puisqu'ils sont antérieurs à l'instance.

Le tribunal fixe à l'avance la somme jusqu'à concurrence de laquelle la caution doit s'engager.

La loi admet, comme garantie équivalente, la consignation de cette somme par l'Etranger lui-même, ou le fait qu'il possède en France des immeubles suffisants pour répondre ; mais cette dernière sûreté est un peu illusoire, car rien n'empêche l'Etranger de vendre ses biens à l'insu de son adversaire. Celui-ci ne peut que faire annuler l'aliénation comme frauduleuse (1166, c. civ). On a prétendu que le Français pouvait exiger une hypothèque, mais aucun texte ne le permet.

PAR QUI est *due la caution*. — *Tous les Etrangers*, quels que soient leur rang ou leur fortune, les souverains eux-mêmes sont astreints à la Caution *judicatum solvi*, à moins qu'il n'en soient exemptés par la loi (a). Mais l'Etranger *demandeur* est

---

(a) Il existe des traités en dispensant les Suisses et les Sardes. Mais il faut un texte formel; il ne suffirait pas que le traité déclarât les jugements exécutoires dans les 2 pays.

seul soumis à cette formalité; quant à l'Etranger *défendeur*, il en est dispensé, sous prétexte qu'on eût porté atteinte à la défense, laquelle est, dit-on, de droit naturel.

Quand est-on demandeur? — Il faut qu'il s'agisse d'une demande et non de poursuites d'exécution. Ainsi, un étranger créancier en vertu d'un titre exécutoire (acte notarié ou jugement), fait saisir les biens de son débiteur français, celui-ci fait opposition à la saisie et assigne l'Etranger. Bien qu'en fait l'Etranger soit en quelque sorte demandeur, puisque c'est lui qui poursuit; en droit, il est défendeur, parce qu'il n'intente pas un procès; il ne devra donc pas la caution. Peu importe que la demande soit ou non introductive d'instance. Ainsi, l'Etranger demandeur en intervention doit la caution; mais il en est dispensé s'il forme une demande reconventionnelle dans le cours d'une instance, pourvu que cette demande soit une défense à l'action principale dirigée contre lui.

De même, s'il appelle un tiers en garantie, bien qu'à l'égard de ce tiers, il soit demandeur, il est cependant dispensé de la caution.

L'Etranger défendeur en première instance n'est pas tenu à la caution, s'il se porte demandeur en appel, parce que l'appel est considéré comme la continuation de sa défense.

Quid s'il forme requête civile ou un pourvoi en cassation? Controverse. Mais l'Etranger demandeur en première instance doit également fournir caution en appel.

A qui *doit être fournie la caution?* — Aux Français et même aux Etrangers autorisés à fixer leur domicile en France. Quant aux étrangers non autorisés, controverse (a).

A quel moment *doit-elle être présentée?* — Au début de l'instance; mais si on néglige de le faire, peut-on la demander pour la première fois en appel? Controverse.

Formes *de la demande.* — En matière ordinaire, elle se forme par acte d'avoué à avoué, avec faculté de réponse; mais dans les affaires sommaires elle se forme par simple acte et même verbalement à l'audience.

(a) 1er Syst. — La caution est due: Telle était la doctrine admise dans l'ancien droit.

2e Syst. — Elle n'est pas due: L'art. 15, c. civ., ne suppose que des obligations contractées entre français et étranger; l'art. 16 n'est que la suite de l'article 15.—La caution n'est pas d'ordre public puisque le Français peut y renoncer. — Enfin, la caution a été instituée pour rétablir l'égalité entre les parties, parce que l'une offre des garanties et l'autre pas; tandis qu'entre 2 étrangers, ni l'un ni l'autre n'offre de garantie; exiger la caution du demandeur serait donc détruire cette égalité.

Dans quels cas *est-elle exigée ?* — En toutes matières autres que celles de commerce, , le défendeur peut exiger la Caution : ainsi, qu'il s'agisse d'un procès civil, ou d'un procès criminel dans lequel l'Etranger se porte partie civile (a), que l'on soit devant le juge de paix, un tribunal ou une cour, cette garantie peut être exigée (b). Elle ne l'est pas dans les *matières commerciales*, parce qu'on a craint d'entraver les rapports commerciaux avec les pays étrangers.

Exceptions. — Sont *dispensés de fournir Caution :*

Les Etrangers autorisés à résider en France (13, c. civ.).

Ceux appartenant à une nation qui, par un traité, dispense les Français de fournir cette caution chez elle (11, c. civ.).

Enfin, ceux qui ont consigné une somme suffisante, ou qui ont en France des biens suffisants pour répondre.

(Mais dans ces 2 derniers cas, il n'y a pas véritablement dispense.)

§ II. Renvois.

Sous le titre de *Renvois*, la loi traite ici des exceptions appelées *Déclinatoires*, c.-à-d. des exceptions d'incompétence, de litispendance et de connexité. Le mot Renvoi s'applique plus particulièrement au cas où, en raison des liens de parenté entre une partie et le tribunal, l'adversaire demande que l'affaire soit portée devant un autre tribunal (368-377).

Exception d'incompétence. — Il y a 2 sortes d'incompétence :

　1° Absolue ou à raison de la matière (*ratione materiæ*).

　2° Relative ou personnelle (*ratione personæ*).

Il y a *incompétence* absolue (ou *ratione materiæ*) lorsque, par sa nature, l'affaire ne peut être jugée par le tribunal devant lequel elle a été portée, ni par aucun tribunal de la même juridiction (c). Par ex., une affaire de la compétence des tribunaux d'arrondissement est portée devant un juge de paix ; ce n'est pas seulement ce juge de paix, mais la juridiction tout entière des juges de paix qui, en raison de la qualité du litige,

(a) Toutefois, il a été jugé que la caution n'est pas due devant un tribunal correctionnel, parce que le code d'instruction criminelle n'en parle pas (Paris, 5 fév. 1840).

(b) L'étranger défendeur en 1re instance, mais demandeur en appel, doit-il caution ? Non. L'appel est censé la continuation de la défense.

(c) Ne pas confondre l'excès de pouvoir avec l'incompétence (Voy. Recours en Cassation.).

n'est pas apte à juger ce litige ni aucun autre semblable. De même, si une affaire civile a été portée devant un tribunal de commerce (*a*).

Il y a *incompétence* relative (ou *ratione personæ*) lorsqu'on a saisi la juridiction qui doit connaître de l'affaire, mais qu'au lieu de s'adresser à tel tribunal de cet ordre, on s'est adressé à un autre tribunal du même ordre. Le tribunal saisi est compétent pour juger le genre d'affaires qui lui est soumis, ainsi que tous les tribunaux du même ordre ; mais, dans l'espèce, on devait se présenter devant un tribunal, en raison soit de la situation de l'objet litigieux, soit du domicile des parties, ou d'un autre motif. Ainsi, on revendique devant le tribunal civil de Rouen une maison située au Havre : certes, le tribunal de Rouen est compétent pour juger une revendication d'immeubles ; mais, dans l'espèce, ce n'est pas lui qui doit en connaître, c'est le tribunal civil du Havre, parce qu'on doit saisir le tribunal de la situation de l'objet litigieux (*b*).

Entre l'incompétence *ratione materiæ* et l'incompétence *ratione personæ* il y a plusieurs différences (*c*).

(*a*) La réciproque est-elle vraie, c.-à-d. y a-t-il incompétence *ratione materiæ*, lorsqu'on a porté devant un tribunal d'arrondissement une affaire commerciale? Contioverse.

La jurisprudence admet que les tribunaux d'arrondissement étant juges de droit commun, c'est une incompétence *ratione personæ* (Cass., 2 nov. 1848). — D'autres prétendent que c'est une incompétence *ratione materiæ*, parce que cela touche à l'organisation judiciaire.

(*b*) Par suite de l'analogie des expressions, on est souvent porté à croire que l'incompétence *ratione personæ* a lieu lorsqu'il y a erreur dans le choix du tribunal en matière personnelle, et par opposition, on se figure qu'il y a incompétence en raison de la matière lorsqu'on s'est trompé sur la désignation du tribunal dans une affaire immobilière. Il faut se prémunir contre cette fausse association d'idées, et bien se convaincre qu'il y a incompétence *ratione personæ* aussi bien en matière réelle qu'en matière personnelle, toutes les fois que le tribunal auquel on s'est adressé est compétent pour connaître des affaires semblables, mais incompétent seulement dans l'espèce. Ainsi, il y a incompétence *ratione personæ* lorsqu'on revendique devant le tribunal de 1re instance de Rouen une maison située au Havre.

(*c*)   DIFFÉRENCES

Entre l'Incompétence *ratione materiæ*	et l'Incompétence *ratione personæ*.
L'incompétence *ratione materiæ* tient à l'organisation judiciaire, et par conséquent est d'ordre public.	L'incompétence *ratione personæ* a été établie dans l'intérêt des parties, aussi est-elle d'ordre privé.
Elle peut être proposée *en tout état de cause*, c.-à-d. à n'importe quel moment, même à la fin des débats.	Elle doit être proposée au début de l'instance *(in limine litis)*.
Elle peut être invoquée tant par le *Demandeur* que par le *Défendeur*.	Elle ne peut être invoquée que par le *défendeur seul*, car le *demandeur* est censé y avoir renoncé.
C'est un *devoir* pour les juges de l'invoquer d'office.	C'est seulement une *faculté* pour les juges de *l'invoquer d'office*.
Elle donne lieu à cassation, qu'elle ait ou non été proposée par les parties.	Elle ne donne lieu à cassation qu'autant qu'elle a été proposée par les parties.

Mais dans l'un et l'autre cas, le tribunal se borne à déclarer son incompétence sans désigner le tribunal compétent.

Exception de Litispendance. — Il y a LITISPENDANCE lorsqu'une même demande introduite devant un tribunal est déjà pendante devant un autre, c.-à-d. lorsque pour le même objet, la même cause, entre les mêmes parties (a), 2 demandes sont formées à la même époque devant 2 tribunaux l'un et l'autre compétents (b).

Il faut, dans ce cas, éviter l'inconvénient très-grave de la contrariété de décisions, qu'il serait impossible d'exécuter simultanément. Le tribunal saisi en second lieu doit se dessaisir de l'affaire et la renvoyer aux juges appelés les premiers à statuer (c).

On est porté, tout d'abord, à croire que l'exception de litispendance se confond avec celle d'incompétence : il semble, en effet, que du moment où le 1er tribunal saisi est compétent, le 2me ne doit pas l'être ; cela peut se présenter, mais il est possible qu'il en soit autrement. Et d'abord, dans les actions mixtes, il y a 2 tribunaux compétents : celui de la situation de l'immeuble et celui du domicile du défendeur ; dans ce cas, l'incompétence ne pouvant être proposée, il faut recourir à l'exception de litispendance, si les 2 tribunaux ont été saisis simultanément. De même encore, lorsqu'il y a plusieurs défendeurs, le demandeur ayant le choix de les poursuivre au domicile de l'un d'eux, il y a autant de tribunaux compétents qu'il y a de personnes domiciliées dans des arrondissements différents; il en résulte que le demandeur pourrait saisir à la fois plusieurs tribunaux sans qu'on puisse lui opposer l'incompétence. Enfin, il peut arriver que le 1er tribunal saisi soit incompétent *ratione personœ*, et que cette incompétence ait été couverte par le silence du défendeur. Au lieu d'opposer la litispendance, on peut former une demande en règlement de juges. (Voy. tit. XIX.)

Le tribunal saisi le 2me doit-il nécessairement prononcer le renvoi ? On admet généralement qu'il ne doit le faire qu'autant qu'il reconnaît que le 1er tribunal est compétent, autrement il peut retenir l'affaire.

Mais le tribunal le 1er saisi peut, malgré le renvoi, se

(a) Ainsi l'individu coupable d'un délit envers 2 personnes et actionné par l'une devant le tribunal correctionnel, ne peut opposer la litispendance à l'autre partie qui l'actionne devant le tribunal civil Car il y a 2 parties distinctes.

(b) Y a-t-il litispendance si l'affaire est portée devant 2 chambres du même tribunal? Controverse. On dit que le président peut trancher la question.

(c) Peut-on opposer la litispendance devant un tribunal français lorsque l'affaire a été portée devant un tribunal étranger? Controverse.

déclarer incompétent, et la partie qui a proposé la litispendance n'est pas par cela censée avoir renoncé à opposer cette incompétence.

Exception de Connexité. — Il y a Connexité lorsque 2 demandes, sans être identiques, comme dans la Litispendance, sont cependant liées par un rapport si intime, qu'il est nécessaire de les faire examiner par les mêmes juges. Ainsi, un acheteur actionne son vendeur en délivrance d'une maison devant le tribunal de la situation ; à son tour, le vendeur poursuit l'acheteur en paiement du prix devant le tribunal du domicile de ce dernier. Ces 2 tribunaux sont tous les 2 compétents, chacun sur l'affaire qui lui est déférée ; mais si les affaires étaient jugées séparément, il y aurait inconvénient, car l'un de ces tribunaux pourrait ordonner à l'acheteur de payer le prix, et l'autre autoriser le vendeur à refuser la délivrance, ce qui amènerait ce résultat que l'acheteur paierait le prix et n'aurait pas l'objet. De même, si un bailleur réclame ses loyers devant le tribunal du domicile du preneur, et si celui-ci demande la résiliation du bail devant le tribunal du domicile du bailleur.

Les demandes de Renvoi (pour Incompétence, — Litispendance, — Connexité) doivent être jugées sommairement.

Les jugements sont définitifs et toujours susceptibles d'appel, bien que le fond du procès ne donne lieu qu'à un seul ressort.

Ces demandes ne peuvent être RÉSERVÉES ni JOINTES *au principal*, c.-à-d. qu'elles doivent être jugées préalablement au fond, et que les juges ne peuvent en retarder la solution jusqu'à ce que le fond soit instruit et plaidé (172). Ainsi, il faut 2 décisions (*a*).

Mais quid si le fond se trouve instruit et en état d'être jugé en même temps ? Controverse.

1ᵉʳ *Système*. — Les juges doivent statuer simplement sur le renvoi et remettre à plus tard la décision sur le fond, d'abord parce que les jugements ne peuvent être exécutés qu'après avoir été signifiés, et que, d'un autre côté, les jugements de renvoi étant susceptibles d'appel, leur exécution se trouve suspendue pendant 8 jours (449). (Poitiers, 27 fév. 1855.)

(*a*) Toutefois, en matière commerciale, il en est différemment ; les juges peuvent statuer sur la compétence et sur le fond par un seul et même jugement, à la condition de le faire par 2 dispositions séparées. C'est par un motif de célérité (425) et pour que l'on puisse faire appel sur la compétence sans attaquer le fond.

2e *Système*. — Il suffit qu'il soit statué par deux dispositions distinctes ; et les juges peuvent, après avoir rejeté le renvoi, ordonner qu'il soit plaidé au fond (Cass., 24 août 1852).

Mais il est admis que les parties peuvent autoriser le tribunal à statuer par un seul jugement, et qu'elles peuvent plaider soit avant, soit aussitôt après le jugement, sur le renvoi (Cass. 19 avril 1852).

Dans la Litispendance, le défendeur, au 2e procès, peut seul proposer l'exception ; — dans la Connexité, au contraire, les 2 parties sont admises à proposer le renvoi.

Mais, dans la Connexité comme dans le cas de Litispendance, c'est le tribunal saisi le second qui doit se dessaisir et renvoyer à l'autre tribunal ; ces 2 exceptions diffèrent de celle d'incompétence sous ce dernier point, car le tribunal qui se déclare saisi mal à propos d'une affaire n'a pas à désigner le tribunal compétent, c'est au demandeur à rechercher quel est ce tribunal.

On a vu que l'incompétence *ratione personœ* devait être proposée au début de l'instance, tandis que l'incompétence *ratione materiœ* pouvait l'être *en tout état de cause*. Quant aux Exceptions de Litispendance et de Connexité, la loi ne se prononce pas. Il y a 3 systèmes (*a*).

§ III. **Nullités**.

Lorsqu'une forme prescrite à peine de nullité n'aura pas été observée dans un exploit ou dans un *acte de procédure*, il est permis de demander l'annulation de cet acte.

Cette demande s'appelle Exception de Nullité.

Par acte de procédure, il faut entendre non-seulement les actes faits dans le cours d'une instance, mais encore les actes extra-judiciaires, tels que protêts, offres réelles.

Les Nullités de forme (ou de procédure) ne doivent pas être confondues avec les Nullités de fond (ou de droit civil) telles que l'incapacité des parties, les vices de forme dans les actes authentiques. Ces dernières peuvent être proposées en tout état de cause, il en est différemment des autres.

(*a*) 1er Syst. — Ces exceptions doivent être proposées en tout état de cause, car elles sont d'ordre public.

2e Syst. — Elles doivent être proposées au début de l'instance, car elles sont d'ordre privé. — La loi dit en effet : *Le renvoi pourra être demandé*.

3e Syst. — Le tribunal a un pouvoir discrétionnaire, il devra tenir compte des circonstances.

En principe, en effet, l'Exception de nullité doit être présentée *avant* toutes Défenses ou Exceptions autres que celles
d'*incompétence*, sous peine d'être *couverte*, c.-à-d. non avenue (*a*). Cette règle est facile à appliquer à la lettre, en ce qui
concerne l'exploit d'ajournement, mais non à l'égard des actes
faits dans le cours de l'instance; il serait ridicule, en effet,
d'exiger que ces actes fussent attaqués au début de l'instance,
aussi se contente-t·on d'exiger que la nullité soit invoquée avant
qu'on ait discuté le mérite de l'acte qui en est entaché. Par ex.,
dans une enquête, si une nullité s'est glissée, on ne pourra plus
opposer cette nullité, du moment où on aura discuté la valeur
des témoignages.

L'exploit nul pour *vices de formes* n'interrompt pas la prescription; il en est autrement de l'exploit nul pour *incompétence* (2246-2247, c. civ.).

La nullité de forme ne peut jamais être proposée par celui
qui l'a commise, les juges ne peuvent pas non plus la proposer
d'office. Mais peuvent-ils statuer par un seul jugement sur
l'exception de nullité et sur le fond ? Controverse.

§ IV. Exceptions dilatoires.

Les Exceptions dilatoires sont celles qui ont pour objet d'obtenir
un délai, de faire retarder l'examen de la demande.

Il est vrai que toute Exception a pour résultat d'ajourner l'examen du fond, et sous ce rapport est, pour ainsi dire, dilatoire;
mais, si les Exceptions de caution, d'incompétence et de nullité entrainent forcément un retard, tel n'est pas leur but, ce
n'est qu'une conséquence indirecte et secondaire (*b*) Les Exceptions dilatoires, au contraire, ont pour but direct et principal d'obtenir un délai, et c'est de là que vient leur qualification.

Le Code de procédure ne cite que 3 Exceptions dilatoires :
　　1º Celle de l'Héritier.
　　2º Celle de la Femme commune en biens.
　　3º Celle de Garantie.

Mais il y a encore l'Exception de Communication des pièces.

(*a*) L'exception nullité doit-elle aussi être proposée *après* les exceptions de litispendance
ou de connexité et après l'exception *judicatum solvi* ? Controverse.

(*b*) L'exception *judicatum solvi*, en·effet, a pour but une précaution ; — le déclinatoire
un renvoi; — celle de nullité tend au rejet d'un acte de procédure qu'on devra recommencer, tout cela entraine certainement un retard, mais d'une manière indirecte,

I. — Exception de l'Héritier. — Dès qu'un individu meurt, l'ensemble de ses biens passe à l'instant même sur la tête de celui qui est appelé à lui succéder (*le mort saisit le vif*). Aucun acte n'est nécessaire pour cette transmission, qui s'effectue par la seule force de la loi. L'héritier, ou plutôt le successible, étant ainsi, à son insu, saisi de tous les droits actifs et passifs (créances et dettes) du défunt, les créanciers de l'hérédité peuvent, dès le lendemain de la mort, diriger contre lui les actions qu'ils auraient exercées contre le défunt (*a*). Mais de ce que les poursuites sont régulièrement faites contre l'héritier, il ne s'ensuit pas que celui-ci soit forcé d'accepter les débats. En effet, comme il a 3 partis à prendre (*accepter purement et simplement, — accepter sous bénéfice d'inventaire, — renoncer*), la loi lui accorde 3 mois pour faire inventaire, et 40 jours pour délibérer sur le choix de ces partis; dès lors il est juste, s'il est actionné pendant ces délais, qu'il puisse faire surseoir à l'examen du fond jusqu'à leur expiration, ou tout au moins jusqu'à ce qu'il ait pris un parti.

Ce sursis réclamé par l'héritier est une *Exception dilatoire*.

L'héritier, en effet, ne conteste pas le mérite de l'action, il demande simplement que l'examen en soit retardé. Ainsi, l'ajournement ayant été valablement formé, produira tous ses effets en faveur des créanciers demandeurs (interruption de prescription, — mise en demeure, etc.); seulement la demande est un moment paralysée. Le second avantage que procure l'exception, c'est que, si l'héritier renonce, les frais sont à la charge de la succession. Mais dès que l'héritier a accepté, soit purement, soit bénéficiairement, fût-ce même avant l'expiration des délais, il est tenu de suivre l'instance. S'il renonce, il devient alors étranger au procès, mais la demande dirigée contre la succession en sa personne subsiste dans tous ses effets; elle sera continuée contre le nouvel héritier.

A l'expiration des délais de 3 mois et 40 jours accordés par la loi, l'héritier peut obtenir du tribunal un nouveau délai. S'il laisse passer ces délais sans prendre parti, il n'est pas déchu de l'option, mais il ne jouit plus de l'Exception dilatoire; il devra défendre à l'action intentée contre lui, ou s'empresser de renoncer avant qu'il y ait contre lui un jugement passé en force de chose jugée, c.-à-d. inattaquable. Toutefois, ce n'est pas impunément que le successible néglige de prendre

---

(*a*) Toutefois, les créanciers ne peuvent poursuivre les héritiers en vertu des titres exécutoires contre le défunt que 8 jours après signification de ces titres (877, c. civ.).

parti dans les délais de la loi, car cette renonciation tardive l'oblige à *payer les frais* faits contre lui depuis l'expiration des délais et cela sans pouvoir se les faire rembourser par la succession, puisqu'il est en faute (799, c. civ.).

II. — **Exception de la Femme commune en biens.**
— Sous le régime de la communauté, il y a entre la Femme et le Mari un patrimoine commun qui se partage par moitié à la dissolution de communauté. Relativement à ce fonds commun, la Femme a une option analogue à celle de l'héritier à l'égard de la succession, c.-à-d. qu'elle peut accepter sa part de communauté ou la répudier. A cet effet, la loi accorde à la Femme les mêmes délais qu'à l'héritier (3 mois pour faire inventaire, et 40 jours pour délibérer). Par conséquent, si les créanciers de la communauté poursuivent la femme avant que ces délais soient expirés, la demande est régulièrement formée, mais la femme peut opposer l'Exception dilatoire, c.-à-d. exiger que l'examen de la demande soit retardé jusqu'à l'expiration des délais (1454, c. civ.).

III. — **Exception de Garantie.** — La *Garantie* est l'obligation (légale ou conventionnelle) d'indemniser quelqu'un de certains préjudices, ou de le protéger contre certaines attaques de la part des tiers.

On appelle *Garant* l'individu tenu de cette obligation, — et *Garanti* celui qui y a droit.

Dans la vente, par ex., le vendeur est tenu de mettre l'acheteur à l'abri de toute éviction (1625, c. civ.), il doit le défendre contre toutes les actions en revendication, et l'indemniser s'il éprouve quelque préjudice. Cette obligation s'appelle *Garantie,* le vendeur est le *Garant,* — et l'acheteur le *Garanti* (a).

Le recours en Garantie s'exerce de 2 manières :

1° Par action principale. — 2° Par action incidente.

1° — *Par action principale,* — lorsque le Garanti, après avoir défendu seul à l'action originaire et succombé, recourt contre son Garant. Ex. : J'ai acheté une maison ; quelque temps après, un tiers l'ayant revendiquée contre moi, je sou-

---

(a) Dans le cautionnement, le débiteur principal doit garantie à la caution, c.-à-d. qu'il doit la défendre si elle est poursuivie par le créancier, et l'indemniser si elle a payé pour lui. Le débiteur est donc le *Garant*, et la caution le *Garanti*. On dit quelquefois que la caution est *garant* du débiteur, mais c'est au point de vue du créancier et de la sûreté de l'obligation.

tiens seul le procès et je succombe ; je me retourne alors
contre mon vendeur, qui me doit garantie, et je l'actionne en
réparation du préjudice que me cause la dépossession de ma
maison. Ce mode de procéder offre des inconvénients. D'abord,
il engendre des lenteurs et des frais, car il y a deux procès au
lieu d'un ; puis, il présente un danger : je m'expose, en effet,
à ce que mon vendeur, qui n'a pas été partie au procès,
repousse le jugement rendu contre moi et prétende que j'ai
succombé par ma faute ; il faut dire que, si je l'avais appelé en
cause, il aurait triomphé ; qu'il eût, par ex., opposé la prescription, moyen que j'ai négligé ; que, dès lors, il ne me doit
aucune indemnité.

2° — *Par action incidente*, — lorsque le Garanti, dès qu'il
est attaqué, appelle son Garant en cause au lieu de soutenir
seul le procès. Ex. : Un tiers revendique contre moi une maison que j'ai achetée ; au lieu de chercher seul à repousser ce
tiers, j'agis immédiatement contre mon vendeur, afin qu'il
prenne ma défense dans l'instance engagée contre moi par le
tiers. Dans ce cas, il n'y aura qu'un seul procès, et, si le tiers
est reconnu propriétaire, le même jugement qui m'ordonnnera
de restituer le fonds, condamnera le vendeur à m'indemniser
de l'éviction (a).

Afin d'appeler mon Garant en cause et de le forcer à prendre
ainsi ma défense (b), j'ai le droit d'exiger que le demandeur
suspende le cours du procès qu'il dirige contre moi pendant
le temps nécessaire pour citer et faire comparaître mon garant.

Cette demande d'un délai est ce qu'on nomme exception de
Garantie, exception qui est *dilatoire*, puisqu'elle a pour but direct d'obtenir un délai.

A son tour, mon Garant peut avoir acheté d'une autre personne l'objet qu'il m'a vendu et être garanti lui-même ; s'il demande aussi un délai pour faire venir son Garant en cause,
ce sera une nouvelle Exception dilatoire, et ainsi de suite.

(a) DIFFÉRENCES

Entre l'Action en Garantie principale	et l'Action en Garantie incidente.
Elle est soumise à la conciliation.	Elle est exempte de cette formalité.
Elle suit la règle ordinaire de la compé- tence, c.-à-d. qu'elle doit être portée devant le tribunal du domicile du défendeur.	Elle est portée devant le tribunal saisi de la demande originaire.
Elle ne donne jamais lieu à l'exception de garantie.	Elle donne le pl , souvent lieu à l'excep- tion de garantie.

(b) Si le plus souvent le recours en garantie est formé par le défendeur originaire, il
est quelquefois exercé par le demandeur originaire lui-même. Ainsi, j'ai acheté un fonds
avec une servitude active sur le fonds voisin, un droit de passage, par ex.; si le voisin refuse de me laisser passer, je l'actionne directement et j'appelle mon vendeur en garantie
incidente. Ainsi encore, j'ai acheté une créance, et je poursuis le débiteur · si celui-ci
prétend ne rien devoir, j'actionne alors incidemment mon cédant en garantie (1693, c. civ.).

Délais. — Le Garanti a un délai de *8 jours pleins*, mais non *francs,* à partir de la demande originaire, pour appeler en cause son Garant ; ce délai est augmenté à raison des distances.

S'il y a plusieurs Garants vis-à-vis un même Garanti (ce qui arrive, par ex., lorsqu'on a acheté un bien indivis, ou lorsque le vendeur est mort en laissant plusieurs héritiers), le demandeur en Garantie n'ajoute pas au délai de huitaine les différentes augmentations résultant des distances, il n'y a qu'un seul délai, mais il le calcule d'après la distance du domicile du Garant le plus éloigné. Ainsi, à propos d'une maison sise à Paris, s'il agit en Garantie contre 2 co-vendeurs, dont l'un habite Rouen et l'autre le Havre, il calculera le délai d'après la distance de Paris au Havre, sans tenir compte de celle de Paris à Rouen.

Si le Garant est lui-même Garanti par un autre, il a aussi un délai de 8 jours, à partir du moment où il a été appelé lui-même, et ainsi de suite, s'il y a plusieurs Garants garantis eux-mêmes (a). Par ex., Primus, actionné en revendication d'une maison achetée de Secundus, a 8 jours pour appeler ce dernier ; Secundus a lui-même 8 jours, à partir de cette nouvelle action, pour appeler Tertius, son vendeur, qui, à son tour, a aussi 8 jours pour appeler Quartus, à qui il a acheté la maison. Dans ce cas, il n'y a pas un délai unique, comme dans l'hypothèse de plusieurs Co-Garants, mais il y a, outre le délai contre le Garant, autant de délais successifs qu'il y a de Sous Garants.

Tribunal compétent. — La demande en garantie *principale* est portée devant le *tribunal du défendeur* (le Garant), d'après la règle générale sur la compétence, car cette action est personnelle.

La demande en garantie *incidente* (formelle ou simple) est jugée par le *tribunal saisi de la demande originaire.* Il y a ici une exception à la règle de l'art. 59, dans le but d'éviter des frais et la contrariété de décisions. Ainsi, l'acheteur poursuivi en revendication devant le tribunal de la situation de l'immeuble actionnera son Garant devant ce même tribunal, bien que son action contre ce dernier, étant personnelle, dût être portée au tribunal du domicile du défendeur.

(a) Si le défendeur originaire est assigné dans les délais pour faire inventaire et délibérer, les délais pour appeler en garantie ne courent que du jour de l'expiration des premiers délais (177).

Mode d'opposer l'Exception de Garantie. — Il y a 2 cas à considérer :

1° Les délais de la demande en garantie sont échus *en même temps* que ceux de la demande originaire. Cette hypothèse est rare, mais non impossible : ainsi, la caution assignée le 1er, appelle le jour même ou le lendemain le débiteur, les 2 délais pour constituer avoué expirent le 10, le procès s'engage le même jour entre le créancier, la caution et le débiteur : il n'y a pas lieu, dans ce cas, de dénoncer la demande en garantie au demandeur originaire ni, par conséquent, de lui opposer l'Exception dilatoire, car aucun délai n'est nécessaire (a)

2° Les délais de la demande en garantie sont échus *après* ceux de la demande originaire; par ex., la caution assignée par le créancier le 1er, doit constituer avoué dans la huitaine, c.-à-d. le 10 au plus tard; c'est dans cette même huitaine qu'elle doit à son tour assigner en garantie le débiteur; mais si elle le fait seulement le 10, celui-ci aura jusqu'au 19 pour constituer avoué. Dans ce cas, pour forcer le créancier demandeur originaire à attendre l'expiration de ce second délai, la caution devra lui déclarer avant le 10, par *acte d'avoué à avoué*, qu'elle forme une demande en garantie contre le débiteur. Dès lors, à l'expiration de la demande originaire, il ne pourra pas être pris défaut contre le défendeur qui ne se présenterait pas (b).

C'est là le mode d'opposer l'Exception de garantie (c).

Non-seulement le défendeur originaire doit déclarer au demandeur qu'il a formé une demande en garantie; mais il doit en justifier. Toutefois, il n'est pas tenu de représenter l'assignation, laquelle n'a peut-être pas été renvoyée par l'huissier.

Dans quel délai doit-il faire cette justification ? Controverse.

1er Syst. — Dans la huitaine accordée pour constituer avoué et agir en garantie.

2e Syst. — Il n'y a pas de délai fixé, le tribunal appréciera suivant les circonstances.

(a) Les délais de la demande en garantie peuvent même échoir avant ceux de la demande originaire si ceux-ci sont augmentés en raison des distances, tandis que les premiers ne le sont pas.

(b) L'art. 179 dit qu'il ne sera pris *aucun défaut*, ce qui semble supposer qu'il pourrait y avoir plusieurs défauts, mais comme il n'y en a aujourd'hui que deux et que le défaut faute de constituer est impossible, on reconnaît que cette expression copiée dans l'ordonnance, (laquelle admettait 3 sortes de défaut) ne vise plus que le défaut faute de conclure (Voy page 101.)

(c) A ce moment, le défendeur n'est pas tenu de justifier au demandeur qu'il a formé sa demande en garantie, car l'original de l'assignation est peut-être encore entre les mains de l'huissier. Mais lorsque les délais de cette assignation sont expirés, le demandeur peut exiger cette justification sous peine de dommages-intérêts.

. Mais si le demandeur prétend que cette demande est inutile et n'a d'autre but que de retarder le procès, il fera décider par le tribunal qu'aucun délai n'est nécessaire.

Jugement. — Lorsqu'un garant est appelé en cause, le tribunal, par un jugement préparatoire, joint les deux instances. Si les 2 demandes (originaire et en garantie) sont en état d'être jugées en même temps, il y est fait droit conjointement par un seul jugement. Mais si la demande en garantie, étant compliquée, n'est pas en état, tandis que la demande originaire est suffisamment instruite, le demandeur ne devant pas souffrir des lenteurs de la demande incidente, fait disjoindre les 2 causes et prononcer sur le principal immédiatement.

Si le défendeur ne se présente pas, on prétend que le tribunal doit rendre un jugement par défaut profit joint, parce qu'il y a 2 défendeurs. Mais comme les 2 défendeurs ne sont pas assignés par le même demandeur, et qu'il y a 2 procès distincts, on dit que le tribunal doit séparer les 2 demandes : instruire immédiatement la demande originaire, et, s'il donne gain de cause au demandeur, condamner par défaut le garant envers le garanti.

Espèces de Garantie. — La Garantie est de 2 espèces :
Formelle — ou *Simple.*
Cette distinction n'est utile qu'au point de vue de la Garantie incidente.

La Garantie Formelle a lieu dans les affaires *réelles* (actions réelles ou hypothécaires) ; elle résulte de l'obligation qu'une personne a contractée envers une autre de défendre cette dernière contre les troubles provenant d'un tiers dans la possession d'une chose. Ex. : le vendeur garantit la propriété vis-à-vis de l'acheteur (1625, c. civ.). Dès lors, si un tiers, se prétendant propriétaire de la chose vendue, actionne l'acheteur, celui-ci appellera à son secours le vendeur ; de même si les créanciers du vendeur ayant hypothèque sur le fonds demandent à l'acheteur de payer, celui-ci agira en garantie contre le vendeur.

Les Co-Héritiers sont aussi respectivement garants les uns envers les autres des troubles et évictions qu'ils subissent sur les biens qu'ils se sont partagés (884, c. civ.) (a).

La Garantie Simple a lieu dans les affaires *personnelles.* Ex. :

_____

(a) Autre cas : Le locateur garantit au locataire une jouissance sans trouble (1727, c. civ.). — L'associé est garant de son apport envers la Société (1845, c. civ.).

un débiteur garantit sa caution des poursuites dirigées contre elle et du paiement de l'obligation (2028, c. civ.) (a).

Dans la *Garantie simple*, l'action originaire étant personnelle, le défendeur (le Garanti) est tenu directement et personnellement envers le demandeur ; il peut bien réclamer un délai pour appeler en cause son Garant, mais il ne peut pas se soustraire à l'action principale et faire prendre son fait et cause par ce dernier. Ainsi, la caution actionnée par le créancier obtient bien un délai pour faire intervenir le débiteur son Garant, mais comme elle s'est engagée volontairement, elle reste nécessairement au procès, et ne peut éviter d'être condamnée personnellement ; son seul avantage est que, si elle est condamnée comme caution envers le créancier, elle obtiendra, par ce même jugement, condamnation du débiteur envers elle. L'action en garantie dans ce cas, tout en étant jointe à l'action originaire, reste distincte.

Dans la *Garantie formelle*, l'action originaire étant réelle, est plutôt dirigée contre une chose que contre une personne. Dès lors, si le défendeur originaire est actionné, ce n'est plus comme obligé personnellement envers le demandeur, mais seulement en qualité de détenteur de la chose en litige ; aussi lui permet-on, lorsqu'il agit en Garantie, d'obliger le Garant à prendre sa place et défendre seul au procès. Cette mise hors de cause est rationnelle, car si la chose était restée en la possession de celui de qui il l'a reçue (de son vendeur, par ex.), ou si elle était passée en d'autres mains, il aurait été complétement étranger au procès. Au reste, il importe peu au revendiquant, qui veut établir ses droits sur une chose, d'avoir pour adversaire telle ou telle personne (le Garant ou le Garanti).

On fait sur la Garantie formelle 2 hypothèses :

1° Le Garant ne prend pas le *fait et cause* du Garanti, et celui-ci ne l'exige pas ; alors l'action principale suit son cours entre le demandeur et le défendeur originaires, comme dans la garantie simple ; le Garant n'est qu'un intervenant, il joue un rôle passif ; mais si le Garanti est condamné à reconnaître les droits du demandeur, le Garant sera condamné par le même jugement à indemniser le Garanti.

2° Le Garant déclare *prendre le fait et cause* du Garanti : celui-ci, dans ce cas, a 2 partis à prendre :

(a) De même, les co-héritiers se doivent garantie pour les créances comprises dans le partage (886, c. civ.). — Le vendeur d'une créance garantit aussi l'existence de la créance (1693, c civ.).

— Ou bien le Garanti requiert sa *mise hors de cause pure et simple*, et devient alors étranger au procès, qui continue comme si, dès le principe, il avait été engagé avec le Garant. Dans ce cas, le Garanti n'est pas responsable des frais, mais s'il y a condamnation du Garant, il ne peut obtenir, par le même jugement, condamnation à son profit ; il devra former une action nouvelle contre le Garant. Toutefois, bien qu'étant étranger au procès, le Garanti peut être atteint par le jugement, car il est représenté par le Garant ; si donc le délaissement de la chose est ordonné, le jugement sera exécutoire contre lui-même, mais il pourra faire appel.

— Ou bien le Garanti, tout en requérant sa mise hors de cause, déclare *rester au procès* pour la conservation de ses droits. Outre l'avantage de ne pas répondre des frais (a), comme dans le cas précédent, ce parti lui en procure 2 autres : — d'abord, en assistant au procès, il veille à ce que le Garant se défende sérieusement et ne s'entende pas avec le demandeur, car il peut à tout moment faire valoir ses droits, tandis qu'étant hors de cause, il lui aurait fallu former une intervention ; — en second lieu, si le Garant est condamné envers le tiers, le Garanti fera statuer, par le même jugement, sur son recours en garantie, ce qui évitera une nouvelle action (b).

Ordre dans lequel les Exceptions *dilatoires* sont proposées.

Les Exceptions dilatoires doivent être proposées *avant toutes Défenses au fond*, mais *après les autres Exceptions* (caution *judicatum solvi* — renvois — nullité). Ainsi, l'héritier poursuivi pour une dette du défunt doit se garder de contester la dette et s'empresser d'opposer de suite son Exception dilatoire; mais si le demandeur était un Etranger, il pourrait tout d'abord exiger la caution *judicatum solvi*. De même, si le tribunal était incompétent, il pourrait proposer préalablement le renvoi.

D'un autre côté, les Exceptions dilatoires doivent être proposées *conjointement*, c.-à-d. toutes ensemble et par le même

---

(a) Toutefois, dans ce cas, le garanti est responsable des frais si le garant est insolvable.

(b) Le garanti qui s'est fait mettre hors de cause n'est pas toujours libre de ne pas assister au procès : le demandeur peut, en effet, le forcer à rester en cause pour la conservation de ses droits, c.-à-d. non pas pour le rendre responsable des frais, mais pour obtenir certaines condamnations, par ex., des restitutions de fruits. Quant au garant, il ne peut se refuser à prendre le fait et cause du garanti ; et lorsqu'il demande à le faire, ni le garanti, ni le demandeur ne peuvent s'y opposer.

acte, afin d'éviter que le défendeur, en les opposant l'une après l'autre, cherche à gagner du temps ou à augmenter les frais ; toutefois, il y a une exception à cette règle : l'héritier et la femme commune peuvent ne proposer leurs Exceptions dilatoires qu'après les délais d'inventaire. Ainsi, l'héritier poursuivi par un tiers en revendication d'un immeuble acheté par le défunt peut se borner tout d'abord à opposer l'Exception des délais d'inventaire, sauf, après ces délais, à faire valoir l'Exception de garantie

Cette règle est sans difficulté si, outre les 2 Exceptions dila-toires citées dans le Code, savoir : celle de l'héritier et de la femme commune, on en admet d'autres (a). Mais si l'on ne re-connaît comme Exceptions dilatoires que les 2 dont s'occupe le Code, la règle de l'art. 186 est inapplicable, car elle est dé-truite par la réserve faite par l'art. 187. En effet, le 1er de ces articles pose en principe que les Exceptions dilatoires seront proposées *conjointement*, le 2me permet d'opposer seule, c.-à-d. *isolément*, l'Exception de l'héritier et de la femme commune ; or, s'il n'y a que 2 Exceptions, et que l'une d'elles puisse être opposée *isolément*, il est inutile d'exiger qu'elles soient invo-quées *conjointement*. Aussi avoue-t-on la contradiction en l'ex-pliquant historiquement : les art 186 et 187, dit-on, ont été copiés littéralement dans l'Ordonnance de 1667 (tit. 9, a. 1 et 2); or, autrefois, on admettait un grand nombre d'Exceptions di-latoires ; dès lors, il était rationnel de dire que, sauf l'Excep-tion de l'héritier, toutes les autres Exceptions dilatoires se-raient proposées conjointement ; les rédacteurs du Code ont copié la règle sans remarquer qu'elle n'était plus applicable, puisqu'il n'y a plus aujourd'hui que 2 Exceptions dilatoires (b).

(a) Certains auteurs considèrent, en effet, comme dilatoires :

L'Exception d'*Ordre* ou de *discussion* de l'art. 2021, c. civ., au moyen de laquelle la caution actionnée par le créancier exige que ce dernier poursuive en 1er lieu le débiteur principal sur ses biens.

L'Exception de *Discussion*, de l'art. 2170, c. civ., par laquelle le détenteur d'un immeuble hypothéqué, non tenu personnellement de la dette, force le créancier hypothécaire à pour-suivre d'abord les biens du débiteur, qui est le véritable obligé.

L'Exception de *Division*, qui permet aux cautions, lorsqu'elles sont plusieurs, d'exiger que le créancier divise son action entre celles d'entre elles qui sont solvables au moment de la poursuite (2026, c. civ.).

L'Exception d'*Indivisibilité*, à l'aide de laquelle un héritier, attaqué seul pour la totalité d'une dette indivisible, peut obtenir un délai pour mettre en cause ses co-héritiers, pourvu, bien entendu, que la dette ne soit pas de nature à ne pouvoir être acquittée que par lui seul (1225, c. civ.).

(b) Dans l'ancien droit, on considérait comme Exceptions dilatoires, par ex . le moyen fondé sur ce que le terme de la créance réclamée n'était pas échu, ou bien sur ce que le demandeur n'était pas capable d'agir (mineur non assisté) : aujourd'hui, on regarde ces moyens comme des Défenses au fond.

§ IV. Communication des pièces.

L'Exception de Communication des pièces est la demande d'un délai pour vérifier les pièces signifiées, produites ou invoquées dans un procès. C'est aussi une Exception *dilatoire*.

Cependant, des auteurs lui refusent ce caractère et en font une exception *sui generis*.

Toutes les fois qu'une partie appuie sa prétention sur un acte (authentique ou non), soit dans les significations, requêtes ou plaidoiries, l'adversaire a le droit de demander que cet acte soit mis sous ses yeux, afin de vérifier l'exactitude de la citation et la validité de l'original, ou bien encore, pour examiner la pièce dans son ensemble, car il arrive quelquefois qu'une partie cite les dispositions qui lui sont favorables, passant sous silence celles qui lui sont contraires (*a*).

La demande de communication se forme par simple acte dans les 3 jours de la signification ou de l'emploi des pièces (*b*).

La Communication est le plus souvent accordée à l'amiable ; si elle est refusée, le tribunal rend alors un jugement.

Elle a lieu de 2 manières, au choix de celui qui la fait :

1° *Entre avoués.* — Dans ce cas, l'avoué détenteur remet, sur récépissé, la pièce à son confrère, celui-ci l'emporte après qu'un état en a été dressé.

2° *Au greffe.* — La pièce est déposée entre les mains du greffier, qui en dresse procès-verbal et la confie, sur récépissé, à l'avoué demandeur en communication ; mais quand la pièce est précieuse, la partie qui la communique peut se refuser à ce qu'elle soit déplacée, et l'avoué est forcé d'en prendre connaissance au greffe sans pouvoir l'emporter.

Le Délai pour prendre communication est de *3 jours*, s'il n'a pas été fixé autrement par le récépissé de l'avoué ou par le jugement. Si, passé ce délai, l'avoué ne restitue pas la pièce, il peut être condamné à 3 fr. de dommages-intérêts par chaque jour de retard et, en outre, aux frais occasionnés par cette condamnation, sans pouvoir les répéter contre son client (*c*).

(*a*) C'est ainsi que le défendeur, par ex., a le droit d'exiger la représentation des pièces dont copie lui a été donnée dans l'ajournement, bien que l'avoué les certifie conformes.

(*b*) Ce délai n'est pas fatal ; seulement, après son expiration, le tribunal peut refuser un sursis s'il juge que cette Exception n'est qu'un prétexte pour gagner du temps.

(*c*) Cette condamnation se poursuit par une requête rédigée par avoué ou même par un simple mémoire présenté par la partie elle-même (la loi a craint que l'avoué ne fît des difficultés pour agir contre son confrère).

L'Exception de communication de pièces peut être proposée *en tout état de cause*, à la différence des autres exceptions dilatoires, qui doivent être présentées au début de l'instance; son utilité, en effet, ne s'aperçoit le plus souvent que dans le cours du procès. Elle sera généralement le point le départ d'une vérification d'écritures.

Ordre dans lequel les Exceptions se proposent.

Lorsqu'on peut invoquer plusieurs Exceptions, faut-il les présenter ensemble ou l'une après l'autre, et dans ce dernier cas, y a-t-il un ordre à suivre?

On a vu déjà que les Exceptions dilatoires devaient être présentées *conjointement*, sauf celle des délais que l'héritier et la femme commune peuvent présenter seuls, disposition difficile à expliquer pour ceux qui n'admettent que 3 Exceptions dilatoires. On est plus embarrassé encore pour établir l'ordre à suivre à l'égard des autres Exceptions: ainsi, d'après l'art. 166, l'Exception de l'Etranger (*judicatum solvi*) doit être proposée avant toutes les autres; — d'après l'art. 169, l'Exception d'incompétence doit être proposée avant toutes les autres; — enfin, d'après l'art. 173, l'Exception de nullité doit être proposée aussi avant toutes les autres, sauf celles d'incompétence.

Voici donc 3 sortes d'Exceptions telles, que chacune d'elles doit être proposée la 1re, sous peine de nullité.

Comment fera-t-on lorsqu'on les rencontrera toutes les 3 dans le même procès? Par ex., un Etranger assigne un Français devant un tribunal incompétent et par un exploit entaché de nullité. On ne s'accorde pas sur l'ordre à suivre: des auteurs donnent le 1er rang à l'incompétence, mais il est préférable de présenter ces Exceptions dans l'ordre dans lequel le Code les expose, c.-à-d.:

1° La Caution *judicatum solvi;*
2° Les Renvois pour incompétence *ratione personæ,* — litispendance — et connexité;
3° Les Nullités.

Quant aux Exceptions dilatoires, il est certain qu'elles ne viennent qu'en 4me lieu; le doute ne porte que sur la manière de les présenter concurremment entre elles.

Enfin, l'Incompétence *ratione materiæ* et la Communication des pièces sont en dehors de cet ordre, puisqu'elles peuvent être présentées en tout état de cause.

Titre X. — De la Vérification des écritures.

Les preuves écrites résultent de 2 sortes d'écritures : les actes ou titres authentiques, — et les actes ou titres privés.

L'acte *Authentique,* à raison des formalités exigées pour sa confection, notamment le ministère d'un officier public, a reçu de la loi une plus grande force probante que les actes sous seing-privé. Ainsi, il fait toujours foi, c.-à-d. qu'il fait preuve par lui-même. Celui qui oppose un acte authentique n'a pas besoin de prouver la sincérité de cet acte ; c'est, au contraire, à celui qui le repousse à prouver qu'il est faux. De plus l'acte authentique fait preuve de sa date à l'égard des tiers.

La procédure employée pour établir la fausseté d'un acte authentique s'appelle FAUX INCIDENT ou *Inscription de faux.*

L'acte *Privé,* au contraire, ne fait preuve qu'autant qu'il est reconnu volontairement par la personne à laquelle on l'oppose, ou que sa sincérité a été établie en justice ; s'il est dénié, c'est à celui qui l'invoque à prouver qu'il est vrai (*a*). Même reconnu, il ne fait foi de sa date qu'entre les parties ; pour en faire foi vis-à-vis des tiers, il faut qu'il ait acquis date certaine.

La procédure employée pour constater la vérité d'un acte privé s'appelle RECONNAISSANCE OU VÉRIFICATION D'ÉCRITURES (*b*).

Le titre du Code porte simplement *De la vérification des écritures,* tandis que dans l'ancien droit on disait *De la Reconnaissance et de la vérification des écritures.* Cela tient à ce que, autrefois, d'après le Décret de 1684, tout demandeur (au moins en matière civile) (*c*) qui voulait s'appuyer sur un écrit sous seing privé pour réclamer l'exécution d'une obligation, devait préalablement assigner le défendeur en reconnaissance d'écriture, et ce n'était que lorsque l'acte était reconnu qu'il pouvait conclure à une condamnation.

(*a*) L'acte authentique est quelquefois revêtu de la formule exécutoire, l'acte sous-seing privé ne l'est jamais.

(*b*) Pour mieux sentir la différence entre la force probante d'un acte authentique et celle d'un acte sous seing privé, qu'on suppose la vente d'une maison par acte authentique et celle d'un terrain par acte sous seing privé: si l'acheteur conteste l'achat de la maison, c'est à lui de prouver que l'acte de vente est faux ; s'il nie l'achat du terrain, c'est au vendeur à établir que l'acte est vrai. L'acheteur devra recourir à l'inscription de faux, — le vendeur pourra employer simplement la vérification d'écritures.

. (*c*) En matière commerciale, le demandeur n'était pas tenu de conclure à la reconnaissance et pouvait obtenir condamnation sur des billets non reconnus, tant qu'ils n'étaient pas déniés (Déclaration du 15 mai 1703).

La demande en reconnaissance d'écritures, et par suite la Vérification qui en était le complément, était donc presque toujours principale. Mais, aujourd'hui, on a le droit d'assigner directement en exécution de la promesse : ce n'est donc qu'autant que le défendeur nie l'écrit qu'il y a lieu à une Vérification d'écritures ; aussi cette demande est-elle généralement *incidente*. Cependant, il arrive encore quelquefois qu'on fait une demande *principale* en Reconnaissance d'écritures, notamment pour les créances à terme. Par ex., mon débiteur s'est engagé, par un acte sous seing privé, à me payer 1,000 fr. dans un an : tant que la dette n'est pas échue, je ne puis réclamer le paiement. Or, il est possible que, tout en ayant confiance en mon débiteur, je n'aie pas autant de foi en ses héritiers, ou bien je puis craindre que mon débiteur lui-même ne nie sa signature à l'échéance, et qu'à ce moment la preuve ne soit plus difficile à établir. Dans ce cas, j'ai intérêt à l'appeler de suite en reconnaissance d'écritures. En effet, de deux choses l'une : — ou il ne contestera pas le titre, et alors son aveu constaté en justice sera un acte authentique, et je n'aurai plus à craindre sa propre dénégation, ni celle de ses héritiers, — ou il le niera, et alors je puis faire une Vérification immédiate, ce qui me permet d'employer des preuves susceptibles de disparaître plus tard, par ex., des témoins qui ont vu signer l'acte et qui, à l'échéance, seront peut-être absents ou morts.

PROCÉDURE. — La demande en Reconnaissance d'écritures est formée par une assignation donnée à *3 jours* francs, sans permission du juge et sans préliminaire de conciliation.

Il y a 3 hypothèses : — le défendeur reconnaît l'écrit, — il le dénie, — ou il ne comparaît pas.

1° Le défendeur reconnaît de suite et sans résistance l'écriture ou la signature qu'on lui oppose : dans ce cas, le tribunal ne rend pas de jugement, puisqu'il n'y a pas de contestation ; il se borne à *donner* au demandeur *acte* de la reconnaissance ; l'écrit, ainsi reconnu en justice, a la fo c probante d'un acte authentique. Quant aux frais, ils sont à la charge du demandeur, qui seul les a occasionnés en assurant sa sécurité pour l'avenir ; le défendeur, en effet, n'ayant rien contesté, est exempt de faute. Toutefois si, à l'échéance de la dette, le débiteur ne paie pas, le demandeur, en requérant sa condamnation, pourra répéter contre lui les frais d'enregistrement (l. 3 sept. 1807).

2° Le défendeur ne comparaît pas : il est donné défaut contre lui, et l'écrit est tenu pour reconnu, sans que le tribunal soit tenu d'examiner le bien fondé des conclusions, car son silence est considéré comme un aveu.

3° Le défendeur dénie l'écrit attribué, soit à lui-même, soit à des *tiers*, c.-à-d. à ses auteurs (a) : le procès suit alors son cours, et il y a lieu à *Vérification d'écritures* (b).

Si la pièce ainsi déniée est reconnue utile au procès, le tribunal rend un Iᵉʳ jugement par lequel il indique les *moyens* de vérification qui seront admis ; il y en a 3 : les titres, — les témoins, — les experts ; il peut, à son gré, ordonner l'emploi d'un seul ou de tous cumulativement. En outre, il nomme un juge-commissaire pour présider à la vérification et ordonne que la pièce soit déposée au greffe. Le dépôt fait, le greffier dresse procès-verbal de l'état de la pièce. Puis l'on procède à une enquête ou à une expertise, suivant les circonstances ; ce dernier moyen donne souvent lieu à des contestations et à des jugements avant dire droit sur le choix des pièces qui doivent servir aux experts de point de comparaison. Enfin, quand l'instruction est achevée, le tribunal, par un 2ᵐᵉ jugement, décide si la pièce est vraie ou fausse.

Tel est le résumé de la procédure.

Il faut reprendre séparément les points exigeant des détails.

Moyens de preuves. — Il y en a 3 : — les Titres, — les Témoins, — l'Expertise. — Les juges peuvent en autoriser un seul ou plusieurs à la fois ; en outre, ils peuvent recourir à la comparution des parties ou au serment.

1° Titres. — Ce sont des actes non contestés qui relatent, soit la teneur de l'écrit attaqué, soit des faits qui en établissent la sincérité.

2° Témoins. — Quand l'intérêt dépasse 150 fr., les témoins ne peuvent déposer que sur la formation de l'écriture et sa sincérité, mais non pas sur la formation de la convention y relatée. Les pièces contestées sont présentées aux témoins, qui les paraphent.

(a) On oppose ordinairement les Tiers aux auteurs ou ayants-cause d'une personne (1338) ; mais, ici, ce mot a un sens plus général et comprend même les auteurs, il signifie *toute autre personne que le défendeur lui-même*.

(b) Toutefois, malgré les termes impératifs de l'art. 1324, c. civ., on admet que l'art. 195 autorise le tribunal à tenir l'écrit pour vrai ou faux sans recourir à la vérification, lorsqu'il se trouve suffisamment éclairé par l'inspection du titre ou les circonstances de la cause.

3° **Experts** — Ils doivent être nécessairement **3** (a). Le tribunal les désigne d'office, à moins que les parties ne s'entendent sur leur choix ; mais, dès qu'ils ont été désignés par le tribunal, les parties ne peuvent les remplacer. Après avoir prêté serment, les experts procèdent conjointement à la vérification des pièces au greffe, devant le juge-commissaire, mais en l'absence des parties.

Dépôt de la pièce. — La pièce attaquée est apportée au greffe, son état est constaté, elle est ensuite signée et paraphée par le demandeur ou son avoué et par le greffier. Cette formalité a pour but d'empêcher le défendeur de prétendre qu'il y a substitution de pièce, il est du tout dressé procès-verbal (b).

Le défendeur a 3 jours pour prendre commmunication de la pièce ; cela se fait au greffe, sans déplacement.

Pendant que ces pièces sont déposées au greffe, les tiers peuvent avoir besoin de s'en faire délivrer copie ou expédition ; on distingue 3 hypothèses :

1° L'officier public, avant d'effectuer le dépôt, doit faire une copie collationnée, laquelle est vérifiée sur la minute ou l'original par le président du tribunal de son arrondissement, qui en dresse procès-verbal. Cette copie est mise, par le dépositaire, au rang de ses minutes pour en tenir lieu jusqu'au renvoi des pièces ; il peut en tirer des copies en faisant mention du procès-verbal.

2° Le dépositaire, ayant apporté lui-même la pièce, est resté présent à la vérification, afin de retirer cette pièce après chaque vacation : il peut alors en faire des expéditions, bien qu'il soit hors du lieu où il a le droit d'instrumenter.

3° Le dépositaire n'a pas pris copie avant l'envoi de la pièce et ne l'a pas accompagnée ; dans ce cas, le greffier peut seul délivrer des expéditions, qui ont la même force que celles faites par le dépositaire lui-même (1335, C. CIV., 245).

(a) Dans les expertises ordinaires, les parties peuvent convenir qu'il n'y aura qu'un seul expert, mais ici, l'opération étant difficile et délicate, la loi en exige trois (213).

(b) Tout détenteur d'une pièce de comparaison est tenu de la représenter, si la justice l'exige. Les dépositaires publics (notaires, greffiers, etc.) doivent, sur l'ordonnance du juge, apporter les pièces au greffe aux jour et heure fixés ; en cas de retard ou de refus, ils sont passibles de dommages-intérêts.

Les particuliers sont également tenus d'apporter les pièces qui sont en leur possession ; en cas de refus ou retard, ils sont aussi passibles de dommages et intérêts (456, r. c., 201).

Si les pièces ne peuvent être déplacées (par ex., les registres de l'état civil de l'année courante), ou si les détenteurs sont trop éloignés, le tribunal décide, sur le rapport du juge commis et les observations du procureur, si la vérification aura lieu au domicile du dépositaire ou dans le lieu le plus proche, ou bien si les pièces seront expédiées au greffe par les voies qu'il désignera dans le jugement.

Choix des pièces de comparaison. — Quand il y a expertise, le mode le plus simple et le plus sûr pour les experts consiste à comparer l'écriture repoussée avec d'autres pièces d'écritures ou signatures émanées d'une manière certaine de la personne à laquelle est attribuée la pièce à vérifier.

A l'effet de convenir des pièces de comparaison, les parties doivent se présenter devant le juge commis, au jour fixé par lui.

Quand les 2 parties comparaissent, de deux choses l'une :— ou elles sont d'accord sur le choix des pièces, et alors le juge commis dresse simplement procès-verbal ; — ou elles sont en désaccord, et dans ce cas, il les renvoie devant le tribunal, qui désigne quelles pièces seront admises (a).

Quand l'une des parties fait défaut, le juge renvoie à la prochaine audience, afin que le tribunal statue.— Si c'est le demandeur, la pièce est rejetée.— Si c'est le défendeur, le tribunal peut, — ou tenir la pièce pour reconnue (ce qui arrive le plus souvent),— ou ordonner la vérification sur les pièces produites par le demandeur.

Le tribunal appelé à désigner les pièces de comparaison n'a pas un pouvoir arbitraire, car la loi indique les pièces susceptibles d'être admises.

Les pièces *admissibles* sont :

1° Les *signatures privées* apposées sur certains actes authentiques, sur les actes passés devant notaire, ou sur les actes judiciaires en présence du juge ou du greffier, par ex., la signature d'un témoin dans une enquête.

2° L'écriture ou la signature de tous les *actes faits* par l'individu dont l'écriture est déniée, *en qualité de personne publique,* par ex., comme juge, greffier, notaire, maire, etc.

3° Les écritures et signatures privées reconnues par le défendeur, mais non celles déniées ou méconnues, bien qu'elles aient été déjà vérifiées en justice et déclarées vraies, car la présomption de chose jugée n'offre pas une assez grande certitude.

4° La portion reconnue de la pièce repoussée en partie.

A défaut ou en cas d'insuffisance des pièces de comparaison, le juge fait faire un corps d'écritures sous la dictée des experts en présence de l'adversaire.

(a) Dans un autre système, on dit que c'est le juge commissaire qui doit statuer sur l'admission des pièces.

Jugement. — Si le demandeur en vérification *succombe*, il est condamné à tous les frais, et la pièce est rejetée.

S'il *triomphe*, la pièce est tenue pour vraie, et le défendeur est condamné plus ou moins, selon la distinction suivante :

1° S'il a simplement méconnu la signature ou l'écriture de son auteur, il est réputé de bonne foi, car il s'agit du fait d'autrui, et alors condamné aux frais et à des dommages-intérêts.

2° S'il a dénié sa propre signature, il est de mauvaise foi, car il s'agit de son propre fait ; aussi, outre la condamnation aux frais et dommages-intérêts, il encourt une *amende de* 150 *fr.*

Effets. — L'acte vérifié, comme l'acte reconnu, acquiert la force d'un acte authentique, sauf qu'il ne fait pas foi de sa date envers les tiers. En outre, il ne peut, comme l'acte reconnu, servir de pièce de comparaison dans une autre vérification, et il peut être attaqué par la voie de l'inscription de faux.

La Reconnaissance et la Vérification donnant lieu, l'une à un *acte judiciaire*, l'autre à un *jugement*, entraînent toutes deux *hypothèque judiciaire* ; toutefois, la loi de 1807 a restreint ce dernier effet à de justes limites pour éviter une fraude imaginée sous l'empire du Code de procédure. Voici comment : Une personne demande à emprunter de l'argent ; le capitaliste exige une hypothèque sur un immeuble déterminé ; mais, sur le refus de l'emprunteur, il feint d'y renoncer et de se contenter d'un écrit sous seing privé ; puis, dès le lendemain du prêt, il appelle son débiteur en reconnaissance d'écritures ; celui-ci ne niant pas l'écrit, le tribunal constate son aveu ; alors, à l'aide de cet acte judiciaire, le créancier obtient une hypothèque générale sur tous les biens présents et à venir du débiteur, tandis que celui-ci lui a refusé, la veille, une hypothèque spéciale sur l'un de ses biens seulement. Pour éviter cette duperie, la loi de 1807, art. 1er, décide que les actes et jugements sur une demande en reconnaissance d'écritures *formée avant l'échéance* ne permettra de prendre hypothèque qu'à défaut de paiement à *l'échéance de la dette.* D'après cela, le créancier n'a plus le même intérêt à agir en reconnaissance d'écritures, puisque l'hypothèque judiciaire qu'il obtient de cette façon date seulement de l'échéance de la dette, époque à laquelle il peut se procurer cette hypothèque en obtenant un jugement contre le débiteur en retard de payer.

Titre XI. — Du Faux incident civil.

On appelle FAUX INCIDENT civil la procédure particulière employée pour prouver la fausseté d'un acte (authentique ou sous seing-privé) devant les tribunaux civils. Elle est plus longue et plus compliquée que la Vérification d'écritures. Cette procédure s'appelle aussi INSCRIPTION DE FAUX, parce que la partie qui attaque doit tout d'abord faire au greffe la déclaration qu'elle s'inscrit en faux contre cet acte.

Le Faux peut donner lieu à 2 actions :

Une action criminelle appelée *Faux principal*.
Une action civile appelée *Faux incident*.

Le Code civil (1319), le Code de procédure (150) et la loi de Ventôse an XI (19) appellent plainte en *Faux principal*, le Faux devant les tribunaux criminels ; — le Code de procédure appelle *Faux Incident civil* le Faux devant les tribunaux civils.

De quelque manière qu'on les entende, ces deux expressions ne sont pas d'une exactitude parfaite ; selon les uns, ces dénominations viennent de ce que, le plus souvent, le Faux criminel est *principal*, c.-à-d. commence un procès criminel ; tandis que le Faux civil est généralement *incident*, c.-à-d. intenté dans le cours d'une instance civile. Mais s'il arrive que, dans une affaire criminelle, une pièce produite paraisse fausse, et qu'on découvre le faussaire, il y aura *Faux incident criminel;* de même, il peut arriver qu'en dehors de tout procès, une personne, apprenant qu'il existe entre les mains d'un tiers un acte faux qui pourrait plus tard lui préjudicier, demande de suite à prouver la fausseté de cet acte devant le tribunal civil sans attendre qu'on le lui oppose : dans ce cas, le *Faux civil* sera *principal* (a).

Mais cette faculté d'agir en faux principal au civil est contestée et semble repoussée par la jurisprudence (b) (Cass., 13 fév. 1860).

On distingue 2 sortes de Faux : — le Faux matériel ou formel, — et le Faux intellectuel ou moral.

_____

(a) Dans le *faux criminel*, on poursuit l'auteur de l'acte, le faussaire. Dans le Faux civil, on attaque simplement l'acte, le faussaire est laissé de côté, soit parce qu'on ne le connaît pas, soit parce qu'il est mort ou que le crime est prescrit.

(b) Dans cette opinion, l'expression Faux principal serait spéciale au Faux criminel et le Faux incident ne s'appliquerait qu'au Faux civil. Ces dénominations viendraient de l'ancien système des accusations privées emprunté au droit romain. L'action criminelle, en effet, pouvait être intentée directement par la partie lésée, et par conséquent était principale, tandis que la justice civile n'était ordinairement saisie qu'incidemment, lorsque, dans le cours d'un procès, une pièce fausse était produite.

Le *Faux matériel* consiste dans la fabrication d'un acte authentique en imitant, par ex., l'écriture et la signature d'un officier public, ou bien dans l'altération d'un véritable acte authentique à l'aide de ratures, additions ou surcharges.

Le *Faux intellectuel* consiste dans la mention mensongère, faite sciemment par un officier public, de faits qui se sont passés devant lui.

ACTES ATTAQUABLES PAR L'INSCRIPTION DE FAUX. — Ce sont :

1° Les *actes authentiques*, par ex., un acte notarié, un acte de l'état civil, un jugement.

2° Les *actes sous seing privé*, *même vérifiés en justice*.

3° Les *sous seings privés ordinaires*, c.-à-d. non vérifiés.

1° — **Actes authentiques.** — L'acte authentique fait foi, non-seulement de son contenu, mais même de sa forme. Si l'on conteste sa forme, c'est le Faux matériel ; si l'on conteste son contenu, c'est le Faux intellectuel. Mais toute attaque contre les allégations contenues dans un acte authentique n'exige pas l'inscription de Faux ; cette voie n'est nécessaire que si l'on prétend faux les faits ou circonstances que l'officier public a relatés, comme en ayant eu connaissance personnellement (*propriis sensibus*) ; de même, si l'on soutient qu'il a dénaturé les déclarations des parties. Mais si, tout en admettant que l'officier public a constaté avec sincérité ce qui lui a été déclaré, on soutient que les déclarations des parties sont fausses ou inexactes, il n'est pas besoin de s'inscrire en faux, on peut faire la preuve contraire par les moyens ordinaires (45, C. CIV.) (*a*). Par ex. si l'on attaque la convention pour cause de *dol* ou *simulation*.

2° — **Actes sous-seing privé, même vérifiés en justice.** — Ainsi, un acte sous-seing privé ayant été méconnu devant la justice par celui à qui on l'opposait, a été l'objet d'une vérification d'écritures et a été déclaré véritable par le tribunal : malgré cela, celui à qui on a opposé l'acte peut ne tenir aucun compte de la décision du tribunal et attaquer cet acte par la voie de l'inscription de faux (*b*). Cette faculté peut être considérée comme

(*a*) Ainsi, un acte de vente porte que le vendeur a déclaré avoir reçu son prix : on peut, par toute espèce de moyens, prouver que le paiement n'avait pas eu lieu, mais si le notaire a établi dans l'acte que le prix a été payé en sa présence, on doit s'inscrire en faux pour contester ce fait.

(*b*) On a donné pour raison, au Corps législatif, que la vérification d'écritures étant dirigée par celui qui oppose l'acte contesté, tandis que le faux est dirigé par celui à qui l'acte

une exception à la règle *Res judicata pro veritate habetur ;* dans ces conditions, l'inscription de faux est, pour ainsi dire, une espèce de recours extraordinaire (*a*).

Mais si après une Vérification d'écritures on peut encore procéder à l'Inscription de faux, il n'est pas permis, après une première procédure en faux, de faire une nouvelle inscription de faux ; c'est ce qu'exprime l'art. 214, par ces mots : *A d'autres fins que celles d'une procédure de faux principal ou incident.*

3° — **Actes sous seing privé ordinaires.** — Dans ce cas, la procédure de faux est facultative, car la partie à qui on oppose un acte sous seing privé peut se borner à le dénier, et c'est alors à son adversaire à prouver la véracité de cet acte ; mais, si elle le préfère, la partie peut elle-même démontrer la fausseté de l'acte qui lui est opposé, en employant l'inscription de faux ; cette procédure est plus coûteuse et plus dangereuse, il est vrai, mais elle est plus propre à effrayer l'adversaire, et par conséquent, à lui faire renoncer à cet acte ; enfin, la partie qui s'inscrit en faux dirige elle-même la procédure, tandis qu'elle a un rôle passif dans la Vérification d'écritures.

PROCÉDURE. — Elle peut se diviser en 3 périodes aboutissant chacune à un jugement ; les 2 premiers jugements sont interlocutoires, — le 3e est définitif :

1re *Période.* — Formalités jusqu'au jugement sur l'admission ou le rejet de l'inscription (214-218).

2me *Période.* — Formalités jusqu'au jugement sur les moyens de preuves (219-234).

3me *Période.* — Formalités jusqu'au jugement définitif (234-248).

1re PÉRIODE. — *Formalités précédant le jugement sur l'admission ou le rejet de l'inscription de faux.* — La partie qui veut s'inscrire en faux fait préalablement sommation à son adversaire, par acte d'avoué à avoué, de déclarer s'il veut ou non se servir de la pièce (*b*). Cet acte n'a pas besoin d'être signé par le demandeur.

---

est opposé, ce dernier pourrait avoir intérêt à se laisser condamner par défaut en vérification, afin de prendre en main la poursuite du faux. On a dit, en outre, que le ministère public étant présent à toutes les opérations relatives au faux, cette dernière procédure pouvait mettre plus facilement sur les traces des coupables.

(*a*) Dans un autre système, on dit que le faux incident ne peut être employé dans ce cas, qu'autant que la procédure ne doit pas aboutir à une décision contraire.

(*b*) Dans la crainte que celui qui a produit la pièce n'en ait ignoré la fausseté, la loi

Dans les 8 jours, le défendeur en faux doit signifier, par acte d'avoué à avoué, sa déclaration *signée* de lui. S'il ne répond pas, ou s'il déclare retirer la pièce, le demandeur peut se pourvoir à l'audience, par un simple acte, pour faire ordonner que la pièce sera rejetée *par rapport au défendeur*, c.-à-d. que ce dernier ne pourra s'en servir, tandis que lui, demandeur, pourra en tirer telles inductions ou conséquences qu'il jugera à propos, et même demander des dommages-intérêts pour le préjudice qu'elle lui a causé. Si, au contraire, le défendeur déclare maintenir la pièce, le procès suit son cours.

Le demandeur fait alors au *Greffe* son inscription de faux, qu'il *signe ;* puis, il poursuit l'audience sur un simple acte, à l'effet de faire admettre l'inscription. Il n'y a plus de consignation préalable de l'amende.

Le tribunal peut rejeter la demande dès le principe, s'il juge que la pièce, fût-elle vraie ou fausse, ne peut avoir d'influence sur le procès ; ou bien s'il lui paraît évident que le Faux existe ou n'existe pas. Si, au contraire, le tribunal a des doutes, il permet la poursuite de faux et nomme un juge-commissaire pour surveiller la procédure.

Ce jugement termine la 1re période.

En principe, le tribunal civil doit dès lors surseoir à l'instruction de l'affaire principale, mais si la pièce arguée de faux n'est relative qu'à l'un des chefs du procès, il peut continuer l'examen des autres chefs.

2me PÉRIODE. — *Formalités précédant le jugement sur l'admission des moyens de preuve.* — Cette période peut se diviser en 2 phases : la 1re se passe au greffe, en présence du juge-commissaire ; elle concerne l'apport de la pièce arguée de faux et la constatation de son état ; — la 2me se passe à l'audience, c'est la discussion sur l'admissibilité des moyens de preuves.

Apport et dépôt de la pièce. — Dans les 3 jours de la signification du jugement qui admet l'inscription de faux, le défendeur doit faire l'apport de la pièce attaquée au greffe (a). Dans un nouveau délai de 3 jours, à partir de cet apport, il signifie

_____

\veut qu'il soit averti et puisse réfléchir avant d'engager la procédure de faux. Dans le faux principal, l'acte d'avoué à avoué est remplacé par un ajournement.

L'inscription de faux peut être opposée *en tout état de cause*, et soit en 1re instance, soit en appel, soit même en cassation, mais seulement s'il s'agit d'un faux qu'on n'a pu invoquer antérieurement. Par ex., un faux relatif à l'expédition ou à la minute du jugement attaqué. Dans ce cas, la Cour de cassation ne juge pas le faux, elle renvoie devant un tribunal du même degré que celui qui a rendu le jugement attaqué.

(a) Dans le faux intellectuel, l'apport n'est pas nécessaire ; il est indifférent, en effet, de constater l'état de la pièce, puisque cet état n'est pas contesté.

l'acte du dépôt au demandeur avec sommation d'assister à la rédaction du procès-verbal dans un 3ᵐᵉ délai de 3 jours.

Si le défendeur ne dépose pas la pièce au greffe, le demandeur peut, à son choix, demander au tribunal le rejet de la pièce ou l'autorisation de la faire déposer lui-même au greffe. Cette autorisation ne lui permet pas d'enlever la pièce des mains ou du dossier du défendeur, mais de forcer le tiers, le notaire, par ex., qui en est détenteur, à l'apporter au greffe (a).

Constatation de l'état de la pièce. — Le juge-commissaire dresse procès-verbal en présence du procureur de la République, des parties ou de leurs fondés de pouvoir authentique et spécial. Cet acte contient la mention et la description des ratures, surcharges, interlignes et autres circonstances du même genre. Les pièces et les minutes sont paraphées par le juge-commissaire, le procureur et les parties (b).

Admission des moyens (c). — Dans les 8 jours, à partir du procès-verbal, le demandeur en faux signifie au défendeur ses *moyens* de faux ; sinon, le défendeur se pourvoit à l'audience pour faire prononcer la déchéance de l'inscription. Les moyens doivent contenir les faits, circonstances et preuves par lesquels on prétend établir le faux. Il ne suffit pas de dénier les faits constatés par l'officier public, en offrant vaguement la preuve contraire, il faut préciser les circonstances qu'on invoque, par ex., l'alibi d'une partie le jour où elle est dite avoir assisté à l'acte.

Dans les 8 jours de la signification des moyens, le défendeur est tenu d'y répondre par écrit, sinon, le demandeur se pourvoit à l'audience pour faire rejeter la pièce.

3 jours après la réponse, la partie la plus diligente poursuit à l'audience sur l'admission ou le rejet des moyens de faux.

Le jugement contient la teneur et les moyens admis (d).

(a) Si le défendeur n'a présenté qu'une copie de l'acte argué de faux, le juge commissaire peut, sur la requête du demandeur, ordonner l'apport de la minute, afin de faire la comparaison ; il fixe le délai dans lequel cet apport sera fait.

(b) En cas de non comparution de l'une ou de l'autre des parties, il est donné défaut et passé outre.

(c) En principe, lorsqu'une partie veut établir la preuve d'un fait, elle doit préalablement en demander l'autorisation au tribunal, qui statue par un seul jugement interlocutoire sur l'admission de la preuve et le moyen à employer ; l'instruction se fait ensuite, soit devant un juge commissaire (enquête, expertise), soit devant le tribunal lui-même (comparution, serment) ; puis la cause est vidée par un jugement définitif. Dans le faux, au contraire, il y a 2 jugements interlocutoires : le 1ᵉʳ autorise la preuve, le 2ᵉ désigne par quels moyens elle se fera ; le jugement définitif n'intervient qu'en 3ᵉ lieu.

(d) Ces moyens font partie de l'incident de faux. Quant à ceux qui sont repoussés à l'égard de l'inscription de faux, les juges peuvent les joindre à la cause principale pour les prendre en considération lorsqu'ils prononcent sur le fond. Ainsi, un moyen peut être rejeté quant à l'incident sur le faux, et maintenu quant au fond du procès.

3me PÉRIODE. — *Formalités précédant le jugement sur le Faux.* — L'instruction du Faux a lieu par titres, — témoins, — ou experts. Ces moyens peuvent se cumuler, mais le tribunal peut n'en admettre qu'un seul s'il le juge suffisant ; il peut même reconnaître *de plano* le Faux, si les faits exposés par le demandeur sont une preuve décisive.

1° Par *Titres.* — Cette preuve se fait comme dans la Vérification d'écritures. On invoque des actes incontestés et qui établissent, par ex., le contraire de ce qui est relaté dans l'acte attaqué.

2° Par *Témoins* (*a*). — Ils attestent avoir vu commettre la falsification de l'acte, ou bien ils établissent que les faits relatés dans l'acte se sont passés différemment (*b*).

3° Par *Experts.* — Mêmes règles que dans la Vérification, sauf que les pièces à remettre aux experts sont plus nombreuses et que les 3 experts, au lieu d'être choisis par les parties, sont désignés d'*office* par le tribunal.

Lorsque l'instruction est terminée, et qu'il a été signifié copie de l'enquête ou du rapport des experts, le jugement est poursuivi sur un simple acte : l'incident sur le Faux est plaidé et jugé.

Jugement. — Si le Faux n'est pas reconnu, le jugement prononce le *maintien* de la pièce attaquée et la remise de cette pièce ; de plus, il condamne le demandeur à une *amende* de 300 fr. au moins, et à des dommages et intérêts, s'il y a lieu. — Si, au contraire, le jugement déclare la pièce fausse, il ordonne la *suppression*, la *lacération* ou *radiation,* en tout ou en partie, et mêm la *réformation,* ou le *rétablissement* de cette pièce, mais il n'y a pas d'amende à prononcer contre le défendeur.

Dans les 2 hypothèses, le jugement statue, en outre, sur la *remise des pièces,* soit aux parties, soit aux témoins qui les auront fournies ou représentées ; de même sur la remise des pièces tirées d'un dépôt public et le mode d'opérer cette remise.

La *Suppression* est l'anéantissement matériel de la pièce, par ex., en la brûlant.

_____

(*a*) On observe les mêmes formalités que pour les enquêtes, et, comme dans la vérification des écritures, on communique aux témoins les pièces attaquées, mais, de plus, on peut leur présenter même les pièces de comparaison.

(*b*) Peut-on entendre, comme témoins, l'officier public et les témoins *instrumentaires* de l'acte ? La jurisprudence des parlements et les anciens auteurs repoussaient généralement comme peu dignes de foi ces témoins qui, après avoir attesté la sincérité d'un acte, devaient en prouver la fausseté. Aujourd'hui, on est d'avis de les entendre, par cette raison, que la loi ne les reproche pas expressément, sauf au juge à avoir tel égard que de raison à leur dépositions.

La *Lacération* est une sorte de suppression, on déchire l'écrit.

Là *Radiation*, en tout ou en partie, est encore un anéantissement matériel. Lorsque la pièce fausse est inscrite sur un registre ou sur une feuille contenant d'autres actes, on se borne à rayer l'acte faux, car il est impossible de le supprimer ou de le lacérer sans détériorer les autres actes.

La *Réformation* est l'anéantissement, non plus matériel, mais moral ou légal de l'écrit : elle consiste à déclarer que l'acte incriminé n'aura plus de force légale et ne produira plus d'effet. Elle a lieu lorsque le tribunal, ne connaissant pas le détenteur de l'acte faux, ne peut atteindre cet acte pour le déchirer ou le rayer ; ou bien encore, lorsqu'il s'agit d'un acte dont la loi défend la suppression, par ex , les actes de l'état civil. Dans ce cas, le jugement de réformation est inscrit en marge de l'acte faux (957).

Le *Rétablissement* est l'opération qui consiste à remettre l'acte altéré dans son état primitif, en réparant ou corrigeant les ratures faites ou autres altérations.

Tel est le sens qu'on attache généralement à ces diverses expressions (a).

C'est le greffier qui effectue ces différentes opérations.

L'Exécution du jugement, en ce qui concerne la destruction ou modification des pièces déclarées fausses et la remise des pièces reconnues vraies ou des pièces de comparaison, est suspendue de droit *jusqu'à l'expiration des délais d'*Appel, *de* Requête civile *et de* Cassation, *ou jusqu'à ce que le condamné ait acquiescé,* autrement dit, *jusqu'à ce qu'il y ait,* quant au faux, chose jugée *irrévocablement.* L'exécution prématurée d'un jugement susceptible d'être réformé pourrait entraîner un préjudice irréparable (b). En droit commun, l'appel est suspensif lorsqu'il est formé, mais les délais d'appel ne le sont pas. En outre, les voies extraordinaires de recours (requête civile, cassation) ne sont pas suspensives.

(a) Dans un autre système, la *suppression* n'est pas l'anéantissement matériel de l'acte, elle consiste à déclarer l'acte nul et non avenu. La *réformation* est l'opération par laquelle on rend à l'acte son texte primitif, lorsqu'il a subi à tort des altérations. Le *rétablissement* est la restitution des mots ou phrases effacés frauduleusement.

(b) L'exécution est-elle suspendue par les autres voies de recours : l'opposition, la tierce opposition, le désaveu? La loi n'a pas parlé de l'opposition, mais comme le jugement sur le faux est susceptible d'appel, et que les délais d'appel ne courent pas pendant les délais d'opposition, l'exécution ne saurait avoir lieu durant les délais d'opposition, puisqu'à ce moment, le droit de faire appel n'est même pas encore ouvert. Quant à la tierce-opposition, comme elle est permise pendant 30 ans, on ne pouvait raisonnablement attendre l'expiration de ce délai pour permettre l'exécution du jugement; au reste, c'est un moyen accordé aux tiers, et non aux parties en cause. Même décision pour le désaveu. Ainsi, l'énumération de l'art. 241 est limitative.

EFFETS DE LA PROCÉDURE *DE FAUX* SUR L'EXÉCUTION *DE L'ACTE.* — L'effet de la poursuite est différent suivant la nature de la procédure: — Dans le Faux civil, l'acte attaqué fait foi jusqu'à l'inscription de faux, mais l'*exécution* n'est pas arrêtée par cette procédure, le tribunal *peut* seulement la suspendre provisoirement (1319 c. CIV.); il pourrait aussi, bien que le Code ne le dise pas, ne permettre l'exécution que sous caution (*a*). — Dans le Faux criminel, au contraire, l'exécution de l'acte est arrêtée de *plein droit* par la mise en accusation, c.-à-d. lorsque la chambre des mises en accusation a rendu son arrêt de renvoi devant la cour d'assises (*b*). Ici la suspension est forcée, tandis que dans le 1er cas elle est facultative.

Poursuites criminelles. — Si, de la procédure, il résulte des indices de faux ou de falsification, et que les auteurs ou complices soient vivants et la poursuite du crime non éteinte par la prescription (635, I. c.), le Faux peut être poursuivi criminellement (*c*). A cet effet, un mandat d'amener peut être délivré contre le prévenu, tant par le président que par le procureur (*d*).

Dans le cas de poursuites criminelles, il est *sursis* à statuer sur le faux civil jusqu'après le jugement sur le faux criminel; c'est une application de ce principe, que l'action publique, dès qu'elle est intentée, suspend l'exercice de l'action civile, même commencée auparavant; c'est ce que signifie l'adage: LE CRIMINEL TIENT LE CIVIL EN ÉTAT. Ainsi, ce n'est qu'après la décision de la cour d'assises qu'on reviendra devant le tribunal continuer la procédure du faux incident. Mais quelle sera l'influence du jugement rendu au criminel sur le procès civil? Cette question est des plus controversées.

Lorsque le tribunal criminel reconnaît le faux et ordonne que l'acte soit rétabli, rayé ou réformé, il y a chose jugée définitivement; mais si le faux n'est pas reconnu au criminel, on

---

(*a*) Ne pas confondre la force probante (la *foi*) avec la force exécutoire (l'*exécution* proprement dite). la 1re est due à tout acte authentique, la 2e seulement à ceux revêtus de la formule exécutoire (jugement, acte notarié).

Il est des cas où la force exécutoire est suspendue alors que la force probante est incontestée, notamment quand le débiteur obtient un délai de grâce (1244, c. CIV.), ou quand il arrête une saisie immobilière, en prouvant que les revenus d'une année suffisent pour payer le créancier (2212).

(*b*) Toutefois, si, dans le cours d'un procès civil, on forme un faux principal, la *plainte* seule entraîne le sursis à la procédure, à moins que les juges ne décident que le procès peut être jugé sans la pièce arguée de faux (250).

(*c*) Pour qu'il y ait lieu à poursuites criminelles, il faut le concours des 3 conditions énoncées : si l'une manquait, si, par ex., le faussaire était mort, on ne pourrait qu'intenter l'action civile contre les héritiers.

(*d*) Si le ministère public ne prend pas l'initiative de la poursuite criminelle, le demandeur en faux peut porter plainte en faux principal (642, c. I. c.).

admet que l'acte pourra être attaqué de nouveau devant le tribunal civil, car la déclaration du jury porte sur la culpabilité de l'accusé, et il se peut que celui-ci soit innocent, tandis que l'acte est néanmoins faux.

Les poursuites criminelles n'arrêtent que la procédure du faux incident civil, et non pas le procès où s'est produit cet incident; en sorte que, si les juges civils estiment que le procès puisse être jugé indépendamment de la pièce arguée de faux, ils n'ont pas à surseoir (a).

Transaction sur le Faux. — Pour éviter que le crime de faux soit soustrait à la connaissance du ministère public, par un arrangement des parties, l'art. 249 porte: *Aucune transaction* sur la poursuite du faux *ne pourra être exécutée* si elle n'a été homologuée en justice, après avoir été communiquée au ministère public (2046, c. civ.).

Les juges peuvent-ils refuser d'homologuer la transaction ? Controverse.

1er Syst. — *Non.* — Ils ne peuvent forcer les parties à continuer le procès; dès que la transaction est signée, les parties sont liées. La loi a voulu simplement empêcher qu'elles ne fassent disparaître les traces du faux, sans que le ministère public ait été averti.

2e Syst. — *Oui.* — La transaction repoussée par le tribunal est non avenue et les parties peuvent reprendre la poursuite du faux.

(a) DIFFÉRENCES

Entre la **Vérification d'écritures**	et le **Faux incident civil.**
Elle ne s'applique qu'aux actes sous seing privé.	Il s'emploie ordinairement pour les actes authentiques, et exceptionnellement pour les actes privés.
Le demandeur en vérification est celui qui invoque la pièce contestee.	Le demandeur en faux est celui contre qui on invoque la pièce arguée de faux.
Il n'est pas nécessaire d'obtenir la permission du tribunal pour procéder à la vérification, ni de faire sa déclaration au greffe.	Il est indispensable d'être autorisé par le tribunal pour s'inscrire en faux au greffe.
La procédure ne comprend que 2 jugements.	La procédure comprend 3 jugements.
Les experts peuvent être choisis par les parties.	Les experts sont toujours désignés d'office par le tribunal.
La vérification n'empêche pas d'attaquer l'acte vérifié et reconnu vrai par une inscription de faux.	Après une 1re inscription de faux, il n'est pas permis d'en recommencer une seconde.
Le défendeur qui succombe est condamné à une amende de 150 fr., mais seulement lorsqu'il a dénié sa signature	Le demandeur qui succombe est toujours condamné à une amende de 300 fr.
L'acte sous seing privé rejeté n'est pas détruit.	L'acte authentique déclaré faux est détruit ou rectifié.
La Transaction est libre.	La Transaction doit être homologuée par le tribunal.

— 10me *Leçon*. —

Titre XII. — Des Enquêtes.

L'ENQUÊTE est la procédure qui consiste à rechercher la vérité d'un fait par la déclaration de Témoins. C'est la mise en pratique de la *Preuve testimoniale*.

Il y a 2 sortes d'Enquêtes (ou plutôt 2 manières de procéder à l'audition des Témoins) : l'Enquête *sommaire* ou *publique*,— l'Enquête *ordinaire* ou *secrète*.

L'Enquête Sommaire est celle qui se fait à l'audience devant le tribunal entier. Si la cause est en dernier ressort, on entend les témoins sans dresser procès-verbal de leurs dépositions, le jugement constate seulement le résultat des témoignages; si la cause est susceptible d'appel, le greffier dresse procès-verbal des dépositions, afin qu'en appel on n'ait pas besoin de faire revenir les témoins.

L'Enquête Ordinaire se fait, non plus devant le tribunal à l'audience, mais en la chambre du Conseil, devant un juge désigné à cet effet, en la présence seulement des parties et de leurs avoués. Dans ce cas, le greffier dresse toujours procès-verbal des dépositions, qui sont plus tard lues à l'audience (a).

Devant les tribunaux d'arrondissement, l'Enquête est *Ordinaire* dans les affaires ordinaires ; — elle est *Sommaire* dans les affaires sommaires (407). — Devant les tribunaux de commerce et les justices de paix, l'Enquête est toujours *Sommaire*.

Ainsi, l'Enquête est sommaire ou ordinaire suivant la nature de l'affaire et suivant l'espèce de tribunal.

On distingue encore l'Enquête *principale* — et l'Enquête *incidente*.

L'Enquête INCIDENTE est celle qui a lieu dans le cours d'un procès. C'est la plus fréquente.

L'Enquête PRINCIPALE est celle faite en dehors d'un procès (de là son nom d'Enquête à futur, *in futurum*). Ainsi, un individu qui ne peut agir actuellement parce que, par ex., sa créance n'est pas échue, et qui craint que les Témoins dont il

_____

(a) Le secret de l'enquête a son origine dans la juridiction ecclésiastique, il fut consacré sous François Ier, en 1539, et confirmé par l'ord.ce de 1667. La publicité de l'enquête fut ordonnée par l'Assemblée nationale en matière criminelle et par le Décret du 3 Fructidor an III en matière civile, mais elle fut abolie par un autre Décret, et le Code a maintenu le secret dans certaines affaires. On justifie ce système en disant que si les témoins étaient entendus à l'audience, cela absorberait le temps des juges et arrêterait le cours de la justice, tandis qu'en chambre du conseil, les juges peuvent procéder simultanément à plusieurs enquêtes.

aura besoin plus tard ne viennent à mourir ou à s'absenter, peut demander au tribunal la permission de recueillir dès à présent leurs témoignages. Cette Enquête, prohibée par l'Ordonnance de 1667, est-elle admise aujourd'hui malgré le silence du Code? Controverse. En tout cas, elle se présente rarement.

L'Enquête ne peut avoir lieu sans un jugement qui l'autorise. La preuve testimoniale, en effet, n'est pas admise dans tous les cas comme la preuve écrite; elle a été renfermée dans des limites étroites, tant par la crainte de la subornation des témoins que par la crainte de la multiplicité des procès. Aussi, en principe, elle n'est pas permise au-dessus de 150 fr., parce que, si l'intérêt en jeu eût été plus considérable, on aurait pu séduire des Témoins; elle est même défendue au-dessous de 150 fr. dans certaines matières, par ex., dans le louage (1713, c. civ.), parce qu'on a voulu éviter une foule de procès. Ainsi, quand on veut user de cette preuve, il faut tout d'abord faire décider par le tribunal si elle est permise ou non.

Les juges ne sont pas tenus d'autoriser l'Enquête demandée par l'une des parties, même dans le cas où le fait est susceptible d'être prouvé par témoins; ils peuvent, en effet, la refuser, sous prétexte que ce fait est sans influence sur le procès, ou parce qu'ils jugent que les documents fournis sont suffisants pour l'instruction de la cause. Il n'est pas nécessaire que l'Enquête soit réclamée par l'une des parties, les juges peuvent l'*ordonner d'office*, s'ils la croient utile.

L'Enquête ne peut être ordonnée qu'autant que les 3 conditions suivantes sont réunies :

    1° Si la loi ne défend pas la preuve testimoniale des faits.
    2° Si les faits sont déniés, ou si, étant reconnus, ils ne
        peuvent faire l'objet d'un aveu.
    3° S'ils sont admissibles, c.-à-d. pertinents et concluants.

1° — Si la loi ne défend pas la preuve testimoniale. — En principe, la loi permet la preuve testimoniale jusqu'à 150 fr., et la défend au-dessus de ce chiffre; mais il y a des exceptions : ainsi, dans certains cas, cette preuve est permise, même *au-dessus* de 150 fr., tandis que, dans d'autres cas, elle est défendue, même *au-dessous* de ce chiffre (a).

(a) *La preuve testimoniale est permise* AU-DESSUS *de 150 fr. dans les cas suivants :*
S'il y a commencement de preuve par écrit (1347, c. civ.).
S'il y a eu impossibilité de se procurer un écrit (1348),
Si le créancier a perdu son titre par suite de cas fortuit ou force majeure (1348).

La prohibition de la loi est basée sur deux motifs : d'abord, on a craint la subornation des témoins; en second lieu, on a voulu éviter la multiplicité des procès en forçant les parties à recourir à un écrit.

2° — *Si les faits sont déniés*, ou si, étant reconnus, l'aveu n'en est pas admis par la loi. — L'aveu est sans effet dans les causes concernant l'état des personnes, par ex., dans la séparation de corps (307, c. civ.), le désaveu de paternité, ou bien encore lorsqu'il s'agit de personnes incapables, telles que les mineurs.

3° — *Si les faits sont admissibles*, c.-à-d. pertinents et concluants. — Les faits *pertinents* sont ceux qui ont un rapport direct avec l'affaire. Les faits *concluants* sont ceux qui peuvent avoir une influence sur la décision. Un fait peut être pertinent sans être concluant, c.-à-d. avoir rapport à l'affaire, mais n'exercer aucune influence sur sa solution; dans ce cas, l'Enquête sur ce fait sera repoussée comme inutile.

Contre-enquête. — Si une partie ne peut, sans y être autorisée par le tribunal, faire entendre des témoins sur un fait, c.-à-d. faire une enquête, son adversaire peut, *de plein droit*, c.-à-d. sans jugement, établir la *preuve contraire*, en faisant entendre des témoins pour démentir le fait allégué. C'est ce qu'on appelle la Contre-enquête.

Mais les faits dont la preuve contraire est admise de plein droit ne sont pas tous ceux qui servent à combattre ou détruire la prétention du demandeur et à faire rejeter sa demande au fond : ce sont seulement les faits qui sont la négation directe de ceux allégués par le demandeur, ou bien encore ceux qui, sans établir la fausseté des faits dont la preuve est autorisée, ont un rapport immédiat avec ces faits et tendent à en diminuer l'importance.

Ainsi, je prétends vous avoir vendu un objet moyennant 100 fr., et le tribunal permet l'Enquête sur ce fait : vous pouvez, de votre côté, faire comparaître des témoins pour établir, soit que le prix a été fixé à 80 fr. seulement, soit que le mar-

La preuve testimoniale est au contraire défendue, même AU-DESSOUS de 150 fr , dans les cas suivants :
En matière de filiation naturelle, à moins de commencement de preuve écrite (341, c. civ.).
En matière de louage (1731, c. civ.) — de transaction (2044), — d'antichrèse (2085).
Contre et outre le contenu d'un écrit (1341, c. civ.).
Pour la constatation d'une Société de commerce (39, c. co.).
Lorsqu'il s'agit du reliquat d'une somme supérieure à 150 fr. (1344).
Si les intérêts d'un capital inférieur à 150 fr, réunis à ce capital excèdent 150 fr. (1842),
Si, dans la même instance, on fait plusieurs demandes dont l'ensemble dépasse 150 fr (1345)

ché a été simplement proposé et non conclu. Ces faits sont, en effet, la négation directe de celui annoncé par le demandeur.

De même si, dans une séparation de corps, la femme est autorisée à prouver par témoins les mauvais procédés de son mari envers elle, le mari peut, à son tour, établir par témoignage, et cela sans autorisation du tribunal, que la femme a une conduite qui n'est pas exempte de reproches, et qu'elle a provoqué les scènes qui se sont passées entre eux. Ce sont là des faits qui n'établissent pas la fausseté de ceux avancés par la demanderesse, mais qui ont un rapport étroit avec eux et qui tendent à en atténuer la gravité.

Témoins. — En principe, toute personne, homme, femme, enfant, instruite d'un fait contesté en justice, peut être appelée à déposer sur ce fait; toutefois, il y a 2 sortes d'exceptions :

1° Certaines personnes sont *incapables* de servir de témoins, elles ne doivent pas être assignées, et, si elles l'ont été, le juge-commissaire ne doit pas les entendre, même avec l'assentiment des parties.

2° Certaines personnes sont *reprochables*, c.-à-d. susceptibles d'être repoussées comme témoins suspects, mais seulement si l'une des parties l'exige (a). Le reproche peut être exercé tantôt par les 2 parties, tantôt par l'une d'elles seulement.

I. — Personnes incapables d'être témoins.— Il y a 2 sortes d'incapacité : l'incapacité *absolue* — et l'incapacité *relative*.

1° Les personnes frappées d'une incapacité absolue ne peuvent servir de témoins dans aucun procès, quelles que soient les parties en cause, ce sont :

Les condamnés à une peine criminelle (afflictive *ou* infamante) (28 à 34, c. p.), et les condamnés à certaines peines correctionnelles (42, c. p.).

2° Les personnes frappées d'une incapacité relative ne peuvent figurer comme témoins seulement que dans les procès où leurs parents sont en cause ; ce sont :

Les parents et les alliés en ligne directe de l'une ou de l'autre des parties, ou son conjoint, c.-à-d. les ascendants et descendants tant du demandeur que du défendeur, et ceux de leurs conjoints.

_____

(a) Les *reproches* doivent être proposés avant la déposition et ne peuvent l'être que par la partie intéressée, et non d'office par le juge ou par le tribunal. Les *incapacités*, au contraire, peuvent être proposées aussi bien après qu'avant la déposition, et tant par l'une que par l'autre des parties ; bien plus, le juge-commissaire doit refuser d'entendre le témoin incapable, et, s'il a reçu sa déposition, le tribunal doit, d'office, en interdire la lecture.

Peu importe que la parenté soit naturelle ou légitime.

Cette prohibition est fort ancienne ; on suspecte ces personnes de bienveillance ou d'inimitié. La parenté.est, en effet, pour ceux qui sont d'accord, une excitation à la partialité, et pour ceux qui sont ennemis, une excitation à la haine.

Il y a cependant une exception : en matière de séparation de corps, les *ascendants* sont admis à témoigner, sauf au tribunal à avoir tel égard que de raison à leur déposition (251, c. civ.). Cela tient à ce que les faits qui donnent lieu à une séparation de corps se passent le plus souvent à l'intérieur et ne peuvent être attestés que par les personnes de la maison. C'est par le même motif qu'on entend aussi les *domestiques*, qui, dans tout autre cas, sont reprochables. Quant aux *descendants*, ils sont incapables, même dans ce cas.

II. — PERSONNES REPROCHABLES. — Ce sont :

Les parents ou alliés en ligne collatérale de l'une ou de l'autre partie jusqu'au degré de cousin issu de germain, inclusivement.— Le reproche peut être invoqué tant par la partie parente du témoin que par son adversaire. Ainsi, le frère d'une partie peut être reproché, soit par son frère, soit par l'adversaire de son frère.

Les parents ou alliés du conjoint au degré ci-dessus, si le conjoint est vivant, ou si, le conjoint étant décédé, la partie a des enfants vivants. — (La présence des enfants perpétue l'alliance.)

Les frères et *sœurs*, beaux-frères et *belles-sœurs* du conjoint de l'une des parties, même lorsque le conjoint est décédé, ou que les enfants qu'il a laissés ont cessé d'exister.—L'alliance a cessé, mais les rapports entre ces personnes ont été trop étroits (a).

L'héritier présomptif ou le donataire. — On suspecte l'héritier, car il peut craindre d'être déshérité, et il peut être intéressé indirectement à l'issue du procès. Quant au donataire, on craint que la reconnaissance ne lui enlève son indépendance. Ce reproche est relatif en ce sens, qu'il ne peut être proposé que par l'adversaire de la partie dont le Témoin est l'héritier ou le donataire, et non par le donateur ou celui dont le témoin est l'héritier.

Celui qui aura bu *ou* mangé avec la partie, et à ses frais, *depuis la prononciation du jugement qui a ordonné l'Enquête.* — On a craint la séduction ; un proverbe dit en effet : *Qui mieux abreuve, mieux preuve.*

_____

(a) L'art. 183 permet de reprocher aussi *les parents ou alliés en ligne directe du conjoint* comme les frères et sœurs. c.-à-d. même après que l'alliance a cessé ; mais c'est par inadvertance, car dans l'art. 268, ces personnes sont incapables, et par conséquent ne peuvent être ni assignées, ni entendues.

Celui qui aura donné des certificats *sur les faits relatifs au procès.* —Il n'est pas nécessaire, pour qu'il y ait lieu au reproche, que le certificat ait été donné sur le fait même sur lequel le témoin est appelé à déposer, mais sur l'un quelconque des faits du procès. On craint que l'amour-propre ne lie le témoin qui a déjà manifesté son opinion sur une affaire.

Les serviteurs et domestiques. — Ces expressions désignent tant les gens de service que les individus d'une condition plus élevée attachés à la personne d'un maître, par ex., secrétaire, précepteur, etc., en un mot, tous ceux qui sont sous sa dépendance et reçoivent de lui un salaire (a). Mais les *maîtres* ne sont pas reprochables lorsqu'ils déposent dans les affaires concernant leurs serviteurs.

Celui en état d'accusation, c.-à-d. celui contre lequel la Chambre des mises en accusation a déclaré qu'il existait des preuves ou indices d'un fait qualifié *crime*, et qui a été renvoyé devant la cour d'assises (221, I. c.).— Ainsi, il ne suffit pas qu'il y ait eu poursuites, ou même un mandat d'arrêt ou de dépôt, ces faits ne constituent que l'état de prévention. Quant à celui qui a été *condamné* à une peine criminelle, il est frappé d'une incapacité absolue.

Celui qui a été condamné, *soit à une peine afflictive ou infamante, soit même à une peine correctionnelle* pour vol. — Ici, comme dans le cas précédent, c'est l'indignité du témoin qui le rend suspect. Le plus souvent, les condamnations rendent non-seulement reprochable, mais même incapable.

Quant à l'*individu* âgé de moins de 15 ans, il n'est pas reprochable ; les juges ont la faculté de l'entendre, sauf à accorder à sa déposition tel égard que de raison.

Mais ce témoin doit-il prêter serment ? Controverse (b).

Tels sont les Reproches énumérés par la loi. Cette énumération est-elle limitative, ou bien est-il permis d'admettre par analogie d'autres causes de Reproches ?

Cette question divise la doctrine et la jurisprudence.

Les auteurs sont d'avis que les cas de reproches ne peuvent être étendus. Mais la cour de cassation applique, en outre, aux

---

(a) Il y a exception en matière de séparation de corps, toutes ces personnes peuvent être appelées en témoignage (251, c civ.).

(b) Suivant les uns, sa déposition n'est qu'une espèce de déclaration admise à titre de renseignement, ainsi que cela a lieu en matière criminelle (79 I. c.); au reste, l'on ne saurait rationnellement rendre un enfant passible de la peine du faux témoignage. Suivant les autres, le Code n'ayant fait aucune distinction, le serment doit être exigé.

témoins les causes de récusation des juges (738) (a) ; de plus, elle laisse aux tribunaux le pouvoir arbitraire d'admettre toute sorte de Reproche par assimilation ; c'est ainsi qu'on voit, tous les jours, une partie reprocher son *ennemi*, — *l'ami de son adversaire*, — *un créancier*, — *un débiteur*, — *un associé*.

Reproches. — En principe, les reproches doivent être proposés *avant* la déposition ; on a voulu éviter par là qu'une partie, irritée par un témoignage défavorable cherchât, après coup, des moyens de faire repousser ce témoignage. Toutefois, ils peuvent être proposés *après* la déposition, s'ils sont *justifiés par écrit*, car alors on ne craint plus qu'ils soient imaginés après coup.

Les reproches doivent être *pertinents* et *circonstanciés* ; il ne suffit pas de les énoncer d'une manière vague et générale, sauf à les préciser plus tard : ainsi, on ne doit pas opposer simplement la parenté, mais indiquer le degré exact de cette parenté. Ils sont proposés, soit par la partie elle-même, soit par son avoué.

Le Reproche est inscrit sur le procès-verbal et la déposition du Témoin reproché est reçue, comme celle des autres témoins ; on agit ainsi par économie de temps : en effet, le juge-commissaire n'a que le pouvoir de constater le Reproche, car le droit de statuer appartient au tribunal, après l'Enquête terminée ; or, si l'on n'inscrivait pas la déposition du Témoin reproché, il faudrait, quand le reproche n'est pas admis, faire un supplément d'Enquête pour recevoir le témoignage repoussé. Ainsi, le Témoin reproché est entendu comme les autres, sauf, si le reproche est admis, à ne pas lire sa déposition à l'audience. Si le Reproche n'est pas admis, celui qui l'a proposé est passible de dommages-intérêts vis-à-vis du Témoin, quand ce témoin se plaint qu'il y a eu atteinte portée à son honneur.

Nombre des Témoins. — Autrefois, il était de principe qu'un seul témoignage ne suffisait pas, *testis unus, testis nullus* ; mais à l'inverse, les dépositions concordantes de 2 *Témoins* faisaient pleine foi et liaient le juge. Aujourd'hui, les juges sont libres, d'après leur intime conviction, d'admettre le témoignage d'un seul témoin et de repousser celui de plusieurs ; on préfère peser les témoignages plutôt que les compter ; le silence du Code de procédure a fait admettre ce système, par analogie au droit criminel (342, i. c.).

(a) Cependant, il n'y a pas analogie entre les 2 cas, car le juge a sur l'affaire une influence plus grande que le témoin ; en outre, on peut remplacer un juge suspect, tandis que la partie n'a pas toujours des témoins de rechange.

(b) L'ordonnance de 1667 ne limitait pas les reproches ; on pouvait écarter les mendiants, les courtisanes, etc.

On peut faire entendre autant de Témoins qu'on veut sur un même fait ; mais, afin d'éviter qu'une partie multipliât le nombre des témoins sur un fait bien établi, dans le seul but de faire supporter des frais considérables à son adversaire, la loi ne permet de répéter que les frais de 5 *Témoins*, non pour toute l'enquête, mais sur un même fait ; le surplus des frais reste à la charge de la partie qui a fait citer (*a*).

PROCÉDURE DE L'ENQUÊTE. — La partie qui recourt à l'Enquête fait une demande par un simple acte de conclusions, notifié d'avoué à avoué, sans autre écriture ou requête à l'appui. Les faits dont on demande à faire preuve doivent être *articulés* succinctement (en pratique, on dit *cotés*), c.-à-d. indiqués fait par fait, et non en masse, afin que le tribunal décide sur chaque fait isolément si la preuve est utile et si elle est admissible.

Dans les 3 jours, la partie adverse doit répondre par acte d'avoué à avoué : — si elle ne répond pas, les faits peuvent être tenus pour confessés et avérés (*b*) ; si elle répond, de deux choses l'une : — ou les faits sont *reconnus*, et alors il n'y a pas lieu à Enquête, car l'aveu judiciaire fait foi, — ou les faits sont *déniés*, et dans ce cas, le tribunal décide s'il y aura ou non Enquête.

Le jugement doit contenir :

1° La désignation précise des faits à prouver, car on doit signifier aux Témoins les faits sur lesquels ils sont appelés à déposer.

2° La nomination du juge-commissaire chargé de l'Enquête (*c*).

Le demandeur à l'Enquête requiert une ordonnance du juge-commissaire fixant les jour et heure de l'enquête, puis il fait sommation à la partie adverse d'y assister, et il lui signifie les noms des Témoins, afin que celle-ci examine s'il y a lieu à Reproche. Ces actes doivent être faits *3 jours francs* avant l'audition et sont signifiés au défendeur *au domicile de son avoué*, s'il en a un, sinon à son propre domicile (*c*).

(*a*) D'après l'ordonnance de 1669, on pouvait en faire entendre 10.

(*b*) Toutefois, le tribunal peut en ordonner la preuve, s'il pense que l'éloignement du défendeur l'a empêché de donner son avis, ou s'il s'agit de faits dont l'aveu n'est pas admis. Par ex. une femme offre de prouver qu'elle a été victime de sévices ou injures graves, son mari ne répond pas : ce silence ne peut faire considérer les faits comme vrais, car ce serait accorder aux époux la faculté de se séparer de corps par consentement mutuel, ce qui n'est pas possible ; le tribunal devra donc ordonner l'enquête ; toutefois, lorsque les faits sont notoires, le tribunal prononce la séparation sans enquête (*de plano*).

(*c*) Quand les témoins sont éloignés, le tribunal, pour éviter des frais, peut ordonner que ces témoins seront entendus par un juge du tribunal dans le ressort duquel ils sont domiciliés ; à cet effet, il adresse, soit sur la demande des parties, soit d'office, une **Commission rogatoire**, c.-à-d. un mandat par lequel il charge l'un des juges du tribunal de procéder à l'enquête (255, 1035). Cette commission peut être donnée même à l'étranger, soit à un consul français, soit à un juge étranger.

En outre, assignation est donnée par huissier aux témoins, avec mention des faits sur lesquels ils doivent déposer. Le délai entre l'assignation et la comparution est au moins d'*un jour franc*.

L'Enquête doit, à peine de déchéance, être *commencée* dans la HUITAINE de la signification à avoué du jugement contradictoire qui l'ordonne (*a*), et *terminée* dans un autre délai de HUITAINE, à partir du jour où elle a été commencée. La crainte de laisser aux parties le temps de séduire les Témoins a déterminé la loi à renfermer la durée de l'Enquête dans les délais restreints et de rigueur. Mais en pratique on élude la prescription de la loi en signifiant le jugement longtemps après qu'il a été rendu.

Si le jugement est par défaut, le délai de huitaine pour commencer l'enquête court *du jour où l'opposition n'est pas recevable*. Pas de difficulté, si le jugement est contre avoué : l'opposition n'étant recevable que pendant 8 jours, c'est à l'expiration de cette huitaine que courra la 2e huitaine accordée pour l'Enquête. Mais si le défaut est contre partie, on ne peut appliquer l'art. 257 à la lettre. En effet, si le délai pour commencer l'Enquête ne courait que du jour où l'opposition n'est plus recevable, comme c'est l'exécution du jugement qui rend l'opposition non recevable et que cette exécution consiste ici dans la confection même de l'enquête, il faudrait dire que l'enquête doit être *commencée* dans la huitaine à partir du moment où elle est *terminée*. On explique historiquement cette disposition de l'art. 257. Elle a été copiée dans l'ordonnance qui n'admettait qu'un seul délai de huitaine pour les 2 cas de défaut. Il faut décider que le délai pour ouvrir l'enquête courra également ment 8 jours après la signification du défaut contre partie.

Quand l'Enquête est-elle réputée commencée ? — Il n'est pas nécessaire qu'un témoin ait été entendu (*b*) ; elle est censée commencée par cela seul qu'une partie s'est présentée devant le juge-commissaire et a obtenu de lui l'ordonnance indiquant les jour et heure de l'audition des témoins (*c*).

(*a*) S'il n'y a pas d'avoué, la signification doit être faite à la partie. Mais comment supposer que le défendeur n'a pas d'avoué? D'abord l'avoué peut-être mort ou démissionnaire; en outre, l'enquête peut avoir été ordonnée d'office malgré le défaut du défendeur.

(*b*) L'ordonnance de 1667 exigeait qu'un témoin ait déposé, ce qui était souvent impossible; aussi, pour éviter la déchéance, on employait un moyen dérisoire : on faisait citer le premier venu; cet individu déclarait ne rien savoir, mais il n'en comptait pas moins comme témoin entendu.

(*c*) Quand le demandeur a obtenu une ordonnance, le défendeur qui veut faire la contre-enquête doit en demander une, à son tour, dans la huitaine de la signification du jugement; c'est ce que la loi exprime en disant : L'enquête est censée commencée pour chacune des parties *respectivement*. De même, chaque partie doit terminer son enquête ou sa contre-enquête dans la huitaine de l'audition du 1er témoin.

L'Enquête doit être *terminée* dans la *huitaine* de l'audition des premiers Témoins, à peine de nullité, non de l'Enquête entière, mais des dépositions postérieures (*a*). Ici, le délai ne court plus du jour où l'Enquête est *censée commencée*, c.-à-d. du jour où le juge-commissaire a rendu son ordonnance; il court seulement du moment où l'Enquête a été *réellement commencée*, c.-à-d. du jour de l'audition du premier Témoin.

Si ce délai de 8 jours ne paraît pas suffisant, les parties peuvent demander au tribunal une *prorogation* de délai.

Comparution des Témoins. — C'est un devoir imposé à toute personne appelée en témoignage devant la justice, de se rendre aux jour et heure indiqués, et de dire tout ce qu'elle sait sur les faits dont elle a eu connaissance ; cependant, on exempte de cette dernière obligation les personnes dépositaires de certains secrets par suite de leur profession, tels sont les avocats, médecins, confesseurs (378, c. p.).

Le Témoin qui ne comparaît pas, ou qui, comparaissant, refuse de déposer sur les faits connus de lui, est condamné à *10 fr.*, au moins, de *dommages et intérêts* envers la partie, et, de plus, *il peut* être condamné à une *amende de 100 fr.*, au plus ; mais ceci est facultatif. Ces condamnations sont prononcées par le juge-commissaire. Le Témoin défaillant est réassigné à ses frais, s'il fait de nouveau défaut, *il est* condamné à *100 fr. d'amende*. Dans ce cas, l'amende n'est plus facultative, mais obligatoire ; la loi devait, en effet, se montrer plus sévère. Le juge peut même donner contre lui un mandat d'amener. Si le Témoin justifie qu'il n'a pu se présenter au jour fixé, il est, après sa déposition, déchargé par le juge des condamnations prononcées contre lui (*b*).

Déposition. — Les Témoins déposent séparément, c.-à-d. qu'après l'appel de leurs noms, ils se retirent tous du lieu où se fait l'enquête ; on les entend ensuite les uns après les autres, afin d'éviter qu'ils cherchent à déposer dans les mêmes termes. Les parties ont le droit d'assister à l'enquête. Avant de déposer, chaque Témoin déclare ses noms, — profession, — âge et demeure, — s'il est parent ou allié de l'une des parties,

---

a) Le jugement qui ordonne l'enquête peut fixer un délai plus long; en outre, les parties ont droit, pendant les délais d'enquête, de demander au tribunal une prorogation. Mais il n'en est accordé qu'une seule.

(*b*) Quand un témoin est dans l'impossibilité de se présenter au jour indiqué, le juge-commissaire lui accorde un délai (lequel ne doit pas excéder celui de l'enquête), ou bien, se transporte à son domicile pour y recevoir sa déposition. Quand le témoin est trop éloigné, le juge charge le président du lieu d'entendre ce témoin ou de le faire entendre par un juge.

et à quel degré, — s'il est serviteur ou domestique de l'une d'elles. Enfin, il fait *serment de dire la vérité (a)*.

C'est à ce moment que les Reproches doivent être proposés.

Le juge-commissaire ne doit pas, en posant au Témoin des questions de détail, le faire déposer par *oui* ou par *non*, ce serait diriger la déposition ; il doit lui demander ce qu'il sait sur tel ou tel fait, alors le Témoin fait son récit d'abondance, c.-à-d. de lui-même ; ce n'est que lorsqu'il s'écarte du sujet, ou lorsqu'il ne s'explique pas suffisamment, que le juge peut, soit d'office, soit sur la demande des parties, lui poser des questions. Les parties ne peuvent interpeller directement le Témoin : pour éviter des altercations trop vives et inconvenantes, la loi le leur défend, sous peine d'amende et même d'exclusion; elles doivent s'adresser au juge-commissaire, qui pose lui-même la question.

La déposition est orale, et non par écrit, afin qu'elle ne soit pas préparée à l'avance.

Procès-verbal. — A mesure que le Témoin dépose, le greffier écrit la déposition sous la direction du juge-commissaire. On doit rapporter fidèlement toutes les déclarations du Témoin, mais il n'est pas nécessaire de reproduire mot pour mot les expressions oiseuses ou triviales dont il s'est servi. La déposition terminée et rédigée est lue au Témoin, puis on lui demande s'il y persiste, ou s'il entend y modifier ou ajouter quelque chose ; dans ce dernier cas, les corrections ou additions sont insérées à la suite, et nouvelle lecture est donnée ; enfin, le Témoin est requis de signer ; s'il ne veut ou ne peut signer, mention en est faite.

Après la déposition, le juge demande au Témoin s'il veut être *taxé*, c.-à-d. payé pour sa perte de temps et son déplacement. S'il requiert la taxe, le juge-commissaire fixe la somme qui lui est due sur la copie de l'assignation, ce qui vaut *exécutoire;* le Témoin se fait alors payer au greffe.

Le procès-verbal doit mentionner l'accomplissement de toutes les formalités prescrites à peine de nullité, il doit être signé, à la fin, par les parties, si elles le veulent ou le peuvent, puis par le greffier et le juge-commissaire (b).

_____

(a) Devant le tribunal correctionnel, les témoins jurent de dire *toute la vérité, rien que la vérité* (75, 1. c) Devant la cour d'assises, ils jurent, de plus, de *parler sans crainte et sans haine* (317).

(b) Le juge peut-il interroger les témoins sur des faits qui n'ont pas été cotés dans le jugement? Oui, si l'adversaire ne s'y oppose pas. Mais, s'il s'y oppose, il y a controverse.

Effets de l'Enquête. — Lorsque l'Enquête est terminée, ou que les délais pour la faire sont expirés, la partie la plus diligente signifie copie des procès-verbaux, tant de l'Enquête que de la Contre-enquête et poursuit l'audience sur un simple acte.

Le tribunal examine d'abord si l'Enquête est valable, c.-à-d. si les formalités requises ont été observées, puis il juge les reproches, s'il y en a.

L'Enquête peut être déclarée nulle en totalité, si la formalité omise s'applique à toute l'Enquête, comme le défaut de signature à la fin du procès-verbal ; — ou nulle en partie seulement, si la formalité omise ne porte que sur une partie de l'Enquête, par ex., sur la déposition d'un Témoin (*a*).

L'Enquête nulle peut-elle être recommencée ? — La loi distingue le fait de qui provient la nullité : Est-ce la faute du juge-commissaire ? l'Enquête peut être recommencée, et elle l'est aux frais du juge. On peut faire entendre les mêmes témoins, et si quelques-uns ne peuvent être entendus, par ex. s'ils sont morts, les juges auront tel égard que de raison aux dépositions par eux faites. — Est-ce le fait de l'avoué ou de l'huissier ? elle ne peut être recommencée, la partie n'a que le droit d'exiger des dommages-intérêts contre l'officier ministériel.

Le tribunal, dans ce cas, pourrait-il d'office ordonner une nouvelle enquête ? Controverse.

On donne 2 motifs de cette différence : — d'abord, la partie ne peut être responsable de la faute d'un juge qu'elle n'a pu ni choisir, ni refuser, tandis que l'avoué et l'huissier, étant désignés par elle, sont ses agents, elle en répond et a un recours contre eux ; — en second lieu, dit-on, si l'on eût permis de recommencer l'Enquête nulle par la faute de l'officier

---

(*a*)   DIFFÉRENCES
      Entre l'**Enquête ordinaire**   et l'**Enquête sommaire.**

Elle a lieu dans les affaires *ordinaires* de la compétence des tribunaux d'arrondissement.	Elle a lieu dans les affaires *sommaires* des tribunaux d'arrondissement, et dans toutes les affaires des tribunaux de commerce et de paix.
Elle est demandée par acte de conclusions avec sommation de reconnaître ou dénier les faits dans les 3 jours.	Elle est demandée à l'audience, sans écritures.
Elle se fait en chambre du conseil, devant un juge-commissaire assisté de son greffier.	Elle se fait à l'audience publique, devant le tribunal tout entier.
Les jours et heure de l'audition sont fixés par une ordonnance du juge-commissaire.	L'audience où se fera l'audition est fixée par le tribunal.
Les dépositions sont toujours inscrites sur le procès-verbal.	Les dépositions ne sont inscrites qu'autant que l'affaire est susceptible d'appel.
Le témoin reproché est entendu ; le reproche, consigné au procès-verbal, est jugé plus tard par le tribunal.	Le témoin reproché n'est pas entendu, le reproche étant jugé de suite. Doit-il en être ainsi quand l'affaire est sujette à appel ? Controverse.

ministériel, il eût été à craindre que l'avoué et la partie ne s'entendissent pour pouvoir, à l'aide d'une irrégularité de procédure, recommencer l'Enquête, et avoir ainsi le temps de corrompre les Témoins ; au contraire, cette complaisance n'est pas à craindre de la part du juge, qui n'est l'homme d'aucune des parties. Mais ce dernier motif n'est pas sérieux, car une partie ne pouvant demander la nullité de sa propre Enquête, cette entente frauduleuse avec son officier ministériel n'est pas à craindre.

Titre XIII. — Des Descentes sur les lieux.

Outre la preuve littérale, à laquelle se rapporte la Vérification d'écritures et le Faux incident civil, — et la preuve testimoniale, qui fait l'objet de l'Enquête, il y a un autre genre de preuves, c'est l'examen des lieux ou celui des objets litigieux : cet examen se fait, — soit par la *Descente sur les lieux*, — soit par l'*Expertise*, — soit par les 2 moyens réunis.

La DESCENTE SUR LES LIEUX est le transport d'un juge sur les lieux litigieux pour inspecter et étudier personnellement (*de visu*) leur état et fournir au tribunal des renseignements utiles à la cause (a).

Ce transport est ordonné, soit d'office par le tribunal, soit sur la réquisition de l'une ou l'autre partie ; toutefois, si la matière n'exige qu'un simple rapport d'experts, la Descente sur les lieux ne peut être ordonnée d'office (822. c, civ.), mais seulement sur réquisition des parties. Cette disposition vient de l'ancien droit ; autrefois, les juges recevant des *Epices* (honoraires) pour leur déplacement, il était à craindre qu'ils ne fussent trop disposés à accorder la Descente sur les lieux : s'ils faisaient, dans une affaire soumise à l'expertise, une Descente sans en être *requis par écrit* par l'une des parties, ils étaient passibles de restitution des frais et de dommages-intérêts. Le Code a supprimé cette sanction, devenue inutile, puisque les juges n'ont plus d'honoraires ; seulement, comme les parties paient les frais de déplacement du juge, on exige encore une réquisition de leur prat, mais non plus par écrit.

Ce mode de preuve est surtout utile lorsqu'il s'agit d'un examen matériel des lieux, tel que de reconnaître l'existence

---

(a) La descente sur les lieux est quelquefois accompagnée d'une expertise, quelquefois aussi d'une enquête ; dans ce cas, on fait venir les témoins sur les lieux.

d'une servitude ou son caractère (par ex., s'il s'agit de rechercher si une ouverture est une vue ou un jour de souffrance).

PROCÉDURE. — Lorsque le tribunal ordonne la Descente sur les lieux, il désigne à cet effet l'un des juges qui ont concouru au jugement; étant instruit de l'affaire, ce juge examinera les localités en connaissance de cause (a).

Sur la réquisition de la partie la plus diligente, le juge-commissaire fixe les lieu, jour et heure de la Descente ; son ordonnance est signifiée d'avoué à avoué, ce qui vaut sommation d'y assister.

L'examen des lieux est fait par le juge, accompagné de son Greffier, en présence des parties intéressées ou elles dûment appelées. Quant au ministère public, son assistance n'est nécessaire que lorsqu'il est *partie* au procès, ce qui s'entend seulement du cas où il est partie principale (par ex., lorsqu'il représente un présumé absent), et non du cas où il n'est que partie jointe.

Le juge dresse un procès-verbal de visite sur les lieux mêmes, il fait mention sur la minute des jours employés aux transport, séjour et retour. Le procès-verbal est déposé au greffe, expédition en est signifiée par la partie la plus diligente à l'avoué de l'autre partie, et, 3 jours après, l'audience peut être poursuivie.

La partie requérante doit faire l'avance des frais de transport, et les consigner au Greffe. Cette mesure a pour but d'éviter qu'un juge soit forcé d'actionner un plaideur pour obtenir le remboursement de ses dépenses. Les juges ne recevant aucuns honoraires pour leur déplacement, il ne s'agit ici que des frais de transport, nourriture et logement.

(a) Quand les lieux à visiter sont en dehors du ressort du tribunal, peut-il être adressé une commission rogatoire à l'un des juges du tribunal de la situation ? C'est un point controversé (1035).

— 11me *Leçon*. —

Titre XIV. — Des Rapports d'Experts

Les juges, quelles que variées qu'aient été leurs études, ne peuvent avoir les connaissances spéciales qu'exige l'examen d'une foule d'objets, tant dans le domaine des sciences ou des arts que dans celui du commerce ou de l'industrie ; aussi, sont-ils souvent forcés de recourir à des hommes qui possèdent des connaissances techniques sur l'objet litigieux et leur prêtent le concours des lumières qu'ils ont acquises, soit par l'étude, soit par la pratique.

Cette manière de rechercher la vérité est une *Expertise*, — ceux qui sont consultés sont des *Experts*, — et la constatation par écrit des renseignements fournis est le Rapport d'Experts.

L'Expertise doit être ordonnée par le tribunal, elle peut l'être tant d'office que sur la demande des parties : la loi indique elle-même certains cas où elle doit avoir lieu, par ex., dans les partages faits en justice (824, a. civ.) ; mais, les juges peuvent ordonner l'Expertise toutes les fois qu'ils la croient utile, ils peuvent ne pas l'accorder, même dans les cas où la loi prescrit, s'ils ont, soit par leurs connaissances personnelles, soit par les éléments de l'instruction, des moyens suffisants d'appréciation.

Le jugement qui ordonne l'Expertise doit contenir :

1° L'énonciation précise des objets de l'Expertise.

2° La nomination des Experts.

3° La nomination du Juge-commissaire.

EXPERTS. — *Nomination des Experts*. — En principe, le choix des Experts appartient aux parties ; en effet, sauf le faux incident civil, où les Experts sont nécessairement désignés par le tribunal, les juges ne sont appelés à les nommer d'office qu'autant que les parties ne s'entendent pas sur leur choix.

Si, lors du jugement qui ordonne l'Expertise, les parties se sont accordées pour nommer les Experts, le même jugement leur donne acte de cette nomination. Si, à ce moment, les parties ne sont pas d'accord, le jugement ordonne qu'elles seront tenues de les nommer dans les 3 jours de la signification ; sinon qu'il sera procédé à l'opération par les Experts qu'il désigne d'office immédiatement. Lorsque les parties s'entendent dans le délai fixé par le jugement, elles déclarent au greffe les noms des Experts de leur choix, et alors la nomination d'office et provisoire faite par le tribunal devient inutile.

Nombre des Experts. — Le tribunal doit toujours désigner 3 Experts, mais il peut être autorisé à n'en nommer qu'un seul, soit par les parties, soit par la loi elle-même, par ex., lorsqu'il s'agit d'estimer les immeubles des mineurs (955). Dans la vérification d'écritures et le faux incident civil, il y a toujours 3 experts (196-232) ; de même dans la rescision de la vente pour cause de lésion (1678, c. civ.). Quant aux parties, elles peuvent en nommer 1 ou 3, à leur choix. La loi veut que les Experts soient toujours nommés en nombre impair, 1 ou 3, et jamais 2, afin d'éviter un partage qui nécessiterait l'adjonction d'un nouvel Expert et, par conséquent, des lenteurs et des frais (a).

Personnes capables d'être Experts. — Il n'y a plus, comme autrefois, des Experts-jurés, c.-à-d. des personnes privilégiées qui, après avoir prêté serment en entrant en charge, étaient investies de la qualité d'Experts à titre d'office : ce monopole et la dispense de prêter serment à chaque Expertise ont disparu. Il y a bien encore, et notamment à Paris, des listes de gens de l'art appelés Experts assermentés, mais si ces individus sont le plus souvent désignés comme Experts, ils n'ont pas de privilège.

En principe, toute personne est capable d'être Expert (b).
Sont exceptés :

L'*Interdit* pour démence ou folie.

Le *condamné à une peine emportant dégradation civique* (c).

L'*individu privé de ce droit par jugement correctionnel* (d).

Récusation des Experts. — Les causes de récusation des Experts sont les mêmes que les causes de reproches des Témoins.

Les Experts nommés d'*office par le tribunal* peuvent être récusés pour des causes *antérieures* à leur nomination ; mais ceux nommés d'*accord par les parties* ne sont récusables que pour des causes *postérieures*. Les parties, en choisissant leurs Experts, sont censées avoir renoncé aux motifs de récusation existants ; toutefois, s'il était prouvé qu'elles ignoraient ces motifs, il n'y aurait pas de bonnes raisons pour s'opposer à la récusation.

(a) Le Code de procédure a fait une double et heureuse innovation en matière d'expertise : autrefois, on pouvait nommer 2 experts, et chacune des parties désignait le sien. Il en résultait que chaque expert prenant la défense de la partie qui l'avait choisi, il y avait partage, et de là, nouvelle expertise et nouveaux frais. L'obligation de désigner les experts en nombre impair et d'un commun accord a fait disparaître cet inconvénient.

(b) La *femme*, le *mineur*, l'*étranger* sont-ils capables d'être experts ? Controverse.

(c) A. 28 et 34, c. p. — (d) A. 42, c. p.

Le droit de récuser cesse dès que l'Expert a prêté serment, qu'il ait été nommé par le tribunal ou par les parties.

C'est le tribunal qui statue sur la récusation. Si elle est admise, un nouvel expert est nommé d'office, par le même jugement. — Si elle est rejetée, la partie qui l'a proposée à tort est condamnée à des dommages-intérêts envers son adversaire, et même envers l'Expert, si celui-ci le requiert ; mais, dans ce dernier cas, il n'est pas maintenu en fonction. Le jugement sur la récusation est *exécutoire*, nonobstant appel ; ainsi, en cas de rejet de la récusation, l'Expert récusé procède à l'Expertise malgré l'appel.

Déport des Experts. — La fonction d'Expert n'est pas obligatoire ; celui qui est nommé, soit par les parties, soit par le tribunal, est libre d'accepter ou de refuser tant qu'il n'a pas prêté serment ; mais une fois le serment prêté, il y a contrat judiciaire, et si l'Expert ne remplit pas sa mission, il peut être condamné à tous les frais frustratoires, c.-à-dire occasionnés par son refus, et, de plus, à des dommages-intérêts.

Le refus d'un Expert s'appelle *Déport*.

EXPERTISE. — *Procédure.* — Après le délai de 3 jours accordé pour la récusation, la partie la plus diligente présente une requête au juge-commissaire, lequel rend une ordonnance fixant les jour et heure de la prestation de serment. Sommation est faite aux Experts de se présenter au jour fixé ; procès-verbal est dressé de la prestation de serment et de l'indication faite par les Experts du lieu et des jour et heure de leur opération. Si les parties sont présentes à la prestation de serment, cette indication vaut sommation ; si elles sont absentes, on leur fait sommation de se trouver aux lieu et jour indiqués, afin de présenter leurs explications contradictoires (*a*).

Rapport. — L'examen terminé, les Experts dressent leur Rapport sur le lieu contentieux ou dans celui indiqué par eux. Le rapport est écrit par l'un d'eux et signé par tous ; si tous ne savent pas écrire, il est écrit et signé par le greffier de la justice de paix du lieu.

Les Experts ne dressent qu'un *seul Rapport*, et doivent ne former qu'un seul Avis à la pluralité des voix : néanmoins, en cas d'opinions différentes, ils indiquent les motifs des diverses opinions, mais sans faire connaître quel a été l'avis particu-

---

(a) Pour instruire les experts de la cause et de leur mission, les parties leur remettent, sans signification, le jugement ordonnant l'expertise et les pièces nécessaires.

lier de chacun. La loi a voulu, par là, soustraire les Experts au ressentiment de la partie contre laquelle ils concluent, et en outre, éviter que les parties ou les avocats puissent discuter le mérite personnel des Experts. Sans cette précaution, chaque partie eût proclamé la supériorité des talents de l'Expert qui lui a été favorable.

La minute du Rapport est déposée au greffe du tribunal. Le Rapport est levé et signifié à avoué par la partie la plus diligente, l'audience est ensuite poursuivie sur un simple acte.

Effets. — Les conclusions des Experts sont simplement des *avis* que les juges ne sont pas astreints à suivre si leur conviction s'y oppose; ils peuvent, en motivant leur décision, statuer contrairement au Rapport. Si le tribunal ne se trouve pas suffisamment éclairé, il peut ordonner d'office une nouvelle Expertise, soit par les mêmes, soit par de nouveaux Experts. Il peut aussi les appeler à l'audience pour leur demander des explications, mais ce moyen n'est licite qu'autant qu'un seul avis a été émis, autrement, ces explications divulgueraient l'opinion personnelle de chacun des Experts, ce qui est défendu.

Titre XV. — De l'Interrogatoire sur faits et articles.

Deux moyens sont employés pour obtenir des éclaircissements de la bouche des parties en cause :

La Comparution personnelle (déjà traitée page 70).
L'Interrogatoire sur faits et articles.

Ce sont 2 voies d'instruction qui ont le même but : — provoquer un aveu, — mais qui diffèrent dans les formes.

L'Interrogatoire sur faits et articles consiste à faire expliquer une partie (demandeur ou défendeur) sur certains faits du procès. Les questions sont rédigées par la partie adverse, et les réponses sont recueillies, hors de sa présence , par un juge assisté de son greffier en la Chambre du Conseil. Les tiers, c.-à-d. les personnes étrangères au procès, ne sont jamais soumis à l'interrogatoire, car ce serait un moyen d'éluder les règles de l'enquête.

Dans la *Comparution personnelle,* au contraire, les parties sont interrogées par le tribunal, en audience publique, et en présence l'une de l'autre.

L'*Interrogatoire* peut être employé *en toutes matières*, même dans les cas où la preuve testimoniale n'est pas admissible, car on n'a pas à craindre la subornation. Toutefois, il est impossible d'y recourir dans le cas où la loi ne tient pas compte de l'aveu des parties (ex. : séparation de corps ou de biens). De même, on ne peut pas l'employer à l'égard d'une partie qui n'est pas capable de s'obliger, tel qu'un mineur ou interdit (*a*).

Ce mode de preuves peut être demandé *en tout état de cause* (c.-à-d. tant que les débats ne sont pas clos), mais *sans retard de l'instruction ou du jugement*, c.-à-d. que les juges peuvent repousser ce moyen, s'ils le croient proposé dans le seul but de retarder la solution du procès.

PROCÉDURE. — L'Interrogatoire est demandé par une *requête* adressée au tribunal par l'une des parties, mais qui n'est pas signifiée à l'adversaire, lequel n'est pas appelé à contredire, et par conséquent, ne peut faire opposition au jugement ordonnant l'Interrogatoire. Cette requête contient les faits sur lesquels on désire faire interroger l'adversaire ; chaque fait doit être distinct et numéroté (*coté*).

Le *jugement* est rendu à l'audience par le tribunal, et non par le président seul, comme pourrait le faire supposer l'article 329, qui lui donne mal à propos le nom d'*Ordonnance*. Il est ou non susceptible d'appel suivant qu'il est interlocutoire ou préparatoire, ce qui dépendra des circonstances de la cause.

Le président ou le juge commis par le jugement rend, à la suite de cette décision, une *ordonnance* fixant le jour et l'heure de l'Interrogatoire (*b*).

Signification est donnée **24 heures** à l'avance, à la partie qui doit être interrogée, de la requête, du jugement et de l'ordonnance, avec assignation par le même exploit. C'est seulement par cet acte qu'on prévient la partie adverse qu'elle sera interrogée. Ce délai est suffisant pour lui permettre de rappeler ses souvenirs ; la loi n'a pas voulu qu'il fût plus long, afin d'éviter qu'elle ait le temps de combiner ses réponses. En pratique même, pour remédier à cet inconvénient, on n'indique pas,

(*a*) Quand il s'agit d'une *personne morale*, d'une administration par ex., il y a un mode particulier de procéder à l'interrogatoire. L'administration doit nommer un représentant et lui donner un pouvoir spécial dans lequel les réponses sont expliquées et affirmées véritables ; autrement, les faits pourraient être tenus pour avérés. En outre, les administrateurs et agents peuvent être interrogés sur les faits qui leur sont personnels, mais le tribunal doit avoir tel égard que de raison à leurs aveux, car ces personnes ne peuvent engager leurs administrations.

(*b*) En cas d'éloignement de la partie, on commet un juge du tribunal dans le ressort duquel elle se trouve, pour procéder à l'interrogatoire.

dans l'assignation, les questions les plus importantes, mais on les transmet au juge, afin qu'il les pose d'office.

L'Interrogatoire se fait en présence du juge et du greffier, mais ni la partie qui l'a requis, ni son avoué n'y assistent. La partie interpellée est tenue de répondre en personne, sans pouvoir lire aucun projet de réponse par écrit sur les faits indiqués dans la requête ou cités d'office par le juge. Les réponses doivent être précises et pertinentes sur chaque fait, et sans aucun terme calomnieux ni injurieux. Le procès-verbal achevé, est lu à la partie avec interpellation de déclarer si elle a dit vérité et persiste : si elle ajoute quelque chose, l'addition est rédigée en marge ou à la suite ; le tout est signé par la partie, le juge et le greffier.

Pour faire usage de l'Interrogatoire, c.-à-d. pour le lire et le discuter à l'audience, la partie qui l'a requis doit *signifier* le procès-verbal à celle qui a été interpellée. Cet acte ne peut être le sujet d'aucune écriture, de part ni d'autre.

EFFETS. — Les déclarations insérées dans le procès-verbal constituent de véritables *aveux*.

Si la partie assignée ne *comparaît pas*, ou si, comparaissant, elle *refuse de répondre*, il est dressé procès-verbal de son absence ou de son refus : alors les faits articulés contre elle peuvent être tenus *pour avérés*, c.-à-d. reconnus ; les juges ont, dans ce cas, le pouvoir d'apprécier les circonstances (a).

L'interrogatoire est-il préférable à la Comparution (b) ?

De ces 2 moyens, la Comparution étant le plus simple et le plus prompt est préférable, car le tribunal, interrogeant lui-

---

(a) Toutefois, la partie qui a fait défaut au jour fixé peut, pour en éviter les conséquences, se faire interroger tant que le jugement n'est pas rendu, mais à la condition de payer les frais du 1er procès-verbal et de la signification, sans répétition, c.-à-d. sans pouvoir se faire rembourser par son adversaire, même dans le cas où elle gagnerait son procès. Si, au jour fixé, la partie justifie d'un *empêchement temporaire*, le juge indique un autre jour, sans nouvelle assignation. Si l'*empêchement est permanent* ou de longue durée, le juge se transporte chez la partie, par ex., en cas de maladie.

(b)   DIFFÉRENCES

Entre la Comparution personnelle	et l'Interrogatoire.
Elle a lieu dans la salle d'audience, Publiquement,	Il se fait au greffe ou en chambre du conseil. Sans publicité.
Devant le tribunal tout entier.	Devant un juge et le greffier.
Les 2 parties sont interrogées tour à tour, En présence l'une de l'autre.	Une seule partie est interrogée. L'adversaire n'assiste pas.
Les questions ne sont pas indiquées à l'avance.	Elles sont signifiées 24 heures à l'avance.
Les réponses sont simplement mentionnées dans le jugement.	Elles sont constatées sur un procès-verbal et lues à l'audience.

Enfin, si l'un et l'autre modes peuvent être réclamés par les parties, la comparution seule, suivant quelques personnes, peut être ordonnée d'office.

même, apprécie mieux les aveux et les réticences. En outre, les adversaires, étant en présence, peuvent réciproquement relever les mensonges et les combattre. Enfin, les questions n'étant pas connues à l'avance, les réponses ne seront pas combinées. Aussi ce moyen est-il employé le plus souvent. Toutefois, l'Interrogatoire offre aussi ses avantages : par ex., lorsque la partie est malade ou éloignée.

Titre XVI. — Des Incidents

Dans son sens restreint, le mot INCIDENT désigne une demande nouvelle, faite par l'une des parties ou par un tiers, dans le cours d'une instance, et se rattachant à la demande primitive.

Ces demandes prennent différents noms, suivant les personnes qui les forment Ainsi, on appelle :

> Demande *Additionnelle*, celle formée par le demandeur originaire.
> Demande *Reconventionnelle*, celle formée par le défendeur.
> Demande en *Intervention*, celle formée par un tiers.

Toutes ces demandes s'appellent Incidentes ; toutefois, cette qualification s'applique plus spécialement aux 2 premières, par opposition à la demande en Intervention.

Dans son sens large, le mot Incident désigne tout fait qui entrave ou complique la marche ordinaire d'une procédure (a).

Les Incidents ont trait, soit aux formes de la demande (exceptions), soit aux preuves (enquête), soit au choix du tribunal ou à sa composition (renvois), soit à l'interruption ou à l'extinction de l'instance (péremption). Tout ce qui est compris entre le titre IX et le titre XIV (a. 166-403) contient des Incidents (b).

§ I. Demandes incidentes.

Il n'est pas permis d'introduire toute sorte de demandes nouvelles dans le cours d'un procès, autrement, il serait facile d'éluder la tentative de conciliatien ainsi que les règles sur la

---

(a) La marche ordinaire d'une procédure comprend : l'ajournement, — la constitution d'avoué, — la mise au rôle, — les défenses, — les réponses, — l'avenir, — les conclusions prises à l'audience, — la communication au ministère public, s'il y a lieu, — les plaidoiries, — le délibéré, — le jugement.

(b) Ainsi, les exceptions. la vérification d'écritures, le faux incident civil, l'enquête, l'expertise, la descente sur les lieux, l'interrogatoire sur faits et articles, les demandes incidentes elles-mêmes, les reprises d'instance, le désaveu, le règlement de juges, les renvois, la récusation, la péremption et le désistement sont des incidents.

compétence *rationæ personæ* (a), et, en outre, de retarder la solution de la demande primitive.

Demandes additionnelles. — Le demandeur peut former incidemment des demandes nouvelles, pourvu qu'elles soient, pour ainsi dire, le développement de la cause principale ; comme si, dans une instance en revendication d'immeuble, on réclame postérieurement les fruits perçus, — ou si, dans un procès en remboursement d'un capital, on demande incidemment les intérêts qu'on a omis de réclamer primitivement. En second lieu, on peut demander incidemment des mesures provisoires. Enfin, le demandeur peut réclamer des dommages-intérêts s'il se prétend injurié par la defense.

Demandes reconventionnelles. — Quand au défendeur, il peut opposer d'abord des demandes incidentes ayant une connexité d'origine avec l'action principale, par ex., un locataire actionné en paiement de loyers peut opposer une demande en indemnité pour les grosses réparations qu'il a faites pour le compte du propriétaire. Il peut opposer aussi des demandes en *compensation judiciaire,* c.-à-d. opposer au demandeur des créances contre lui qui ne sont ni liquides ni exigibles, bien que ces demandes n'aient aucune communauté d'origine avec la demande principale. Quant à la *compensation légale,* c.-à-d. celle où la somme est exigible et liquide, comme elle emporte extinction de la dette principale, c'est moins une demande reconventionnelle qu'un moyen de défense analogue au paiement et autres modes d'extinction des obligations.

La demande reconventionnelle diffère de la défense proprement dite, en ce que, dans la défense, le défendeur soutient qu'il n'est pas débiteur et se borne à prouver que la réclamation du demandeur n'est pas fondée, tandis que, dans la recon-vention, il se prétend créancier et réclame la condamnation du demandeur.

Le demandeur peut-il à son tour faire une demande reconventionnelle contre la demande du défendeur ? Autrefois, on disait *Reconvention sur reconvention ne vaut,* aujourd'hui, il y a controverse.

Les demandes INCIDENTES sont *formées,* non par ajournement, mais *par simple acte* d'avoué à avoué, c.-à-d. par requête non

---

(a) Les demandes incidentes ne peuvent être jugées par le tribunal saisi de la demande originaire qu'autant que ce tribunal est compétent *ratione personæ.* Cependant, un tribunal civil peut juger incidemment une affaire commerciale, mais la réciproque n'est pas admise.

grossoyée (*a*). Cet acte doit contenir les moyens et les conclusions, avec offre de communiquer les pièces justificatives. Le défendeur à l'action incidente donne sa réponse par un simple acte ; il n'y a pas de délai fixé ; cette réponse n'est pas permise dans les affaires sommaires.

Les demandes incidentes peuvent être formées pendant tout le cours du procès, même après les plaidoiries, mais non après la mise en délibéré.

Dans un but d'économie, la loi prescrit de former toutes les demandes incidentes *en même temps;* celles faites successivement ne seraient cependant pas repoussées, mais les frais occasionnés n'entreraient pas en taxe.

Les demandes incidentes sont *jugées par préalable,* s'il y a lieu, c.-à-d. avant la demande principale. Le tribunal peut donc, à son gré, statuer de suite sur l'incident, ou le joindre au principal pour vider le tout par une décision unique. Ainsi, lorsqu'il s'agira d'une restitution de fruits demandée incidemment à une revendication d'immeubles, il sera préférable de statuer sur le tout en même temps ; de même, si à la demande en délivrance d'objets formée par l'acheteur, le vendeur oppose une demande en paiement du prix. Mais si, à la réclamation d'une somme prêtée, on répond par une compensation, à titre de vente par ex., le tribunal pourra examiner tout d'abord l'incident (*b*).

§ II. Intervention.

L'Intervention est l'action par laquelle un tiers, prétendant avoir des intérêts dans la cause pendante entre 2 parties, demande à être admis dans l'instance pour faire valoir ses droits.

Un autre moyen au profit des tiers est la *Tierce opposition.* C'est l'action par laquelle une personne demande qu'un jugement, rendu à l'issue d'un procès dans lequel elle n'a pas figuré, soit réformé en tant qu'il préjudicie à ses droits.

Le 1er moyen a lieu *pendant,* — le 2me *après* l'instance.

Toute personne qui pourrait attaquer le jugement rendu à la suite de l'instance, comme préjudiciable à ses droits, peut intervenir dans cette instance pour faire respecter ses intérêts.

En 1re *instance,* le droit d'intervenir appartient à toute per-

(*a*) En pratique, les demandes incidentes sont formées, le plus souvent, par conclusions prises à l'audience.

(*b*) La demande incidente formée dans le cours d'une instruction par écrit n'est pas nécessairement instruite comme la demande principale, car elle a souvent un caractère différent, aussi doit-elle toujours être portée à l'audience afin que les juges décident de quelle façon on fera l'instruction.

sonne qui justifie d'un intérêt quelconque, alors même qu'elle ne serait pas susceptible d'exercer plus tard la tierce opposition. Ainsi, les créanciers peuvent intervenir dans tous les procès où figure leur débiteur, tandis qu'ils n'ont pas droit de former tierce opposition contre un jugement rendu sans fraude (a). Mais *en appel*, l'Intervention n'est permise qu'aux personnes qui pourraient attaquer le jugement par la tierce opposition.

L'Intervention exige toujours l'intérêt du tiers intervenant; quelquefois elle a lieu dans son intérêt exclusif, par ex., lorsqu'il se prétend propriétaire d'un fonds dont 2 personnes se disputent la propriété; quelquefois aussi elle a lieu dans l'intérêt de l'une des parties en cause. Le tiers intervient en faveur du demandeur lorsque, lui ayant vendu un fonds avec un droit de passage, celui-ci actionne le voisin qui refuse de le laisser passer. Il intervient en faveur du défendeur lorsque, lui ayant vendu une maison, celui-ci est actionné en revendication. Dans ces 2 cas, l'intervenant va au-devant du recours en garantie.

L'intervention se forme par une *Requête* contenant les noms de l'intervenant, — constitution d'avoué, — les moyens et les conclusions, — et copie des pièces justificatives. Cette requête n'est pas présentée aux juges, puisqu'ils n'ont pas à statuer sur l'admissibilité de l'Intervention qu'autant que celle-ci est contestée. Les parties en cause peuvent répondre également par une requête (72, T.), excepté s'il s'agit d'une demande sommaire.

Les demandes en intervention non contestées sont, de droit, jointes au fond; si les parties s'y opposent, le tribunal est libre de statuer au préalable sur l'admissibilité de l'Intervention ou de joindre cette question avec la décision sur le fond.

L'Intervention peut être formée *en tout état de cause;* seulement, comme elle ne doit pas retarder le jugement de l'affaire principale, l'intervenant n'obtient aucun délai si elle a lieu quand *la cause est en état (b)*; et même, s'il n'est pas prêt à plaider, l'Intervention peut être repoussée. Dans le cas où l'affaire n'est pas en état, les délais peuvent être accordés.

Intervention forcée. — Outre l'Intervention *volontaire* de la part d'un tiers (la seule dont s'occupe le Code), l'ancienne jurisprudence admettait une intervention *forcée*, que la pratique a maintenue malgré le silence de la loi.

(a) Toutefois, les créanciers ne peuvent, malgré leur intérêt, intervenir dans les procès sur les droits attachés à la personne; ainsi, dans les séparations de biens, l'intervention n'est pas permise aux créanciers de la femme; dans les séparations de corps, elle est défendue aux créanciers des 2 époux.

(b) Voyez le titre suivant, art. 342 et 343.

Pour éviter la multiplicité des procès et surtout la contrariété de décisions, il est utile qu'un seul jugement soit rendu sur des intérêts identiques : c'est pour cela qu'il est permis à l'une des parties qui ont (ou qui ont eu) un procès, d'appeler un tiers ayant des intérêts identiques, afin de faire déclarer commun le jugement à venir (ou même un jugement déjà rendu). C'est ce que l'on appelle une *demande en déclaration de jugement commun*.

Quand cette demande est formée pendant que les parties sont encore en instance, c'est l'Intervention forcée. Ainsi, j'ai revendiqué un immeuble contre quelqu'un : pendant l'instance, j'apprends que le défendeur est propriétaire seulement par indivis, j'appelle alors son copropriétaire en déclaration de jugement commun, c.-à-d. je le force à intervenir au procès, afin de faire statuer sur la propriété entière.

Cette sorte d'intervention diffère de la 1ʳᵒ en ce qu'elle se forme par exploit d'*ajournement* et non par *Requête*, — et en ce qu'elle peut retarder le jugement de l'affaire principale, même en état, car on ne peut reprocher à l'intervenant d'arriver trop tard, puisqu'au lieu de se présenter de son propre gré, il est appelé par les parties malgré lui.

— 12ᵐᵉ *Leçon.* —

Titre XVII. — Des reprises d'instances et constitution de nouvel avoué.

Une instance commence avec l'exploit d'ajournement et finit avec le jugement définitif; dans cet intervalle, souvent fort long, s'il survient certains événements, tels que la mort ou le changement d'état d'une partie, ou encore la mort ou la cessation des fonctions de l'un des avoués, l'instance suit-elle néanmoins son cours, ou bien est-elle interrompue ? Cela dépend de l'importance de l'événement et surtout du point où en est arrivée l'instruction de l'affaire, c.-à-d. si la cause *est* ou *non* EN ÉTAT.

Autrefois, les instances pouvaient être interrompues par des *Lettres d'Etat*, ou par la mort et le changement d'état, soit des parties, soit des procureurs.

Par les lettres d'Etat, le roi ordonnait qu'il soit sursis, pendant un certain temps (6 mois), à toutes poursuites contre certaines personnes à son service ou à celui de l'Etat (*a*).

(*a*) Les lettres d'État étaient ainsi appelées parce que le procès devait demeurer dans le

Aujourd'hui, il n'y a plus de lettres d'Etat, et la qualité des parties n'est jamais une cause d'interruption de l'instance; en outre, le simple changement d'état d'une partie est généralement sans effet sur la marche du procès. Seules, la mort d'une partie et la cessation de fonctions d'un avoué suspendent l'instance, encore faut-il que l'affaire ne soit pas *en état*.

Quand une affaire est-elle EN ÉTAT? On distingue si elle est instruite oralement — ou par écrit.

Une affaire *instruite oralement* (c.-à-d. à l'audience) est en état — *lorsque la plaidoirie est commencée* : or, la plaidoirie est réputée commencée quand les conclusions ont été contradictoirement prises (c.-à-d. lues à l'audience) (*a*).

Une affaire *instruite par écrit* est en état — *quand l'instruction est complète*, c.-à-d. quand les mémoires ont été signifiés de part et d'autre, ou quand les délais pour le faire et pour produire les pièces sont expirés.

Lorsqu'une affaire est EN ÉTAT, *aucun événement*, tant du côté des parties que du côté des avoués, n'interrompt l'instance.

Dans ce cas, le jugement n'est pas différé, parce que — si l'instruction est orale, les avocats sont censés avoir entre les mains les renseignements nécessaires pour éclairer le tribunal, et, dès lors, la présence des parties ou l'assistance des avoués n'est plus utile aux juges; — si l'instruction est écrite, le rapporteur a à sa disposition tous les documents propres à élucider l'affaire; et si l'une des parties a négligé de fournir ses pièces, elle est réputée consentir à être jugée sur les pièces de son adversaire, parce qu'elle en a eu connaissance et ne les a pas contredites.

Quand, au contraire, l'affaire n'est *pas* encore EN ÉTAT, *certains événements* peuvent interrompre l'instance; ce sont : le *décès* de l'une des parties, et la *cessation de fonctions* de l'un des avoués (par décès, démission, interdiction, destitution).

Mais, dans ces 2 cas, l'interruption ne se produit pas de la même manière : En effet, en cas de mort d'une partie, elle n'a pas lieu de plein droit du jour de la mort, mais du jour où cet événement a été notifié à l'avoué de l'autre partie. Jusqu'à

---

même état qu'il était lorsqu'on les signifiait, — ou parce qu'elles étaient accordées à des personnes occupées au service de l'État. Certaines ordonnances les appelaient *lettres de surséance.* Elles étaient accordées aux officiers de terre ou de mer et aux personnes employées hors de leur résidence au service du roi.

(*a*) Dans l'ancien droit, l'affaire n'était réputée en état que lorsque les plaidoiries étaient terminées et que le juge n'avait plus qu'à prononcer la sentence.

cette notification, la procédure faite par la partie survivante est maintenue, car cette partie est censée ignorer la mort de son adversaire (a). Au contraire, en cas de cessation des fonctions de l'avoué, l'interruption a lieu de *plein droit* à la date de l'événement ; les avoués étant en relations quotidiennes, chacun d'eux connaît de suite la cessation de fonctions de son collègue et par conséquent aucune notification n'est nécessaire.

Dès que l'instance est interrompue, tout ce qui se fait *après* est réputé nul. Si c'est un acte d'instruction, on fait prononcer la nullité par le tribunal devant lequel il a été fait. — Si un jugement a été rendu, on l'attaque par l'opposition, l'appel, la requête civile ou la cassation suivant les cas.

Quant au *changement d'état* des parties ou à la *cessation des fonctions* dans lesquelles elles procédaient, ces événements n'arrêtent plus le cours de la procédure. Autrefois, au contraire, lorsqu'une fille se mariait, ou qu'une femme devenait veuve, ou un mineur majeur, ou bien encore lorsqu'un tuteur était remplacé par un autre, il y avait interruption de l'instance.

Toutefois, il y a une exception : le *changement d'état* du demandeur, survenu *avant que le défendeur ait constitué avoué*, a encore aujourd'hui une certaine influence sur la procédure. Dans ce cas, en effet, l'instance étant à peine engagée, le défendeur peut craindre que ce changement d'état ne modifie les intentions de son adversaire ; aussi, la loi exige-t-elle que le demandeur *renouvelle son assignation*, afin d'affirmer qu'il persévère dans son action.

L'instance interrompue ne peut être continuée qu'autant que la partie dans l'intérêt de laquelle a lieu l'interruption a manifesté, par un acte spécial et spontané, son intention de poursuivre le procès, ou qu'elle y a été contrainte par son adversaire, fatigué d'attendre et désireux de voir vider le procès.

C'est ce qu'on appelle la *Reprise d'instance*.

La Reprise d'instance est donc *volontaire* — ou *forcée*.

Pour reprendre volontairement une instance interrompue par la mort d'une partie, son héritier fait savoir à l'adversaire son intention de continuer le procès par une Assignation en Reprise d'instance. Si c'est par la mort ou la cessation des fonctions d'un avoué que l'instance est interrompue, la partie privée de son défenseur fait simplement une Constitution de nouvel avoué.

_____

(a) Ici, contrairement à l'art. 2003, la mort du mandant n'éteint pas le mandat. Tant que le décès de son client n'a pas été signifié, l'avoué reste capable d'occuper pour lui.

Mais si l'héritier néglige de continuer le procès, l'adversaire qui a subi l'interruption peut reprendre l'instance par une *assignation* en REPRISE D'INSTANCE. De même si celui qui a perdu son avoué n'en constitue pas un autre, l'adversaire lui adresse une assignation en CONSTITUTION DE NOUVEL AVOUÉ.

Quelle que soit la partie assignée, elle doit à son tour répondre par un *acte d'avoué à avoué*.

Si elle accepte la reprise ou si elle constitue un nouvel avoué, le procès reprend son cours.

Si elle conteste la reprise, par ex., si l'on oppose une péremption ou un désistement, — ou bien, si l'héritier prétend que les délais de 3 mois et 40 jours ne sont pas expirés, alors l'incident est jugé sommairement.

Si la partie assignée ne répond pas, il est rendu un jugement par défaut qui tient la cause pour reprise. Ce jugement est signifié au défaillant par huissier commis, il est suseptible d'opposition, laquelle sera toujours portée à l'audience, même si l'affaire était en rapport, c.-à-d. s'instruisait par écrit.

Titre XVIII. — Du Désaveu.

Le DÉSAVEU est le démenti donné par une personne à un officier ministériel qui a agi sans mandat *ad litem*, ou qui a fait un acte excédant son mandat, à l'effet de faire annuler les actes par lui faits.

Le mandataire ordinaire qui prétend avoir reçu un mandat n'étant qu'une personne privée, doit fournir la preuve de son pouvoir, car c'est à celui qui affirme un fait à établir ce fait [a].

L'officier ministériel, au contraire, ayant un caractère public, est cru sur son affirmation ; dès lors, s'il prétend avoir reçu de son client mandat de faire un acte de procédure, il n'a aucune preuve à faire ; c'est à son client à prouver qu'il n'y a pas eu mandat, ou que le pouvoir donné a été dépassé.

On appelle *action en désaveu* l'action particulière qui tend à établir cette preuve et à obtenir la nullité de l'acte désavoué.

PERSONNES *soumises au Désaveu.* — Il semble, d'après les art. 351 et 355, que le Désaveu n'est exigé qu'à l'égard des *Avoués,*

(a) On distingue 2 espèces de mandat : le mandat *ad negotium*, donné à une personne ordinaire pour une affaire quelconque, et le mandat *ad litem*, donné à un officier ministériel pour un acte de procédure. Le 1er est de sa nature gratuit, le 2e salarié.

mais il est universellement admis que les *Huissiers* jouissent de la même prérogative.

Quant aux *Avocats*, à l'exception de ceux attachés à la cour de cassation, lesquels remplissent le rôle d'avoués, leurs actes n'obligent pas au Désaveu. Si le client nie le mandat, c'est à l'avocat à prouver son pouvoir.

A l'égard des *Agréés*, le Désaveu est-il nécessaire ? Controverse. On pense généralement que non, par cette raison qu'ils n'ont aucun caractère public ; la jurisprudence est divisée.

Mais à l'égard des *Greffiers* ou des *Notaires*, il faudrait prendre la voie de l'*inscription de faux*.

ACTES *susceptibles de Désaveu.* — D'après un usage ancien et constant, on n'exige pas des avoués la preuve du mandat *ad litem;* la remise des pièces fait présumer qu'ils ont reçu pouvoir de se constituer ; certains auteurs ne permettent même pas de faire tomber cette présomption à l'aide du désaveu. L'art. 352 paraît, en effet, n'admettre le Désaveu que pour 3 actes : Offres ou Aveux faits, ou Consentements donnés sans mandat. Suivant eux, cet article est limitatif ; suivant d'autres, il n'est qu'énonciatif, et l'on peut dénier l'existence du mandat *ad litem* à l'avoué auquel on a remis les pièces en prouvant par le Désaveu que c'est par erreur ou collusion qu'il se serait *constitué* (a).

Mais une fois le mandat *ad litem* établi, quels sont les actes qu'il est permis d'attaquer par le désaveu ?

On divise les actes des Avoués en 3 classes :

1e Ceux qui sont une conséquence directe et naturelle du mandat d'agir en justice donné par le client, par ex., signifier des défenses ou des réponses, rédiger des qualités, y faire. opposition. Le Désaveu n'est pas admis pour ces actes, car l'avoué, du moment où il est constitué, est censé avoir reçu l'ordre de les faire.

2° Ceux pour lesquels un pouvoir spécial est requis *à peine de Désaveu.* Tels sont les *offres, aveux* et *consentements.* Là loi valide provisoirement ces actes, car l'avoué est présumé avoir reçu mandat de les faire, mais elle permet à la partie de les désavouer en prouvant qu'aucun pouvoir, à cet égard, n'a été donné par elle.

(a) Il peut arriver. en effet, qu'une personne confie à un avoué ses titres dans le but de lui demander conseil, et que celui-ci intente l'action ; il est vrai qu'autrefois, le désaveu n'était pas admis dans cette hypothèse, mais le silence du Code ne suffit pas, dit-on, pour le rejeter.

3° Ceux pour lesquels un pouvoir spécial est requis *à peine de nullité*. Ce sont les actes qui doivent être signés par la partie ou son fondé de pouvoir. Tels sont le Désaveu lui-même (354), — l'inscription de faux (216 et 218), — la récusation des experts ou des juges (309 et 384), — le désistement (402), — la prise à partie (511). Ces actes, sans la signature du client, étant nuls *ab initio*, le Désaveu est, par conséquent, inutile (*a*).

ESPÈCES *de Désaveu*. — Le Désaveu est principal — ou incident.

Principal, — s'il est fait en dehors de toute instance, soit parce qu'elle est terminée, soit parce qu'il n'y en a jamais eu, (acte extrajudiciaire). Par ex., un huissier à qui j'ai remis un titre exécutoire notarié, afin qu'il fasse une simple sommation à mon débiteur, a fait une saisie mobilière.

Incident, — s'il est fait dans le cours d'une instance encore pendante, soit devant le tribunal où l'acte a été fait, soit devant un tribunal supérieur saisi de l'affaire en appel.

Ainsi, j'apprends, avant que le jugement soit rendu en 1re instance, que mon avoué a accepté des offres, immédiatement je forme un Désaveu. De même, après avoir été condamné en 1re ressort, je m'aperçois, en appel, qu'un aveu a été fait en 1er instance : si je veux repousser cette déclaration, le Désaveu sera incident ; dans ce cas, j'obtiens un sursis et je forme mon Désaveu devant le tribunal de 1re instance, car ce tribunal est le plus à même de juger les faits.

DÉLAIS *de l'action en Désaveu.* — Le Désaveu incident peut être formé pendant tout le cours de l'instance.

Quant au Désaveu principal, s'il est formé contre un acte qui n'a pas donné lieu à une instance, il n'y a pas de délai fixé, on a donc 30 ans. — Mais si l'acte attaqué a donné lieu à une instance terminée, on distingue si le jugement a — ou non — *acquis force de chose jugée.*

Quand un jugement a-t-il acquis force de chose jugée ? — Suivant les uns, lorsqu'il n'est pas attaquable par les voies ordinaires de recours , c -à-d. par l'opposition ou l'appel ; — suivant les autres, seulement lorsqu'il n'est plus attaquable même par les voies extraordinaires, c.-à-d. par requête civile ou cassation.

(*a*) De même, pour les huissiers, il est certains actes pour lesquels ils doivent présenter un mandat spécial et qu'il n'est pas besoin de désavouer. Tels sont les saisies immobilières et l'emprisonnement (556).

Si le jugement a acquis force de chose jugée, le Désaveu peut être formé pendant la *huitaine* à dater du jour où il est réputé *exécuté*, aux termes de l'art. 159 (notamment lorsqu'il y a eu vente de meubles ou paiement des frais) (voyez page 108). L'exécution, dans ces cas, est assez avancée pour que la partie n'ignore plus le jugement rendu contre elle; dès lors un délai de 8 jours leur suffit (a).

Si le jugement n'a pas encore acquis force de chose jugée, la partie peut l'attaquer par l'opposition ou l'appel et former ensuite un Désaveu incident.

TRIBUNAL COMPÉTENT. — Le Désaveu incident est toujours porté au tribunal devant lequel l'acte s'est passé. — Le Désaveu principal est porté devant le tribunal du défendeur.

Toutefois, si le désaveu est formé à l'occasion d'un acte qui s'est passé devant le tribunal, bien qu'il soit principal, on admet généralement qu'il doit être porté au tribunal devant lequel s'est passé l'acte.

PROCÉDURE *du Désaveu.* — Cette action, portant atteinte à l'honneur d'un officier ministériel, donne lieu à une procédure particulière et solennelle. Principal ou incident, le Désaveu est formé par ACTE AU GREFFE, *signé* du désavouant ou de son fondé de pouvoir spécial et authentique, afin que cette demande ne puisse pas être ensuite désavouée. L'acte doit contenir les moyens, conclusions et constitution d'avoué.

Le Désaveu, intéressant l'ordre public et la discipline, est dispensé du préliminaire de conciliation ; mais il est soumis à la communication au ministère public (49, 83 et 359).

S'il est principal, on lève une expédition de l'acte dressé au greffe et on le signifie *par exploit* :—à l'avoué attaqué, car il est partie principale, — aux avoués en cause, car, si le Désaveu est admis, ils ne pourront tirer aucune conséquence de l'acte repoussé.—S'il est incident, la notification se fait par *acte d'avoué* à avoué, et elle vaut sommation de défendre au désaveu (b).

L'officier ministériel désavoué a quinzaine pour signifier ses défenses.

Le demandeur peut répondre.

(a) Bien que l'art. 159, auquel se réfère la loi pour déterminer quand un jugement est réputé exécuté, soit spécial au défaut contre partie, il faut appliquer ses dispositions à tous les jugements, même contradictoires.

(b) Mais si l'avoué attaqué est mort ou a cessé ses fonctions, la signification est faite, non plus par acte d'avoué à avoué, mais par exploit d'huissier au domicile de cet avoué ou de ses héritiers, avec assignation à comparaître devant le tribunal où l'instance est pendante (355). Contre un huissier, le Désaveu ne peut être notifié que par exploit.

EFFETS *du Desaveu.*—Dès que le Désaveu incident est formé, il est *sursis* à toute procédure et au jugement de l'instance principale jusqu'au jugement du Désaveu, à peine de nullité ; mais pour qu'on ne fasse pas traîner en longueur le jugement de l'affaire principale, le tribunal peut fixer un délai dans lequel le Désaveu devra être jugé.

Si le Désaveu est *admis* et qu'il ait porté sur un acte dans une instance encore *pendante*, l'acte est non avenu, ainsi que la procédure qui l'a suivi, l'instance reprend alors son cours.

Si l'instance était *terminée*, le jugement ou les dispositions du jugement relatives au chef qui a donné lieu au Désaveu sont *annulés*. L'officier ministériel est condamné, tant envers le demandeur qu'envers les autres parties, à des dommages-intérêts, et même puni d'interdiction ou poursuivi au criminel.

Si le Désaveu est *rejeté*, le réclamant est condamné, tant vis-à-vis de l'avoué attaqué que vis-à-vis des autres parties, à des dommages-intérêts, et même à une réparation d'honneur (226, C. P.). On fait mention du rejet en marge de l'acte du Désaveu fait au greffe. Le jugement peut, en outre, être publié dans les journaux (1036) (*a*). Le Désaveu ressemble à la fois aux recours ordinaires et aux recours extraordinaires ; on dit que c'est un moyen *sui generis* d'attaquer les jugements.

Titre XIX. — Des Règlements de juges

On appelle RÉGLEMENT DE JUGES la décision par laquelle un tribunal supérieur désigne celui de plusieurs tribunaux judiciaires qui est compétent dans une affaire où il y a conflit. Toute lutte de compétence entre plusieurs tribunaux est un Conflit.

Le conflit est *positif* — ou *négatif*, suivant que les tribunaux se déclarent tous compétents — ou tous incompétents.

Il arrive quelquefois que 2 tribunaux se déclarent tous les deux compétents dans la même affaire. Dans une action mixte, en effet (ou dans une action personnelle avec 2 défendeurs), l'action peut être portée devant 2 tribunaux différents.

En sens inverse, 2 tribunaux peuvent se déclarer tous les 2 incompétents.

(*a*) Le désaveu est-il susceptible d'appel ? Controverse.
1er Syst. — Il ne l'est qu'autant que la demande à laquelle il se rattache l'est elle-même.
2e Syst. — Il y a toujours lieu à appel, car le désaveu touche à l'ordre public et constitue un procès distinct, puisqu'il n'existe pas entre les mêmes parties.

Entre un tribunal de l'ordre administratif et un tribunal de l'ordre judiciaire, le Conflit est dit d'*attributions*. (Ex.: entre un conseil de préfecture et un tribunal civil.) Le Conflit d'attributions est jugé par les Tribunal des Conflits (*a*). ·

Au contraire, entre 2 tribunaux du même ordre, le Conflit est dit de *Juridictions* ou *Règlement de Juges*. Le Conflit de juridictions entre plusieurs tribunaux administratifs est porté au Conseil d'Etat. Le Conflit entre tribunaux judiciaires, par ex., entre 2 justices de paix, — 2 tribunaux d'arrondissement ou de commerce, — entre un tribunal de commerce et un tribunal d'arrondissement, — entre 2 cours, est porté devant les tribunaux de l'ordre judiciaire. — C'est le seul dont s'occupe le Code de procédure.

Il y a lieu à Règlement de juges dans 3 cas :

1° Conflit positif ;

2° Conflit négatif ;

3° Rejet de déclinatoire.

1° *Conflit positif.* — Au lieu de recourir de suite à un Règlement de juges, on peut quelquefois proposer devant le deuxième tribunal saisi l'exception de litispendance ou de connexité, ou bien proposer l'exception d'incompétence, et, en cas de rejet, faire appel sur la compétence ; mais cette voie entraîne des lenteurs et des frais ; aussi suffit-il que la demande soit portée devant plusieurs tribunaux, c.-à-d. qu'il y ait ajournement, pour que l'on demande le Règlement.

Pour qu'il y ait lieu à Règlement de juges, dans ce cas, il faut que la procédure soit encore pendante, car s'il a été statué sur le fond, il y a chose jugée, et l'on ne peut plus demander une désignation de juges, mais seulement attaquer le jugement par les voies de droit.

2° *Conflit négatif.* — Ici, il ne suffit pas que les tribunaux soient saisis, il faut qu'ils aient statué sur la compétence. De plus, il faut que l'appel ne soit plus possible, car la cour pourrait déclarer compétent l'un des tribunaux.

3° *Rejet de déclinatoire.* — En principe, le Règlement de juges n'est permis que si 2 tribunaux sont saisis ; mais, dans ce cas, il suffit qu'un seul tribunal soit saisi.

(*b*, La loi du 24-31 mai a retiré la connaissance du conflit d'attributions au Conseil d'Etat et l'a confiée au *Tribunal des Conflits*, composé du garde des sceaux, président, de 3 conseillers d'Etat, de 3 conseillers à la Cour de cassation et de 2 autres membres et 2 suppléants désignés par les précédents.

D'après l'ordonnance de 1737 (tit. 2, a. 19) encore en vigueur, la partie qui a proposé un déclinatoire pour incompétence, en demandant son renvoi devant un tribunal d'une autre cour, et qui a été déboutée, peut, même, sans faire appel, réclamer de suite le Règlement de juges devant la cour de cassation ; cela tient à ce qu'il dépend de cette partie de faire naître le conflit en saisissant le 2ᵉ tribunal qu'elle croit compétent.

TRIBUNAL COMPÉTENT.—Si les tribunaux se trouvent dans un même ressort, le Règlement est porté au tribunal qui leur est immédiatement supérieur ; — Dans le cas contraire, le Règlement de juges est porté à la cour de cassation.

Ainsi, pour 2 justices de paix du même arrondissement, on ira au tribunal d'arrondissement ; si elles sont d'arrondissements différents, mais dans le ressort de la même cour, on va à cette cour ; si elles relèvent de cours différentes, on va à la cour de cassation. De même, pour 2 tribunaux de la même cour d'appel, on va à cette cour ; autrement, c'est à la cour de cassation.

Peu importe que le conflit soit positif ou négatif ; mais, en cas de rejet de déclinatoire, c'est toujours la cour de cassation qui en connaît.

PROCÉDURE *du Règlement de juges.* — Il faut, tout d'abord, obtenir du tribunal, ou de la cour qui doit connaître du Règlement de juges, la permission de citer l'adversaire en Règlement de juges ; à cet effet, on lui adresse une *Requête,* sans signification à l'adversaire ; le tribunal, après les conclusions du ministère public, statue sur la demande : — il accorde — ou refuse (toutefois, l'art. 364 semble rejeter ce dernier parti). En cas d'admission, il *peut* ordonner qu'il soit sursis à toute procédure devant les tribunaux saisis de l'affaire.

Dans la quinzaine, le demandeur signifie ce 2ᵉ jugement et assigne la partie adverse *au domicile de son avoué.* Le défendeur a, comme pour les autres affaires, *8 jours* pour comparaître. L'affaire est alors plaidée. Si elle est admise, un second jugement désigne le tribunal compétent, d'après les règles sur la litispendance et la connexité. En cas de rejet, le demandeur peut être condamné à des dommages-intérêts, par ex., pour le retard apporté au procès, et de plus, aux frais.

Faute par le demandeur d'assigner dans la quinzaine ci-dessus, il est déchu de sa demande en Règlement, sans jugement, et les poursuites primitives sont continuées devant le tribunal saisi dans le principe.

Devant la Cour de cassation, le Règlement de juges est présenté par une requête déposée au greffe par un avocat : en cas d'admission, la cour rend une ordonnance de *soit communiqué* ordonnant aux tribunaux saisis de surseoir.

Titre XX. — Du Renvoi à un autre tribunal pour parenté ou alliance.

Lorsqu'il se trouve, dans un tribunal, un juge *parent* d'une partie, l'adversaire peut seulement demander que ce juge ne siége pas ; mais si plusieurs juges sont parents d'une partie, il est à craindre que leur influence ne s'exerce sur leurs collègues, et l'on peut alors demander que le tribunal tout entier ne connaisse pas de l'affaire.

Dans le 1er cas, il y a RÉCUSATION ; — dans le 2º, RENVOI.

On distingue, dans le Renvoi, si la partie est elle-même juge ou non dans le tribunal saisi de l'affaire : *si elle est juge*, il suffit qu'elle ait *un* parent ou allié (a) parmi les autres juges d'arrondissement (b), et 2 parmi les conseillers d'une cour, pour que l'adversaire puisse demander le Renvoi ; — *si elle n'est pas uge*, il faut qu'elle ait 2 parents parmi les juges d'un tribunal, ou 3 parmi les conseillers d'une cour.

Le Renvoi ne peut être demandé que par l'adversaire de la partie qui a des parents ; on refuse ce droit à la partie parente, car celle-ci ne peut guère s'appuyer que sur la haine ; or, il est plus difficile de communiquer la haine que l'affection. Mais la partie parente peut invoquer la *Récusation*.

Quant au tiers intervenant volontairement, il y a controverse : on admet généralement qu'il peut demander le renvoi, la loi ne distinguant pas.

Le renvoi peut être demandé tant que l'affaire n'est pas *en état*, et même plus tard, si les causes de Renvoi survenaient après les conclusions prises, par ex., si un ou plusieurs parents de la partie étaient nommés juges dans le cours de l'instance (c).

(a) Les parents ou alliés doivent être au moins au degré de *cousin issu de germain*.

(b) Par juge, on n'entend, généralement, ni les suppléants, ni les greffiers, ni les membres du ministère public ; mais il importe peu que les juges soient de chambres ou de sections différentes.

(c) Le renvoi diffère du déclinatoire pour incompétence *ratione personœ*, qui doit être présenté avant toute exception et défense (109).

TRIBUNAL COMPÉTENT. — Le Renvoi est toujours jugé par le tribunal saisi, mais les juges parents ne siégent pas.

PROCÉDURE. — Il n'y a pas lieu au préliminaire de conciliation. La demande se forme par ACTE AU GREFFE *signé* de la partie ou de son fondé de pouvoir. L'assistance de l'avoué est nécessaire. Cet acte contient les moyens invoqués, il n'est pas signifié à l'adversaire.

Le tribunal rend un 1er jugement ordonnant communication aux juges parents ainsi qu'au ministère public, et désignant un juge pour faire le rapport.

Signification est faite, aux autres parties en cause, de l'acte dressé au greffe et du jugement préparatoire.

Un 2me jugement, qui est alors définitif, est rendu contradictoirement avec l'adversaire : si les causes de renvoi sont avouées, ou si, étant contestées, elles sont justifiées, le tribunal renvoie à l'un des autres tribunaux du ressort de la même cour. Et si c'est une cour qui statue, elle renvoie devant l'une des 3 cours voisines (a). La cause est alors reprise sur simple assignation et l'on continue la procédure interrompue. Si le renvoi est rejeté, le demandeur, outre les frais, est condamné à une amende de 50 francs *au moins*, et même, s'il y a lieu, à des dommages-intérêts.

L'*Appel* est toujours admis, quel que soit le montant du litige ; il est interruptif ; le délai est de *5 jours* seulement.

ESPÈCES. — On admet encore, comme en matière criminelle (542), le renvoi pour cause de Sûreté publique, par ex., en cas de guerre civile, ou pour cause de Suspicion légitime, par ex., si une affaire est portée devant une cour où siégent plusieurs des juges du tribunal de 1re instance, nommés depuis conseillers, bien que la loi n'en parle pas. En effet, les mêmes motifs se retrouvent, et les lois antérieures au Code de procédure ne distinguaient pas. Mais ici, le Renvoi appartient à la cour de cassation.

Enfin, il peut arriver qu'il y ait *insuffisance* de membres dans le tribunal saisi, soit par suite de maladie, soit par récusation ; le Renvoi, dans ce cas, est demandé au tribunal supérieur.

_____

(a) Dans les déclinatoires sur incompétence, litispendance, ou connexité, appelés aussi renvois, le tribunal se dessaisit sans désigner un autre tribunal.

Titre XXI. — De la Récusation.

La RÉCUSATION est le droit accordé à une partie de demander que l'un ou plusieurs juges d'un tribunal ne connaissent pas de l'affaire, pour une des causes déterminées par la loi (a).

Ici, on ne suspecte que l'impartialité d'un juge que l'on fait écarter, mais le tribunal reste saisi ; dans le renvoi, au contraire, on suspecte le tribunal tout entier, on demande à aller devant un autre tribunal.

CAUSES DE RÉCUSATION. — Elles se rattachent à l'affection, à la haine, à l'intérêt, à l'amour-propre.

Il y a lieu à Récusation :

1º Si le juge est parent ou allié *des parties*, ou de l'une d'elles, jusqu'au degré de cousin issu de germain. — Ainsi, la Récusation est possible, quand même le juge serait à la fois le parent des 2 parties (b). Mais elle n'est pas admise s'il n'est que le parent du tuteur ou du curateur de l'une des parties (379).

2º Si la femme du juge *est* parente ou *alliée* de l'une des parties, ou si le *juge est parent* ou *allié de la femme* de l'une des parties, au degré ci-dessus, lorsque la femme est vivante, ou qu'étant décédée, il en existe des enfants ; si elle décédée et qu'il n'y ait pas d'enfants, le beau-père, le gendre, les beaux-frères ne peuvent être juges. — Il s'agit ici d'alliance ; il y a Récusation, non-seulement lorsque le juge est parent de la femme de l'autre partie, c.-à-d. allié de l'autre partie, mais encore lorsqu'il n'est que l'allié de cette femme, c.-à-d. alors qu'il n'y a pas même alliance entre le juge et la partie.

3º Si le juge, sa femme, leurs ascendants et descendants ou alliés, dans la même ligne, ont un différend actuellement engagé sur pareille question que celle dont il s'agit entre les parties. — Il est à craindre que le juge ne veuille créer un précédent de jurisprudence, ou que son intérêt ne lui fasse voir la question sous un jour faux.

4º Si le juge, sa femme, leurs ascendants et descendants ou alliés, dans la même ligne, ont un procès dans un tribunal ou l'une des parties est juge. — On craint un service réciproque.

(a) Sous l'ordonnance de 1667, les causes de récusation n'étaient pas limitées. La loi du 23 vendémiaire an IV autorisait même la récusation sans motifs.

(b) A la différence du renvoi, la récusation, dans ce cas, peut être demandée, même par la partie parente du juge.

— S'ils sont créanciers ou débiteurs de l'une des parties. — Le juge créancier, en donnant gain de cause à son débiteur, augmente son patrimoine et assure sa créance. — Le juge débiteur peut ménager son créancier dans le but d'obtenir des délais ou des facilités.

5° Si, dans les cinq ans qui ont précédé la récusation, il y a eu procès criminel entre eux (le juge, sa femme, etc.) et l'une des parties ou son conjoint, ou ses parents ou alliés en ligne directe. — Le ressentiment peut n'être pas apaisé. — Le procès criminel, suivant les uns, s'entend tant des crimes et délits que des contraventions, c.-à-d. de tout procès pénal; suivant les autres, des crimes et délits seulement; et suivant d'autres, des crimes exclusivement. Bien que les procès criminels aient lieu entre le ministère public et les coupables, il se peut que le juge ou l'un de ses parents ci-dessus désignés se soient portés partie civile.

6° S'il y a procès civil entre le juge, sa femme, leurs ascendants et descendants ou alliés, dans la même ligne, et l'une des parties, et que ce procès, s'il a été intenté par la partie, l'ait été avant l'instance dans laquelle la récusation a été proposée; si ce procès, étant terminé, il ne l'a été que dans les 6 mois précédant la récusation. — Moins grave que le procès criminel, le procès civil n'a d'effet que vis-à-vis la partie elle-même, et non à l'égard de ses parents, et cela, pendant 6 mois seulement. Il faut qu'il ait été commencé, autrement la partie se créerait une cause de récusation, en actionnant le juge après l'instance.

7° Si le juge est tuteur, subrogé-tuteur ou curateur de l'une des parties. — Son affection et le désir de conserver le patrimoine confié à ses soins mettent en doute son impartialité. Mais il n'y a pas récusation s'il est seulement parent du tuteur ou curateur.

— S'il est héritier présomptif de l'une des parties. — Il a un intérêt éventuel à grossir un patrimoine qui doit lui revenir, et il peut craindre d'être déshérité.

— Ou donataire. — Si la donation est de biens à venir, les mêmes motifs que ci-dessus existent. Si elle est de biens présents, il peut craindre qu'un amoindrissement de la fortune du donateur n'entraîne la réduction de la donation, et dans tous les cas, il est lié par la reconnaissance.

— Maître ou commensal de l'une des parties. — Il est maître vis-à-vis de ses domestiques, secrétaires, commis, etc. — Commensal vis-à-vis des personnes chez lesquelles ou avec lesquelles il mange habituellement, ou avec celles qui mangent chez lui.

— S'il est administrateur de quelque établissement, société ou direction (a) partie dans la cause. — Son devoir et son dévouement le mettent en suspicion. Mais il ne suffit pas qu'il soit parent de l'administrateur ou directeur.

8° Si le juge a donné conseil, plaidé ou écrit sur le différend. — L'amour-propre peut l'empêcher de renoncer à l'opinion émise. Il faut qu'il se soit occupé spécialement de l'affaire en litige, il ne suffit pas qu'il ait traité la question dans un ouvrage de droit.

— S'il en a précédemment connu comme juge ou comme arbitre. — Par ex., si après avoir concouru au jugement en 1re instance, il a été nommé conseiller à la cour où est porté l'appel.

— S'il a sollicité, recommandé ou fourni aux frais du procès. — La sollicitation était la visite qu'on faisait autrefois au juge-rapporteur ; elle était permise à certains juges, soit pour eux-mêmes, soit pour leurs parents.

— S'il a déposé comme témoin. — Il a, en effet, pris parti dans l'affaire ; mais il faut qu'il ait réellement déposé.

— S'il a bu ou mangé avec l'une ou l'autre des parties dans leur maison. — On craint que la partie ne profite de la réunion pour lui présenter l'affaire sous un jour favorable.

— Ou s'il en a reçu des présents. — Il y a presque un engagement.

Enfin, s'il y a inimitié capitale entre lui et l'une des parties. — C'est une question de fait laissée à l'appréciation des juges.

— S'il y a eu de sa part agression, injures ou menaces, verbalement ou par écrit, depuis l'instance ou dans les 6 mois précédant la récusation proposée.

Bien que le Code ne le dise pas, les causes de récusation sont considérées comme limitatives. Cependant on observe, avec raison, que le juge doit encore être récusé quand c'est lui-même ou sa femme qui est en cause.

PERSONNES RÉCUSABLES. — Ce sont non-seulement les juges titulaires, mais encore leurs suppléants et les avocats ou avoués appelés à juger, en cas d'insuffisance de juges (b).

Quant aux membres du ministère public, ils peuvent être récusés lorsqu'ils sont partie jointe, car alors ils sont magis-

(a) Le mot *direction* n'est plus usité, il est remplacé par le mot *union* ; on appelle ainsi l'administration de la faillite par les syndics, au nom de tous les créanciers,

(b) Peu importe qu'il s'agisse d'un jugement ou d'une enquête, ou autre acte d'instruction.

trats, mais non lorsqu'ils sont partie principale, parce qu'ils ne sont plus que les avocats de l'une des parties.

Le tribunal compétent est celui qui est saisi de la demande originaire.

PROCÉDURE. — Le juge qui connaît une cause de récusation en sa personne doit spontanément le déclarer au tribunal, qui décide s'il doit s'abstenir. Si le juge ne prévient pas le tribunal, ou s'il ignore la cause de récusation, la partie doit, comme pour le Renvoi, récuser avant que la cause soit en état.

La procédure est à peu près celle du Renvoi : *acte au greffe*, contenant les moyens, et *signé* de la partie ; — expédition de l'acte de récusation remise dans les 24 heures au président, qui fait un rapport ; — communication au ministère public ; — jugement préparatoire ; — en cas d'admission, communication au juge récusé et au ministère public (mais non à la partie, comme dans le Renvoi). Ce jugement suspend la procédure ; toutefois, en cas d'urgence, le tribunal peut ordonner qu'elle sera continuée devant un autre juge. — Le juge récusé fait sa déclaration au greffe sur la minute de l'acte de récusation. — Un second jugement, rendu sur le rapport d'un juge, décide si la récusation est ou non fondée.

Si le juge récusé convient des faits qui ont motivé sa récusation, ou si ces faits sont prouvés, il lui est ordonné de s'abstenir. Si le récusant ne fournit pas la preuve par écrit, ou commencement de preuve écrite des causes de récusation, le tribunal peut rejeter la demande sur la simple déclaration du juge ou ordonner la preuve testimoniale.

Si la Récusation est déclarée non admissible ou non recevable, le récusant est passible d'une amende de 100 fr. *au moins*, sans préjudice de l'action en dommages-intérêts de la part du juge, qui, dans ce cas, ne peut demeurer juge.

Appel. — Tout jugement sur Récusation est susceptible d'appel, quand même l'affaire à l'occasion de laquelle l'incident a lieu devrait être jugée en dernier ressort. Le délai est de *5 jours* au lieu de 2 mois. On peut faire appel par acte au greffe sans signification préalable ; les pièces sont envoyées dans les 3 jours par le greffier du tribunal à celui de la cour, qui les remet à la cour dans un autre délai de 3 jours ; l'arrêt est rendu sans appeler les parties. Cet appel est suspensif ; toutefois, en cas d'urgence, le tribunal peut ordonner la continuation des poursuites, en remplaçant le juge récusé.

Dans les 24 heures de l'expédition de l'arrêt, le greffier de la cour renvoie les pièces au greffier du tribunal. Dans le mois, à partir du jugement de 1re instance, l'appelant doit signifier aux parties l'arrêt de la cour ou le certificat du greffier, constatant que l'appel n'est pas jugé et indiquant le jour où il le sera, sinon, l'appel n'est plus suspensif et le juge peut siéger.

Quant à l'*Opposition*, on se demande si elle est possible, tant dans la Récusation que dans le Renvoi, et l'on décide généralement que non, par ce motif que le délai d'appel, étant très-court (5 jours), semble exclure celui d'opposition, qui est de 8 jours; d'ailleurs, il n'y a pas de plaidoiries contradictoires (*a*).

— 13me *Leçon.* —

Titre XXII. — De la Péremption (*b*).

La PÉREMPTION est l'extinction d'une instance par la discontinuation des poursuites pendant un certain temps (*3 ans*) à partir du dernier acte. C'est un moyen établi en faveur du défendeur, et fondé sur une présomption d'abandon des poursuites de la part du demandeur.

Le délai pour intenter une action, c.-à-dire pour commencer un procès, varie suivant les cas : le plus long est de 30 ans; il y en a de 10 ans, 5 ans, 3 ans, 2 ans, 1 an, 6 mois.

Mais dès que l'instance est commencée, quelque court qu'ait été le délai pour l'introduire, elle peut durer indéfiniment (*c*). En principe, il n'y a aucun délai fixé pour rendre le jugement; par exception, la loi exige, dans certains cas, que l'affaire soit

DIFFÉRENCES

Entre le Renvoi	et la Récusation.
Il met en suspicion le tribunal entier, et tend à porter l'affaire devant un autre tribunal.	Elle suspecte un ou plusieurs juges seulement, et a pour but de les faire écarter, sans dessaisir le tribunal.
Il est fondé sur une seule cause, la parenté.	Elle est fondée sur plusieurs causes outre la parenté.
Il ne peut être invoqué que par l'adversaire de la partie parente.	Elle peut être proposée même par la partie parente.
La demande et le jugement préparatoires sont communiqués aux juges et au ministère public, et, en outre, signifiés à la partie adverse.	La communication se fait aux juges et au ministère public, mais il n'y a pas de signification à la partie adverse.
En cas de rejet, l'amende est de 50 francs.	L'amende est de 100 francs.

(*b*) Ce mot vient de *perimere*, tomber, c.-à-d. déchoir; c'est, en effet, une déchéance.

(*c*) Ne pas confondre l'*instance* avec l'*action*. L'action est le droit de demander quelque chose en justice. — L'instance est la demande formée en vertu de ce droit. La discon-

jugée rapidement, notamment dans les oppositions au mariage, le tribunal doit statuer dans les 10 jours (177, c. civ.).

Cependant, afin d'éviter que les procès se perpétuent indéfiniment (*ne lites fiant immortales*) par la négligence ou le calcul de ceux qui les ont entrepris, il a été établi que toute instance pourrait être considérée comme éteinte (*périmée*) lorsque les poursuites auraient été arrêtées pendant 3 années : le demandeur, ayant à craindre de voir la procédure anéantie, hâtera la solution du procès qu'il a intenté (a).

En éteignant la procédure, la Péremption laisse intact le droit du demandeur, qui peut former une nouvelle action, c.-à-d. recommencer le procès, pourvu qu'il soit encore dans les delais accordés pour l'exercer.

La Péremption ne s'applique qu'aux actes d'*une instance* proprement dite. Ainsi, ne sont pas susceptibles de Péremption :

La *Citation en conciliation*, car elle précède l'instance.

Le *Commandement* à fin de saisie, sauf exception (b).

Les *Saisies* mobilières ou immobilières, au moins tan qu'il ne s'est pas produit d'incidents qui aient amené les parties devant les tribunaux.

Le Code admet la Péremption, non-seulement devant les tribunaux de 1re instance, mais encore devant les cours d'appel (469). Il ne se prononce pas à l'égard des tribunaux de commerce, et il ne prévoit qu'un seul cas relativement aux justices de paix (15). Toutefois, on l'étend généralement aux instances pendantes devant ces 2 tribunaux, par ce motif que, devant ces juridictions, la procédure se fait avec le plus de célérité. Quant à l'arbitrage, il est périmé lorsqu'il s'est écoulé 3 *mois* du jour du compromis.

PAR QUI — *et* CONTRE QUI *est admise la péremption ?*

Le défendeur, seul ou ses héritiers et créanciers, peut demander la Péremption ; quant au demandeur, il a un autre moyen d'arrêter la procédure, le *Désistement*, dont il est traité au titre suivant.

La capacité exigée pour pouvoir opposer la péremption est celle d'ester en justice.

---

tinuation des poursuites pendant 3 ans éteint l'instance et met les choses au même état que s'il n'y en avait jamais eu, mais elle n'éteint pas l'action.

(a) Dans l'ancien droit, la péremption n'était pas admise par tous les parlements.

(b) Dans la saisie-immobilière, le commandement est périmé au bout de 90 jours si la saisie n'est pas pratiquée dans ce délai, mais on peut le reitérer (674).

La Péremption court *contre toute personne* ; ainsi, contre l'Etat, les établissements publics, même les mineurs, sauf leur recours contre les administrateurs et tuteurs négligents. En cela, elle diffère de la prescription. Il n'y a aucun inconvénient puisque le fond du droit reste intact (*a*).

DÉLAI. — Le laps de temps exigé pour pouvoir opposer la Péremption est de **3 années**, à compter du dernier acte de procédure. Mais ce délai est augmenté de *6 mois* lorsque, dans le cours d'une instance, il y a lieu à *reprise d'instance*, — ou à *constitution de nouvel avoué*, c.-à-d. lorsqu'une des parties est morte, — ou que l'un des avoués a cessé ses fonctions (*b*). Pas d'augmentation à raison des distances.

La Péremption n'a pas lieu de *plein droit*, comme la prescription, c.-à-d. par cela seul que le délai est accompli, il faut que le défendeur l'ait *invoquée* formellement. En effet, outre que le défendeur peut renoncer à cette faculté et préférer continuer l'instance, la Péremption est susceptible d'être *couverte*, ce qui a lieu si, avant qu'elle soit demandée, il est intervenu, soit de la part du défendeur (qui renonce ainsi tacitement à ce bénéfice), soit de la part du demandeur, un acte valable.

Toutefois, il y a un cas où la peremption a lieu de plein droit : en justice de paix, le Code (a. 15) déclare que si un interlocutoire est ordonné, la cause doit être jugée définitivement dans les 4 mois à dater du jugement, sinon l'instance est périmée (*c*).

---

a
DIFFERENCES
Entre la **Péremption**   et la **Prescription**.

Elle éteint l'instance, et non l'action, laquelle peut être renouvelée, sauf 2 cas.	Elle éteint l'action elle-même.
Le délai est toujours de 3 ans, sauf 6 mois en plus en cas d'interruption d'instance.	Le délai varie suivant les cas de 6 mois à 30 ans
Elle n'a pas lieu de *plein droit*, c.-à-d. par cela seul que le délai est expiré.	Elle a lieu de *plein droit*, en ce sens qu'aussitôt le délai accompli, il y a droit acquis.
Elle est couverte, si un acte intervient, tant de la part de celui qui peut l'invoquer que de la part de son adversaire.	Aucun acte ne peut la faire tomber, si ce n'est une renonciation de la part de celui qui l'a acquise.
Elle court contre les incapables.	Elle ne court pas toujours contre les incapables.
Elle s'applique à toutes les instances, que l'action soit ou non prescriptible.	Elle ne s'applique pas à certaines actions, notamment celles en réclamation d'état (328, c. civ.)
Elle fait nécessairement l'objet d'une action distincte.	Elle est proposée incidemment comme moyen de défense.

b Si ces 2 causes existent à la fois, faut-il accorder 2 délais de 6 mois ou un seul? On distingue : si les 2 faits se sont produits pendant les 3 ans, un seul délai de 6 mois suffit, mais si le 2e événement arrive après les 3 ans, un nouveau délai de 6 mois doit se accorde à dater de ce moment.

c La loi de 1790 disait même que le droit serait éteint, mais le code ne fait tomber que l'instance.

PROCÉDURE. — La demande de Péremption est *formée* par acte d'avoué à avoué, s'il y a avoué en cause, ou par assignation à personne ou à domicile, si le défendeur n'a plus d'avoué, c.-à-d. si celui-ci est décédé, interdit ou suspendu.

Le tribunal compétent est celui déjà saisi de l'affaire originaire.

Peut-on faire appel ? Oui, c'est une question dont la valeur est inappréciable.

EFFETS. — La Péremption éteint, non le droit ou l'action, mais tous les actes et jugements préparatoires depuis et y compris l'ajournement avec ses effets interruptifs. Ainsi, les enquêtes et les expertises sont sans valeur (a) : la péremption remet les choses dans le même état que si l'instance n'avait jamais été introduite ; en outre, elle fait condamner le demandeur principal à payer les frais de la procédure périmée (b), sans qu'il puisse invoquer la compensation des dépens.

Les effets de la péremption sont-ils indivisibles ? (c)

Si, en principe, l'action subsiste malgré la Péremption et peut être recommencée, il est cependant certains cas où, par exception, elle tombe elle-même avec la procédure :

1° Lorsque la *Prescription* s'est accomplie pendant l'instance périmée. Ainsi, je vous ai poursuivi en paiement d'une somme que vous me devez depuis 28 ans ; après quelques actes de procédure, je suis resté plus de 3 ans dans l'inaction · si vous invoquez la Péremption, vous faites tomber mon ajournement et vous détruisez son effet interruptif de prescription. Il en résultera que, si je recommence l'action, vous pourrez m'opposer que la dette ayant plus de 30 ans d'existence, il y a Pres-

_____

(b) Toutefois, on soutient que l'aveu judiciaire et le serment prêté ne tombent pas par la péremption. Pothier admettait même que les enquêtes et expertises devaient servir.

(b) Il ne faut pas confondre la péremption d'instance avec la péremption des jugements par défaut contre partie. La 1re exige 3 ans, — elle annule toute la procédure, — enfin elle peut être couverte par un acte de poursuite. La 2me, au contraire, n'exige que 6 mois, elle ne fait tomber que le jugement et laisse subsister l'ajournement avec son effet interruptif, — enfin elle a lieu de plein droit et ne peut être couverte ; toutefois, elle doit être invoquée par le défaillant. Quant au jugement par défaut contre avoué, il ne tombe que par la prescription de 30 ans.

Quid s'il a été fait opposition, et que l'instance ait été frappée de péremption après 3 ans d'interruption ? L'opposition étant censée, non pas commencer une nouvelle instance, mais continuer l'ancienne, il s'ensuit que le jugement tombera également, et la partie défaillante sera censée n'avoir jamais été poursuivie.

(c) La jurisprudence admet l'indivisibilité, d'où les conséquences suivantes :
S'il y a plusieurs défendeurs et que la péremption ne puisse être opposée à l'un d'eux, elle ne peut l'être aux autres.
S'il y a plusieurs défendeurs et qu'un seul la demande, elle profite à tous.
Mais s'il y a plusieurs chefs de demande et que la péremption soit réclamée contre l'un des chefs seulement, on admet que la procédure peut être continuée sur les autres chefs.

cription. La Péremption, dans ce cas, aura pour effet d'éteindre l'action elle-même.

2° En *Appel*, la Péremption entraîne extinction de l'action, car elle a l'effet de donner au jugement attaqué la force de chose jugée (469). (Voyez l'explication au titre de l'*Appel*.)

Devant la cour de cassation, la Péremption n'est pas admise d'après l'opinion générale.

Titre XXIll. — Du Désistement.

Le Désistement est l'abandon de la procédure faite dans l'instance engagée; de telle sorte que, tout en laissant subsister l'action, les choses sont remises dans l'état où elles étaient avant la demande, et l'action peut être formée de nouveau, c.-à-d. recommencée (*a*).

Le Désistement est permis *en toutes matières*, même dans celles qui intéressent l'ordre public et les bonnes mœurs.

Par qui *est proposé le désistement ?* — Cette renonciation à la continuation des poursuites est faite par le *demandeur;* toutefois, si une demande reconventionnelle a été formée, le défendeur peut, lui aussi, se désister de cette demande incidente, mais c'est alors en qualité de demandeur.

Le demandeur a intérêt à proposer le Désistement, par ex., lorsqu'il s'aperçoit que le tribunal est incompétent, — lorsqu'il s'est glissé une nullité dans la procédure, — lorsqu'il craint de ne pouvoir se procurer à temps des pièces nécessaires à sa cause, — enfin, lorsqu'il a formé sa demande avant l'arrivée du terme ou de la condition.

Quelle capacité est nécessaire pour se désister ? Controverse (*b*).

Si le désistement est fait par le demandeur, il ne dépend pas de lui seul, il doit être *accepté par le défendeur*, qui peut le

---

(*a*) Au désistement proprement dit, ou *désistement d'instance*, qui est la renonciation à la procédure, mais non à l'action, on oppose le *désistement d'action*, qui est la renonciation du demandeur à l'action elle-même, et qui éteint le droit d'agir.

Il y a aussi l'*acquiescement* du défendeur à l'action formée contre lui; c'est encore un moyen d'éteindre, non pas simplement la procédure, mais le droit d'agir.

Enfin, il y a encore l'*acquiescement à un jugement* qui enlève le droit d'attaquer ce jugement.

(*b*) 1er Syst. — Le désistement est une aliénation indirecte, donc il faut la capacité d'aliéner.

2e Syst. — Il faut avoir la capacité d'acquiescer. Ainsi, en matière immobilière, le tuteur a besoin de l'autorisation du conseil de famille (464, c. civ.).

3e Syst. — La capacité d'administrer suffit. Ainsi le tuteur, dans le cas précédent, n'a pas besoin de l'autorisation du conseil de famille.

repousser, s'il préfère que l'instance soit continuée et l'affaire jugée. Ainsi, par ex., lorsque le demandeur, craignant de voir annuler une enquête, parce qu'il ne l'a pas faite dans les délais, voudra se désister, afin de recommencer son action, il sera, dans ce cas, plus avantageux pour le défendeur de refuser le Désistement et de poursuivre le jugement (a).

PROCÉDURE. — Le Désistement peut être *fait* et *accepté* par de simples actes *signés des parties* ou de leurs mandataires, et signifiés d'avoué à avoué ; une déclaration des avoués ne suf-firait pas.

Tel est le moyen indiqué par le Code de procédure, mais il peut aussi être constaté par une déclaration à l'audience, et dont le tribunal *donne acte* aux parties ; ou bien encore, par un acte authentique ou sous signature privée. Il pourrait être fait également par exploit d'huissier.

EFFETS. — Le Désistement remet les choses dans l'état où elles étaient avant la demande, c.-à-d. fait considérer l'action comme n'ayant pas été exercée ; en sorte que l'interruption de prescription est non avenue, ainsi que le cours des intérêts moratoires.

En outre, il met tous les *frais* de l'instance à la charge du demandeur qui se désiste. La liquidation des frais est faite non par jugement, mais par une simple ordonnance du prési-dent, exécutoire par provision. Le Désistement n'est pas considéré comme indivisible, en sorte qu'on peut se désister sur un ou plusieurs chefs de la demande — ou à l'égard d'un ou plusieurs défendeurs.

(a) Toutefois, on prétend que le défendeur ne peut pas s'opposer au désistement s'il n'y a pas intérêt et si son seul but est d'occasionner des frais et des lenteurs, par ex., quand il prétend que l'ajournement est nul, et que le demandeur propose un désistement, il n'a aucune bonne raison de le refuser. De même, le défendeur ne peut pas s'opposer au dé-sistement de l'action, car alors il n'a pas à redouter un nouveau procès ; aussi, dans ce cas, son acceptation est-elle inutile. De son côté, le demandeur ne pourrait repousser l'acquies-cement du défendeur.

Titre XXIV. — Des Matières sommaires

La procédure exposée jusqu'ici est dite *ordinaire*, par opposition à la procédure plus simple réglée sous ce titre, et qu'on appelle *sommaire*. Cette distinction ne s'applique qu'aux affaires des tribunaux d'arrondissement, mais non à celles de la compétence des justices de paix ou des tribunaux de commerce, lesquelles sont toujours jugées sommairement.

Les affaires prennent le nom de la procédure qui leur est applicable et se divisent, par conséquent, en *matières ordinaires* — et *matières sommaires*. En principe, elles sont ordinaires, les sommaires forment l'exception.

Les Matières sommaires sont celles qui, à raison de la simplicité des questions de droit ou de fait, ou de la modicité de l'intérêt en litige, ou enfin de la célérité qu'exige leur nature, sont soumises à une procédure plus simple et, par conséquent, plus rapide et moins coûteuse. Ainsi, 3 motifs peuvent faire classer une cause parmi les affaires sommaires, mais un seul suffit.

Énumération des matières sommaires. — Ce sont :

Les *appels de juges de paix*.

Les demandes *pures personnelles*, à quelque somme qu'elles s'élèvent, quand il y a titre non contesté.

Les demandes *formées sans titres*, mais n'excédant pas 1,500 fr. de principal en matière personnelle et mobilière, et 60 fr. de revenu en matière réelle immobilière.

Les demandes *provisoires* ou *requérant célérité*.

Les demandes de *loyers, fermages, arrérages de rentes*.

Les Appels des juges de paix. — Les matières de la compétence des juges de paix présentent, tantôt réunis, tantôt isolés, les 3 caractères des matières sommaires : simplicité de la cause, — modicité de l'intérêt, — besoin de célérité.

Les *Demandes* pures personnelles, à quelque somme qu'elles s'élèvent, *s'il y a* TITRE NON CONTESTÉ. — Les demandes pures personnelles sont celles qui ne sont ni réelles, ni mixtes. Ces dernières étant généralement plus compliquées, restent dans la classe des matières ordinaires (a).

Pour que les demandes personnelles soient sommaires au-

(a) Toutefois, les affaires réelles et mixtes sont sommaires lorsque leur montant ne dépasse pas 1,500 fr. de principal ou 60 fr. de revenu, même si elles sont formées sans titre.

dessus de 1,500 fr., il faut qu'elles s'appuient sur un titre, et que ce titre ne soit *pas contesté* ; mais cela ne signifie pas qu'il ne doit y avoir aucune contestation entre les parties, car alors il n'y aurait pas lieu à procès. Si, par ex., le défendeur dénie l'écriture du titre sous seing privé sur lequel le demandeur s'appuie, ou s'il s'inscrit en faux contre un acte authentique, la contestation porte sur le titre, l'affaire est ordinaire ; de même, s'il prétend que l'obligation relatée dans ce titre est entachée de dol ou d'erreur. Mais si, reconnaissant la validité et la sincérité du titre, il se prétend libéré (par un paiement, par ex.), la contestation ne portant plus sur le titre, l'affaire est sommaire, bien qu'elle dépasse 1,500 fr.; cependant ce dernier point est controversé.

Les *Demandes formées* sans titre, mais n'excédant pas 1,500 fr. de capital, *en matière personnelle et mobilière*, ou 60 fr. de revenu *en matière immobilière*. — La loi du 11 avril 1838 a modifié le Code en élevant le chiffre de 1,000 fr. à 1,500 fr. et en déterminant la valeur des objets immobiliers par leur revenu; ce revenu s'établit, soit par le bail, soit par contrat de rente. (V. page 185.)

Ici, ce n'est plus la simplicité de la cause, mais la modicité de l'intérêt engagé qui fait admettre la procédure sommaire (a).

Les *Demandes* provisoires ou requérant célérité. — Par ex., s'il s'agit d'apposition ou de levée de scellés, de confection d'inventaire, ou bien d'opposition au mariage. La question de célérité est laissée à l'appréciation des tribunaux.

Les *Demandes en paiement de* loyers, fermages et arrérages de *rentes*. — Ces demandes sont d'une grande simplicité, et, en outre, requièrent célérité, et c'est surtout à ce dernier titre qu'elles sont dispensées du préliminaire de conciliation.

Procédure sommaire. — Les affaires sommaires suivent les règles de la procédure ordinaire pour tout ce qui n'a pas été modifié. Ainsi, elles sont soumises au *préliminaire de conciliation*; beaucoup d'entre elles sont dispensées de cette formalité par une disposition expresse de la loi, telles que les demandes d'arrérages; mais le caractère sommaire d'une demande ne suffit pas par lui-même pour dispenser de la tentative de conciliation.

(a) La limite établie pour le dernier ressort est la même que celle adoptée pour les matières sommaires; en sorte que l'on peut dire que *toute affaire susceptible d'être jugée en dernier ressort est sommaire*; mais la réciproque n'est pas vraie : toute affaire sommaire n'est pas jugée en dernier ressort : ainsi, les affaires pures personnelles sont sommaires, même au delà de 1,500 fr., s'il y a un titre non contesté; cependant, passé ce chiffre, elles sont susceptibles d'appel.

Les affaires sommaires sont introduites par un *Ajournement*.

Le défendeur fait sa *Constitution d'avoué* dans la huitaine.

Jusqu'ici, tout se passe comme dans la procédure ordinaire; mais il n'y a pas d'écritures, c.-à-d. ni *Défenses* de la part du défendeur, — ni *Réponse* de la part du demandeur, — ni *Avenir*.

Ainsi, les délais de quinzaine et de huitaine sont supprimés. Toutefois, en pratique, on tolère des conclusions et même un avenir.

L'affaire est plaidée, et le jugement est rendu comme en matière ordinaire.

La procédure sommaire suit encore des règles particulières, relativement aux Demandes Incidentes et en Intervention, — à l'Enquête — et à la Taxe des frais.

Demandes incidentes et en *intervention*. — Elles sont formées par requêtes d'avoué, lesquelles ne peuvent contenir que des conclusions motivées, c.-à-d. qu'elles doivent se borner à énoncer l'objet et les motifs, sans pouvoir les développer. Ces requêtes sont dites minutées ou *non grossoyées*, par opposition aux requêtes grossoyées, admises en matière ordinaire. Les premières, ne donnant lieu qu'à un droit de 2 fr. 25 c., sont généralement écrites en petits caractères, parce qu'en effet, l'avoué n'a aucun intérêt à les étendre, c.-à-d à les allonger. Les secondes, au contraire, étant payées suivant le nombre de rôles (1 fr. 50 c. par rôle), sont écrites en gros caractères, et c'est de là que vient leur nom. Le rôle est une feuille, c.-à-d. 2 pages (le recto et le verso).

Le défendeur à l'incident n'a pas, comme dans les affaires ordinaires, le droit de faire une réponse écrite.

Enquête. — Les affaires sommaires s'instruisent, comme les autres, à l'aide d'expertise, de descente sur les lieux et d'enquête; mais ce dernier moyen suit des règles beaucoup plus simples que lorsqu'il est employé en matière ordinaire. On distingue, en effet, 2 sortes d'enquêtes: l'une ordinaire, l'autre sommaire; c'est cette dernière qu'on emploie. Ainsi, les faits n'ont pas besoin d'être articulés à l'avance par acte d'avoué à avoué, ils sont simplement énoncés à l'audience; le jugement les reproduit et fixe les jour et heure de l'audition des témoins; les dépositions ont lieu en public; et il n'est dressé procès-verbal qu'autant que le jugement est susceptible d'appel; s'il est en dernier ressort, on mentionne seulement le résultat de l'enquête. (Voy. page 151.)

Taxe des frais. — Outre leurs déboursés, les avoués n'ont dans les matières sommaires, pour tous honoraires, qu'un droit d'obtention de jugement, droit qui varie suivant le nombre des parties, la nature du jugement (contradictoire ou par défaut), enfin, la valeur de l'objet litigieux (67 T.). Dans les matières ordinaires, au contraire, ils ont des honoraires particuliers pour chaque acte de leur ministère (*a*). Toutefois, dans une affaire sommaire, s'il survient des incidents, il y a des droits particuliers pour chaque incident.

En outre les demandes sommaires sont les seules qui peuvent être jugées par la chambre des vacations.

Titre XXV. — Procédure devant les tribunaux de Commerce.

Les AFFAIRES COMMERCIALES sont généralement fort simples et exigent, pour être bien jugées, plutôt la connaissance du commerce que la notion du droit ; de plus, elles requièrent, pour la plupart, célérité. C'est pour cela qu'on a institué des tribunaux de commerce composés spécialement de commerçants, et qu'on a établi pour ces sortes d'affaires une procédure plus simple et plus expéditive (*b*).

Il n'y a pas d'intermédiaire forcé entre les parties et les juges, comme en matière civile, car le ministère des avoués est interdit et celui des *agréés* est facultatif.

PROCÉDURE. — Les affaires commerciales sont toutes dispensées du préliminaire de Conciliation (49).

La demande est formée par *Ajournement*. Cet acte est soumis aux formalités exigées en matière civile, sauf la Constitution d'avoué.

Le Délai est d'un jour *franc*.

Dans les affaires qui requièrent célérité, le président du tribunal peut permettre d'assigner de JOUR A JOUR, et même d'HEURE A HEURE, c.-à-d. permettre le lundi d'assigner pour le

---

(*a* Faut-il assimiler aux affaires sommaires les affaires qui doivent être *jugées sommairement*? Certaines personnes prétendent que, quand la loi dit que telle affaire sera jugée sommairement, par ex., renvois pour incompétence (168, 172),— reproches de témoins (287), — reprises d'instance (348), etc., elle entend recommander seulement aux juges de juger avec célérité, sans dispenser ces sortes d'affaires de la procédure ordinaire ; mais l'opinion contraire est préférable.

(*b*) Dans l'ancien droit, les tribunaux de commerce s'appelaient *Consulats*, et les juges, *Juges consuls*.

mardi, et même à 10 heures du matin pour le soir à 4 heures, — ou à midi pour une heure.

Bien plus, dans certaines affaires, l'urgence est telle, qu'on est dispensé de requérir une ordonnance et qu'on peut assigner d'heure à heure de son propre chef (de plano) : cela est permis dans les *affaires maritimes* où il existe des parties non domiciliées en France, et dans celles où il s'agit d'agrès, victuailles, équipages et radoubs de vaisseaux prêts à mettre à la voile, *et autres matières maritimes urgentes et provisoires.* Si le défendeur ne se présente pas sur cette assignation, il est donné *défaut sur-le-champ.*

L'ajournement peut, comme en matière civile, être remis, soit au défendeur en personne, soit à son domicile, entre les mains d'un parent, d'un domestique ou d'un voisin.

L'assignation *donnée à* BORD *à la personne assignée* est valable, dit l'art. 419; cette disposition est complétement inutile si on la prend à la lettre, car toute assignation peut être remise à la personne assignée, en quelque lieu que ce soit ; mais on l'entend généralement en ce sens, que l'assignation contre une personne montée sur un navire, à titre de marin ou passager, est valablement remise à bord entre les mains de quelqu'un du navire, absolument comme si elle était remise à domicile, car pour ces personnes, le navire est le domicile.

Les parties doivent comparaître en personne ou par un mandataire (a). Si, dans les tribunaux de commerce, le ministère des avoués est interdit, ceux-ci peuvent représenter les parties en qualité de mandataires ; dans beaucoup de villes même, ils sont *agréés*. (Voy. p. xi et xv (b). Mais les huissiers ne peuvent représenter les parties.

(a) Le pouvoir donné doit être *spécial*, mais il n'est pas nécessaire qu'il soit authentique, un acte sous seing-privé ou une lettre missive suffit; il peut même être donné au bas de l'original ou de la copie de l'assignation. Il doit être exhibé au greffier avant l'appel de la cause, et visé par lui sans frais (617).

(b) DIFFÉRENCES

Entre les **Avoués**	et les **Agréés**.
Leur ministère est forcé.	Leur assistance est facultative.
Ils sont officiers ministériels et soumis au cautionnement.	Ils n'ont aucun caractère public et pas de cautionnement.
Ils n'ont pas à prouver l'étendue du mandat donné par leurs clients, c'est à ceux-ci d'exercer le désaveu.	Leur mandat n'est pas présumé, ils doivent en fournir la preuve; dès lors on n'a pas besoin de les désavouer.
Les honoraires sont payés par leurs clients et même par les adversaires condamnés aux frais	Ils n'ont d'action que contre leurs clients.
L'action pour les frais doit être intentée au tribunal où les frais ont été faits.	L'action en paiement des frais doit être portée au tribunal du domicile du client.
L'élection de domicile est de droit en leur étude.	L'élection de domicile peut être faite chez eux, mais elle est de droit au greffe.

En matière commerciale, aucune écriture n'est permise, un ajournement suffit; il n'y a ni constitution, ni défenses, ni ave-nir. On vient à l'audience le jour indiqué dans l'assignation, la cause est plaidée et jugée de suite, si c'est possible (a).

Si, à la première audience, il n'intervient pas un jugement définitif, les parties non domiciliées dans le lieu où siége le tri-bunal doivent y faire élection de domicile, afin que, si des significa-tions sont nécessaires, on puisse les faire plus promptement (a).

TRIBUNAL COMPÉTENT. — En matière civile, la compétence est réglée d'après la nature de l'action (personnelle réelle ou mixte, — mobilière ou immobilière). En matière commerciale, les ac-tions étant toutes personnelles, le tribunal compétent est, en principe, celui du domicile du défendeur. *Actor sequitur forum rei*. Toutefois, la loi déclare compétents 3 tribunaux au choix du demandeur :

1° Le tribunal du *domicile du défendeur*.

2° Celui dans l'*arrondissement duquel la promesse a été faite* ET *la marchandise livrée*. (Il faut les 2 conditions.)

3° Celui dans l'*arrondissement duquel le paiement devait être effectué*.

Ainsi, un négociant de *Paris* va à *Rouen* acheter et se faire livrer des marchandises qu'il s'engage à payer au *Havre*; il pourra être poursuivi devant l'un ou l'autre des tribunaux de commerce de ces 3 villes.

INCIDENTS. — *Exceptions*. — Il est de principe que le *juge de l'action est juge de l'exception*, c.-à-d. que le juge chargé de statuer sur le fond est également compétent pour juger les inci-dents ou exceptions soulevés dans le cours des débats. On ren-contre dans la procédure commerciale les mêmes exceptions que dans la procédure civile, sauf, toutefois, l'exception *judi-catum solvi*, c.-à-d. la caution à fournir par les Etrangers demandeurs; cette garantie, en effet, n'est pas exigée pour les matières de commerce (16, c. civ. ; 166, 423).

_____

a) Outre le droit de permettre d'assigner d'heure à heure, le président a encore le pou-voir d'autoriser le demandeur à faire une **Saisie conservatoire** *des effets mobiliers* du défendeur. Sans cette précaution, ce dernier, averti des poursuites par l'assignation, pour-rait s'enfuir en emportant ses effets mobiliers, qui constituent, le plus souvent, le seul gage du créancier. Toutefois, comme cette saisie s'opère sans titre et sans commandement préalable, et que l'ordonnance est *exécutoire par provision*, le président peut, dans la crainte que la poursuite ne soit pas fondée et qu'il n'en résulte un préjudice, exiger que le deman-deur fournisse *caution* ou justifie de sa solvabilité, afin de garantir la réparation du dom-mage causé.

b) Cette élection de domicile doit être mentionnée sur le plumitif, c.-à-d. sur le procès-verbal d'audience, à défaut de cette élection, toute signification, même celle du jugement de fond, est faite au greffe du tribunal.

Exception d'incompétence. — Les déclinatoires sur incompétence sont assez fréquents devant les tribunaux de commerce, la ligne de démarcation entre leur compétence et celle des tribunaux civils étant difficile à tracer.

L'incompétence *ratione materiæ* (par ex., si l'on a soumis au tribunal de commerce une action civile) est proposable en tout état de cause, elle doit même être invoquée d'office par le tribunal. — L'incompétence *ratione personæ*, au contraire, doit être proposée avant toute autre défense (*in limine litis*) (*a*).

Au reste, les choses se passent ainsi en matière civile.

Quant à la *décision sur l'incompétence*, le tribunal peut la joindre à la décision sur le fond, afin de vider le tout par un seul et même jugement ; mais, dans ce cas, il doit statuer par *2 dispositions distinctes* : l'une sur la compétence, — l'autre sur le fond, parce que la question de compétence est toujours sujette à appel, alors même que le principal serait en dernier ressort.

Il en est différemment en matière civile ; l'exception d'incompétence ne peut être ni réservée, ni jointe au fond ; elle doit être jugée préalablement au principal (172). La célérité qu'exigent les affaires commerciales a fait déroger à cette règle.

Quant aux *incidents* autres que les exceptions, en principe, le tribunal de commerce en connaît. Si, par ex., dans le cours d'une instance, une convention invoquée par une partie est repoussée par l'autre comme entachée de dol ou d'erreur, il a le droit d'en prononcer la rescision.

Mais il est des incidents qu'il a paru plus convenable de réserver aux juges civils, tels sont : les *contestations sur l'état des parties* (qualité d'héritier, filiation, minorité), — les *vérifications d'écriture*, — le *faux incident civil*. Quand un incident de ce genre se produit, le tribunal de commerce surseoit sur le fond jusqu'à ce que l'incident soit vidé ; néanmoins, si la pièce n'est relative qu'à l'un des chefs de la demande, il peut être passé outre au jugement des autres chefs.

PREUVES. — Les modes de preuves admis en matière civile sont reçus en matière commerciale ; quelques-uns même le sont d'une manière plus large ; enfin, il y a aussi un mode spécial, le recours aux arbitres.

(*a*) Les exceptions de litispendance et de connexité doivent-elles être proposées *in limine*, comme l'incompétence *ratione personæ*? L'art. 424 semble l'exiger ; malgré cela, on admis de les admettre en tout état de cause, comme en matière civile (172).

Ainsi, la *preuve testimoniale* peut être permise dans tous les cas, et quelle que soit la valeur du litige ; toutefois, elle n'est pas admise de droit, mais elle peut être autorisée par les juges, suivant les circonstances ; tandis qu'en matière civile, elle n'est admise par la loi qu'autant que l'affaire ne dépasse pas 150 fr., et les juges ne peuvent l'autoriser au delà de ce chiffre (109, c. co.). L'*Enquête* se fait comme en matière sommaire, c.-à-d. à l'audience.

La *preuve écrite* est aussi beaucoup plus étendue. Ainsi, entre commerçants, les Registres font preuve, tant contre celui qui les a rédigés qu'en sa faveur (1130). On admet encore comme preuves écrites, les Factures et les Correspondances des commerçants.

L'*Expertise* offre ceci de particulier, que le tribunal peut toujours, et sans le consentement des parties, nommer un *seul* expert. On y a recours pour la visite ou l'estimation d'ouvrages ou marchandises.

Enfin, lorsqu'il y a lieu d'examiner des comptes, des pièces et registres, le tribunal peut employer un moyen analogue à l'expertise, c.-à-d. nommer 1 ou 3 *Arbitres* pour entendre les parties et les *concilier*, si faire se peut, sinon, donner leur avis au moyen d'un rapport (*a*). Bien qu'il soit facultatif pour le tribunal de suivre l'avis des arbitres, en pratique, les juges l'adoptent presque toujours.

JUGEMENTS PAR DÉFAUT. — Si le demandeur ne se présente pas, le tribunal donne défaut contre lui et renvoie le défendeur de la demande ; c'est le défaut-congé. Ici, on se demande encore si le défaut-congé statue sur le fond et constitue un renvoi de l'action, de telle sorte que le demandeur doive nécessairement former opposition pour faire tomber les effets du jugement, — ou bien si ce défaut n'est qu'*un relaxe*, qu'un renvoi de l'assignation qui laisse l'action intacte et permet au demandeur de renouveler sa demande, sans avoir à faire opposition.

Lorsque le défendeur ne se présente pas il est également donné défaut, et les conclusions du demandeur sont adjugées, si elles sont justes et bien vérifiées (334).

(a) On appelle ordinairement **Arbitres**, des personnes choisies par les parties pour régler un différend. Ces arbitres sont constitués en tribunal et sont juges ; ici, au contraire, les arbitres désignés par le tribunal ne sont pas juges, mais rapporteurs, et ne font que donner un avis lorsqu'ils n'ont pu concilier les parties (429). Ce mode d'instruction est spécial aux tribunaux de commerce. Il y avait même, autrefois, l'*arbitrage forcé* pour les contestations entre associés, mais la loi du 17 juillet 1856 l'a supprimé.

En matière civile, on distingue 2 défauts contre le défendeur : — 1º Contre partie ou faute de comparaître, lorsque le défendeur ne s'est pas fait représenter par un avoué ; — 2º Contre avoué ou faute de conclure, lorsque le défendeur, après avoir désigné un avoué pour le représenter, n'a pas conclu. Au 1ᵉʳ cas, il y a présomption que le défendeur ignore les poursuites, delà des garanties nombreuses en sa faveur ; au second cas, le défaillant est réputé s'être abstenu de conclure par calcul, et comme il a pour conseil un avoué, les conséquences du défaut sont plus rigoureuses.

En matière commerciale, on ne rencontre pas le ministère des avoués, mais il se peut aussi que le défendeur ne se soit pas présenté du tout, ou bien qu'après avoir comparu à une 1ʳᵉ audience, par ex., pour plaider sur l'incompétence ou sur un interlocutoire, il fasse défaut lors du jugement sur le fond, ce qui revient au défaut faute de conclure. Faut-il alors distinguer les 2 cas, et admettre 2 sortes de défaut ou ne faut-il voir qu'une seule espèce de défaut, celui faute de comparaître ?

Le Code de procédure n'admettait qu'une seule espèce de défaut, lequel était assimilé au défaut contre partie, sous le rapport de la signification, qui devait être faite par un huissier commis, et sous le rapport du double mode d'opposition ; d'un autre côté, il était assimilé au défaut contre avoué, au point de vue du délai d'opposition, qui était de 8 jours, et à celui de l'exécution, qui était de 30 ans.

Mais, en 1838, le Code de commerce (art. 643) ayant déclaré que les art. 156 et 158 du Code de procédure relatifs : le 1ᵉʳ au délai d'opposition, le 2ᵉ au délai d'exécution des jugements contre partie, seraient applicables au défaut commercial, il semble aujourd'hui que l'assimilation avec le défaut contre partie est complète et que l'article 436 du Code de procédure, qui n'accorde que 8 jours pour faire opposition, est abrogé. C'est l'opinion de la doctrine, mais la jurisprudence prétend que ce dernier article est simplement modifié, et qu'il faut distinguer si le défaillant n'a nullement comparu, ou si, après avoir comparu une 1ʳᵉ fois, il a fait défaut sur le fond (a). Au 1ᵉʳ cas, le défaut serait exécutoire pendant 6 mois seulement, et l'opposition recevable jusqu'à l'exécution, comme dans le défaut contre partie ; au 2ᵉ cas, le jugement serait exécutoire durant 30 ans, et l'opposition recevable pendant 8 jours, comme dans le défaut contre avoué.

(a) Cassation : 23 août 1866. — 3 avril 1866. — 24 février 1868.

Dans les 2 cas, ou plutôt dans les 2 systèmes, l'opposition peut être faite de 2 manières : — 1° par exploit d'huissier ; — 2° par déclaration sur le procès-verbal de l'huissier à l'instant de l'exécution. Dans ce dernier cas, l'opposition doit être réitérée dans les *3 jours* (en matière civile, on a 8 jours). Elle est, comme en matière civile, suspensive de l'exécution.

L'exécution du jugement par défaut peut avoir lieu *1 jour* après la signification (en matière civile, il faut 8 jours). La célérité qu'exigent les matières commerciales a fait abréger le délai ; mais comme l'exécution est suspendue dès que l'opposition est formée, la loi veut que le demandeur fasse *élection de domicile* dans la commune du défendeur, s'il n'y est pas lui-même domicilié, afin que le défendeur puisse signifier son opposition au domicile élu, et arrêter ainsi immédiatement l'exécution, sans avoir à s'inquiéter de l'éloignement du demandeur, ce qui eût souvent rendu son opposition tardive, et, par conséquent, illusoire.

Le défaut *profit joint* doit-il être admis en matière commerciale ? Controverse. La doctrine, en général, le repousse, sous prétexte de célérité des affaires commerciales et de silence de la loi, qui ne rappelle pas l'art. 153 ; mais la jurisprudence l'admet comme en matière civile, car il y a même intérêt d'éviter la contrariété de jugements.

Exécution des jugements.— Tous les jugements *contradictoires* des tribunaux de commerce sont DE PLEIN DROIT *exécutoires par provision*, c'est-à-dire qu'ils doivent être exécutés malgré l'*appel* interjeté. Cette règle, un instant contestée, est aujourd'hui généralement reçue. A la première lecture de l'art. 439, on pourrait croire que cette exécution provisoire, au lieu d'être prononcée par la loi, est laissée à la volonté des juges, mais il y a un vice de rédaction, car la faculté que la loi accorde aux juges porte seulement sur la *caution* à exiger de l'appelant, et non sur l'exécution provisoire. En effet, d'après la loi du 24 août 1790, art. 4, l'exécution provisoire était de droit dans tous les cas, mais dans tous les cas aussi, il y avait, pour les juges, obligation d'exiger caution ; or, il est reconnu que le Code a voulu modifier ce dernier point seulement, c.-à-d. permettre aux juges de dispenser de la caution dans les 2 cas : 1° s'il y a *titre non contesté*, — 2° s'il y a *condamnation précédente sans appel*. Dans ces 2 cas, en effet, il y a une grande présomption en faveur de la sentence, et il est juste que le tribunal ait pouvoir de dispenser le gagnant de fournir caution à l'appelant (a).

Quant aux jugements *par défaut*, sont-ils également exécutoires par provision nonobstant *opposition*? On a longtemps prétendu que non, en s'appuyant d'abord surl'art. 439, lequel ne permet l'exécution provisoire que nonobstant appel, et, en outre, sur l'art. 643, C. com., qui ne déclare pas applicable aux jugements commerciaux l'art. 115, C. pr., sur l'exécution provisoire. Mais la jurisprudence permet aux juges de commerce d'ordonner l'exécution provisoire nonobstant opposition : elle se base sur ce que l'art. 643 déclare applicable aux jugements commerciaux l'art. 159 ; or, cet article dit que l'opposition suspend l'exécution *si elle n'a été ordonnée nonobstant opposition.*

Les tribunaux de commerce ne connaissent pas de l'exécution de leurs jugements. Cette règle ne signifie pas qu'ils n'ont pas le pouvoir d'ordonner l'exécution de leur sentence, car les tribunaux de commerce ont, comme les tribunaux civils, le droit d'imprimer à leurs décisions la force exécutoire, et le greffier en délivre des copies revêtues de la formule exécutoire. Mais il est de principe que les tribunaux d'exception (justices de paix et tribunaux de commerce), aussitôt leurs jugements rendus et expédiés, ne sont plus compétents pour connaître des difficultés relatives à l'exécution, par ce motif que ces difficultés sont des questions de procédure dont la connaissance leur est étrangère.

Toutefois, cette règle doit s'entendre avec restriction, car elle ne s'applique qu'à l'exécution sur les biens ou sur la personne, et, par conséquent qu'aux jugements définitifs ou provisoires, qui seuls contiennent des condamnations proprement dites. Ainsi, les contestations relatives à la signification des jugements, — au commandement, — à la saisie des biens, seront portés devant les tribunaux civils ; cependant, il y a une exception relativement à la réception des cautions exigées comme garantie de l'exécution provisoire : bien qu'il s'agisse, en effet, dans ce cas, de l'exécution d'un jugement définitif ou provisoire, l'admission ou le rejet de ces cautions appartient aux tribunaux de commerce.

Quant aux jugements *préparatoires* et *interlocutoires*, comme ils n'ordonnent que des mesures d'instruction, leur exécution

c En matière *civile*, la solvabilité de la caution ne s'estime que eu égard à ses immeubles. — En matière *commerciale*, on tient compte de la fortune mobilière et du crédit des commerçants (2040, c. civ.).

appartient aux tribunaux de commerce eux-mêmes. Ainsi, les enquêtes, les expertises, les descentes sur les lieux sont faites par ces tribunaux. Toutefois, lorsqu'il s'agit d'incidents dont la procédure est compliquée, comme le faux incident civil ou la vérification d'écritures, la connaissance en appartient aux tribunaux civils.

Le tribunal civil compétent, pour connaître de l'exécution des jugements commerciaux, n'est pas celui de l'arrondissement du tribunal de commerce qui a rendu le jugement, mais celui du lieu où l'exécution se poursuit.

Voies de recours. — Les voies ordinaires pour attaquer les décisions des tribunaux de commerce sont, comme en matière civile, l'Opposition et l'Appel.

Opposition. — On a vu, page 173, les particularités de l'Opposition en matière commerciale (a).

(a)   DIFFÉRENCES

Entre la **Procédure civile**	et la **Procédure commerciale.**
Le préliminaire de conciliation est de principe.	Il n'y a jamais lieu à conciliation.
Le délai d'ajournement est de 8 jours.	L'ajournement est donné à 1 jour seulement.
Le ministère des avoués est indispensable.	Il n'y a pas d'avoués, mais des agréés dont le ministère est facultatif.
Il y a une série d'actes de procédure : constitution,—défenses,— réponse,—avenir.	Aucun acte de procédure n'est exigé en dehors de l'ajournement.
Il peut y avoir en général 2 *tribunaux compétents*: celui du domicile du défendeur et celui de la situation de l'immeuble.	Il y a 3 tribunaux compétents: 1° celui du domicile du défendeur; 2° celui dans le ressort duquel la promesse a été faite et la marchandise livrée; 3° celui dans le ressort duquel le paiement devait être effectué.
Les tribunaux d'arrondissement ne jugent qu'à partir de 200 fr. (au-dessous c'est le juge de paix).	Les tribunaux de commerce jugent tous les procès excepté ceux déférés aux prud'hommes.
L'*Enquête* est tantôt ordinaire, tantôt sommaire, suivant la nature des affaires.	L'enquête est toujours sommaire.
Il y a quelquefois lieu à *Communication* au ministère public.	Il n'y a pas de ministère public.
La question de *Compétence* est jugée préalablement et séparément du fond.	La question de compétence peut être jointe à l'examen du fond, afin de statuer sur le tout par un seul jugement.
Les *Qualités* du jugement sont rédigées par l'un des avoués.	Les Qualités sont rédigées par le greffier.
L'*Exécution* des jugements appartient aux tribunaux d'arrondissement qui ont statué.	L'exécution n'appartient jamais aux tribunaux de commerce, mais aux tribunaux d'arrondissement
Il y a 2 *Défauts* contre le défendeur . 1° contre partie,—ou faute de comparaître ; 2° contre avoué, ou faute de conclure. En outre, il y a le défaut profit joint.	Suivant la doctrine, il n'y a qu'un seul défaut, celui faute de comparaître, et il n'y aurait pas de défaut profit joint. La jurisprudence admet les mêmes défauts.
L'exécution du jugement par défaut est suspendue de droit pendant 8 jours après la signification.	L'exécution du défaut n'est suspendue que pendant 1 jour, après signification.
L'*Opposition* faite sur le procès-verbal d'exécution doit être réitérée dans les 8 jours.	L'opposition sur le procès-verbal doit être réitérée dans les 3 jours.
L'*Appel* est suspensif, sauf les cas où il y a exécution provisoire.	L'appel n'est jamais suspensif, l'exécution provisoire étant de droit.
Il ne peut être interjeté que 8 *jours* après la sentence.	Il peut être interjeté le *jour même* du jugement.

Appel. — Les jugements des tribunaux de commerce sont, comme ceux des tribunaux civils, sujets à appel lorsque le taux dépasse 1,500 fr. L'appel est également porté devant la cour d'appel, mais il n'est *pas suspensif*, parce que les jugements de commerce sont de droit exécutoires par provision. Les cours d'appel ne peuvent même pas accorder des défenses afin de surseoir à l'exécution.

Le ministère des avoués d'appel est indispensable.

Le délai est de 2 mois, comme en matière civile, mais l'appel peut être interjeté le jour même où le jugement est prononcé, tandis qu'en matière civile, il ne peut l'être que 8 jours après.

— *14ᵐᵉ Leçon.* —

RECOURS CONTRE LES JUGEMENTS

Les voies de recours contre les décisions des tribunaux sont au nombre de 6, savoir :

L'OPPOSITION, pour les jugements par défaut.

L'APPEL, pour ceux en 1ᵉʳ ressort (contradictoires ou par défaut).

La TIERCE OPPOSITION, au profit des tiers étrangers au procès.

La REQUÊTE CIVILE, pour les jugements en dernier ressort.

La PRISE A PARTIE, contre les juges.

La CASSATION, pour les jugements en dernier ressort (contradictoires ou par défaut).

On divise ces voies de 2 manières :

1° En voies ORDINAIRES — et voies EXTRAORDINAIRES.

2° En voies de RÉTRACTATION — et voies de RÉFORMATION.

Les voies ORDINAIRES sont : l'*Opposition* — et l'*Appel*.

Elles suspendent de droit l'exécution, sauf exception. En second lieu, elles sont formées pour toute sorte de motifs.

Enfin, elles donnent au tribunal la plénitude de la juridiction, c.-à-d. qu'après avoir cassé la 1ʳᵉ sentence, il doit en prononcer une seconde.

Les voies EXTRAORDINAIRES sont : la *Tierce opposition*, la *Requête civile*, — la *Prise à partie*, — la *Cassation*.

Elles ne suspendent pas l'exécution de droit ; une seule, la tierce opposition, peut être déclarée suspensive par les juges.

— D'un autre côté, elles ont lieu pour des motifs *déterminés*, sauf, toutefois, la Tierce opposition, laquelle exige, d'une manière générale, l'intérêt de l'opposant. — En outre, elles ne donnent en général au tribunal saisi que le droit de casser la 1re sentence, mais non celui de la remplàcer par une autre. — Enfin, on ne peut recourir aux voies extraordinaires qu'à défaut des voies ordinaires.

Le Recours est une voie de RÉTRACTATION lorsqu'on s'adresse au tribunal même qui a rendu le jugement attaqué : *Opposition*, — *Requête civile*, — *Tierce opposition* (principale et quelquefois incidente).

Il est une voie de RÉFORMATION lorsqu'on en réfère à un autre tribunal : *Appel*, — *Tierce opposition* (quand elle est incidente devant un tribunal supérieur).

La *Cassation* ne rentre pas dans cette classification.

LIVRE III. — DES COURS D'APPEL.

De l'Appel et de l'linstruction sur l'Appel.

L'APPEL est le recours qui a pour but de faire réformer par un tribunal supérieur le jugement d'un tribunal inférieur (*a*).

On nomme APPELANT le demandeur en appel (qu'il ait été gagnant ou perdant en 1re instance).

INTIMÉ, le défendeur en appel (quand même il formerait appel à son tour).

On peut faire appel pour toute sorte de motifs : — pour *incompétence*, soit *ratione materiœ*, soit *ratione personœ*, même lorsque la solution sur le fond serait en dernier ressort, —

(*a*) Dans l'*Ancien droit*, l'Appel fut d'abord incompatible avec le système des combats judiciaires Plus tard. le perdant était autorisé, dans certains cas, à porter un défi au juge (espèce de prise à partie). A partir de saint Louis, l'usage s'introduisit de porter la sentence devant un tribunal supérieur ; mais la multiplicité des juridictions finit par rendre les appels ruineux (il y avait quelquefois 5 ou 6 jugements successifs).

Sous la *Constituante*, on contesta l'utilité de l'appel, qui fut cependant admis ; mais, pour éviter la prédominance des tribunaux supérieurs, on établit une seule classe de tribunaux (ceux de district, aujourd'hui d'arrondissement) L'appel est alors porté devant l'un des tribunaux les plus voisins.

Sous la *Constitution* du 5 fructidor an III, on substitua aux tribunaux de district un tribunal unique dans chaque département; l'appel fut également porté à l'un des tribunaux des 3 départements les plus voisins.

La *Constitution* du 20 frimaire an VIII rétablit les tribunaux de district sous le nom de tribunaux d'arrondissement, et créa des tribunaux d'appel. Dès lors, l'appel fut porté à un tribunal supérieur.

pour *vices de formes*, lorsqu'il s'est glissé quelque nullité, soit dans la procédure, soit dans le jugement, — enfin, pour *mal jugé*, lorsqu'on prétend que les juges ont mal interprété la loi, ou mal apprécié les faits. Sous ce rapport, l'Appel ressemble à l'Opposition, qui peut être formée également pour n'importe quel grief, mais il diffère de la Requête civile et du Pourvoi en cassation, recours qui ne peuvent être formés que pour des griefs limitativement déterminés.

ESPÈCES D'APPEL. — Les 2 parties peuvent se plaindre du jugement : l'une trouve qu'on lui a accordé trop peu, l'autre qu'on l'a condamnée trop fort. Il peut donc y avoir 2 appels : l'Appel *principal* — et l'Appel *incident*.

L'Appel *principal* est celui qui est fait le premier.

L'Appel *incident* est celui fait par l'intimé dans le cours de l'instance principale en appel, et par conséquent, le second.

On ne voit pas, *à priori*, l'utilité de l'Appel incident : il semble, en effet, que du moment où l'une des parties a fait appel, il devient inutile pour l'autre partie de faire appel à son tour, puisque le tribunal se trouve déjà saisi de l'affaire. Cependant l'utilité de ce second appel est manifeste, car le tribunal d'appel n'a quelquefois la faculté de réformer la décision des 1ers juges que dans une certaine mesure. Et d'abord, il ne peut réformer le 1er jugement que sur les chefs attaqués ; or, il est possible que l'appel principal ne porte que sur certains chefs seulement, ceux, bien entendu, qui sont défavorables à l'appelant ; il faut donc que l'intimé puisse critiquer à son tour et faire réformer les chefs qui lui sont désavantageux. En outre, le tribunal d'appel ne peut réformer la sentence des 1ers juges, même sur les chefs soumis à son examen, qu'en faveur de celui qui a fait appel, et nullement en faveur de l'adversaire, l'intimé a donc encore intérêt à faire appel incident. Ainsi, sur une demande de 2,000 fr. de dommages-intérêts, par ex., le demandeur a obtenu 1,000 fr. ; si, mécontent de cette solution, il en demande la réformation, le tribunal d'appel pourra bien lui adjuger les 2,000 fr., mais il ne pourra pas lui accorder moins de 1,000 fr., car ce serait réformer la sentence au profit de l'adversaire, qui ne s'est pas plaint. Que si, au contraire, l'intimé a fait également appel, alors le tribunal pourra adjuger seulement 500 fr., ou même décider qu'il n'est dû aucuns dommages-intérêts, et condamner le demandeur aux frais.

L'Appel principal diffère de l'Appel incident en ce qu'il ne peut plus être fait après l'acquiescement au jugement, tandis que l'Appel incident peut encore être fait dans ce cas. Il est possible, en effet, qu'une partie, tout en étant mécontente de certaines dispositions d'un jugement, trouve cependant une compensation dans d'autres dispositions et préfère, en somme, accepter ce jugement plutôt que de l'attaquer. Si donc elle signifie le jugement sans réserves, et par conséquent, est censée renoncer à l'appel, ce ne peut être, bien entendu, qu'à la condition que son adversaire n'attaquera pas le jugement sur certains points, car elle n'a accepté le jugement que dans son ensemble. Dès lors, si l'adversaire fait appel principal sur un ou plusieurs chefs, elle reprend le droit de faire appel également : ce sera l'Appel incident.

L'Appel principal diffère encore de l'Appel incident en ce qu'il doit, à peine de déchéance, être formé dans le délai de 2 mois, tandis que l'Appel incident peut être formé même après ce délai expiré. Ainsi, quand l'une des parties a fait appel au dernier moment, c.-à-d. le dernier jour du délai, si l'autre partie devait aussi faire son appel incident dans le même délai de 2 mois, elle serait dans l'impossibilité d'agir; aussi, lui est-il permis de faire appel incident pendant tout le cours de l'instance sur l'appel principal. Cela tient toujours à cette idée, que la renonciation de l'une des parties à l'appel est conditionnelle, c.-à-d. subordonnée à la condition tacite que l'autre partie renoncera également à attaquer le jugement; en sorte que, si celle-ci fait appel, la première recouvre le droit d'en faire autant.

Enfin, l'Appel principal se forme par une *assignation*, tandis que l'Appel incident se forme par une *requête*. C'est une 3e différence.

EFFETS DE L'APPEL. — L'Appel produit 2 effets :
1° Il est toujours *dévolutif*;
2° Il est ordinairement *suspensif*.

Dévolutif, c.-à-d. que la connaissance de la cause est transportée du tribunal inférieur, qui se trouve dessaisi, au tribunal supérieur, lequel a désormais le pouvoir absolu de statuer sur les questions de fait et de droit. Le différend est ainsi remis en litige, soit en entier, soit en partie, suivant que l'appel a été formé sur tous les chefs ou sur quelques-uns seulement. La cour peut adopter la solution des 1ers juges et confirmer leur sentence; mais si elle repousse leur décision, elle statue elle-même par une autre décision.

En cassation, au contraire, la cour n'a pas le droit d'apprécier les faits de la cause, mais seulement d'examiner si la sentence attaquée est ou non conforme au droit; dans ce dernier cas, elle annule le jugement et renvoie la cause devant un autre tribunal pour être jugée de nouveau, mais elle ne peut réformer la sentence en la remplaçant par une autre.

Suspensif, c.-à-d. que l'exécution du jugement attaqué est *arrêtée* jusqu'à ce que la décision sur l'appel soit prononcée; mais ce ne sont pas les *délais* d'appel qui sont suspensifs, c'est seulement l'*acte* d'appel (a).

Tous les actes d'exécution faits depuis un appel régulier en la forme sont nuls, que le jugement soit confirmé ou infirmé, parce que ce jugement, une fois attaqué, est sans force. Mais si l'appel est irrégulier en la forme, soit parce qu'il a été interjeté après l'expiration des délais, soit parce qu'il n'a pas été fait suivant les formes prescrites, les actes d'exécution faits postérieurement seront-ils nuls ? On admet généralement, par analogie avec ce qui a lieu pour l'opposition (162), que ces actes devront être maintenus si l'appel est rejeté.

Il y a une exception au principe, que l'appel est suspensif : c'est lorsque l'EXÉCUTION PROVISOIRE *a été ordonnée* ; dans ce cas, le jugement peut être exécuté nonobstant appel.

Si l'exécution provisoire a été ordonnée à tort par les juges, l'appelant peut demander à la cour de lui accorder des *défenses*, à l'effet d'arrêter cette exécution. A l'inverse, si elle n'a pas été ordonnée quand elle devrait l'être, l'intéressé peut, avant le jugement du fond, obtenir de la cour que cette exécution provisoire soit autorisée (458) *(b)*.

De même, si le jugement a été faussement qualifié en 1er ressort et qu'appel ait été interjeté, la cour peut ordonner que cet appel ne sera pas suspensif; et si le jugement a été faussement qualifié en dernier ressort, la cour peut déclarer que l'appel sera suspensif. Lorsqu'on demande que l'exécution soit arrêtée, l'arrêt de la cour s'appelle *Arrêt de Défenses*.

En aucun autre cas, il ne peut être accordé de défenses, ni

(a) Toutefois, il est un cas où les délais d'appel sont suspensifs par eux-mêmes, c'est lorsqu'un jugement sur le faux incident ordonne la lacération d'une pièce (241 j).

(b) Les défenses ne peuvent être accordées sur *requête non communiquée*, c.-à-d. qu'elles ne peuvent être accordées par le président seul sur requête présentée par une partie : elles doivent être permises par la Cour, et l'adversaire doit être appelé à contredire. Mais le président peut autoriser à assigner à bref délai (459).

être rendu aucun jugement tendant à arrêter directement ou indirectement l'exécution des jugements.

En matière commerciale, les jugements étant toujours exécutoires par provision, la cour ne peut jamais accorder de défenses, ni surseoir à l'exécution, quand même les jugements seraient attaqués d'incompétence. Elle peut seulement, suivant l'urgence des cas, autoriser à citer extraordinairement à jour et heure fixes pour plaider sur l'appel.

PAR QUI *est formé l'appel ?* — En principe, pour avoir le droit d'appeler d'un jugement, il faut avoir été partie au procès en 1re instance, soit personnellement, soit par son représentant.

En second lieu, il faut avoir un intérêt. Ainsi, une partie ne peut appeler d'un jugement qui lui accorde toutes ses conclusions. Mais si le jugement ne lui accorde que ses conclusions subsidiaires, elle pourrait en appeler, parce qu'elle a intérêt à se faire adjuger ses conclusions principales.

La seule condamnation aux dépens suffit elle pour autoriser l'appel ? Controverse. Oui. (Cass., 8 août 1808.)—Non. (Cass., 30 mars 1858.

Quant aux tiers étrangers au procès, il ne peuvent former qu'une tierce opposition.

C'est le tuteur qui doit appeler d'un jugement rendu contre son pupille ; mais a-t-il besoin d'une nouvelle autorisation ? On admet généralement que non. — Quant au subrogé-tuteur, le droit de faire appel ne lui appartient que dans le cas où le mineur a des intérêts opposés au tuteur (420, c. CIV.)

Ainsi, les personnes ayant le droit de faire appel sont :

1° Les *parties principales* ou *intervenantes* (soit par elles-mêmes, ou, si elles sont incapables, par leurs représentants ; ex. : le tuteur pour le mineur).

2° Les *héritiers* et *successeurs à titre universel* (héritier irrégulier, légataire universel).

3° Les *ayants-cause* ou *successeurs à titre particulier* (légataire à titre particulier, acheteur), relativement à l'objet qu'ils ont reçu.

4° Les *créanciers*, s'il ne s'agit pas d'un droit attaché à la personne (1166, c. CIV.) ; toutefois, il y a controverse.

Le ministère public, lorsqu'il n'est pas partie principale, n'a pas, comme en matière criminelle, le droit de faire appel.

A qui *profite l'Appel?* — En principe, les effets de l'appel sont essentiellement personnels, ils ne s'appliquent qu'à celui qui l'a formé.

Mais ce principe souffre des exceptions en matière de Solidarité, — Indivisibilité, — Cautionnement et Garantie.

Jugements *susceptibles d'Appel*. — 3 conditions sont nécessaires :

1° Aucune renonciation au droit d'appeler.

2° La décision doit présenter les caractères d'un véritable jugement.

3° Elle doit être en 1ᵉʳ ressort.

1° *Aucune renonciation à la faculté d'appeler.* — Cette renonciation peut être *antérieure* ou *postérieure* au jugement de 1ʳᵉ instance.

La renonciation *postérieure* est toujours valable pourvu qu'elle émane de personnes capables; elle est expresse — ou tacite.

Expresse lorsqu'elle résulte d'un acquiescement formel au jugement par acte authentique ou privé.

Tacite, lorsque l'acquiescement s'induit de certains actes qui prouvent l'intention d'accepter le jugement, tels que la signification du jugement sans réserves, — l'exécution volontaire, ou même forcée sans réserves ; — enfin, le paiement des frais.

Quant à la renonciation *antérieure*, controverse (a).

2° *Décision ayant le caractère de jugement.* — Tout acte émané de l'autorité judiciaire ne donne pas ouverture à l'Appel. Ainsi les simples actes judiciaires et les actes de juridiction gracieuse ne donnent pas lieu à l'appel. Par ex. l'homologation d'une transaction intéressant un mineur (Cass., 10 juin 1874) (b). De même, les jugements d'expédients étant plutôt des contrats homologués que de véritables sentences sur un point contesté, ne sont pas susceptibles d'appel.

(a) Cette renonciation, permise par le droit romain, était défendue par notre ancienne jurisprudence ; aujourd'hui, les uns disent qu'elle est d'ordre public, et que la loi, ayant permis expressément de renoncer à l'appel en justice de paix et en matière commerciale (439, c. co.). a, par cela même, défendu de le faire en matière civile.

Les autres pensent que cette faculté est d'intérêt privé, et que si la loi ne s'est pas expliquée en matière civile, c'est qu'il n'y a, sur cette matière, aucun titre spécial sur la compétence, et que l'on doit s'en référer aux textes anciens, c.-à-d. à la loi du 24 août 1790, qui permet cette renonciation. Au reste, il serait ridicule qu'il fût permis de renoncer à l'appel des jugements, même arbitraux (1010), et que cela fût défendu pour les jugements des tribunaux ordinaires.

(b) Un autre système admet l'appel.

Mais on doit attaquer par la voie de l'appel les jugements nuls en la forme, car il n'y pas d'action directe en nullité (a).

L'appel ne peut porter que sur le dispositif du jugement et non sur les motifs erronés.

3° *Jugements en 1ᵉʳ ressort.* — Ce sont toutes les Décisions en 1ᵉʳ ressort (*définitives* ou *avant dire droit*, — *contradictoires* ou *par défaut* (b), c.-à-d. :

Pour les Justices de paix :

Les *Demandes supérieures à 100 fr.*

Certaines demandes inférieures à ce chiffre.

(Ex. : Entreprises sur les cours d'eau, actions en bornage, l. 1838).

Pour les Tribunaux de commerce :

Les demandes excédant 1,500 fr. en principal (c).

Pour les Tribunaux d'arrondissement :

Les *demandes mobilières au-dessus de 1,500 fr.*

(Actions réelles ou personnelles).

Les *demandes immobilières sur un objet au-dessus de 60 fr. de revenu* (d).

Certaines demandes, quel que soit l'intérêt.

Ex. : celles concernant l'état des personnes (e), la compétence, les renvois, la récusation.

Mais il n'y a pas lieu d'appeler des décisions rendues en 2ᵐᵉ ressort par les tribunaux d'arrondissement (sur appel des justices de paix).

Il n'y a pas lieu non plus d'appeler des jugements d'*expédient* ou d'*accord* car ils sont des actes de juridiction gracieuse.

La *fausse qualification* de jugement en dernier ressort donnée à un jugement en 1ᵉʳ ressort n'empêche pas l'appel, mais seulement la supension de l'exécution. De même, les jugements non qualifiés, ou mal à propos qualifiés en 1ᵉʳ ressort, ne sont pas susceptibles d'appel. Si l'appel est formé, il sera rejeté sans examen du fond.

Ainsi, la fausse qualification d'un jugement n'a pas pour

(a) Cependant il en est qui admettent une action en nullité.

(b) En principe, *toute demande* est susceptible de 2 *degrés de juridiction*, c.-à-d. d'appel. *Aucune n'est soumise à un* 3ᵐᵉ *degré.*

Quelques-unes sont susceptibles d'un *seul degré.*

Il n'y a pas d'appel sur les demandes de peu d'importance, ni sur celles concernant l'enregistrement (l. 22 frimaire an VII, 64), les impôts indirects (l. 7 septembre 1790, 2) ; certaines contestations sur la saisie des rentes sur les particuliers (652, et l. 24 mai 1842); ou sur saisies immobilières (703 et 730, et l. 3 juin 1844).

(c) A. 659, c. co., et l. 3 mars 1840. Auparavant le taux était de mille francs.

(d) L. 11 avril 183. Autrefois le taux était mille francs en capital et 50 fr. de revenu.

(e) Désaveu, — interdiction, — adoption, — nullités de mariages, — actes de l'état civil, — décision du conseil de famille, 889.

effet d'empêcher l'appel ou de le permettre contrairement à la loi, mais seulement de renverser l'effet suspensif de l'appel, c.-à-d. de permettre l'exécution lorsqu'elle devrait être suspendue, et de l'arrêter lorsqu'elle devrait être permise ; toutefois, on peut demander à la cour de rétablir ces effets par un arrêt de défenses.

CALCUL DU MONTANT DE LA DEMANDE. — On détermine le *quantum* de la demande d'après les *conclusions* du demandeur, et non d'après le montant des condamnations. Cela permet, il est vrai, au demandeur, en réduisant sa prétention, d'enlever à son adversaire la faculté d'appeler, mais c'est moins dangereux que de donner au juge le moyen de rendre sa décision inattaquable en réduisant la condamnation au-dessous du taux de l'appel. Ainsi, j'ai demandé 2,000 fr., le jugement m'accorde 1,000 fr., je puis en appeler.

Pour apprécier la valeur des objets compris dans la demande, il faut distinguer s'il s'agit de choses mobilières ou immobilières.

1° CHOSES MOBILIÈRES. — Les objets réclamés sont :

— Ou de l'*argent ;* dans ce cas, aucune difficulté.

— Ou des *denrées* dont le prix est fixé par des mercuriales; on fait alors le calcul d'après cette taxe :

— Ou des *corps certains*, ou bien des *denreés* non cotées par les mercuriales. Si les parties ne sont pas d'accord, et que l'une prétende que la valeur de ces objets est supérieure, et l'autre qu'elle est inférieure à 1,500 fr., il faut, suivant les uns, une *expertise ;* suivant les autres, il y a nécessairement lieu de faire appel, ainsi que cela est admis en matière immobilière.

2° CHOSES IMMOBILIÈRES. — On ne s'inquiète par de la *valeur* de l'objet, mais de son *revenu.* Il n'y a que 2 manières de déterminer le revenu.

1° Par le *prix du bail.*
2° Par le *taux des arrérages de la rente,* si l'immeuble a été aliéné à charge de rente.

Si ces 2 éléments d'estimation manquent, par ex. si le propriétaire jouit de son fonds par lui-même, il y a lieu à appel, quelle que soit la valeur de l'objet ; l'expertise n'est jamais admise pour déterminer le revenu de l'immeuble.

Qu'entend-on par 1,500 FR. EN PRINCIPAL ? — On s'accorde à ne comprendre dans ce chiffre ni les frais du procès, ni les intérêts et fruits échus ou perçus *depuis* la demande. Mais les uns ne comptent pas non plus ni les intérêts et fruits dus *avant* la demande, ni les dommages-intérêts réclamés accessoirement, tandis que les autres considèrent comme principal tout ce qui est dû au jour de la demande (principal ou intérêts) et se trouve compris dans l'ajournement.

Quid, si, dans la même instance, on introduit plusieurs chefs dont aucun n'est supérieur à 1,500 fr., mais dont la réunion dépasse ce chiffre? — Si tous les chefs proviennent de la même source, on admet avec raison qu'ils doivent être additionnés ; ex., la créance de 1,600 fr. qu'avait mon père, après avoir été divisée, à son décès, entre mon frère et moi, se trouve réunie sur ma tête à la mort de mon frère ; l'appel est possible.

De même, si les 2 chefs, sans procéder de la même source, portent sur le même individu (la loi de 1838, a. 9, dispose en ce sens) ; ex., j'ai prêté 1,000 fr. à une personne, et j'ai acheté une autre créance de 1,000 fr. sur cette même personne ; si je la poursuis pour 2,000 fr., il y a lieu à appel. Mais il serait déraisonnable d'admettre la réunion de 2 demandes formées par 2 personnes contre un seul défendeur, ou par un seul demandeur contre 2 défendeurs, à moins que la dette ne soit solidaire et indivisible, car alors chacun des défendeurs est tenu de la totalité.

On ne cumule pas le chiffre de la demande principale avec celui de la demande reconventionnelle. — Ainsi, je demande 1,200 fr., et l'on m'oppose que je dois 800 fr. : — 2,000 fr. sont en litige, cependant il n'y a pas d'appel. Mais si la demande reconventionnelle par elle-même dépasse 1,500 fr., alors il y a lieu à appel, même sur la demande principale inférieure à ce chiffre (l. 1838, a. 2). Ainsi, je demande 1,000 fr., et mon adversaire prétend que je lui en dois 2,000 ; ma réclamation de 1,000 fr., quoique inférieure au taux de l'appel, sera en 1er ressort seulement, comme la demande reconventionnelle.

Toutefois, si cette demande reconventionnelle est une demande en DOMMAGES-INTÉRÊTS fondés exclusivement sur la demande principale elle-même, il n'y aura pas d'appel, quel qu'en soit le chiffre, parce qu'il eût toujours dépendu du défendeur de former une pareille demande et d'occasionner des lenteurs et des frais ; par ex., si je réclame 2,000 fr., sous prétexte que la demande de 1,200 fr. formée contre moi porte atteinte à ma considération ou me cause un dérangement (l. 3 mars 1840, c. co., 639).

TRIBUNAUX D'APPEL. — L'Appel est toujours porté devant un tribunal supérieur à celui qui a rendu la sentence attaquée.

Ce sont :

Les Tribunaux d'arrondissement pour : Les *justices de paix.*

Les Cou s d'appel pour : 1° Les *tribunaux d'arrondissement.*

2° Les *tribunaux de commerce.*

Les Tribunaux de commerce pour : Les *Conseils de Prud'hommes.*

DÉLAIS. — I. *Délais pendant lesquels l'Appel n'est pas encore recevable.* — Dans le but de donner aux parties le temps de réfléchir et d'empêcher un appel *ab irato*, la loi fixe, le plus souvent, un délai pendant lequel l'appel n'est pas possible. Il faut distinguer, à cet égard, si les jugements sont ou non exécutoires par provision.

1° Si les jugements sont *exécutoires par provision, l'appel recevable* de suite (*a*). L'exécution n'étant pas suspendue par l'appel, il importe à la partie condamnée d'obtenir au plus tôt la réformation du jugement. Ainsi, les jugements de commerce et les référés, étant tous exécutoires par provision, sont susceptibles d'appel immédiatement (645, c. co. — 809 c. pr).

2° Si les jugements sont *non exécutoires par provision*, on distingue encore si le jugement est définitif, interlocutoire ou préparatoire, — et s'il est contradictoire ou par défaut.

Le jugement est-il DÉFINITIF OU INTERLOCUTOIRE ? — *l'appel n'est pas recevable pendant* 8 jours, à dater du jugement (pour les tribunaux d'arrondissement (*b*). — Il n'y a pas d'inconvénient, puisque, pendant ce délai, le jugement ne peut pas être exécuté (450). L'appel formé avant l'expiration de ce délai n'entraîne pas déchéance, comme autrefois ; on peut le renouveler.

Le jugement est-il PRÉPARATOIRE ? — *l'appel n'est recevable qu'*après le jugement définitif *et conjointement avec lui.* — Si les parties avaient eu la faculté de former appel de ce jugement avant la décision sur le fond, elles auraient pu profiter de ce moyen pour entraver et prolonger l'instance. Au reste, les jugements préparatoires ne préjugeant pas le fond, il n'y a pas d'intérêt à en obtenir de suite la réformation, et il est préférable d'attendre la solution définitive, qui sera peut-être favorable.

_____

(a) Peu importe que le jugement soit définitif ou provisoire (44,431), et quelle que soit sa nature ; toutefois, il y a controverse pour les jugements par défaut.

(b) Le délai est de 3 jours pour les justices de paix (l. 1838).

Quant au jugement PAR DÉFAUT (soit contre partie, soit contre avoué (*l'appel n'est pas recevable* pendant les délais de l'opposition, c.-à-d. pendant 8 jours, si le jugement est contre avoué — et tant qu'il n'a pas été exécuté, si le jugement est contre partie (158) (*a*). — La loi veut qu'on emploie l'opposition tant qu'elle est possible, car c'est une voie qui non seulement est plus respectueuse que l'appel, mais aussi est plus simple et moins coûteuse (*b*).

II. *Délais pendant lesquels l'Appel est recevable.* — La durée des délais pour former appel a varié beaucoup suivant les législations (Ord. 1667, — l. 24 août 1790, — l. 2 mai 1862). D'abord, l'appel devait être immédiat; puis on a accordé 30 ans, puis 10 ou 3 ans, suivant les cas; plus tard, 3 mois. Le délai d'appel, aujourd'hui, est de **2 mois** pour les tribunaux d'arrondissement et de commerce. — Il est de **30 jours** pour les justices de paix (l. 1838) (*c*).

Il y a augmentation à raison des distances (l 2 mai 1862) (*d*).

Il faut distinguer si la signification a été faite *avec* ou *sans* réserves : au 1er cas, la partie adverse n'a que 2 mois, mais celle qui a signifié a 30 ans.— Au 2e cas, celle qui signifie sans réserve n'a plus le droit d'appeler; mais, si l'adversaire fait appel, elle peut néanmoins faire appel incident, car elle est censée n'avoir renoncé à l'appel qu'autant que le jugement serait accepté dans son entier. Dès qu'on attaque ce jugement sur un ou plusieurs chefs, l'intimé a le droit de faire appel à son tour sur tous les autres chefs. Autrement, l'appelant, en formant son appel le dernier jour du délai, pourrait mettre obstacle à l'appel de l'intimé.

(*a*) Il y a controverse sur le point de savoir si la signification à avoué suffit pour faire courir ce délai, ou s'il faut une signification à partie.

(*b*) Toutefois, en matière commerciale, l'appel est permis, même pendant les délais d'opposition; le plus souvent, ces procès exigent célérité (645, c. co.).

(*c*) Le délai est encore de 3 mois pour les conseils de prud'hommes (D. 20 fév. 1810, 39), car la loi de 1838 ne l'a pas modifié.

(*d*) Dans certains cas, les délais sont *suspendus*, —*restreints* — ou *prolongés*.

Les délais sont SUSPENDUS : après la *mort* d'une partie, jusqu'à la signification aux héritiers et pendant les délais pour faire inventaire et délibérer (447). — pour le jugement rendu sur *pièces fausses*, jusqu'à la connaissance du faux ou sa constatation en justice (448); — pour celui rendu sur *pièces décisives retenues par l'adversaire*, jusqu'à la découverte de ces pièces constatée par écrit; — pour un jugement *préparatoire*, jusqu'à la signification du jugement définitif.

Les délais sont RESTREINTS : — à 5 jours, pour les *renvois* pour parenté ou alliance (377), et récusation (392); — à 10 jours, pour les jugements sur les *ordres* (762), les distributions par *contribution* (689), les *saisies immobilières* (731); — à 15 jours, en matière de *faillite* (582, c. co.;—pour les *référés* (809);—à 1 mois, pour les jugements d'*adoption* (365, c. civ.)

Les délais sont PROLONGÉS : — Pour ceux qui sont *hors du territoire continental* de France, — pour ceux qui sont *sens du territoire européen* de la France, pour service de terre ou de mer, ou employés dans les négociations extérieures pour le service de l'Etat. (l. 2 mai 1862).

Ainsi, ce délai de 2 mois ne s'applique qu'à l'appel *principal* ; quant à l'appel *incident*, il *peut étre formé* EN TOUT ÉTAT DE CAUSE, c.-à-d. pendant toute l'instance principale, et bien que les délais de 2 mois soient expirés (*a*).

Point de départ du délai. — Si le jugement est *contradictoire*, le délai court *du jour de la signification* à partie, et non du jour du jugement (443). — S'il est *par défaut*, du jour où l'opposition n'est plus recevable.

PERSONNES *contre lesquelles courent les délais.* — Les délais courent *contre toutes parties* : cette disposition a pour but d'abroger les exceptions accordées par l'Ord. de 1667, en faveur des corporations ou hospices ; la loi réserve seulement à ces *personnes morales* un recours contre leur représentant, s'il a négligé d'appeler.

Quant au *mineur*, le délai ne court contre lui qu'après la signification, non-seulement au tuteur, mais encore au subrogé-tuteur.

DEMANDES SUSCEPTIBLES D'ÊTRE FORMÉES EN APPEL. — En principe, les juges d'appel ne doivent statuer que sur ce qui a été soumis aux juges de 1re instance ; ainsi, *aucune demande nouvelle* ne peut être formée en appel, car on ne peut priver un adversaire des deux degrés de juridiction ; toutefois sont exceptées :

Les demandes en *compensation* (*b*).

Les demandes en *défense à l'action principale*.

Les demandes d'*intérêts, arrérages, loyers* et *autres accessoires échus* DEPUIS *le jugement* de 1re instance.

Et celles en *dommages-intérêts, pour préjudice souffert* DEPUIS *ledit jugement*.

Dans les 2 derniers cas, il faut que le droit réclamé soit né *depuis* le jugement attaqué ; s'il était né *avant*, on serait en

(*a*) *Peut-on former appel après les délais?* Controverse.
Suivant les uns, la decheance peut être couverte par le silence de l'intimé. Les juges, n'ayant le droit d'invoquer d'office, ni la prescription (2223, c civ.), ni la péremption (399), ne doivent pas non plus avoir celui de proposer d'office la déchéance d'appel.
Suivant les autres, cette déchéance est d'ordre public et opposable en tout état de cause, et même d'office par les juges. — Si la prescription ne peut être opposée d'office, c'est qu'elle n'est qu'une présomption et que les juges ignorent si toutes les conditions voulues sont remplies. Quant à la péremption, non-seulement elle n'a pas lieu de plein droit, mais elle ne peut plus être demandée après qu'un acte de procédure a été fait ; il n'en est pas de même de l'appel, Enfin, d'après la loi de 1710, les délais étaient de rigueur, et rien ne prouve l'abrogation de cette disposition.
(*b*) Quant aux demandes en compensation, on pourrait dire qu'elles constituent plutôt un moyen de défense qu'une demande nouvelle; mais cela n'est plus vrai lorsque le chiffre de la demande en compensation excède celui de la demande principale.

faute d'avoir omis de le faire valoir devant les 1ers juges et il faudrait un nouveau procès en 1re instance. Ainsi, j'ai réclamé et obtenu en 1re instance deux années d'arrérages ; si mon adversaire en appelle et que la décision n'intervienne que 6 mois après celle en 1er ressort, je pourrai réclamer ces 6 mois, mais si je m'aperçois qu'il m'est dû, au moment où j'ai commencé le procès, 3 années au lieu de 2, il me faudra former une nouvelle demande en 1re instance pour réclamer cette année oubliée.

INTERVENTION. — *Aucune intervention n'est recevable,* si ce n'est de la part de ceux qui pourraient former *tierce opposition;* on défend l'intervention en dehors de ce cas, afin qu'un tiers n'ait pas le pouvoir d'enlever aux parties appelantes le bénéfice des 2 degrés de juridiction sur la demande qu'il introduit.

S'il est permis aux tiers d'intervenir dans le cas où ils prouvent que le jugement qui sera rendu pourra préjudicier à leurs droits, c'est afin d'empêcher ce résultat et d'éviter un nouveau procès, ou plutôt un recours extraordinaire.

Il est même permis aux appelants de former une intervention forcée contre les tiers qui pourraient attaquer le jugement d'appel par la tierce opposition.

PÉREMPTION. — En 1re instance, la péremption a simplement pour effet d'annuler les actes de procédure, mais elle laisse intact le droit de former une nouvelle action. — En appel, au contraire, la péremption donne au jugement de 1re instance force de chose jugée, c.-à-d. qu'elle empêche de former un nouvel appel. On dit généralement qu'il en est ainsi parce que la péremption, n'ayant lieu qu'après 3 années d'interruption des poursuites, il est impossible, après ce laps de temps, de former de nouveau appel, puisque les délais pour appeler, étant de 2 mois seulement, sont nécessairement expirés.

Mais quelques personnes font observer que les délais d'appel ne commençant à courir qu'après la signification du jugement, il se peut que l'appel ait été fait sans qu'il y ait eu signification et que, par conséquent, la péremption puisse avoir lieu, même avant que les 2 mois aient commencé à courir. Selon elles, le véritable motif pour lequel la péremption fait obstacle à l'appel, c'est que l'abandon des poursuites pendant 3 ans est considéré comme un *acquiescement tacite* au jugement. Bien que l'argument ne paraisse pas plausible, ce dernier motif doit être préféré.

Quant au *Désistement*, le code n'en parle pas. S'il est fait *avant* l'expiration du délai de 2 mois pour appeler, il produira les mêmes effets qu'en 1re instance, c.-à-d. qu'il ne fera tomber que la procédure, et l'appel pourra être formé de nouveau.

Mais s'il est fait *après* le délai de 2 mois, il donnera force de chose jugée au jugement de 1re instance. car un nouvel appel sera impossible.

Le Désistement de l'appelant principal enlève-t-il à l'intimé le droit de faire appel incident ? Controverse.

PROCÉDURE. — L'appel est formé par un simple acte signifié à personne ou à domicile (on ne fait plus, comme autrefois, de déclaration au greffe). Cet acte doit contenir les mêmes indications qu'un ajournement, excepté l'exposé des *moyens*, car si l'affaire est ordinaire, le demandeur les signifie dans la huitaine ; si elle est sommaire, on peut dire que les parties connaissent suffisamment la cause.

L'intimé doit constituer avoué (sinon l'affaire est plaidée à la 1re audience).

L'appelant, dans les 8 jours de cette constitution, signifie ses griefs, mais cet acte est facultatif ; il peut, s'il le préfère, poursuivre l'audience.

L'intimé répond dans les 8 jours suivants, c'est aussi facultatif.

Enfin, l'audience est poursuivie sans autre procédure.

En *matière sommaire* (403) ou de commerce (648, c. co.), après la signification d'appel, on vient à l'audience sur simple acte. Il n'y a ni signification de griefs, ni réponses. De même, quand l'intimé ne constitue pas avoué, il n'y a pas d'écritures.

Enfin, alors même que l'affaire aurait été instruite par écrit en 1re instance, elle vient à l'audience en appel, sauf à la Cour à ordonner aussi l'instruction écrite, si elle le juge utile.

Jugement. — L'affaire est de nouveau plaidée.

On observe pour les cours toutes les règles établies pour les autres tribunaux. Le jugement, ou plutôt l'arrêt, est rendu à la pluralité des voix, c.-à-d. qu'il faut plus de la moitié des voix ; dans les cours, le minimum des conseillers, pour rendre une décision, est de 7. En cas de *partage*, on appelle, d'après l'ordre du tableau, un ou plusieurs juges (en nombre impair) n'ayant pas connu de l'affaire ; dans les cas où tous les juges auraient connu de l'affaire, on appelle 3 anciens jurisonsultes, c.-à-d. des avocats ayant au moins 10 ans d'exercice (a).

Amende de fol appel. — L'appelant qui succombe est condamné à une amende ; peu importe que l'appel soit déclaré non recevable ou mal fondé, mais on admet qu'il suffit de triompher sur un chef pour en être exempté. Cette amende est de *5 fr.* pour les appels des jugements de paix, et de *10 fr.* pour ceux des tribunaux d'arrondissement et de commerce. Elle doit être consignée préalablement, non pas à peine de nullité de l'appel, mais de 50 fr. d'amende pour le greffier qui a délivré expédition du jugement avant qu'elle soit payée.

Exécution. — L'exécution des jugements appartient aux tribunaux de droit commun ; à ce titre, la cour d'appel devrait connaître de l'exécution de ses arrêts, mais il n'en est pas toujours ainsi ; on distingue si le jugement attaqué est confirmé — ou infirmé.

1° Si le jugement est *confirmé*, l'exécution appartient *au tribunal dont est appel*, c.-à-d. au tribunal qui a jugé en 1er ressort ; dans ce cas, il n'y a aucun inconvénient à revenir devant ce tribunal, et il y aura souvent économie de temps et de frais (b).

2° Si le jugement est *infirmé*, l'exécution appartient *à la cour* elle-même, — ou est renvoyée par elle *à un tribunal du même ordre* que celui dont est appel. Dans ce cas, on ne laisse pas la connaissance de l'exécution au tribunal dont la sentence est réformée, dans la crainte que ce tribunal ne soit porté à faire exécuter le jugement dans le sens de son opinion, repoussée par la cour, ou tout au moins dans la crainte que les parties ne lui prêtent cette tendance (c).

Cette compétence exceptionnelle sur l'exécution des jugements infirmés ne s'applique qu'aux *parties* en cause. Si des *tiers* étaient intéressés à critiquer certaines mesures d'exécution, ils ne seraient pas tenus de se transporter, soit devant la cour, soit devant le tribunal désigné par elle, ils pourraient s'adresser au tribunal compétent suivant les principes généraux.

(a) S'il s'agit d'une affaire instruite par écrit en 1re instance, l'appel est néanmoins porté à l'audience, afin que la Cour décide si une nouvelle instruction par écrit est ou non nécessaire.

(b) Toutefois, il n'en est ainsi qu'autant que ce tribunal est un tribunal de droit commun, car s'il s'agissait d'un jugement définitif ou provisoire émanant d'un tribunal d'exception, par ex., d'un tribunal de commerce, l'exécution appartiendrait au tribunal civil du lieu où se fera l'exécution.

(c) Dans certains cas exceptionnels, l'exécution appartient à des tribunaux spécialement désignés, sans distinguer si la sentence est confirmée ou infirmée. Ex. : pour les *nullités d'emprisonnement*, c'est quelquefois le tribunal du lieu où s'exerce la détention (794);— pour la *saisie immobilière*, c'est celui de la situation de l'immeuble (2210, c. civ.); — pour la *saisie-arrêt*, c'est le tribunal du saisi (567).

Droit d'Évocation. — Le DROIT D'ÉVOCATION est la faculté donnée à un tribunal supérieur de s'emparer d'une affaire de la compétence d'un autre tribunal inférieur (a) et de statuer en premier et dernier ressort. C'est une extension de l'effet dévolutif de l'appel.

Les tribunaux d'appel, à la différence de la cour de cassation, lorsqu'ils réforment une sentence, ont le droit d'y substituer une sentence nouvelle, de telle sorte que si le jugement attaqué est définitif, le procès est terminé. Mais lorsqu'ils statuent sur un *interlocutoire*, ont-ils seulement le droit de réformer cet interlocutoire, ou bien encore celui de statuer sur le fond et de donner ainsi la solution définitive du procès, de telle sorte qu'on n'aura pas besoin de revenir devant les 1ers juges ? On distingue si l'interlocutoire est confirmé — ou infirmé par eux.

L'interlocutoire est-il *confirmé ?* Ils n'ont pas le droit de statuer sur le fond, l'affaire revient devant le tribunal de 1re instance, qui poursuit son instruction et prononce le jugement définitif.

L'interlocutoire est-il *infirmé ?* La cour a le droit de retenir le fond et de prononcer le jugement définitif, pourvu, toutefois, que la cause soit en état d'être jugée, c.-à-d. pourvu qu'elle soit suffisamment instruite pour recevoir une solution immédiatement. Cela se présente lorsque le tribunal de 1re instance a ordonné une enquête et que la cour décide que, dans l'espèce, il n'y a pas lieu d'admettre la preuve testimoniale. Par ex., une femme a été autorisée, en 1re instance, à faire la preuve de certains faits reconnus suffisants par les 1ers juges pour entraîner la séparation de corps ; si, sur l'appel du mari, la cour refuse l'enquête, sous prétexte que ces faits ne sont pas de nature à faire admettre la séparation, elle pourra, en même temps, déclarer la séparation non recevable et prononcer ainsi le jugement définitif.

Cette manière de procéder enlève, il est vrai, aux parties les 2 degrés de juridiction sur le fond de l'affaire, mais elle a l'avantage d'éviter des frais et des lenteurs. Le motif de cette dérogation aux 2 degrés de juridiction est la crainte qu'en renvoyant l'affaire devant les mêmes juges, ceux-ci ne fassent prévaloir leur première opinion. Quand, au contraire, l'inter-

---

(a) En matière criminelle, le droit d'évocation est la faculté accordée à la chambre des mises en accusation de s'emparer de l'instruction d'une affaire et de charger l'un de ses membres d'y procéder à la place du juge d'instruction.

locutoire est *confirmé*, le jugement sur le fond ne peut être retenu, car alors cette crainte n'existe plus.

Le droit d'évocation s'exerce encore lorsqu'un jugement *définitif* est *infirmé* par la cour : c'est lorsqu'il est réformé, non pas à raison de la solution du fond, mais à raison de certains points *étrangers* en quelque sorte *au fond*, tels que *vices de forme* ou *incompétence*. Dans le cas de vices de forme, en effet, on peut dire, à la rigueur, qu'il n'a pas été statué en 1er ressort sur le fond, par le tribunal de 1re instance, puisque le jugement a été irrégulièrement rendu ; or, si la cour renvoyait à un autre tribunal de 1re instance, ce nouveau jugement pouvant être à son tour frappé d'appel, il y aurait ainsi 3 jugements définitifs successivement rendus sur le fond. Aussi, la cour doit-elle de préférence retenir l'affaire par motif d'économie de temps et de frais.

Mais, si l'infirmation a lieu pour une cause tirée du *fond*, le tribunal d'appel n'a plus simplement la faculté de retenir l'affaire, c'est un devoir pour lui de réformer la sentence, alors même que le fond ne serait pas en état d'être jugé et exigerait un supplément d'instruction. L'affaire ayant été régulièrement jugée en 1er ressort, ce n'est plus un cas d'évocation, mais l'application du principe dévolutif (a).

(a) **DIFFÉRENCES**
Entre l'Opposition et l'Appel.

L'opposition est spéciale aux jugements par défaut.	L'appel est commun aux jugements contradictoires et par défaut.
Elle a lieu pour tous les jugements par défaut, sauf quelques exceptions.	Il n'a lieu, en général, que pour les jugements portant sur les affaires d'une certaine importance.
Elle est toujours portée devant le tribunal même qui a rendu le 1er jugement.	Il est toujours porté devant un tribunal supérieur à celui qui a rendu le 1er jugement
Elle ne peut être formée que par une seule partie (le défaillant).	Il peut être formé par l'une ou par l'autre des parties (même par le gagnant).
Le délai est de 8 jours pour le défaut contre avoué, et indéterminé pour le défaut contre partie (jusqu'à l'exécution).	Le délai est toujours de 2 mois ; seulement, le point de départ varie suivant que le jugement est contradictoire ou par défaut.
L'opposition est une voie de rétractation.	L'appel est une voie de réformation.
La faculté de faire opposition n'empêche la requête civile que pendant les délais d'opposition.	La faculté de faire appel empêche toujours la requête civile (même après l'expiration des délais d'appel).

Mais l'un et l'autre recours sont des voies ordinaires, et peuvent être formés pour toute espèce de griefs.

LIVRE IV. — DES VOIES EXTRAORDINAIRES POUR ATTAQUER LES JUGEMENTS.

— 15ᵐᵉ *Leçon.* —

Titre I. — De la Tierce opposition.

La TIERCE OPPOSITION est une voie extraordinaire par laquelle une personne qui n'a pas été partie dans un procès demande l'annulation de tout ou partie du jugement rendu entre les parties en cause, sous prétexte que ce jugement préjudicie à ses droits.

Elle est tantôt une voie de *rétractation*, — tantôt une voie de *réformation*, suivant qu'elle est portée devant le tribunal qui a rendu le jugement attaqué — ou devant un autre tribunal.

La tierce opposition diffère des autres voies extraordinaires (requête civile et cassation) en ce qu'elle n'anéantit pas le jugement attaqué ; ce jugement subsiste entre les parties qui ont figuré dans la cause, il est seulement réformé en ce qui concerne les *tiers*. Elle diffère encore de ces voies d'attaque en ce qu'elle peut être formée pour toute espèce de griefs, pourvu qu'il y ait un préjudice réel.

UTILITÉ ET APPLICATION DE LA TIERCE OPPOSITION. — Une difficulté s'élève sur l'application de la Tierce opposition en présence de l'art. 1351, c. CIV., d'après lequel l'autorité de la chose jugée n'a d'effet qu'entre les *mêmes parties* (c.-à-d. celles qui ont été en cause) (a). Puisqu'en principe, un jugement ne peut profiter ou nuire qu'aux parties entre lesquelles il a été rendu et nullement aux personnes étrangères au procès (*Res inter alios judicata aliis neque nocere, neque prodesse potest*), comment l'art. 474, c. PR., suppose-t-il qu'un jugement puisse nuire à un tiers étranger à l'instance ? Il semble qu'il y ait contradiction entre ces 2 articles. D'un autre côté, en admettant qu'un jugement puisse porter atteinte aux droits d'un tiers, quel intérêt celui-ci a-t-il à attaquer ce jugement par la Tierce opposition en prenant ainsi le rôle de demandeur ? Pourquoi ne pas attendre qu'on le lui oppose, afin de le repousser en

---

(a) Ainsi, je réclame à Pierre une maison qu'il possède et que je prétends m'appartenir, Pierre soutient qu'il en est propriétaire et invoque à l'appui un jugement qui reconnaît son droit de propriété vis-à-vis de Paul et condamne ce dernier à lui restituer la maison. Je réponds à Pierre que le jugement rendu entre Paul et lui ne me regarde pas, et que la question de propriété doit être vidée entre nous deux sans tenir compte d'aucun jugement étranger.

invoquant simplement le principe : *Res inter alios judicata aliis neque nocet neque prodest?*

Plusieurs solutions ont été proposées :

Merlin prétend que le tiers peut, à son choix, se borner à opposer l'art. 1351, c.-à-d. à invoquer l'exception : *Res inter alios judicata*, etc., ou recourir à la Tierce opposition. Ce dernier moyen serait, par conséquent, *facultatif*.

Proudhon, au contraire, soutient que pour repousser un jugement dans lequel on n'a pas été partie, — que pour opposer l'art. 1351, il faut absolument employer la Tierce opposition ; selon lui, c'est un moyen *nécessaire*.

Ces 2 systèmes sont trop exclusifs : d'abord, il n'est pas vrai qu'on soit obligé de former Tierce opposition pour repousser le jugement auquel on est étranger ; — d'un autre côté, si ce jugement ne peut, *en droit*, nuire à un tiers, il est possible qu'*en fait*, son exécution lui cause un préjudice ; dans ce cas, au lieu d'attendre qu'on lui oppose ce jugement, le tiers a un intérêt immédiat à former Tierce opposition, afin d'arrêter l'exécution.

Ainsi, j'ai déposé un objet entre les mains de quelqu'un ; une personne revendique cet objet contre mon dépositaire : celui-ci, au lieu d'opposer qu'il n'a pas qualité pour défendre à cette action, soutient le procès sans me prévenir, et est condamné à restituer l'objet déposé. — Certes, ce jugement ne peut pas me nuire, puisque je n'ai pas été partie au procès : en sorte que si le dépositaire remet la chose déposée, je pourrai néanmoins la revendiquer contre le gagnant, et si celui-ci invoque le jugement rendu à son profit contre le dépositaire, je lui opposerai la règle : *Res inter alios judicata, aliis non nocet.* Toutefois, si en droit ce jugement ne peut me préjudicier, en ce sens que mon droit de revendication reste intact, en fait, je puis craindre que le gagnant ne vende l'objet, et qu'étant insolvable, il ne puisse pas m'indemniser de la valeur, ou bien qu'il ne détruise cet objet, à la conservation duquel je puis tenir beaucoup. J'ai donc intérêt à empêcher que l'objet ne soit remis, et par conséquent, il m'est avantageux de former Tierce opposition, afin d'obtenir que l'exécution du jugement rendu contre le dépositaire soit suspendue (a).

_____

(a) De même, si un fermier succombe dans une revendication sans appeler son bailleur, celui-ci a intérêt à faire casser le jugement, afin de faire restituer l'immeuble au fermier et de conserver ainsi la possession, ce qui lui donnera l'avantage d'être défendeur au pétitoire, et, par conséquent, de ne pas avoir besoin de prouver son droit de propriété, comme il en eût été tenu s'il avait agi directement contre celui qui a fait condamner le fermier.

Il y a un autre moyen pour le déposant d'éviter l'exécution du jugement, c'est de faire une saisie revendication; alors, si le gagnant lui oppose le jugement rendu contre le dépositaire, le déposant répondra qu'il n'a pas été partie au procès.

Une autre utilité de la Tierce opposition se rencontre dans l'hypothèse où un débiteur s'est laissé par connivence dépouiller par un jugement au profit de son adversaire ; dans ce cas, ses créanciers ne peuvent exercer l'action paulienne, mais ils formeront Tierce opposition.

JUGEMENTS ATTAQUABLES PAR LA TIERCE OPPOSITION. — On peut attaquer par la Tierce opposition toute espèce de jugement, *contradictoire* ou *par défaut*, — *en 1er* ou *en dernier ressort*, — et de quelque juridiction qu'il émane (civile ou commerciale).

PERSONNES AYANT DROIT DE FORMER TIERCE OPPOSITION. — Une personne peut former Tierce opposition lorsque, ni elle, ni ceux qu'elle représente (ses auteurs), ni enfin ceux qui la représentent (ses mandataires) n'ont été appelés au procès. Il ne suffit donc pas pour former Tierce opposition de n'avoir pas figuré en personne dans une instance, car on peut avoir été représenté, soit par ses auteurs, soit par des mandataires (a).

Quant au jugement rendu contre un tuteur non autorisé, le mineur peut l'attaquer par la requête civile

ESPÈCES DE TIERCE OPPOSITION. — La Tierce opposition est *principale* — ou *incidente*.

Principale, lorsqu'elle est formée en dehors de toute instance. Ex. : une femme apprend qu'une chose à elle appartenant a été mise en dépôt par son mari et que le dépositaire vient d'être condamné à restituer cette chose à l'héritier du mari ; elle forme immédiatement Tierce opposition à ce jugement, afin d'en arrêter l'exécution, c.-à-d d'empêcher la restitution à l'héritier, qui pourrait faire disparaître la chose (1941).

(a) Les *ayants-cause* ou *successeurs universels* représentent leur auteur, par ex., les héritiers légitimes ou testamentaires représentent ceux auxquels ils succèdent. Aussi, ne peuvent-ils former tierce opposition contre les jugements rendus contre le *de cujus*.

De même, les *ayants-cause* et *successeurs particuliers*, par ex., les acheteurs, donataires ou légataires particuliers, sans continuer la personne de celui dont ils ont reçu la chose, représentent cependant cette personne quant aux droits sur cette chose. Ainsi, lorsqu'après avoir été condamné à souffrir une servitude sur son fonds, on vend plus tard ce fonds, l'acheteur doit respecter ce jugement.

Les *créanciers* ne sont pas non plus censés étrangers aux procès que soutient le débiteur, car ils sont représentés par lui, aussi ne peuvent-ils former tierce opposition. Toutefois, lorsqu'il y a eu mauvaise foi de la part du débiteur, ils ont la faculté d'attaquer les actes faits en fraude de leurs droits, et par conséquent, d'attaquer par la tierce opposition les jugements que le débiteur a laissé rendre contre lui, par connivence avec son adversaire,

Incidente, lorsque dans le cours d'une instance sur un autre procès, on attaque un jugement opposé par l'adversaire. Ex. : si la femme, ignorant le jugement qui condamne le dépositaire à restituer à l'héritier de son mari, actionne ce dépositaire en restitution, celui-ci lui opposera le jugement rendu, alors elle formera Tierce opposition incidente, afin d'arrêter l'exécution de ce jugement, s'il en est encore temps.

TRIBUNAL COMPÉTENT. — Si la Tierce opposition est principale, c'est *le tribunal qui a rendu le jugement*, car, mieux que tout autre, il peut l'interpréter et le réformer.

Si elle est incidente, c'est encore le tribunal dont émane le jugement qui est compétent, lorsque le tribunal où l'on se trouve lui est *inférieur*, car un jugement ne peut être réformé par des juges inférieurs. Mais c'est *le tribunal où l'on est en instance*, si ce tribunal est *égal* ou *supérieur* au premier ; on évite ainsi un déplacement et des lenteurs (*a*).

Où sera portée la Tierce opposition contre un jugement confirmé en appel ? Est-ce devant la Cour ou devant le tribunal de première instance ? Controverse.

DÉLAI. — La loi n'a fixé le délai que dans les cas de séparation de biens, les *créanciers* ont 1 an, si les formalités de publicité ont été remplies (873). Dans les autres cas, on accord 3 0 ans.

PROCÉDURE. — La conciliation est-elle exigée quand la demande est principale ? (*b*) On n'est pas d'accord. Mais quand elle est incidente, il y a dispense. La demande se forme par *ajournement*, si elle est principale, ou si, étant incidente, elle doit être portée devant le tribunal primitif. Elle se forme par *requête*,

---

Quant aux créanciers qui ont acquis un droit réel sur la chose de leur débiteur (les *hypothécaires* ou *privilégiés*), ils sont bien représentés par lui dans tous les procès antérieurs à la constitution de leurs droits, mais le sont-ils également dans ceux *postérieurs* ? A partir de cette constitution, ils ont, dit-on, un droit propre et indépendant de celui de leur débiteur et ne sont plus représentés par lui dans les procès qu'il soutient dans la suite à l'occasion de la chose affectée à leur droit; toutefois, il y a controverse. La Cour de Cassation leur refuse la tierce opposition (13 décembre 1864).

(*a*) Toutefois, le tribunal de commerce n'étant qu'un tribunal d'exception, bien qu'il soit l'égal d'un tribunal d'arrondissement, il ne peut juger la tierce-opposition incidente formée contre un jugement de ce tribunal.

(*b*) La tierce-opposition, dit-on, doit-être assimilée à l'intervention, car, ainsi que cette dernière, elle consiste dans le fait d'un tiers qui critique un procès engagé entre 2 personnes; dès lors, comme l'intervention, elle doit être dispensée de la conciliation. Mais cette argumentation n'est pas exacte: le vrai motif qui fait dispenser l'intervention est qu'elle constitue toujours une demande incidente, c.-à-d. qu'elle est formée dans une instance encore *pendante*, tandis que la tierce-opposition principale a lieu après une instance *terminée*.

Le seul motif sérieux à invoquer pour dispenser la tierce-opposition, serait plutôt de dire qu'elle requiert célérité, car elle a le plus souvent pour but principal d'arrêter l'exécution du jugement attaqué.

lorsqu'elle doit être jugée par le tribunal où l'on est en instance. Pour le surplus, aucune procédure particulière.

Jugement. — Si le demandeur succombe, il est condamné, outre les *dommages-intérêts* envers la partie, à une *amende de 50 fr.* au moins, au profit du Trésor (a). S'il triomphe, la sentence attaquée est anéantie à son égard, mais elle est maintenue à l'égard des parties entre lesquelles elle a été rendue.

EFFETS. — La Tierce opposition n'est pas dévolutive comme l'appel, puisqu'ordinairement elle est portée devant le même tribunal.

Elle n'est pas suspensive de droit, c.-à-d. par elle-même, mais *les juges peuvent suspendre l'exécution* du jugement attaqué, excepté dans un cas: c'est lorsqu'il s'agit d'un jugement passé en force de chose jugée ordonnant de *délaisser la possession d'un héritage*, c.-à-d. d'un immeuble; dans ce cas, l'exécution ne peut être suspendue.

Cette exception exige une double condition; il faut d'abord que le jugement soit *passé en force de chose jugée,* c.-à-d. qu'il soit devenu inattaquable par les parties en cause. Ceci a pour but d'éviter que la partie condamnée ait recours à un tiers complaisant qui, en formant Tierce opposition, pourrait faire suspendre l'exécution; mais cette fraude n'est pas à craindre lorsque le jugement n'a pas acquis force de chose jugée, puisque la partie condamnée peut par elle-même faire suspendre l'exécution en formant opposition ou appel. En second lieu, il faut qu'il s'agisse du délaissement d'un *immeuble;* dans ce cas, en effet, le tiers n'a pas un grand intérêt à empêcher l'exécution, car il n'a pas à redouter que celui qui a obtenu gain de cause fasse disparaître l'immeuble. Un meuble, au contraire, serait susceptible d'être détruit ou livré à un tiers de bonne foi contre qui on ne pourrait plus le revendiquer par suite de la règle : *En fait de meubles, possession vaut titre.*

Lorsque la Tierce opposition est *incidente,* elle peut néanmoins avoir pour effet de suspendre le cours de l'instance. Cela dépend des juges saisis de la contestation pendante : s'ils estiment que la solution de la Tierce opposition est sans influence sur la question qui leur est soumise, ils pourront passer outre; — s'ils pensent, au contraire, que leur décision doit dépendre du résultat de la Tierce opposition, alors ils pourront surseoir jusqu'au jugement sur la Tierce opposition.

(a) Quant au maximum, il n'y en a pas; d'où il suit que l'amende est arbitraire; mais en pratique, on applique toujours le minimum.

Titre II. — De la Requête civile

La Requête civile est une voie extraordinaire par laquelle une partie demande, au tribunal même qui a jugé, de réformer, pour des motifs déterminés, une sentence EN DERNIER RESSORT.

C'est une voie de *Rétractation*, car elle est toujours portée devant le tribunal qui a rendu la sentence attaquée. Elle est ouverte aux parties ou à leurs représentants, et non aux tiers, comme la Tierce opposition.

A la différence de l'Opposition, qui a pour but de faire réformer la décision attaquée et de faire régler en même temps l'affaire par un second jugement, la Requête civile tend seulement à faire casser la sentence attaquée sans que le tribunal la remplace par une autre. L'affaire reste, par conséquent, en litige, et si les parties désirent qu'elle soit réglée, elles devront former une nouvelle action.

Elle diffère aussi beaucoup de l'appel (a).

Le mot *Requête civile* vient de ce qu'autrefois, pour attaquer une décision souveraine, on adressait à la chancellerie une Requête en permission, dont les termes devaient être *polis*. (civils).

(a)   DIFFÉRENCES

Entre l'Appel	et la Requête civile.
Il est un recours ordinaire.	Elle est un recours extraordinaire.
Il est une voie de réformation, c.-à-d que la senten e est remplacée par une autre.	Elle est une voie de rétractation, c.-à-d. que la sentence est simplement cassée.
Une seule instance suffit.	Il y a 2 instances : la 1re sur le *rescindant*; la 2e sur le *rescisoire*.
Il est admis pour toute espèce de griefs.	Elle est admise pour certains griefs seulement (11 cas).
Contre les jugements en 1er ressort au delà d'une certaine importance.	Contre ceux en dernier ressort quelle que soit leur importance.
Il est formé librement par les parties.	Elle n'est formée qu'avec l'avis de 3 jurisconsultes.
Il peut être formé par l'une ou l'autre partie.	Dans le cas de défaut de communication au ministère public, elle ne peut être formée que par la partie incapable
Dans l'appel principal, l'assignation est toujours donnée au domicile de l'adversaire.	Dans la Requête principale, l'assignation faite dans les 6 mois du jugement attaqué est donnée au domicile de l'avoué.
L'appel incident est celui formé le second, c.-à-d. durant l'instance de l'appel principal.	La Requête incidente est celle formée dans le cours d'un autre procès.
L'appel est suspensif, sauf en cas d'exécution provisoire	La Requête n'est jamais suspensive.
Il n'est permis que 8 jours après le jugement, sauf en cas d'exécution provisoire.	Elle est toujours permise de suite.
Le Délai court pendant la minorité du jour de la signification au tuteur et subrogé-tuteur.	Il est suspendu pendant la minorité (il ne court que de la signification à l'ex-pupille).
La Consignation de l'amende est de 10 francs.	La Consignation de l'amende est de 300, celle des dommages-intérêts de 150.

La Requête civile est *principale* — ou *incidente* (a), suivant qu'elle est formée en dehors — ou dans le cours d'une instance. Il n'y a de différence que dans le mode d'introduire la demande.

Dans les 2 cas, on doit toujours saisir le tribunal qui a déjà statué : en cela elle diffère de la Tierce opposition, qui est jugée par le tribunal devant lequel elle est formée incidemment.

JUGEMENTS ATTAQUABLES PAR REQUÊTE CIVILE. — Ce sont les jugements en dernier ressort, définitifs ou avant dire droit, contradictoires ou par défaut, pourvu, dans ce dernier cas, que l'opposition ne soit plus possible.

Il n'y a pas à distinguer si le jugement est à la fois en 1er et dernier ressort, — ou s'il est simplement en dernier ressort.

Quant aux jugements en 1er ressort, ils ne sont susceptibles de ce recours, — ni pendant les délais d'appel, parce que cette voie, étant ordinaire, doit être préférée, — ni même après l'expiration de ces délais, car il y a faute de la partie d'avoir négligé l'appel.

Quid si, depuis qu'un jugement en 1er ressort a obtenu force de chose jugée, soit par un acquiescement, soit par l'expiration des délais d'appel, on découvrait que ce jugement a été rendu sur pièces fausses ou par suite de pièces décisives retenues par l'adversaire ? Il n'y aurait pas non plus lieu à Requête civile ; dans ce cas, en effet, le délai d'appel ne court plus du jour de la signification, mais seulement du jour de la découverte de ces vices, et par conséquent, la voie ordinaire d'appel étant encore possible, il n'y a pas lieu de recourir à la Requête civile.

Lorsque le jugement est par défaut, la Requête civile est admise, malgré la faculté de recourir à l'Opposition, qui est une voie ordinaire, parce que la loi craint que la partie n'ait ignoré la condamnation. Mais, dans ce cas, le recours n'est permis qu'après les délais d'opposition.

Les tribunaux dont les décisions sont attaquables par Requête civile sont :

· Les *Tribunaux d'arrondissement* (ou de 1re instance).

Les *Cours d'appel.*

Les *Arbitres* (1026).

Les *Tribunaux de commerce.*

La loi ne parle pas de ces derniers, cependant on les com-

(a) Exemple de requête civile incidente : vous me saisissez pour vous faire payer 1,250 fr. j'attaque cette saisie parce que vous n'avez réclamé et que je ne vous dois que 1,000 fr. en capital. Vous m'opposez alors un jugement qui, outre le capital, vous accorde 5 ans d'intérêts, soit 250 fr. Je puis former requête civile contre ce jugement, parce qu'il vous a accordé ce que vous n'aviez pas demandé.

prend sous l'expression de *tribunaux de 1ʳᵉ instance*; mais il y a controverse.

Quant aux *justices de paix*, comme on ne les comprend pas sous la dénomination de 1ʳᵉ *instance*, on n'admet généralement pas ce recours, d'autant plus que l'intérêt en litige est modique; les juges de paix, en effet, ne jugent en dernier ressort que jusqu'à 100 francs.

Les *Arrêts de Cassation* ne sont pas susceptibles de recours.

Cas d'ouverture de Requête civile.—La Requête civile n'est permise qu'exceptionnellement et dans les cas limitativement déterminés (a). On peut diviser les différents cas de Requête civile en 2 classes : les uns sont *communs* à toute personne, les autres *propres* à certaines personnes (Etat, communes, mineurs).

La première classe comprend 10 cas, — la seconde 1 seul.

Ainsi, les cas de Requête civile sont au nombre de **11** :

· 1° S'il y a eu Dol personnel,—c.-à-d. dol émané de l'adversaire lui-même ou de son avoué, et non pas d'un tiers étranger à l'instance; il y a ici analogie avec la théorie des contrats (1166, c. civ.). Il faut que le dol ait été de nature à entraîner la condamnation : par ex., on a corrompu un officier ministériel, ou bien on a intercepté une lettre par laquelle l'adversaire donnait à son avoué l'ordre de faire une signification ou une opposition (b). S'il y a eu dol de la part d'un juge, il y a lieu à Prise à partie.

2° Si les Formes *prescrites à peine de nullité* ont été violées, soit *avant*, soit *lors* du jugement, pourvu que la nullité n'ait pas été couverte par les parties. — Les formes ont été violées *avant* le jugement lorsqu'il s'agit, par ex., d'un ajournement irrégulier, ou bien d'une enquête qui n'a pas été exécutée dans les délais de la loi. — Les formes ont été violées *lors* du jugement lorsque le jugement n'a pas été motivé, ou n'a pas été rendu par un nombre de juges suffisant.

La nullité est *couverte* lorsque la partie qui avait le droit de l'invoquer n'a pas proposé l'exception de nullité au début de l'instance, comme l'exige l'art. 173 ; ou tout au moins, si cette

---

(a) Au contraire, l'opposition et l'appel peuvent être formés en invoquant toute espèce de griefs.

(b) Un serment prêté faussement constitue-t-il un dol donnant lieu à la requête civile? On distingue : si le serment est *décisoire*, c.-à-d. déféré volontairement par l'une des parties, il n'y a pas lieu à requête civile, car la partie qui l'a déféré n'est pas admise à en prouver la fausseté (1363). Mais si le serment est *supplétoire*, c.-à-d. déféré d'office par le juge, la partie adverse, étant alors autorisée à établir la fausseté de ce serment, pourra le considérer comme constituant un dol.

nullité ne s'est produite que dans le cours du procès, lorsque la partie a plaidé au fond sans l'invoquer.

La violation des formes prescrites à peine de nullité figure également parmi les cas de recours en cassation ; les parties ont-elles donc le choix entre ces 2 voies de recours ? On ne l'admet pas. Autrefois; en effet, il était de principe que le recours en cassation n'était pas permis dans le cas où la Requête civile était possible, et la pratique a maintenu cette règle. Mais alors, si la Requête est possible, comment peut-il y avoir lieu au recours en cassation ? Ces deux voies ne sont pas exclusives l'une de l'autre, car il est des cas où la Requête civile n'étant pas admise, le recours en cassation devient utile.

On distingue si la nullité des formes a ou non été invoquée. Les parties ont-elles omis de l'invoquer ? Il y a alors erreur involontaire de la part du tribunal, et il est préférable de s'adresser aux juges mêmes qui ont rendu le jugement pour demander la réformation de ce jugement ; dans ce cas, la Requête civile, seule, est admise. La nullité a-t-elle été, au contraire, proposée par les parties et repoussée par les juges ? Alors il est inutile de s'adresser à ces mêmes juges, et le recours en cassation est seul permis (a). Cette distinction ne s'applique qu'aux nullités commises *avant* le jugement (b).

3° S'il a été prononcé sur des choses non demandées (c). — Par ex., j'ai simplement réclamé l'usufruit d'une chose, et le tribunal, au lieu de m'accorder l'usufruit, m'a adjugé la propriété, — ou bien encore, j'ai poursuivi un successible comme héritier bénéficiaire, à l'effet de me faire payer une somme due par le défunt, et le tribunal l'a condamné comme héritier pur et simple. De même, si on accorde la contrainte par corps sans qu'elle soit demandée.

(a) Dans un jugement par défaut, on peut toujours invoquer les nullités commises *avant* le jugement, car ces nullités, n'ayant pu être proposées, ne sont pas couvertes. Dans un jugement contradictoire, au contraire, de 2 choses l'une : ou la nullité n'a pas été proposée, et alors elle a été couverte par le silence des parties, — ou elle a été proposée, et alors, si elle a été repoussée par le tribunal, elle donne lieu à cassation, et non à requête civile. D'après cela, la requête civile ne pourrait jamais être admise dans les jugements contradictoires, lorsqu'il s'agit d'une nullité commise *avant* le jugement.

(b) Quant aux nullités commises *lors* du jugement, on distingue encore si les formalités étaient imposées aux parties ou à leurs avoués, — ou si elles étaient imposées aux juges : le 1er cas donne lieu à la requête civile, — la 2e à cassation. C'est ainsi que le recours en cassation est seul admis dans les 4 cas suivants : défaut de motifs, — défaut de publicité, — insuffisance du nombre des juges, — non assistance des juges à toutes les audiences de la cause (l. 20 avril 1810, a. 7).

(c) La requête civile, dans ce cas, n'est pas admise contre les sentences arbitrales, parce qu'il y a un moyen plus simple, la *demande en nullité* devant le tribunal où siège le président qui a rendu l'ordonnance d'exécution (1027-1028).

4° Sil a été adjugé plus qu'il n'a été demandé. — Ex. : si l'appel ne porte que sur un chef et que le tribunal réforme le jugement sur d'autres chefs, — ou bien encore, on a demandé le remboursement d'un capital prêté, et le tribunal a accordé, en outre, les intérêts, qui n'étaient pas réclamés.

Ce cas a une grande analogie avec le précédent, car du moment où l'on accorde plus qu'on n'a demandé, c'est qu'en général on accorde ce qui n'a pas été demandé.

5° S'il a été omis de prononcer sur l'un des chefs de la demande. — Ex. : si l'appel porte sur plusiers chefs et qu'on statue sur un seul ; — ou bien, si l'on demande le capital et les intérêts, et que le jugement soit muet sur les intérêts.

6° S'il y a eu contrariété de jugements en dernier ressort entre les *mêmes parties* et sur les *mêmes moyens* dans les MÊMES COURS OU TRIBUNAUX. — Voici encore une hypothèse qui peut quelquefois donner lieu au recours en cassation, mais le choix entre les 2 recours n'existe pas non plus, et toutes les fois que la Requête civile sera possible, la cassation ne le sera pas.

Il faut faire ici la même distinction que pour la violation des formes. c.-à-d. rechercher si le 1er jugement a ou non été invoqué lors du second procès. — S'il ne l'a pas été, les juges sont censés n'avoir pas connu ou avoir oublié le 1er jugement, et dès lors, il est plus simple et plus respectueux de s'adresser à eux-mêmes et de leur demander d'annuler le 2me jugement, comme inutile et contraire au principe de la chose jugée. On aura donc recours à la Requête civile. — S'il a été invoqué et que les juges n'en aient pas tenu compte, on ne pourra pas prétendre qu'ils n'ont pas prononcé en connaissance de cause, il est donc impossible d'employer la Requête civile, on devra exercer le recours en Cassation.

Il semble difficile qu'entre les mêmes parties et sur les mêmes moyens, un tribunal puisse rendre deux décisions successives; cependant, il peut arriver que les parties entre lesquelles un jugement a été rendu, étant venues à mourir, leurs héritiers, qui ignoraient ce jugement, aient recommencé le procès, et que le tribunal, ne se rappelant pas son 1er jugement, en rende un 2me. Dans ce cas, si l'héritier de la partie qui a triomphé dans le 1er procès succombe dans ce nouveau procès, il pourra, lorsqu'il retrouvera plus tard le 1er jugement, former Requête civile, afin de faire annuler le second jugement comme inutile ; en effet, au moment où ce jugement a été rendu, il y avait chose jugée.

Mais si l'héritier de la partie gagnante, ayant eu connaissance du jugement rendu en sa faveur, a opposé ce jugement, et si le tribunal n'a pas admis la chose jugée, alors il n'y a pas lieu à Requête civile, mais à Cassation, car la Requête civile suppose une méprise, une erreur involontaire de la part du tribunal. Non-seulement on peut dire ici, comme dans le cas de nullité de formes, qu'il est inutile de proposer aux juges un moyen qu'ils ont déjà repoussé, mais encore il s'agit, dans cette espèce, de la violation du principe de la chose jugée, c.-à-d. de la violation formelle de la loi, ce qui constitue un cas spécial de cassation. (Voir ce titre) (a).

Quand les 2 jugements sont rendus par 2 *tribunaux* DIFFÉRENTS, c'est encore un recours en cassation, car aucun de ces tribunaux ne peut réformer la sentence de l'autre ; au reste, la loi est formelle (504).

7° Si, *dans un même jugement*, il y a des dispositions contraires. — On peut dire, dans ce cas, que la question n'est pas décidée, car aucune des 2 dispositions n'est préférable à l'autre. Mais il faut que la contrariété porte sur le *dispositif*, en sorte que l'exécution du jugement soit impossible Il n'en est pas de même si la contrariété porte sur les *motifs;* toutefois, si les motifs se détruisaient complétement, le jugement, n'étant plus motivé, serait susceptible de Cassation.

8° Si la communication au ministère public n'a pas eu lieu dans les cas où elle est exigée, et que le *jugement ait été rendu* CONTRE *celui en faveur de qui elle était ordonnée.* — Par ex , si le ministère public n'a pas donné ses conclusions dans une cause intéressant un mineur ou un interdit, — ou bien encore, une femme mariée non autorisée de son mari. L'incapable, seul, est admis à provoquer la requête, et dans le cas seulement où *il a succombé* (b). Il faut même, dans ce cas, que le jugement n'ait pas été susceptible d'appel.

9° Si l'on a jugé sur pièces reconnues ou déclarées fausses *depuis* le jugement.

(a) La loi semble exiger que les 2 jugements soient en dernier ressort ; toutefois, on admet la requête civile, bien que le 1er jugement ait été susceptible d'appel, si les délais sont expirés ; il y a dès lors, en effet, jugement passé en force de chose jugée, et le 2e jugement ne peut enlever le bénéfice du 1er jugement à celui qui l'a obtenu.

(b) *Quid* si la communication était exigée, non pas dans l'intérêt privé d'une partie, mais dans un intérêt d'ordre public, par ex., en matière d'incompétence? On admet que la requête civile peut être invoquée par les 2 parties, ainsi que cela avait lieu sous l'ordonnance de 1667, car le Code, en n'accordant la requête qu'à l'incapable et seulement lorsqu'il succombe, a simplement voulu empêcher le recours de la partie capable, autorisé autrefois.

10° Si, *depuis* le jugement, il a été recouvré des pièces décisives et qui avaient été *retenues par le fait de la partie*. — Par ex., une quittance.

Dans ces 2 cas, la requête est admise malgré la bonne foi de l'adversaire. S'il y avait dol personnel, il y aurait lieu au 1er cas d'ouverture de la Requête civile (a).

11 Si l'État, les communes, les établissements publics et les mineurs n'ont pas été défendus, ou s'ils ne l'ont pas été valablement. — Il faut ajouter les interdits (509 c. civ.); mais non les prodigues ni les femmes mariées.

Ces personnes n'ont *pas été défendues* lorque, par ex., elles ont été condamnées par défaut et qu'il n'y a pas eu d'opposition, — ou lorsqu'elles n'ont pas été représentées par leur représentant légal ; par ex., un mineur a agi seul, au lieu d'être représenté par son tuteur (450, 464, c. civ.).

Elles ont été *mal défendues* lorsque les formalités de procédure n'ont pas été remplies. Ainsi : les personnes morales n'ont pas été autorisées par l'administration (1032); — le tuteur n'a pas requis l'avis du conseil de famille (464, c. civ.).

Délai. — Il est de 2 mois, comme pour l'appel (484, 1. 2 mai 1862). Il court, pour les *majeurs*, de la signification du jugement à personne ou à domicile; — pour les *mineurs*, de la signification faite à eux-mêmes depuis leur majorité : ainsi, les délais sont suspendus pendant la minorité (b). Quant aux *interdits*, faut-il les assimiler aux mineurs, et considérer les délais comme suspendus pendant l'interdiction ? Controverse.

Le délai est *prolongé* en cas d'*absence* ou d'*éloignement*.

Le délai est *suspendu* en cas de *mort* de la partie condamnée jusqu'à la signification aux héritiers et pendant les délais d'inventaire et de délibération.

En cas de *faux, dol* ou *découverte de pièces nouvelles*, le délai ne compte que du jour où l'on a reconnu le faux ou le dol, ou bien du jour de la découverte des pièces si, toutefois, il y a preuve écrite de ce jour.

Enfin, s'il y a *contrariété de jugements*, le délai ne court que du jour de la signification du dernier jugement, car ce n'est qu'à ce moment qu'on connaît réellement le vice.

_____

(a) Ces 2 derniers cas sont des causes de prorogation du délai d'appel lorsque le jugement est en 1er ressort (448).

(b) Dans l'appel, au contraire, le délai court pendant la minorité, à partir du jour de la signification au tuteur et au subrogé-tuteur.

TRIBUNAL COMPÉTENT. — La Requête civile, soit principale, soit incidente, est *toujours* portée devant le *tribunal qui a rendu le jugement attaqué*. Ainsi, c'est une voie de rétractation. Ce moyen étant fondé sur ce que le tribunal a été surpris ou n'a pas été suffisamment éclairé, il est naturel de s'adresser au tribunal dont émane le jugement, mais il n'est pas nécessaire qu'il soit statué de nouveau par les mêmes juges (a).

PROCÉDURE. — Il n'y a pas lieu au préliminaire de conciliation; mais il faut tout d'abord prendre *consultation de 3 avocats* exerçant au moins depuis 10 ans près un tribunal du ressort de la Cour d'appel dans lequel le jugement a été rendu. Cet acte doit contenir déclaration que les avocats sont d'*avis* de la Requête civile, et énoncer dans les cas d'ouverture. Aucun moyen autre que les ouvertures énoncées dans la Requête ne peut être discuté à l'audience, ni par écrit (499).

On doit aussi faire une *consignation de 300 fr.* à titre d'amende, pour le cas où l'on succomberait, et de 150 *fr.* à titre de dommages-intérêts pour l'adversaire, s'il y a lieu, et sans préjudice d'une plus ample indemnité. La consignation est de moitié si le jugement attaqué est par défaut ou par forclusion; elle est du quart si le jugement émane des tribunaux de 1re instance (c.-à-d. d'arrondissement et de commerce). L'Etat seul est dispensé de cette consignation.

Ces 2 formalités ont pour but de prévenir l'abus des recours; si elles ne sont pas remplies, le tribunal peut repousser la Requête pour vices de formes, sans examiner le fond.

Enfin, il est d'usage d'adresser une *Requête en permission d'assigner* au président du tribunal compétent. Mais si cette formalité semble encore autorisée par certains textes du Code (483, 494, et T. 78), elle est cependant repoussée par les lois sur cette matière (l. 1799 et 18 février 1791); aussi, la regarde-t-on comme facultative.

L'*assignation* est remise, non pas au domicile de la partie, mais *au domicile de l'avoué*, si la Requête est formée dans les 6 *mois* de la date du jugement (b) ; passé ce délai, elle est faite au domicile de la partie. Elle contient copie : de la quittance du

(a) Toutefois, la requête civile dans un jugement arbitral n'est portée ni devant les arbitres qui ont jugé, ni devant les juges qui eussent été compétents à défaut d'arbitrage, mais devant le tribunal qui eût connu de l'appel si le jugement eût été rendu en 1er ressort (1026).

(b) Une autre hypothèse où l'assignation doit être *remise à l'avoué* et non à la partie, c'est lorsque le demandeur à l'enquête assigne son adversaire à assister à l'audition des témoins (261).

receveur, de la consultation des avocats et de la Requête en permission délivrée par le président (a).

Le défendeur constitue avoué dans les 8 jours, à moins que l'assignation ne soit formée dans les 6 mois, car alors l'avoué qui occupait lors du jugement est constitué de droit.

Puis viennent les écritures, c.-à-d. les *défenses, réponses, avenir* et *plaidoiries*, comme dans les affaires ordinaires. Ces écritures doivent être employées quand même ce serait à l'occasion d'une affaire sommaire, car la Requête ne porte pas sur la question soumise aux 1ers juges, mais sur celle de savoir s'il y a eu dol, nullités de formes, ou pièces fausses; questions compliquées et en dehors des affaires sommaires (b).

Il y a lieu à *communication au ministère public*. Toutefois, l'omission de cette formalité ne donnerait pas lieu à Requête civile (480) contre le nouveau jugement, car on ne peut former 2 requêtes successives sur la même affaire.

Enfin, le tribunal statue : s'il rejette la Requête, le jugement attaqué est maintenu et le demandeur est condamné à l'amende et aux dommages-intérêts.—S'il l'admet, le jugement est cassé.

La Requête civile diffère de l'Opposition, qui est également un mode de rétractation, en ce qu'elle n'a pas pour but de remplacer la décision attaquée en lui substituant une décision nouvelle; elle tend seulement à casser le jugement critiqué. En sorte que les parties se trouvent dans la même position qu'avant le 1er procès, et qu'elles doivent, si elles désirent que la question soit tranchée, recommencer un nouveau procès, comme s'il n'y en avait jamais eu. — Dans l'Opposition, au contraire, les juges, en réformant leur 1re sentence, la remplacent en même temps par une autre, de telle sorte que la question est de suite et de nouveau vidée. Ex. : vous avez fait condamner un mineur non assisté de son curateur à vous payer une somme ; le mineur forme Requête civile en se fondant sur ce qu'il n'a pas été défendu (11e cas) ; le tribunal, admettant la Requête civile, casse son jugement, mais il ne statue pas, et il n'a pas à statuer sur la question de savoir si le mineur vous doit ou ne vous doit pas. Dès lors, si vous voulez obtenir ce qui vous est dû, il vous fau-

---

(a) Si la requête est incidente, on distingue si elle se produit dans une instance pendante devant le tribunal qui a rendu le jugement attaqué ; dans ce cas, elle se forme par acte d'avoué à avoué ; mais si c'est devant un autre tribunal, elle se forme par une assignation, car elle doit être portée nécessairement devant le tribunal qui a rendu ce jugement.

b) De même, si la Requête civile est formée à l'occasion d'une affaire dispensée de plaidoiries, comme celles de l'enregistrement, on devra suivre les règles de la procédure ordinaire, et il y aura lieu à plaidoiries, car la question est tout autre.

dra entreprendre un nouveau procès. — Si, au contraire, vous avez poursuivi le mineur en la personne de son tuteur, et que celui-ci, après s'être laissé condamner par défaut, ait formé Opposition, le tribunal, admettant l'Opposition, ne se borne pas à casser son 1er jugement, il statue en même temps sur le fond, c.-à-d. qu'il décide si le mineur est ou non votre débiteur.

Ainsi, la Requête civile, lorsqu'elle est entérinée, c.-à-d. admise, donne généralement lieu à 2 instances successives et distinctes :

La 1re est appelée le *Rescindant*, — la 2me le *Rescisoire*.

L'instance sur le Rescindant est l'instance sur la Requête civile; elle a pour but de faire rétracter le jugement attaqué. Si l'annulation est prononcée, les parties sont remises dans l'état où elles étaient avant le jugement rétracté (*a*), les sommes consignées sont restituées, ainsi que les objets des condamnations perçus en vertu de ce jugement (*b*).

L'instance sur le Rescisoire a pour but de faire statuer sur le fond du procès, qui se trouve dès lors indécis ; le jugement à intervenir remplacera celui qui a été annulé. Ex.: Je forme une Requête civile pour cause de dol contre un jugement qui me condamne à vous restituer une maison : la question de savoir s'il y a eu dol est le rescindant. — Si le dol est prouvé et le jugement cassé, alors se présente la question de savoir auquel de nous appartient la maison, c'est le rescisoire.

Ainsi donc, quand la Requête civile est admise, le procès n'étant vidé que par le jugement sur le rescisoire, il faut 2 jugements successifs. Toutefois, il est un cas où *1 seul* jugement suffit, c'est quand il y a *contrariété des jugements*. Dans ce cas, en effet, le tribunal n'a pas à examiner lequel de ces jugements est le meilleur, mais il doit nécessairement annuler le dernier, comme contraire au principe de la chose jugée, et en même temps ordonner que le 1er sera exécuté selon sa forme et sa teneur; en sorte que, par la même décision, il statue à la fois sur le rescindant et sur le rescisoire.

C'est le même tribunal qui rend successivement les 3 décisions, quand il y a rescindant et rescisoire.

(*a*) Mais si l'ouverture de la requête n'a porté que sur un seul chef, ce chef seul est rétracté, à moins que les autres n'en soient dépendants, car alors le jugement tout entier serait annulé (482).

(*b*) Dans l'instance sur le rescindant, on ne s'occupe pas du fond de l'affaire, mais seulement d'examiner si le moyen d'ouverture est ou non fondé. Toutefois, il est des cas où l'on ne saurait examiner le moyen de requête civile sans entrer dans l'examen du fond; par ex.: quand il s'agit de pièces fausses ou de pièces retenues, il est indispensable d'entrer dans le fond du procès, car il faut prouver que ces pièces ont eu ou auraient eu une influence sur la décision. Malgré cela, le jugement sur le rescindant se borne à casser le jugement attaqué et laisse la question du fond sans solution.

Afin de mettre un terme aux procès, la Requête civile est défendue vis-à-vis de certains jugements, savoir :

1° Le jugement déjà attaqué, bien qu'on découvre plus tard de nouveaux moyens de requête.

2° Le jugement sur le rescindant qui a repoussé la requête (a).

3° Le jugement sur le rescisoire.

Mais, si dans ces 3 cas, une 2me requête est défendue, le pourvoi en cassation, s'il y a lieu, est permis.

EFFETS. — La Requête civile n'est PAS DÉVOLUTIVE, car elle est toujours portée au tribunal même qui a rendu la décision attaquée, et le tribunal se borne à casser cette décision sans la remplacer par une autre, tant que les parties n'introduisent pas une nouvelle instance.

Elle n'est PAS SUSPENSIVE de l'exécution du jugement attaqué. Il n'est même pas permis aux juges d'accorder, comme dans la tierce opposition, des *défenses*, afin de surseoir à l'exécution.

Bien plus, il y a un cas où *le jugement doit être exécuté au principal avant de plaider* : c'est lorsqu'il ordonne le DÉLAISSEMENT D'UN HÉRITAGE. Les motifs de la sévérité de la loi dans ce cas sont : la crainte que la requête ne soit qu'un prétexte pour gagner du temps, et le désir de vaincre la résistance des possesseurs d'immeubles. Au reste, cette exécution immédiate n'offre pas d'inconvénient pour le possesseur, puisqu'il est sûr de retrouver l'immeuble, et elle est facile, car il n'a rien à se procurer puisqu'il détient l'immeuble.

Au contraire, la loi n'exige pas cette exécution préalable lorsqu'il s'agit d'un *meuble*, parce que la partie qui le restituerait pourrait, si plus tard elle obtenait gain de cause, ne plus le retrouver entre les mains de son adversaire, et, en outre, parce qu'il lui serait quelquefois difficile et même impossible de se procurer de suite le meuble, surtout s'il s'agit d'une somme d'argent.

Toutefois, l'exécution préalable du jugement ordonnant d'abandonner un immeuble ne saurait être exigée dans 2 cas :

1° S'il y a contrariété de jugements.

2° Si, dans le même jugement, il y a des dispositions contraires.

Dans 2 ces cas, l'exécution doit être suspendue, et elle peut même être impossible.

(a) *Quid si* le jugement sur le resc ndant a admis la requête ? Sous l'Ordonnance de 1667, les commentateurs permettaient la requête. Le texte du Code semble se prêter à cette interprétation.

Lorsque la Requête civile est incidente, c.-à-d. formée dans le cours d'un procès, elle pourra suspendre l'instance principale. En effet, si les juges saisis de la cause principale estiment que la solution de la Requête civile doit avoir quelque influence sur leur décision, ils peuvent surseoir jusqu'à ce qu'il soit statué sur la Requête par le tribunal compétent. Dans le cas contraire, ils passeront outre, c.-à-d. jugeront sans attendre l'issue de la Requête. Au reste, il est à craindre que le recours ne soit formé sans intérêt et dans le but de retarder la décision de l'affaire. Ainsi, en vertu d'un jugement d'Orléans, on saisit mes meubles à Paris, j'attaque cette saisie devant le tribunal de la Seine, en prétendant nul le jugement d'Orléans, parce qu'il a autorisé, en outre, la contrainte par corps sans qu'on l'ait demandée, et je déclare former Requête civile. Je demande alors au tribunal de la Seine de surseoir jusqu'à ce que celui d'Orléans ait jugé la Requête, mais il pourra passer outre et statuer sur la validité de la saisie mobilière, car la contrainte par corps n'a pas été exercée.

Ainsi la Requête civile peut avoir quelquefois un effet suspensif, mais seulement sur l'*instruction* de l'affaire dans le cours de laquelle elle se *produit* (491) (a).

(a)   DIFFÉRENCES
          Entre l'Opposition   et la Requête civile.

Elle est une *voie ordinaire*	Elle est une voie extraordinaire.
Elle a lieu pour *toute espèce de griefs*.	Elle n'a lieu que pour des griefs limitativement déterminés (11 cas).
Elle est *formée librement* par les parties.	Elle n'est formée qu'avec l'avis de 3 avocats.
Une *seule instance* suffit : le même jugement rétracte et réforme la sentence attaquée.	Il y a 2 instances : la 1re sur le rescindant, La 2e sur le rescisoire.
Elle est possible contre les jugements *par défaut seulement*, mais tant en 1er qu'en dernier ressort.	Elle s'applique aux jugements, tant par défaut que contradictoires, mais seulement en dernier ressort.
Elle est suspensive de l'exécution.	Elle ne suspend pas l'exécution.
Le Délai est de 8 jours si le défaut est contre avoué, et de 6 mois au maximum s'il est contre partie.	Le délai est toujours de 2 mois.
Il court pendant la minorité. (Il court de la signification au tuteur.)	Il est suspendu pendant la minorité. (Il court de la signification au pupille devenu majeur.)
Aucune amende n'est consignée ni prononcée.	Une amende de 300 fr. doit être consignée et peut être prononcée.

Ces 2 recours ont cela de commun, qu'ils sont des voies de *rétractation*, et par conséquent sont portés l'un et l'autre devant le tribunal qui a rendu le jugement attaqué.

Titre III. — De la Prise á partie.

La PRISE A PARTIE est une voie extraordinaire par laquelle une partie poursuit pour des motifs déterminés un juge en réparation du préjudice qu'il lui a causé par sa faute dans l'exercice de ses fonctions.

Elle est fort rare, car le législateur a pris de nombreuses précautions pour mettre les juges à l'abri des poursuites.

La loi range ce recours parmi les voies extraordinaires d'attaquer les jugements, bien qu'il s'exerce quelquefois sans qu'aucun jugement ait été rendu, par ex., lorsqu'il y a déni de justice. Mais, le plus souvent, il a une influence sur les jugements.

CAS DE PRISE A PARTIE. — On ne peut pas attaquer le juges pour toute sorte de motifs; autrement, les plaideurs condamnés, étant presque toujours mécontents de leurs juges, ne manqueraient jamais de s'en prendre à eux et rendraient impossible la distribution de la justice. Les cas sont limités, il y en a 4 :

1° S'il y a Dol, Fraude ou Concussion.

2° Si ce recours est expressément autorisé par la loi.

3° Si le juge est déclaré, par la loi, responsable à peine de dommages-intérêts.

4° S'il y a eu Déni de justice.

1° — *S'il y a eu* Fraude *ou* Concussion *commise, soit dans le cours d'une instance,* — *soit lors du jugement.*—La *Fraude* consiste, par ex., à altérer la déposition d'un témoin, ou bien à modifier ou supprimer les pièces produites au procès. — Le *Dol* peut résulter, par ex., de manœuvres faites par un juge pour tromper la religion de ses collègues. Mais en cas de mal jugé par erreur ou ignorance, il n'y a pas lieu à Prise à partie.

Il en était différemment en droit romain.

La *Concussion* consiste dans la perception des droits, taxes ou émoluments non dus (174, C. P.). Par ex., un juge, commis pour une descente de lieux, mentionne dans son procès-verbal plus de jours qu'il n'en a employés; — ou bien, il s'entend avec un avoué pour taxer les frais au-dessus du tarif et partager le bénéfice.

2° — *Si la* PRISE A PARTIE *est* expressément autorisée par la loi. — Le Code de procédure civile ne mentionne aucun cas, le Code d'instruction criminelle les renferme tous. La Prise à partie est

permise s'il y a eu, de la part du juge d'instruction, inobservation des formalités requises dans l'audition des témoins, ou
dans les mandats qu'il peut décerner (77, 112 i. c.). Elle l'est
aussi vis-à-vis des juges et des greffiers, pour défaut de signature, dans les 24 heures de la minute des jugements et arrêts
criminels.

3° — *Si le juge est* **déclaré**, par la loi, responsable à peine de dommages-intérêts. — Par ex., si un juge de paix, après avoir rendu
un interlocutoire, a, par sa faute, laissé périmer l'instance (15);
— ou bien encore, si un juge de paix a levé le scellé avant le
délai de 3 jours fixé par la loi (928). De même, si un juge ordonne
donne la contrainte par corps en dehors des cas prévus par la
loi (2063, c. civ.), ou enfin, si une cour accorde un sursis à
l'exécution d'un jugement de commerce.

4° — *S'il y a eu* **Déni de justice.** — Ce qui a lieu dans les 3 cas
suivants :

   Si le juge refuse de répondre à une enquête.
   S'il néglige de juger une affaire en état et en tour d'être
      jugée.
   S'il refuse de juger, sous prétexte de silence, obscurité ou
      insuffisance de la loi (4, c. civ.; 185. c. p.).

Le retard ne suffit pas, le juge doit être mis en demeure de
statuer ; à cet effet, la partie lui adresse, par huissier, 2 *Réquisitions* (terme plus poli que le mot Sommation), non pas
directement, mais en la personne du greffier. Ces Réquisitions sont faites de 3 jours en 3 jours, s'il s'agit d'un juge de
paix ou de commerce, et de 8 jours en 8 jours, s'il s'agit des
autres juges. Dans la crainte que l'huissier ne refuse, la loi lui
ordonne d'instrumenter, sous peine d'interdiction (506) (a).

PERSONNES ATTAQUABLES PAR LA PRISE A PARTIE. — Ce sont :
   Les Juges de paix, — d'arrondissement — et de commerce.
   Les Prud'hommes.
   Les Membres des cours d'appel, — d'assises — et de
      cassation.
   Les Tribunaux, — cours ou sections de cours.
   Les Membres du Ministère publique.
   Les Greffiers et leurs commis (mais exceptionnellement).
Ainsi, les juges sont susceptibles d'être poursuivis, soit indi-

_____

(a) Dans l'ancien droit, les réquisitions n'étaient permises qu'à l'égard des juges du
1er ressort ; à l'égard des magistrats dont les décisions étaient souveraines, il fallait porter
plainte au Chancelier ou Conseil du Roi.

viduellement, soit collectivement, comme composant un tribunal ou une cour (a). Les héritiers des juges peuvent également
être poursuivis.

TRIBUNAUX COMPÉTENTS. — Ce sont : la Cour d'appel — et la
Cour de cassation.

La Cour d'appel pour :

Les juges.

Les membres des cours d'appel ou d'assises.

Les tribunaux d'arrondissement, de commerce et le conseil
des prud'hommes.

Le ministère public et le greffier près ces cours et tribunaux.

La Cour de cassation pour :

Les cours d'assises, les cours d'appel ou leurs sections.

Les membres de la cour de cassation (b).

DÉLAI. — En principe, la Requête civile peut être exercée
pendant *30 ans*. Cependant, s'il s'agit d'un crime ou d'un
délit, il est admis qu'elle se prescrit par 3 ou 10 ans.

PROCÉDURE. — Afin que la Prise à partie ne soit pas exercée
légèrement et sans fondement, la loi veut qu'avant d'attaquer
le juge, le demandeur obtienne de la cour qui devra connaître
de cette demande l'autorisation d'intenter les poursuites. A cet
effet, une *Requête en permission*, écrite en termes respectueux,
est adressée à la cour compétente ; elle doit être *signée de la
partie*, communiquée au ministère public, et accompagnée de
pièces justificatives. Mais on prétend que depuis le décret du
19 septembre 1870, cette autorisation n'est plus nécessaire (c).

La cour rend son arrêt *en chambre du conseil*, sans débat
oral, et sans entendre le juge attaqué. — Si la Requête est
rejetée, le demandeur est condamné à 300 fr. d'amende, sans
préjudice des dommages et intérêts envers les autres parties
en cause. L'affaire est, dans ce cas, terminée.

(a) Les *Avocats* et *Avoués* appelés accidentellement à siéger pour compléter le tribunal
sont-ils susceptibles d'être pris à partie ? On l'admet, ainsi que cela avait lieu autrefois.
Quant aux *Arbitres*, on n'admet pas qu'ils soient soumis à ce recours, ils sont seulement
passibles de dommages-intérêts, comme de simples mandataires.

(b) La loi ne parle pas de la Prise à partie contre les membres de la Cour de cassation
mais on pense qu'ils sont soumis à ce recours. Quant à la Prise à partie contre la Cour de
cassation tout entière, ou contre l'une de ses sections, elle est impossible, puisqu'il n'y a
pas de tribunal supérieur pour en connaître ; toutefois, on pourrait dire que la prise à partie contre une section peut être jugée par les autres sections réunies.

(c) Ce décret qui supprime l'autorisation préalable du Conseil d'Etat exigée par l'art. 75
de la Constitution de l'an VIII, pour poursuivre les agents de l'Administration, ajoute, en
effet : « *Seront également abrogées toutes autres dispositions des lois générales ou spéciales ayant
pour objet d'entraver les poursuites contre des fonctionnaires publics de* TOUT ORDRE. »

Si la Requête est admise, la procédure continue (a).

Cette Requête est alors signifiée dans les 3 jours directe·ment au juge, qui doit désormais s'abstenir de connaître du procès à propos duquel il est pris à partie.

Le juge doit fournir ses défenses dans la huitaine.

Le demandeur peut y répondre.

Puis, l'affaire est portée à l'audience publique sur un simple acte, et les plaidoiries ont lieu comme dans les autres affaires.

Enfin, l'arrêt définitif est rendu par la cour en *audience solennelle*, c.-à-d. en chambres réunies. (D. 30 mars 1808, 22.) (b).

EFFETS. — Si la Prise à partie est *rejetée*, le demandeur est condamné à une *amende de 300 fr.*, sans préjudice de *domma·ges et intérêts* envers les parties.

Si elle est *admise*, ce qui est très-rare, la loi ne s'explique pas. On adopte différentes solutions, suivant les hypothèses.

S'il s'agit d'un acte fait par un juge, en dehors d'une ins·tance, par ex., une arrestation illégale (112, 1. c.), l'acte est annulé et le juge condamné à des dommages-intérêts envers la partie. — S'il y a eu Déni de justice, il y aura simplement lieu à dommages-intérêts. — Enfin, s'il s'agit d'un jugement rendu par dol, fraude ou concussion, le juge est encore con·damné à réparer le préjudice ; mais comment procédera-t-on ? Le jugement sera-t-il annulé, sauf à la partie en faveur de qui il a été rendu à se faire indemniser par le juge ? Ou bien le jugement sera-t-il maintenu, sauf à celui contre qui il a été rendu à demander des dommages et intérêts au juge ? Les 2 solutions auraient à peu près le même résultat, s'il n'y avait pas à craindre l'insolvabilité du juge, car cette insolvabilité retombera sur l'une ou l'autre partie, suivant qu'on admettra tel ou tel moyen. On distingue généralement s'il y a eu ou non complicité de la part de la partie adverse. Quand il y a eu com·plicité de la partie gagnante, on admet que le jugement sera réformé, savoir : par l'appel, s'il est en 1er ressort, — par re·quête civile, s'il est en dernier ressort.

(a) Non-seulement le juge attaqué ne doit plus connaître du différend à l'occasion duquel la prise à partie a eu lieu, mais il doit s'abstenir, jusqu'au jugement définitif, de toutes les causes que la partie, ou ses parents en ligne directe, ou son conjoint, pourront avoir de·vant son tribunal, à peine de nullité des jugements.

(b) L'art 825 veut que la prise à partie, après avoir été admise par une section, soit jugée par une *autre section*, mais cette disposition est abrogée par le décret de 1806, qui défère le jugement à la Cour en audience solennelle, c.-à-d. composée de 2 chambres réunies. Dès ors, rien n'empêche que les premiers juges qui ont autorisé la requête soient admis à siéger une seconde fois. Quant au renvoi à une autre Cour dans le cas où la Cour n'aurait eu qu'une section, elle n'a plus d'application. Au reste, toutes les Cours ont aujourd'hui 2 sections (D. 6 juillet 1810).

Mais si la complicité n'existe pas ? Il y a controverse :

Les uns veulent que le jugement soit maintenu entre les parties ; les autres, qu'il soit annulé. Parmi ces derniers, il y a encore divergence sur les moyens d'anéantir le jugement : les uns accordent l'appel ou la requête civile, suivant qu'il est en 1er ou dernier ressort ; d'après les autres, le dol du juge est un acte de forfaiture qui doit être annulé par la cour de cassation. Enfin, il en est qui disent, avec plus de raison, que la Prise à partie étant une voie extraordinaire d'attaquer le jugement, il appartient au tribunal qui statue sur ce recours de réformer le jugement, qu'il y ait ou non complicité de la partie.

APPENDICE (a).

Du Recours en cassation.

Le Recours en cassation est une voie extraordinaire d'attaquer devant la cour suprême, et pour des motifs déterminés, les jugements *en dernier ressort* (contradictoires ou par défaut).

Ce n'est pas un 3me degré de juridiction ; la cour de cassation n'examine pas si le jugement a été bien ou mal rendu au fond, mais si les moyens de cassation proposés sont justifiés ; quand elle annule un jugement, elle n'y substitue pas un nouveau jugement, elle renvoie seulement les parties devant un autre tribunal du même degré que celui dont la décision a été cassée.

Le recours en cassation constitue une instance nouvelle, en sorte que les parties qui ont besoin de se faire autoriser pour agir en justice devront se munir d'une nouvelle autorisation.

EFFETS DU RECOURS.—Le pourvoi en cassation n'est ni *dévolutif*, — ni *suspensif*.

Il n'est *pas dévolutif*, puisque la cour n'a pas à examiner la cause mais seulement, si les moyens de cassation invoqués sont sérieux ; elle se borne à maintenir ou à casser la décision, sans la réformer, et ne peut la remplacer par une autre.

(a) Le Code de procédure, sauf l'art. 504, ne contient aucune disposition, soit sur l'organisation, soit sur les attributions, soit sur la procédure de la Cour de cassation : cette matière est encore régie par des réglements anciens modifiés par quelques lois rendues, pour la plupart, avant la publication du Code de procédure ; les principaux textes sont : le réglement du Conseil du 28 juin 1737 dû à d'Aguesseau, — la loi du 1er décembre 1790, — le décret du 2 brum. an IV, — la Constitution du 22 frim. an VII, — la loi du 27 ventôse an VIII, — et l'ordonnance du 15 janvier 1826.

Il n'est *pas suspensif*, excepté cependant lorsqu'il s'agit d'un *Faux incident civil*, c.-à-d. d'un jugement ordonnant la suppression ou la réformation d'une pièce déclarée fausse (241) ; il en était de même en matière de *divorce* (263, c. civ.) (*a*).

Il est des cas où l'exécution opérée malgré le recours en cassation amènera des résultats irrémédiables, notamment si une opposition au mariage est rejetée, après appel, la célébration aura lieu malgré le pourvoi en cassation, et si celui-ci est admis, le mariage sera bien cassé, mais un peu tard.

Cas d'ouverture de cassation. — Il y en a 4 :

    1° L'*Incompétence* — ou *Excès de pouvoir*.

    2° La *Violation de la loi*.

    3° La *Violation des formes de procédure* prescrites à peine de nullité.

    4° La *Contrariété de jugements* en dernier ressort rendus par des cours ou tribunaux *différents*, entre les mêmes parties et sur les mêmes moyens.

1° — **Incompétence ou Excès de pouvoir.** — L'Incompétence constitue, en quelque sorte, un excès de pouvoir, et l'excès de pouvoir suppose une incompétence. Ainsi, quand un tribunal statue sur une affaire qui n'est pas de sa compétence, on peut dire qu'il excède ses pouvoirs ; réciproquement, quand un tribunal fait un acte qui lui est défendu, on peut dire qu'il est incompétent à raison de cet acte. Ces deux expressions sont donc à peu près synonymes ; toutefois, il importe de distinguer les 2 cas, car la loi en a fait 2 ouvertures de cassation qui ne suivent pas les mêmes règles (*b*).

L'Excès de pouvoir s'entend spécialement des *actes défendus à toute juridiction*. Ainsi, un tribunal commet un excès de pouvoir en rendant une décision par voie de règlement général (5, c. civ.) (*c*) ; — en défendant d'exécuter une loi ou un jugement ; — en s'opposant aux mesures administratives, car ce sont là des actes qui ne sont permis à aucune juridiction.

<hr>

(*a*) De même le décret du 16-19 juillet 1793 défend aux caisses publiques de faire un paiement en vertu d'un jugement attaqué en cassation, à moins qu'il ne soit fourni caution.

(*b*) En cas d'*excès de pouvoir*, le procureur général peut, sur l'ordre du gouvernement, attaquer les décisions en 1er ressort. — il peut le faire, soit avant, soit après les délais accordés aux parties, — enfin, ce recours profite aux parties elles-mêmes, contrairement à ce qui a lieu pour l'incompétence et les autres cas d'ouverture L'excès du pouvoir est aussi le seul motif de cassation contre les jugements des juges de paix (l. 1838, a. 15).

(*c*) Mais lorsqu'un tribunal qualifie en dernier ressort un jugement qu'il ne pouvait prononcer qu'en 1er ressort, bien qu'il y ait en quelque sorte excès de pouvoir, il n'y a pas lieu à cassation, mais simplement à appel (453).

L'INCOMPÉTENCE s'entend des *actes attribués à une autre juri-diction* ou *à un autre tribunal ;* c'est un empiétement d'une juridiction sur une autre. Par ex., une affaire civile a été jugée par un tribunal de commerce ; ou bien une affaire civile a été jugée par le tribunal de la situation de l'objet litigieux, tandis que le tribunal compétent était celui du domicile du défendeur, l'affaire étant personnelle, et non pas réelle.

Si l'incompétence est *ratione materiæ*, il y a lieu à cassation, même dans le cas où les parties n'auraient pas proposé cette exception dans le cours de l'instance, car elle est d'ordre public.

Si l'incompétence est *ratione personæ*, il n'y a lieu à cassation qu'autant que l'exception a été proposée au début de l'instance et qu'elle a été repoussée par les juges, car c'est une exception dans l'intérêt privé de la partie et qui est couverte par son silence (*a*).

2° — Violation expresse de la loi (*b*). — La cour de cassation recherche seulement si le droit a ou n'a pas été violé ; elle n'a pas à vérifier si les *faits* relatés dans la décision attaquée sont vrais ou faux. Les questions de fait sont jugées souverainement par les cours et tribunaux et échappent à la censure de la cour de cassation, qui doit se borner à examiner s'il y a lieu, à l'égard de ces faits ainsi reconnus, une juste application de la loi. Ainsi, une libéralité testamentaire faite à un médecin est attaquée à raison des soins donnés au malade (909, c. civ.) : si le tribunal de 1ʳᵉ instance ou la cour d'appel, tout en reconnaissant en fait que le médecin a donné ses soins au malade avant et après le testament, admet en même temps que le testateur est mort d'une autre maladie et valide la disposition, la cour n'aura pas à examiner s'il y a eu 2 maladies successives et distinctes ou s'il y a eu continuation de la même maladie, car c'est là une question de fait.

Toutefois, si les juges ont reconnu pour vrais des faits dont la loi n'admet pas la vérification, tels que la paternité naturelle dans un cas où la loi en défend la recherche, — ou s'ils n'ont pas admis comme vrais des faits que la loi déclare constants, par ex., un fait attesté dans un acte authentique non argué de faux, il y a encore lieu à cassation, car ce n'est plus une ques-

(*a*) Si le jugement était par défaut, il y aurait nécessairement lieu à cassation, car on ne peut considérer le défaillant comme ayant accepté la compétence du tribunal.

(*b*) La loi de 1790 portait : *Contravention expresse au texte de la loi ;* la Constitution de l'an VIII dit simplement : *Contravention expresse à la loi.* La Cour, en effet, doit faire respecter plutôt la pensée que le texte de la loi.

tion de fait, mais une question de droit qui est soulevée, puisque la reconnaissance ou la méconnaissance de ces faits constitue par elle-même une violation de la loi.

Pour qu'il y ait lieu à cassation, il faut que la violation de la loi porte sur le *dispositif* du jugement, et non sur les *motifs*; il importe peu, en effet, que les considérants soient plus ou moins exacts, si la décision est conforme au droit.

3° — **Violation des formes de procédure** *prescrites à peine de nullité.* — Comment peut-il y avoir recours à cassation pour ce motif puisque c'est un cas de requête civile, et qu'il n'y a pas lieu à cassation dans les cas où la requête civile est ouverte ? (Voyez p. 235).

4° — **Contrariété de jugements** *en dernier ressort rendus par des cours ou des tribunaux* DIFFÉRENTS, *entre les mêmes parties et sur les mêmes moyens.* — Si les 2 jugements émanaient du *même tribunal*, il y aurait lieu à Requête civile (480). Toutefois, si le tribunal rejetait la requête, on pourrait alors recourir en cassation (Voyez Requête civile, p. 236).

Délai. — Le recours en cassation doit être formé dans les 2 mois à partir de la signification, pour les jugements contradictoires, ou de l'expiration des délais d'opposition, pour les jugements par défaut (l. 9 mai 1862). S'il n'y a pas eu signification, il est possible pendant 30 ans (a). Ce délai n'est pas augmenté à raison des distances.

Jugements susceptibles d'un Pourvoi en cassation. — Ce sont : *les jugements* en dernier ressort, et jamais ceux sujets à appel, alors même que les délais seraient expirés, car dans ce cas, on est censé avoir acquiescé à la sentence. Ainsi, de même que dans la Requête civile il ne suffit pas que le jugement ait acquis force de chose jugée, c.-à-d. que l'appel ne soit plus possible, il faut que l'appel n'ait *jamais* été possible.

Toutefois, il est un cas où les *décisions en* 1er *ressort* sont cependant susceptibles d'un recours en cassation, mais seulement de la part du ministère public, c'est pour EXCÈS DE POUVOIR (l. 27 vent. an VII, 80). Mais si la faculté d'appel empêche le pourvoi en cassation, il n'en est pas de même de la faculté d'opposition ; la cassation est, en effet, admise contre les jugements tant contradictoires que par défaut, pourvu, dans ce cas, que les délais d'opposition soient expirés.

(a) Si la partie décède pendant le délai de 2 mois, il faut faire une nouvelle signification aux héritiers qui ont un nouveau délai de 2 mois.

Les jugements tant définitifs qu'avant dire droit peuvent être attaqués en cassation. Toutefois, les jugements *préparatoires* ne font pas l'objet d'un recours spécial et immédiat; ils ne peuvent être attaqués qu'après que le jugement définitif a été rendu et avec lui. Cette distinction est admise aujourd'hui par la jurisprudence (a) par analogie avec ce qui a lieu pour l'appel. Mais avant le Code de procédure, la loi du 2 brumaire an IV défendait les pourvois contre les décisions d'instruction.

Ainsi sont attaquables :

Les arrêts des cours d'appel, car ils sont toujours en dernier ressort.

Les jugements des tribunaux d'arrondissement en 1er et dernier ressort,— ou ceux en 2me ressort (appel des justices de paix).

Les jugements des tribunaux de commerce en 1er et dernier ressort (appel des conseils des Prud'hommes).

Les jugements des juges de paix en dernier ressort (mais seulement en cas d'*excès de pouvoir*) (l. 27 vent. an VIII).

Les décisions des conseils de Prud'hommes.

Il n'y a pas lieu à cassation contre les Sentences arbitrales (b).

On ne peut pas non plus attaquer les Arrêts de la cour de cassation elle-même.

Personnes ayant le droit d'exercer le Pourvoi.—Ce sont:

1° Les Parties qui ont figuré dans l'instance, leurs héritiers et ayants-cause (les tiers ne le peuvent pas, ils n'ont que la tierce opposition) (c).

Le Ministère public peut également se pourvoir lorsqu'il a été partie principale.

2° Le Procureur général près la cour de cassation, mais dans 2 cas seulement :

1° Sur l'ordre du Gouvernement, pour *excès de pouvoir*.

2° De son chef, pour *violation de la loi* — ou *des formes*.

Il importe de distinguer entre les 2 cas: dans le cas d'*excès de pouvoir*, en effet, le procureur général agit sur l'ordre du ministre de la justice, au lieu d'agir de son chef, — de plus, le pourvoi peut être formé, même avant l'expiration des délais

(a) Il s'agit ici de l'arbitrage *volontaire*, car dans l'arbitrage *forcé*, qui a été supprimé en 1856, le recours en cassation était admis (1028).

(b) Cass. 16 mai 1809, — 24 juin 1845, — 25 fév. 1852.

(c) Sous ce rapport, la cassation ressemble à la requête civile et diffère de la tierce opposition.

accordés aux parties ; — enfin, ce pourvoi profite aux parties
elles-mêmes, en ce sens que le jugement est non avenu, même
à leur égard. (Dans ce cas, la *chambre des requêtes* statue
seule). On soutient aussi que ce pourvoi peut être fait même
contre les décisions *en 1er ressort*.

Au contraire, dans le cas de la *violation de la loi* — ou *des
formes*, le pourvoi est formé par le procureur général, de son
chef ; — il a lieu seulement à propos de décisions en dernier
ressort ; — il ne peut être formé qu'après l'expiration des
délais accordés aux parties ; — enfin, il ne profite nullement
aux parties, en ce sens qu'elles ne peuvent se prévaloir de la
cassation pour éluder les dispositions du jugement qui vaut
transaction entre elles.

Dans ce dernier cas, le pourvoi est dit dans l'intérêt de la loi,
parce qu'il est formé pour l'honneur des principes et l'observation de la loi. Il est porté directement devant la *chambre
civile*, et, bien qu'admis par elle, c.-à-d. bien que le jugement
soit cassé, il n'y a pas lieu de renvoyer l'affaire devant un
autre tribunal pour la faire juger de nouveau.

PROCÉDURE. — Elle comprend, pour ainsi dire, 2 périodes,
comme dans la requête civile. La 1re se passe devant la chambre des requêtes, — la 2me (s'il y a lieu) se déroule devant la
chambre civile. En principe, *tous* les pourvois sont portés d'a-
bord devant la chambre des requêtes pour y subir un 1er examen. Cette chambre a, en effet, pour mission de rejeter de
suite les pourvois qui ne lui paraissent pas fondés et de renvoyer à la chambre civile ceux qui lui semblent sérieux pour
qu'ils soient soumis à un examen plus approfondi ; ceux-ci
seuls parcourent les 2 périodes. Dans le 1re période, tout se
passe entre le demandeur, le ministère public et la chambre
des requêtes ; le défendeur n'est pas appelé à contredire, il
n'est même pas prévenu du recours formé contre ses intérêts.
Mais il n'y a aucun inconvénient, puisque, si le pourvoi est
rejeté, tout est fini et le défendeur bénéficie du jugement, qui
dès lors est inattaquable. — Si, au contraire, le pourvoi est
admis, le jugement n'est pas cassé, le pourvoi est seulement
renvoyé à un nouvel examen devant la chambre civile, où le
défendeur est alors appelé : ce n'est qu'à ce moment qu'il rentre en cause.

1re *Période.* — Le pourvoi en cassation s'introduit par un
mémoire en forme de requête, signé d'un avocat à la cour de

cassation, et déposé par lui au greffe de la cour, sans signification au défendeur. Il doit contenir les noms du demandeur
et du défendeur, l'indication de l'arrêt attaqué et l'exposé des
moyens (plus tard, on peut faire un mémoire détaillé ou *amplia-
tif*) (*a*). On y joint, sous peine de nullité, la quittance de consignation de l'amende (150 fr. pour les jugements contradictoires, moitié pour ceux par défaut, c.-à-d. 75 fr.) (*b*). En outre,
il faut déposer la copie authentique du jugement attaqué.

L'affaire est portée devant la chambre des requêtes; le président désigne, parmi les conseillers, un rapporteur auquel les
pièces sont remises; communication des pièces est faite au
ministère public. A l'audience, le rapporteur fait son rapport;
l'avocat du demandeur expose ses moyens (le défendeur n'est
pas représenté dans le débat devant la chambre des requêtes).
Le ministère public présente ses conclusions. La cour, si les
moyens de cassation ne lui paraissent pas sérieux, rend un
arrêt de rejet *motivé*. Cet arrêt est définitif. Mais si les moyens
paraissent sérieux et admissibles, la cour prononce le *renvoi à
la chambre civile* (arrêt de soit communiqué). Dans ce cas, son
arrêt n'est ni *motivé*, ni *définitif*, puisqu'il ne tranche pas la
question. Au reste, il est inutile de donner des motifs qui ne
seront peut-être pas admis par la chambre civile.

La chambre des requêtes a ainsi pour mission d'examiner le
mérite de *tous* les pourvois, d'arrêter et repousser ceux qui ne
lui paraissent pas sérieux, et laisser passer les autres, afin
qu'ils soient soumis à un 2me examen (*c*). De cette façon la
chambre civile se trouve moins encombrée et expédie les affaires avec plus de célérité; si l'on eût créé 2 chambres civiles se
partageant les affaires il n'y aurait pas eu suite de jurisprudence.

2me *Période*. — Dans les 2 mois de l'admission, le demandeur
signifie au défendeur copie : 1° de la requête introductive, —
2° de l'arrêt d'admission, avec sommation de comparaître, c.-à-d.
de choisir un avocat.

Le défendeur doit, dans le délai d'un mois (l. 2 juin 1862),
constituer son avocat et signifier son mémoire dans les 3 jours

(*a*) Non-seulement les parties ne peuvent présenter des demandes nouvelles, puisque la
Cour ne rend aucune décision sur le fond de l'affaire, mais elles ne peuvent invoquer des
moyens nouveaux, à moins qu'ils ne soient fondés sur l'ordre public. Ainsi elles ne peuvent,
pour la 1ʳᵉ fois, invoquer la prescription.

(*b*) L'État est dispensé de consigner l'amende. De même les indigents, s'ils fournissent
un certificat du maire et un extrait des contributions constatant qu'ils paient moins de
6 fr. Mais si les indigents succombent, ils sont condamnés à l'amende.

(*c*) En *matière criminelle*, il n'en est pas ainsi; les affaires ne sont pas soumises à ce
double examen, elles ne sont pas portées tout d'abord devant la Chambre des requêtes, mais
directement devant la Chambre criminelle, qui statue seule et définitivement.

suivants, faute de quoi l'affaire est jugée par défaut, faute de comparaître. C'est le seul défaut possible en cassation (a).

Le demandeur peut signifier un autre mémoire en réponse. Ainsi, devant la chambre civile, l'affaire est engagée entre les parties. L'instruction, comme devant la chambre des requêtes, exige d'abord un rapport fait par un conseiller, puis les avocats respectifs des parties prennent la parole, — enfin, le ministère public donne ses conclusions.

La cour rend alors son arrêt, lequel est toujours *motivé*. — Si elle *rejette* le pourvoi, son arrêt est souverain, en ce sens que le procès est complétement terminé. Le jugement attaqué peut être immédiatement exécuté, sans signification de l'arrêt de rejet. Le demandeur est condamné à une amende de 300 fr. pour un jugement contradictoire, ou de moitié, c.-à-d. 150 fr., s'il est par défaut. Ainsi, l'amende prononcée par la chambre civile est *double* de celle prononcée par la chambre des requêtes.

Si la cour *admet* le pourvoi, elle casse le jugement, l'amende est restituée et l'arrêt est renvoyé à la juridiction qui a rendu le jugement cassé avec ordre de l'inscrire sur ses registres. L'affaire est renvoyée à un autre tribunal de même ordre (*le plus voisin* de celui qui a rendu la décision attaquée). Si le renvoi a lieu devant une cour d'appel, elle juge 2 chambres réunies (b).

Il y a 2 cas où il est inutile de prononcer le renvoi :

1º Si c'est pour *contrariété de jugements*, car alors le dernier jugement seul étant cassé, le 1er est maintenu.

2º Si le pourvoi est formé, par le procureur général de la cour de cassation, dans l'*intérêt de la loi* (c.-à-d. pour violation de la loi ou des formes) ; le jugement, dans ce cas, est, en effet, maintenu vis-à-vis des parties.

EFFETS DES ARRÊTS DE CASSATION. — L'arrêt de cassation prononcé par la chambre civile anéantit purement et simplement la décision attaquée, sans la remplacer par une autre, en sorte qu'il remet les parties dans la situation où elles étaient avant le jugement cassé, c.-à-d. avant le procès. Seulement, au lieu d'être jugées par le même tribunal, elles devront s'adresser au tribunal le plus voisin.

(a) Toutefois, le demandeur n'obtient pas ses conclusions sans un examen approfondi, et il peut même être condamné. Le défendeur peut former opposition dans le délai d'un ou deux mois, suivant les cas. Il doit consigner 300 fr., l'amende étant double en cas de défaut.

(b) Si l'arrêt d'admission est prononcé par défaut, il n'est définitif et l'affaire n'est renvoyée qu'après l'expiration des délais d'opposition.

Tous les effets du jugement sont effacés, et tous les actes d'exécution faits jusqu'au moment de l'arrêt de cassation tombent, en ce sens qu'on rétablit les choses dans l'état primitif. Ainsi, l'individu qui a été reconnu créancier en vertu de ce jugement et qui, en cette qualité, s'est fait payer le montant de sa créance, devra rembourser à son adversaire tout ce qu'il a reçu de lui ; de même, si le jugement qui a reconnu une personne propriétaire d'un terrain vient à être cassé, le droit de propriété de cette personne tombe ; de plus, les servitudes et hypothèques qu'elle avait consenties sont également anéanties.

Mais si, en principe, les choses sont remises dans l'état où elles étaient avant le jugement cassé, il est cependant des cas où l'on ne pourra plus reprendre ses droits tels qu'ils étaient, et où le préjudice résultant de l'exécution du jugement cassé sera irréparable. Ainsi, Primus a pris sur un immeuble de 20,000 fr. une 1re hypothèque de 15,000 fr. — Secundus en a pris une 2e de 10,000 fr. — Si le débiteur, se prétendant libéré vis-à-vis de Primus, obtient la radiation de la 1re hypothèque, il pourra la faire rayer après arrêt confirmatif de la Cour d'appel. Dès lors, comme il ne reste plus que l'hypothèque de 10,000 fr. de Secundus, le débiteur pourra facilement concéder une autre hypothèque de 10,000 fr. à Tertius, lequel, se trouvant ainsi au 2e rang, est certain d'être payé. — Puis, Primus, ayant fait casser le jugement qui a ordonné la radiation, devrait pouvoir reprendre son 1er rang comme avant le jugement cassé. Cela est équitable à l'égard de Secundus, mais non à l'égard de Tertius, qui n'a pu prévoir cette hypothèque et qui ne pourrait plus être payé puisque l'immeuble, qui ne vaut que 20,000 fr., est insuffiant pour payer les 2 premiers créanciers.

Dans ce cas, on décide que Primus reprendra le 1er rang vis-à-vis de Secundus, mais qu'il aura le 3e rang vis-à-vis de Tertius. En sorte que Primus aura 5,000 fr., Secundus 5,000 fr., et Tertius 10,000 fr.

Le tribunal auquel l'affaire est renvoyée par la chambre civile pour être de nouveau jugée n'est pas lié par l'arrêt de la cour ; il a sa libre appréciation en fait et en droit et peut décider dans le même sens que le 1er tribunal. S'il se conforme à la doctrine de la cour de cassation, on prétend que ce jugement ne peut plus être attaqué en cassation, cependant aucun texte ne le défend. — S'il décide comme le 1er tribunal, c.-à-d. contrairement à l'avis de la cour de cassation, et qu'il y ait un nouveau pourvoi, ce qui est très probable, qui en connaîtra ?

Il y a eu, au sujet de ce 2me pourvoi, de nombreuses variations dans la législation (a); après la Révolution, c'était le Corps législatif qui tranchait la difficulté par une déclaration interprétative; plus tard, sous l'Empire, ce fut le Conseil d'Etat; depuis la Restauration, c'est la cour de cassation seule. Le 2me pourvoi est, en effet, porté aujourd'hui devant les *3 chambres réunies*. Si la Cour revient sur sa doctrine pour adopter celle du 2e tribunal, elle rejette le pourvoi, et, dès lors, le jugement a l'autorité de la chose jugée irrévocablement. Mais, si elle persévère, elle casse le jugement une seconde fois, et l'affaire est renvoyée devant un 3me tribunal, lequel n'a pas la même liberté de décision que le 2me; en effet, il reste bien juge de l'*appréciation des faits*, mais il doit se conformer à l'arrêt de la cour sur le *point de droit* (l. 1er avril 1837). Ainsi, un arrêt de Cour d'appel décide que le mari médecin qui a donné des soins à sa femme est incapable de recevoir le legs que celle-ci lui a fait pendant la maladie dont elle est morte. — Cassation déclarant que la Cour a violé l'art. 909 du Code civil et que le mari médecin est capable de recevoir une libéralité faite par sa femme. — Renvoi devant une 2me Cour d'appel, qui décide, comme la 1re, que le mari est incapable. — 2me arrêt de Cassation (chambres réunies) qui maintient que le mari est capable. — Renvoi devant une 3me Cour d'appel. Celle-ci est forcée de

(a) Suivant la loi du 1er décembre 1790, après cassation successive de 2 jugements sur une même affaire, le 3e tribunal pouvait statuer comme bon lui semblait; s'il jugeait comme les 2 premiers, la Cour de cassation, avant de se prononcer sur le 3e pourvoi, devait provoquer une déclaration interprétative du Corps législatif. Dès lors, la question était résolue législativement et, par conséquent, ne pouvait plus être soulevée. La Cour rendait un arrêt conforme.

Ce système, maintenu par la Constitution de 1791, fut simplifié par la Constitution de l'an III, qui voulut que l'interprétation législative fût demandée non plus lors du 3e pourvoi, mais dès le 2e.

La Constitution de l'an VIII y fit de profondes modifications: sur le 2e pourvoi, on ne recourt plus au pouvoir législatif, la Cour de cassation statue toutes chambres réunies. Mais, bien que cet arrêt solennel dût avoir une influence morale plus grande sur le 3e tribunal, il n'avait rien d'impératif; aussi, vit-on un 3e tribunal juger dans le sens des deux autres tribunaux et contrairement à la Cour.

On fit alors la loi du 16 septembre 1807, qui donne le choix à la Cour de cassation saisie du 2e pourvoi de demander de suite au gouvernement, c.-à-d. au Conseil d'Etat, un avis interprétatif de la loi, ou bien de statuer préalablement toutes chambres réunies sous la présidence du ministre de la justice, sauf, dans le cas d'un 3e pourvoi, à demander alors l'interprétation au Conseil d'Etat.

Ce système, qui était en harmonie avec les institutions de l'Empire, ne l'était plus avec celles de la Restauration, aussi une loi du 31 juillet 1828 supprime l'interprétation du pouvoir exécutif et veut que le 2e pourvoi soit toujours jugé par la Cour de cassation présidée par son 1er président et non plus par le ministre. Le 3e tribunal auquel l'affaire est renvoyée, lequel est toujours une Cour d'appel, quel que soit le tribunal dont la décision est cassée, juge en assemblée générale, et si sa decision est dans le sens des 2 autres tribunaux, sa sentence est souveraine et ne peut être déférée à la Cour de cassation. Toutefois, comme ce conflit entre les Cours d'appel et la Cour de cassation laisse un certain doute sur la question, le gouvernement doit, l'année suivante, présenter aux chambres un projet d'interprétation de la loi, afin de régler les affaires de même nature pour l'avenir.

Enfin, la loi du 1er avril 1837, aujourd'hui en vigueur, veut qu'après le 2e pourvoi jugé par les chambres réunies, le 3e tribunal se conforme sur le point de droit à l'interprétation de la Cour de cassation.

se conformer à la doctrine de la Cour de cassation et de reconnaître la capacité du mari, mais, comme elle a droit d'apprécier les faits d'une manière indépendante, elle peut juger, par ex., que la femme n'était pas saine d'esprit au moment de la disposition, et que dès lors le legs fait au mari est nul. Cette décision amène en définitive le même résultat que les arrêts des autres Cours d'appel, sans cependant que le principe de droit imposé par la Cour de cassation ait été repoussé.

Lorsque 2 arrêts de cassation sont rendus dans le même sens sur un point controversé, il semble que la question soit définitivement tranchée : il n'en est rien. L'interprétation de la cour n'est obligatoire que pour le 3ᵐᵉ tribunal auquel l'affaire est renvoyée, et encore dans cette affaire seulement ; les autres tribunaux peuvent repousser cette opinion, la cour elle-même peut se déjuger le lendemain dans une autre affaire. Aussi, la jurisprudence de la cour de cassation, quelque constante et ancienne qu'elle soit sur une question, n'offre qu'une grande probabilité de stabilité, mais jamais une certitude.

Ce système déplorable est destiné à perpétuer le doute et l'erreur plutôt qu'à les faire cesser ; il est regrettable que le Conseil d'Etat n'ait plus le pouvoir d'émettre les avis interprétatifs ayant force de loi, ou plutôt que le Corps législatif ne soit pas, comme dans le principe, chargé de trancher la question par une déclaration interprétative (a).

(a) DIFFÉRENCES

Entre la **Requête civile**	et la **Cassation.**
Elle est admise dans 11 cas.	Elle est admise dans 4 cas.
Contre les décisions en dernier ressort seulement.	Même contre les décisions en 1ᵉʳ ressort, mais seulement pour excès de pouvoir.
Elle n'est permise qu'aux parties.	Elle est permise aussi au procureur général dans certains cas.
Elle n'est formée qu'après avis de 3 avocats.	Elle est formée librement.
Elle s'introduit par une requête signifiée à l'adversaire qui est appelé en cause dès la 1ʳᵉ phase de l'instance.	Elle s'introduit par un mémoire déposé au greffe sans signification à l'adversaire, lequel n'est pas appelé dans la 1ʳᵉ phase de l'instance (chambre des requêtes).
Le jugement est cassé dans la 1ʳᵉ instance (le rescindant).	Le jugement n'est cassé que lors du 2ᵉ examen de l'affaire, lequel est alors contradictoire (chambre civile).
L'affaire reste devant le même tribunal qui statue alors sur la 3ᵉ fois (rescisoire).	L'affaire est renvoyée devant un tribunal du même ordre que celui dont le jugement est annulé.
La contrariété de jugements doit émaner du même tribunal.	La contrariété de jugements doit émaner de tribunaux différents.
La violation des formes ne doit pas avoir été proposée par les parties.	La violation des formes doit avoir été invoquée par les parties et repoussée par les juges.

Mais l'un et l'autre recours sont une voie extraordinaire et n'ont lieu que dans des cas déterminés.

L'un et l'autre s'appliquent aux décisions tant contradictoires que par défaut, et n'appartiennent pas aux tiers comme dans la tierce opposition.

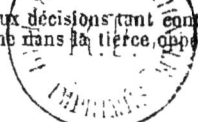

QUESTIONNAIRE

PROCÉDURE CIVILE

1re Leçon.

ORGANISATION JUDICIAIRE. — Quel est l'objet du Code de procédure ci-vile ? V.—Qu'est-ce que la procédure ?—Qu'entend-on par Organisation ju-diciaire ? — Qu'est-ce qu'un tribunal ? — Comment se divisent les Tribu-naux ?—Que signifient les mots Ressort — Juridiction — Compétence ? VI. — Quelles sont les circonscriptions judiciaires ? — Où y a-t-il des justices de paix ? VII. — Comment se compose le Tribunal de paix ? — Par qui est nommé le Juge de paix ? — Quelle est sa compétence en 1er et dernier ressort ? — En dernier ressort seulement ? — Où est porté l'appel ? — Où y a-t-il des Tribunaux de 1re instance ? VIII. — Cette dénomination est-elle exacte ? — Comment appelle-t-on le Tribunal qui siége à Paris ? — Combien y a-t-il de Juges ? — de Chambres ? — Comment est composé le Ministère public ? — Quelle est la compétence des Tribunaux de 1re ins-tance ? IX. — Jusqu'à quelle somme jugent-ils sans appel ? — Devant quel tribunal est porté l'appel de leurs jugements ?—Combien y a-t-il de Cours d'appel ? — Combien chaque Cour comprend-elle de conseillers ? X. — De Chambres ? — Comment se compose le Ministère public ? — Quelle est la compétence des Cours d'appel ?—Les Cours ne jugent-elles pas quelquefois en 1er et dernier ressort ? — Où y a-t-il des Tribunaux de commerce ? XI. — Par qui sont jugées les affaires commerciales dans les arrondissements où il n'y en a pas ? — Comment se compose chaque Tribunal ? — Qui nomme les juges de commerce ? — Qui désigne les électeurs commerçants ? — Y a-t-il un ministère public ? XII. — Quelle est la compétence des Tri-bunaux de commerce ? — Où est porté l'appel de leurs jugements ? — Où y a-t-il des Conseils de Prud'hommes ? — Comment se compose le Conseil ? — Par qui sont nommés les Prud'hommes ?—Quid des Présidents et Vice-Présidents ? XIII. — Comment se divise le Conseil ? — Quelles sont les attributions de chaque bureau ? — Où est porté l'appel des décisions des Prud'hommes ? — Qu'est-ce que les Prud'hommes pêcheurs ? — Qu'est-ce que la Cour de cassation ? XIV. — Quels sont ses membres ? — En combien de chambres se divise-t-elle ?—Comment est composé le Ministère public ? — Qu'entend-on par Juges, — Conseillers ? XV. — Quels sont les différents noms qu'on donne aux décisions des juges ? — Qu'est-ce que le ministère public ? — Qu'est-ce qu'un Greffier ? — Un avocat ? — Qu'entend-on par Avocat à la Cour d'appel ? XVI. — à la Cour de Cassation ? — Qu'est-ce qu'un Avoué — un Agréé — un Huissier — un Commissaire priseur ?

2me Leçon.

CONCILIATION.—Quels sont les moyens d'éviter un procès? 1.—Qu'est ce que la Transaction,— le Compromis?—N'y a-t-il pas un 3me moyen d'éviter un procès? 2. — Quand ne peut-on se dispenser de recourir à la justice? — Quelle est la 1re chose à faire quand on veut agir en justice? 3.— Y a-t il lieu à Conciliation devant toute espèce de juridiction? — Quel est l'historique de la Conciliation? — Quels reproches étaient adressés à la loi de 1790? — La formalité de la conciliation est-elle critiquée aujourd'hui? — Comment définit-on la conciliation? 4. — Qu'est-ce que la petite Conciliation.— la Conciliation ordinaire? —Quelles conditions doit réunir une demande pour être soumise à la Conciliation? — Qu'est-ce qu'une demande principale? — Une demande introductive d'instance? — La demande principale est-elle toujours introductive d'instance? 5. — Quelle est la nature de la demande en garantie? — *Quid* de la demande en intervention? 6. — L'art. 48 a-t-il raison d'exiger que la demande soit à la fois principale et introductive d'instance? — Pourquoi faut-il que la demande soit susceptible de transaction? — Quelles personnes sont incapables de transiger? — Quels objets ne sont pas susceptibles de transaction? 7. — Quelles sont les demandes qui ne sont pas en 1re instance devant les tribunaux d'arrondissement? — Pourquoi les demandes de commerce ne sont-elles pas susceptibles de conciliation? — Par quelle raison a-t-on dispensé les demandes formées en appel? — Quelles demandes sont dispensées de conciliation? — A qui appartient-il de décider si une demande requiert ou non célérité? 8. — L'énumération faite par le Code est-elle complète? 9. — Est-elle utile? — Quel est le Juge compétent en matière de conciliation? — *Quid* s'il y a 2 défendeurs? — Dans quel cas y a-t-il une compétence exceptionnelle? — Par quel acte appelle-t-on son adversaire devant le juge conciliateur? 10. — Cet acte est-il toujours nécessaire? — Que doit contenir la citation? — Quel est le délai accordé pour se présenter? — Les parties doivent-elles se présenter en personne? 11.— Peuvent-elles se faire remplacer par tout individu?— Les parties peuvent-elles, devant le Juge, former de nouvelles demandes? — Que doit faire le Juge quand les parties se présentent et se concilient? 12. — De quels mots la loi se sert-elle pour caractériser le procès-verbal de conciliation? — Cet acte est-il authentique? — Est-il exécutoire? — Pourquoi n'a-t on pas voulu lui donner la force exécutoire? 13. — *Quid* si l'une des parties refuse d'exécuter l'arrangement? — Au cas de non conciliation quel acte dresse le Juge? — *Quid* si l'une des parties défère le serment à l'autre?— Comment se constate le défaut de comparution? 14. — Quelle est la sanction de l'obligation de se présenter? — Quels sont les effets de la citation? — A quelle condition ces effets sont-ils produits? — La tentative de conciliation est-elle un acte de procédure? 15. — Est-elle susceptible de péremption? — La comparution volontaire produit-elle les mêmes effets? 16. — *Quid* si l'on a omis la tentative de conciliation dans le cas où elle est exigée? — L'essai de conciliation est-il d'ordre public?

3me Leçon.

AJOURNEMENTS. — **Par quel acte appelle-t-on son adversaire devant le Tribunal d'arrondissement? 17. — Par qui est remis cet acte? — Que** signifie l'injonction de comparaître faite à l'adversaire? — Qu'entend-on par original et copie de l'ajournement? — Quelles sont les formes de l'ajournement? — A quoi sert la date? 18. — Comment désigne-t-on le demandeur? — Que signifie la maxime : NUL EN FRANCE NE PLAIDE PAR PROCUREUR, HORMIS LE ROI? — Comment appelle-t-on la désignation de l'avoué? 19. — Comment l'huissier se fait-il connaître dans l'exploit? — Le défendeur doit-il être désigné d'une manière aussi complète que le demandeur? — Qu'entend-on par objet — moyens de la demande? — Comment détermine-t-on le Tribunal compétent? 20. — Quelle est la division des actions? 21. — Qu'est-ce qu'une action personnelle — réelle — mixte? 22. — Quelles sont aujourd'hui les actions mixtes? 23. — Pourquoi sont-elles plus nombreuses que dans l'ancien droit? — Quand une action est-elle mobilière ou immobilière? 24. — Les actions réelles sont-elles toujours immobilières? 25. — Comment se subdivisent les actions immobilières? — Qu'entend-on par action possessoire et action pétitoire? — En principe, quel est le Tribunal compétent? — Quelles actions sont portées au domicile du défendeur? 26. — Quelles sont les exceptions à ce principe? — En matière réelle immobilière quel est le Tribunal compétent? — *Quid* en matière mixte? — En matière de société quel est le Tribunal compétent? — *Quid* en matière de succession? 27. — La compétence exceptionnelle de l'art. 59 ne doit-elle pas être étendue d'après l'art. 822 du Code civil? — Faut-il appliquer la même extension de compétence en matière de conciliation? — Quel est le Tribunal compétent en matière de faillite? 28. — *Quid* en matière de garantie? — En matière d'élection de domicile? 29. — Quels sont les officiers ministériels? — Où sont portées les demandes relatives aux frais par eux faits? — Quel est le motif de cette dérogation de compétence? — La valeur de la demande a-t-elle un effet sur la compétence? 30. — *Quid* de la nationalité des parties? — Par qui doit être remis l'ajournement? 31. — En quel temps et en quel lieu doit-il être remis? — A qui doit-il être remis? — *Quid* si le défendeur n'est pas à son domicile? 32. — Que doit exiger l'huissier lorsqu'il remet l'ajournement à un voisin? — *Quid* s'il le remet au Maire? — A défaut du Maire à qui doit-il le remettre? 33. — *Quid* si le défendeur est sans domicile connu en France? — *Quid* s'il habite hors du continent? — Qui doit-on assigner quand on plaide contre l'Etat? — Le Trésor public? 34. — Les établissements publics? — Le chef de l'Etat? — Les Communes? — Les sociétés de commerce? — Une faillite? — Quel est le délai des ajournements? 35. — Qu'entend-on par huitaine franche? — Quelle circonstance peut faire augmenter ce délai? Dans quel cas peut-on assigner à un délai plus court? Comment s'y prend-on? — Quelles énonciations sont exigées dans l'ajournement en outre de celles énumérées dans l'art. 50? 36. — Quels sont les effets de l'ajournement? — Par quels autres modes peut-on intenter une demande?

4ᵐᵉ Leçon.

CONSTITUTION D'AVOUÉS ET DÉFENSES, — Par qui les parties doivent-elles se faire représenter en justice? 38. — Est-il des cas où elles peuvent se passer de avoués? — Qu'entend-on par constitution d'avoué? — Comment le demandeur fait-il sa constitution d'avoué? — Par quel acte le défendeur la fait-il à son tour? — *Quid* lorsqu'il est assigné à bref délai? 39. — Peut on révoquer son avoué? — Combien distingue-t-on de manières d'instruire les procès? — Dans l'instruction orale n'y a-t-il pas deux modes de procéder? — Dans quels cas a lieu la procédure sommaire? — La procédure ordinaire? — Comment s'inscrivent les Causes? — Qu'est-ce que la Mise au rôle? — Le Rôle général? — Le Rôle particulier? 41. — Les Affiches? 42. — Dans quel délai doivent être faites les Défenses? — Comment appelle-t-on les Défenses dans la pratique? — Quels sont les deux sens du mot Requête? — Les Défenses sont-elles indispensables? — Quel est le délai pour répondre aux Défenses? 43. — Qu'est-ce qu'un Avenir? — Quelle partie a droit de faire cet acte? — Autrefois quel abus faisait-on des avenirs? 44. — Par quel moyen la loi évite-t-elle cet abus? — Quels actes comprend en résumé la procédure ordinaire? 45. — En quoi la procédure sommaire est-elle moins compliquée? 46 — N'y a-t il pas certaines procédures plus rapides?—Qu'est-ce qu'un Référé?—Comment peut-on l'attaquer?

COMMUNICATION AU MINISTÈRE PUBLIC, — De combien de manières agit le Ministère public? 47. — Quand est-il partie principale? — Quelle est la controverse lorsqu'il s'agit d'*ordre public*? 48. — Quand est-il partie jointe? 49. — A-t-il le droit de prendre la parole dans toutes les affaires? — Qu'est-ce qu'une affaire sujette à communication? — Quelles causes sont soumises à la communication? — Dans quels cas les causes intéressant les femmes mariées sont-elles sujettes à cette formalité? — Pourquoi sous le régime dotal les causes des femmes, même autorisées, y sont-elles soumises? — Comment se fait la communication? 51. — Le Ministère public doit-il prendre la défense des personnes dans l'intérêt de qui la communication est exigée? — Les parties ou leurs défenseurs peuvent-elles répliquer au Ministère public? — *Quid* si la communication n'a pas eu lieu alors qu'elle était exigée? 52.

AUDIENCES. — Qui a le droit de plaider en justice? 53. — Le ministère des Avocats est-il indispensable comme celui des Avoués? — Y a-t il des exceptions au principe de la publicité des audiences? 54. — Qui a la police des audiences? — Quelles peines peuvent être prononcées?

DÉLIBÉRÉS ET INSTRUCTION PAR ÉCRIT. — Qu'est-ce qu'un Délibéré? 55. — Un Délibéré sur rapport? Dans quel cas y a-t-il lieu de recourir à l'instruction par écrit? — Par qui est-elle ordonnée? 56.— Quelle est la marche de la procédure dans une instruction par écrit? — Qu'entend-on par *faire une production de pièces?* — Quelles sont les fonctions du Juge rapporteur? 57. — *Quid* si l'une des parties ne produit pas ses pièces? — Comment appelle-t-on, dans ce cas, le jugement par défaut? — Y a-t-il lieu de faire opposition?

5me Leçon.

JUGEMENTS. — Quels sont les 2 sens du mot Jugement? 58. — Quels sont les autres noms donnés aux décisions de la justice? — Comment divise-t-on les Jugements? — Qu'est-ce qu'un Jugement définitif? — Un avant faire droit? 59. — Comment se subdivise cette dernière classe? — Qu'est ce qu'un jugement Provisoire? — Préparatoire? — Interlocutoire? — Y a-t-il utilité à distinguer le préparatoire de l'interlocutoire? 60. Qu'est-ce qu'un jugement contradictoire? 61. — Un jugement par défaut? — Quand un jugement est-il en 1er ou dernier ressort? — Qu'est-ce qu'un jugement exécutoire par provision? — Un jugement d'expédient? 62. — Un Jugement sur requête? — Un Jugement par forclusion? — A quelles conditions un jugement est-il régulier? — Combien faut-il de Juges pour rendre un jugement? — Est-il nécessaire que ce soient les mêmes Juges qui siègent pendant tout le cours du procès? 63. — Comment se fait la délibération? — Combien de manières de former un jugement? — Quel est le nombre de voix exigé? 64. — Qu'appelle-t-on confusion des voix? — *Quid* s'il y a partage? — *Quid* s'il se forme plusieurs opinions sans majorité absolue? — Comment prononce-t-on le Jugement? 67.

Quelles sont les diverses matières contenues au titre des jugements? 67.

PREUVES. — Quels sont les différents sens du mot preuve? — Quelles sont les preuves admises en matière civile.

Comparution personnelle. — Combien de moyens d'interroger les parties? 70. — Qu'est-ce que la comparution personnelle? — Par qui peut-elle être demandée? — Comment procède-t-on? — *Quid* si l'une des parties ne se présente pas?

Serment. — Combien d'espèces de Serment? 71. — Comment se subdivise le serment judiciaire? — Par qui peut être déféré le serment décisoire? — Quel est son effet sur l'issue du procès? — Par qui est déféré le Serment supplétoire? 73. — Quel est son effet? — A quelles conditions peut être déféré le serment supplétoire? — Qu'est-ce que le *jusjurandum ad litem?* — La délation de serment exige-t-elle un jugement? — Différences entre le Serment décisoire et supplétoire? — Quelle est la forme de la prestation de serment? 74.

Délai de grâce. — Qu'est-ce que le délai ou terme de grâce? 75. — Le terme de droit? — Les Juges peuvent-ils accorder plusieurs délais? — Dans quel cas le délai de grâce n'est-il pas permis? 76. — Dans quel cas le débiteur perd-il le délai qui lui a été accordé par la justice? — Le délai de grâce empêche-t-il les actes conservatoires? 77. — Différences entre le terme de droit et le terme de grâce? — Quel est le point de départ du délai?

Contrainte par corps. — Quelle est la nouvelle loi sur cette matière? 78. — Quelles sont les différences entre la saisie des biens et la saisie de la personne? — Dans quel cas peut-on encore exercer la contrainte par corps? 62. — Au profit de qui peut-elle être exercée? — Peut-elle avoir lieu pour le paiement des frais? 79. — Quelle est sa durée? — Quelles personnes ne peuvent être contraintes par corps? — Dans quel cas peut-on accorder un sursis? 80. — Comment s'exécute la contrainte par corps? — Différences entre l'emprisonnement pour dettes et pour délits? 81.

6me Leçon.

Dommages-intérêts. — Par qui sont fixés les dommages-intérêts? 16. — Qu'est-ce que la liquidation des dommages-intérêts? — Dans quel cas le tribunal ordonne-t-il que les dommages-intérêts seront fixés *par état,* — Quel avantage procure ce mode de procéder? 82.

Restitution des fruits. — De combien de manières se fait la restitution? 82. — Dans quels cas a t elle lieu en nature? — en argent? 83. — Comment calcule-t-on le prix des fruits? — Qu'appelle-t-on Mercuriales?

Dépens. — Que comprennent les dépens d'un procès? 85. — Le Code de procédure contient-il le tarif des frais? — A la charge de qui sont-ils? — Qu'entend-on par adjuger les dépens? — La solidarité est-elle admise en matière de dépens? — Qu'est-ce que la compensation des dépens? 85. — Dans quel cas a-t-elle lieu? — Quand la compensation est-elle totale? — Partielle? — Quelles sont les différences entre la compensation des dépens et la compensation ordinaire? — Qu'est-ce que l assistance judiciaire? 86. — Qu'est-ce que la liquidation des dépens? — Qu'est ce que la distraction des dépens? — A quelle condition est-elle accordée? — Quel avantage procure-t-elle? — Qu'appelle-t-on poursuivre la taxe? 87.

Demandes provisoires. — Qu'est-ce qu'une demande provisoire? 88 — Comment est-elle instruite et jugée? — Lorque le tribunal juge à la fois le principal et le provisoire, y a-t il utilité de statuer sur le provisoire?

Jugements exécutoires par provision. — A quoi sert l'exécution provisoire? 89. — Par qui est-elle ordonnée? — De comlien de manières les juges peuvent-ils l'ordonner avec caution? — Lorsqu'il y a *titre authentique* ou *promesse reconnue,* comment peut-il y avoir procès? 90. — *Quid* s'il y a eu déjà condamnation sans qu'on ait appelé? — Dans quel cas l'exécution provisoire est-elle facultative? 91. — Pourquoi est-elle défendue pour les dépens?

Rédaction des jugements. — Qu'appelle-t on le plumitif d'un jugement? 92. — La feuille d'audience? — La minute d'un jugement? — Que comprend la minute? — Tous les jugements doivent-ils être motivés? 93. — Qu'est ce que le dispositif du jugement? — Comment appelle-t-on la copie d'un jugement? — Que comprend-elle? — Qu'est-ce qu'une Grosse? — Différences entre la minute et l'expédition? — Qu'entend-on par Qualités? 94. — Conclusions? — Point de fait? — Point de droit? — A qui appartient la rédaction des Qualités? 95. — Le système établi par la loi n'a-t-il pas été critiqué? — Quelle en est la justification? — Comment arrête-t-on les Qualités? — Qu'appelle-t-on règlement de Qualités? 96. — Toutes les énonciations de l'expédition sont-elles requises à peine de nullité?

Signification des jugements — Qu'entend-on par lever un jugement? 96. — Signifier un jugement? 97. — A quoi sert la signification ? — Quels jugements doivent être signifiés ? — Comment se fait la signification?

Exécution des jugements. — Combien de sortes d'exécution? 98. — A qui est confiée l'exécution? Quand peut-elle être faite? 99. — Combien d'espèce de saisies ? — A quelles conditions un jugement peut-il être exécuté contre un tiers? 100.

Effets des jugements. — Quels sont les principaux effets? 100.

7me Leçon.

JUGEMENTS PAR DÉFAUT. — A quoi oppose-t-on les jugements par défaut ? 101. — Combien d'espèces de jugements par défaut ? — Par quelles expressions désigne-t-on chacune des deux espèces de défaut ? — Qu'est-ce que le défaut du demandeur ? 102. — Comment l'appelle-t-on en pratique ? — Quel est l'effet de ce défaut vis-à-vis du demandeur ? — Quelle est la controverse à ce sujet ? — Qu'entend-on par *adjuger le profit du défaut* ? — A quelles conditions le tribunal doit-il donner défaut contre le défendeur ? 103. — Le ministère public peut-il faire défaut ? — Lorsqu'il y a plusieurs défendeurs défaillants, quelle distinction faut-il faire ? 104. — *Quid* si de deux défendeurs un seul comparait ? — Comment s'appelle le jugement dans ce cas ? — Pourquoi a-t-on imaginé le défaut profit joint ? — *Quid* si le défaillant ne se présente pas à la deuxième audience ? — Par qui est faite la signification d'un jugement par défaut ? 106. — Quel est le motif de cette précaution ? — Après quel délai peut-on exécuter un jugement par défaut ? — N'y a-t-il pas sous ce rapport une différence entre les jugements contradictoires et les jugements par défaut ? — Dans quel délai doit-on exécuter les jugements par défaut ? — Faut-il distinguer si le défaut est contre avoué ou contre partie ? — A quelles conditions peut être exécuté contre les tiers un jugement par défaut ? 107. — Qu'est-ce que la péremption des jugements par défaut ? — Quelles sont les voies de recours contre ces jugements ?

OPPOSITION. — Qu'est-ce que l'opposition ? 107. — Dans quel délai peut-on former opposition ? 108. — A quel moment un jugement par défaut est-il réputé exécuté au point de vue de l'opposition ? — Quels sont les actes énumérés par la loi comme faisant réputer les jugements exécutés ? — Pourquoi exige-t-on que la saisie mobilière soit plus avancée que la saisie immobilière pour que le jugement soit réputé exécuté ? — Qu'est-ce que la recommandation ? — Pourquoi le paiement des frais empêche-t-il de faire opposition ? — Les actes énumérés par la loi sont-ils les seuls qui puissent empêcher l'opposition ? — A quel moment un jugement est-il réputé exécuté au point de vue de la péremption ? 110. — L'exécution exigée pour empêcher la péremption doit-elle être aussi avancée que celle exigée pour empêcher l'opposition ? — Qu'est-ce que c'est qu'un procès-verbal de carence ? — Comment forme-t-on opposition à un défaut contre avoué ? 111. — *Quid* si le défaut est contre partie ? — Par quel acte, dans ce dernier cas, le tribunal est-il saisi de l'opposition ? — Quel est l'effet de l'opposition sur l'exécution ? 112. — *Quid* si l'on a ordonné l'exécution provisoire ? — Quel est l'effet de l'opposition vis-à-vis des tiers ? — Sur quoi doit porter l'examen du tribunal dans une opposition ? — Qu'arrive-t-il si l'opposant fait de nouveau défaut ? — Que signifient ces mots : *Opposition sur opposition ne vaut* ? — Tous les jugements par défaut sont-ils susceptibles d'opposition ? — Quels sont ceux qui ne le sont pas ? — Différences entre le jugement contradictoire et le jugement par défaut ? — Différences entre le défaut contre partie et le défaut contre avoué ?

8me Leçon.

DES EXCEPTIONS. — Quels sont les moyens qu'on emploie en justice ? 114.
— Différences entre les exceptions et les défenses ? — Qu'entend-on par
exceptions dilatoires, — déclinatoires ? — Quelles sont les exceptions admises par le Code ? 116.

CAUTION A FOURNIR PAR LES ÉTRANGERS. — Qu'est-ce que la caution *judicatum solvi* ? 116. — Que garantit cette caution? — Qu'entend-on par
dommages-intérêts *résultant du procès* ?— Faut-il distinguer si l'étranger
est demandeur ou défendeur ? 117. — A qui doit être fournie la caution ?
— A quel moment doit-elle l'être ? —Cette caution est-elle exigée en toutes
matières ? — Y a-t-il des étrangers dispensés de fournir caution ?

RENVOIS. — *Exception d'incompétence.* — Combien y a-t-il de sortes
de renvois ? 119. — Qu'est-ce que l'incompétence *ratione materiæ*, —
ratione personæ ? 120. — De quelle nature est l'incompétence quand on
porte une affaire réelle immobilière au tribunal du domicile du défendeur?
— Quelles sont les différences entre les deux incompétences *ratione materiæ* et *ratione personæ* ?

Exception de litispendance. — Quand y a-t-il litispendance ? 121. —
Lequel des 2 tribunaux reste saisi ? — Cette exception ne se confond-elle
pas avec l'exception d'incompétence?

Exception de connexité. — Quand y a-t-il connexité? 122. — Lequel
des 2 tribunaux reste saisi ? — A quel moment doivent être proposées les
exceptions de litispendance et de connexité? — Peut-on statuer sur l'incompétence et sur le fond par un seul jugement?

NULLITÉS. — Qu'est-ce que l'exception de nullité? 123. — A quel moment doit-elle être proposée?

EXCEPTIONS DILATOIRES. — Quelles sont ces exceptions? 124.

Exception de l'héritier. — A quel moment les créanciers du *de cujus*
peuvent-ils poursuivre l'héritier ? 125. — Celui-ci est-il tenu de répondre
à l'action ? — Quel est l'effet de son exception dilatoire ? — Dans quel
délai doit-il opposer l'exception ?

Exception de la femme commune en biens. — Quelle est l'utilité de
cette exception pour la femme ? 126. — A qui peut-elle l'opposer ?

Exception de garantie ? — Qu'est-ce que la garantie ? 126.— Combien
de manières d'exercer le recours en garantie ? — Dans quel cas pro-
pose-t-on l'exception? 127. — Quel est le délai pour appeler en garantie ? 128. — En matière de garantie quel est le tribunal compétent ? —
Est-il toujours nécessaire pour agir en garantie d'opposer l'exception? 129.
— A quel moment la demande en garantie est elle jugée ? 130. — Combien d'espèces de garantie ? — Qu'est-ce que la garantie formelle ? — La
garantie simple ? — Y a-t-il utilité à distinguer? 131. — Dans la garantie
formelle quels sont les différents rôles que peut jouer le garant ? — Quels
sont les deux partis que peut prendre le garanti ?

Dans quel ordre se proposent les exceptions dilatoires ? 132.

COMMUNICATION DES PIÈCES. — A quoi sert cette exception? 134. — Comment se fait la communication?— Dans quel délai ?

Dans quel ordre se proposent les exceptions? 135.

9ᵐᵉ Leçon.

VÉRIFICATION DES ÉCRITURES. — Combien y a-t-il d'espèces d'écrits? 136. —Quelle est la force probante de l'acte authentique? — Comment appelle-t-on la procédure employée pour le combattre? — Quelle est la force probante de l'acte sous seing-privé? Comment apelle-t-on la procédure employée pour en établir la sincérité? — Combien d'espèces de demandes en vérification d'écritures? 137. — Y a-t-il quelque utilité à former une demande principale? — Quand la demande en vérification est-elle incidente? — Comment se forme la demande en reconnaissance d'écritures?— Quelles sont les différentes hypothèses, à distinguer? — Lorsque le défendeur reconnaît l'écrit, que doit faire le tribunal? — *Quid* s'il ne comparait pas?—*Quid* s'il dénie l'acte? Qu'entend-on par écrit attribué à des *tiers*? — Quel moyen emploie-t-on pour vérifier un écrit? — Où est déposée la pièce déniée? 139. — Pendant ce dépôt, comment obtient-on des expéditions de la pièce? 113. — Par qui sont désignées les pièces de comparaison? 140. — Quelles pièces sont admissibles? — A quoi est condamné le demandeur en vérification lorsqu'il succombe? —Lorsque c'est le défendeur qui est condamné, quelle distinction faut-il faire? — Quelle est la force de l'acte reconnu en justice? — Ne peut-on pas encore attaquer cet acte? — A quelle fraude donnait lieu la vérification d'écritures? — Cette fraude peut-elle encore se faire? 115.

FAUX INCIDENT CIVIL. — Quel nom donne-t-on encore à la procédure de faux? 142. — A quelles actions donne lieu le faux? — Le faux civil peut-il être principal? — Le faux criminel peut-il être incident? — Qu'entend-on par faux matériel et faux intellectuel? — Quels actes sont attaquables par l'inscription de faux? 143. — L'inscription de faux est-elle nécessaire contre toutes les énonciations contenues dans un acte authentique? — Peut-on s'inscrire en faux contre un acte reconnu en justice par la vérification d'écritures? — *Quid* si l'acte a déjà été vérifié à l'aide d'une première inscription de faux? — Est-on forcé d'employer l'inscription de faux contre un acte sous seing-privé non vérifié? 144. — Y a-t-il avantage à employer ce moyen plutôt que la vérification d'écritures? — En combien de périodes divise-t-on la procédure de faux? — Quel acte doit faire le demandeur en faux? — Que doit répondre le défendeur? 145. — Que doit décider le tribunal si le défendeur maintient la pièce attaquée? — Que fait-on de la pièce? — Par qui est dressé procès-verbal de dépôt? 146. — Par quels moyens peut-on établir le faux? — A quoi est condamné le demandeur qui succombe? 147. — Si le faux est admis, que peut ordonner le jugement? — Qui est chargé de l'exécution du jugement sur le faux? — A quelle époque peut-on exécuter ce jugement? 148. — Quel est l'effet de la procédure de faux sur l'exécution de l'acte? 149. — *Quid* si l'on découvre l'auteur du faux? — Que signifie la maxime: *Le criminel tient le civil en état?* — A quelles conditions peut-on transiger sur le faux? 150. — *Quid* si la transaction n'a pas été homologuée? — En quoi la procédure d'inscription de faux diffère-t-elle de celle en vérification d'écritures?

10ᵐᵉ Leçon.

ENQUÊTES. — Quel est le but de l'enquête? 151. — Combien y a-t-il d'espèces d'enquête? — Qu'est-ce que l'enquête sommaire? — L'enquête ordinaire? — Peut on employer l'un ou l'autre mode indifféremment? — Qu'est-ce que l'enquête principale, — incidente? — Les parties sont-elles libres de faire une enquête quand bon leur semble? 152. — A quelles conditions peut-elle être ordonnée? — Quand la preuve testimoniale est-elle absolument défendue? — Dans quel cas n'est-elle pas permise même au-dessous de 150 fr. — Dans quel cas au contraire est-elle au-dessus de ce chiffre? — Qu'entend-on par faits pertinents? 153. — Faits concluants? — Qu'est-ce que la contre-enquête? — Doit-elle être également ordonnée par jugement? — Quelles personnes peuvent être témoins? 154. — En quoi les incapacités diffèrent-elles des reproches? — Combien distingue-t-on d'espèces d'*incapacités*? — Quel est le cas où les ascendants sont admis à témoigner? 155. — Les descendants sont-ils également admis? — Quelles personnes sont reprochables? L'individu âgé de moins de 15 ans peut-il être reproché? 156. — L'énumération des reproches faite par la loi est elle limitative? — A quel moment les reproches doivent-ils être proposés? 157. — Quels caractères doivent avoir ces reproches? — Le témoin reproché est-il entendu? — Par qui est jugé le mérite du reproche? — Combien faut-il de témoins pour établir un fait? — Les parties peuvent-elles en citer autant que bon leur semble? 158. — Comment se demande l'enquête? — Qu'entend-on par *articuler* les faits de l'enquête? — *Quid* si le défendeur à l'enquête ne répond pas à l'acte du demandeur? — Que doit contenir le jugement qui l'autorise? — Comment procède-t-on à l'enquête? — Par quel acte appelle-t-on les témoins? — Quel délai doit s'écouler entre l'assignation et la comparution des témoins? 159. — Dans quel délai doit être commencée l'enquête? — Quel est le point de départ de ce délai lorsque le jugement est par défaut? — Quand l'enquête est-elle réputée commencée? — Dans quel délai doit-elle être terminée? — Quelle est la sanction? 160. — Quelles condamnations peuvent être prononcées contre le témoin qui ne comparaît pas? — De quelle manière déposent les témoins? — Les parties peuvent-elles poser directement des questions aux témoins? 161. — Comment constate-t-on les dépositions? — Par qui les témoins sont-ils taxés? — Quel est l'effet de l'enquête? 162. — L'enquête nulle peut-elle être recommencée? — Pourquoi distinguer si la nullité provient du fait d'un avoué ou de celui d'un juge?

Quelles différences y a-t-il entre l'enquête sommaire et l'enquête ordinaire?

Descente sur les lieux. — Quels sont les différents moyens de procéder à l'examen des lieux? 163. — Qu'est-ce que la descente sur les lieux? — Par qui est-elle ordonnée? — Quel est le juge chargé de se transporter sur les lieux? 164. — Les parties sont-elles présentes? — Comment constate-t-on l'état des lieux? — A quel moment les frais sont-ils payés? — Pourquoi la loi exige-t-elle qu'ils soient consignés d'avance?

11me Leçon.

RAPPORTS D'EXPERTS. — Qu'est-ce qu'une expertise ? 165. — Un Expert? — Par qui est-elle ordonnée ? — Que doit contenir le jugement qui l'ordonne ? — A qui appartient le choix des experts? — *Quid* si les parties ne s'entendent pas? — Combien doit-on désigner d'experts? 166. — Dans quels cas faut-il nécessairement 3 experts ? — Pourquoi ne peut-on pas nommer deux experts?—Quelles personnes peuvent être nommées experts? — Quelles personnes sont incapables de l'être ? — Pour quelles causes les experts peuvent-ils être récusés ? — Les parties peuvent-elles récuser les experts choisis par elles? — Les experts peuvent-ils refuser leur mandat? 167. — Quelle formalité exige-t-on des experts avant de commencer l'expertise ? — Comment procède-t-on à l'expertise ? — Par qui est écrit le rapport ? — De quelle manière les experts doivent-ils exprimer leur opinion ? — Pourquoi la loi défend-elle de faire connaître dans le rapport le nom des experts qui ont émis des avis particuliers ? — Quelle est l'influence de l'avis des experts sur la décision du tribunal? 168.

INTERROGATOIRE SUR FAITS ET ARTICLES. — Combien y a-t-il de moyens d'obtenir des renseignements sur la cause en s'adressant aux parties elles-mêmes? 168. — En quoi consiste l'interrogatoire ? — Dans quels cas ne peut-on pas y recourir? 169.—A quel moment de l'instance peut-il être demandé ? — Par quel acte est-il requis ? — Que doit contenir cet acte ? — Par qui est rendu le jugement qui ordonne l'interrogatoire ? — Combien de temps à l'avance doit-on signifier à la partie les questions qui lui seront posées? — Pourquoi un si court délai ? — Comment évite-t-on, en pratique, que la partie prépare ses réponses ? — En présence de qui se fait l'interrogatoire? 170. — Quel est l'effet des déclarations insérées dans le procès-verbal ? — *Quid* si la partie refuse de répondre ? — L'interrogatoire est-il préférable à la comparution personnelle ? — Quelles différences y a-t-il entre ces deux moyens d'instruction ?

INCIDENTS. — Quels sont les différents sens du mot *incident*? 171. — Combien y a-t-il d'espèces de demandes incidentes ? — Pourquoi n'est-on pas libre d'introduire toute sorte de demandes incidentes ? — Qu'est-ce qu'une demande additionnelle? 172. — Qu'est ce qu'une demande reconventionnelle? — Quel caractère doit avoir une demande pour pouvoir être opposée par le défendeur ? — Comment sont formées les demandes incidentes ? — *Quid* si l'on en fait plusieurs? 173. — A quel moment sont jugées les demandes incidentes ? — Qu'est-ce qu'une demande en intervention ? — N'y a-t-il pas un autre moyen accordé aux tiers ? — Qui a le droit d'intervenir en première instance? — *Quid* en appel? — Dans quel intérêt agit l'intervenant? 174. — Comment se forme l'intervention ? — A quel moment de l'instance peut-elle être formée ? — Qu'est-ce que l'intervention forcée ? — Qu'entend-on par demande en déclaration de jugement commun? 175. — En quoi l'intervention forcée diffère-t-elle de l'intervention ordinaire ?

12ᵐᵉ Leçon.

REPRISES D'INSTANCE ET CONSTITUTION DE NOUVEL AVOUÉ. — Quelles sont les circonstances qui interrompent une instance aujourd'hui ? 176. — Qu'entend-on par cause *en état* ? — A quel moment une affaire instruite oralement est-elle en état ? — *Quid* si elle est instruite par écrit ? —Lorsqu'une affaire est *en état*, y a-t-il quelque événement qui interrompe l'instance ? — Lorsqu'elle n'est pas en *état*, quel est l'effet de la mort d'une partie ? — *Quid* si un avoué cesse ses fonctions ? 177. — Quel est l'effet du changement d'état d'une partie ? — N'y a-t-il pas un cas où ce changement d'état a une certaine influence sur la procédure ? — Combien de manières de reprendre l'instance ? —Par quel acte reprend-on l'instance interrompue par la mort d'une partie ? — A quel acte donne lieu la cessation des fonctions d'un avoué ?—Qui a droit de reprendre l'instance ? 178.

DÉSAVEU. — En quoi le désaveu déroge-t-il au droit commun en matière de preuve ? 178. — A l'égard de quelles personnes doit-on exercer le désaveu ? — Tous les actes faits en justice peuvent-ils faire l'objet d'un désaveu 179. — L'énumération de la loi est-elle limitative ? — Comment divise-t-on les actes des avoués au point de vue du désaveu ? — Pour quels actes la loi exige-t-elle la signature de la partie ? 180. — Ces actes donnent-ils lieu au désaveu ? — Combien y a-t-il d'espèces de désaveu ? — Quel est le délai ? — Devant quel tribunal doit être portée la demande en désaveu ? 181. — Comment est-elle formée ? — Si le désaveu est admis, quel est son effet ? — S'il n'est pas admis, comment se constate le rejet ?

RÉGLEMENT DE JUGES. — Dans quels cas y a-t-il lieu à réglement de juges ? 182. — Comment s'appelle la lutte de compétence entre 2 tribunaux ? — Combien y a-t-il d'espèces de conflits ? — Qui juge les conflits entre les tribunaux administratifs et judiciaires ? — Comment s'appelle le conflit entre 2 tribunaux du même ordre ? 183. — Dans quels cas y a-t-il lieu à réglement de juges ? — Qu'est-ce que le rejet de déclinatoire ? — Lorsque 2 tribunaux sont saisis d'une même affaire, n'y a-t-il pas d'autres moyens que le réglement de juges ? — Faut-il que les 2 demandes soient identiques ? — Devant quel tribunal est porté le réglement de juges ? 184. — Combien de jugements exigent cette procédure ?

RENVOI A UN AUTRE TRIBUNAL POUR PARENTÉ OU ALLIANCE. — Lorsque l'une des parties est parente d'un ou plusieurs juges, quel est le droit de l'autre partie ? 185. — *Quid* si l'une des parties est elle-même membre du tribunal ? — Par qui peut être demandé le renvoi ? — A quel moment doit-il être proposé ? — Devant quel tribunal est portée la demande ? 186. — Combien exige-t-elle de jugements ? — Est-elle susceptible d'appel ?— Dans quel délai doit être fait cet appel ? — N'y a-t-il pas encore d'autres causes de renvois ?

RÉCUSATION.—Pour quels motifs peut-on récuser un juge ? 187.— L'énumération du Code est-elle limitative ? 189. — Dans quels cas peut-on récuser les membres du ministère public ? — Comment se propose la récusation ?— A quoi est condamné le récusant s'il succombe ? — Le juge récusé à tort continue-t-il de siéger ? — Quel est le délai pour faire appel ?— Peut-on former opposition ? 191. — En quoi le renvoi diffère-t-il de la récusation ?

13me Leçon.

PÉREMPTION. — En faveur de qui est-elle établie? 191. — Dans quel but a-t-elle été établie? 192. — Tous les actes de procédure sont-ils soumis à la péremption? — Peut-on invoquer la péremption devant toute espèce de tribunaux? — Par qui et contre qui est invoquée la péremption? — Après quel délai peut on l'invoquer? 193. — La péremption a-t-elle lieu de plein droit? — Différences entre la péremption et la prescription? — Comment est-elle proposée? 194. — Quels sont ses effets? — En quoi la péremption d'instance diffère-t-elle de la péremption des jugements par défaut? — Y a-t-il des cas où la péremption éteint l'action?

DÉSISTEMENT. — Par qui est fait le désistement? 195. — Peut-il être imposé au défendeur? — Quelle capacité exige-t-il? — Comment se fait-il? 196. — Quels sont ses effets sur l'action?

MATIÈRES SOMMAIRES. — A quoi oppose-t-on les matières sommaires? 197. — Quelles matières sont sommaires? — Qu'entend-on par demande pure personnelle? — Par titre non contesté? — Les demandes formées sans titre sont-elles quelquefois sommaires? 198. — En quoi la procédure sommaire est-elle plus simple que la procédure ordinaire? — Dans les matières sommaires, comment se font les demandes incidentes? 199. — Comment se font les enquêtes? — Comment sont taxés les frais? 200. — Les affaires qui, d'après la loi, doivent être *jugées sommairement*, sont-elles soumises à la procédure sommaire?

PROCÉDURE DEVANT LES TRIBUNAUX DE COMMERCE. — Pourquoi les affaires commerciales sont-elles soumises à une procédure particulière? 200. — Par quel acte s'introduit la demande? — Quel est le délai accordé au défendeur? — *Quid* si l'affaire requiert célérité? — Le délai n'est-il pas encore plus court dans certains cas? 201. — Le président ne peut-il pas ordonner certaines mesures conservatoires dans l'intérêt du demandeur? — A quelle condition doit-il accorder l'exécution provisoire? — Qu'entend-on par assignation donnée *à bord*? — Le ministère des avoués est-il exigé dans les affaires commerciales? — La procédure commerciale exige-t-elle quelques écritures? — Différences entre les avoués et les agréés? 202. — Quels sont les différents tribunaux compétents? — Les tribunaux de commerce sont-ils juges des exceptions? — Lorsqu'ils statuent à la fois sur la compétence et sur le fond, comment doit être rédigé le jugement? 203. — Le tribunal de commerce connaît-il de tous les incidents? — Les preuves sont-elles les mêmes que devant les tribunaux civils? — Comment se fait l'enquête? 204. — Le jugement par défaut est-il assimilé au défaut contre avoué ou au défaut contre partie? — En quoi le Code de commerce a-t-il, sous ce rapport, modifié le Code de procédure? 205. — Y a-t-il lieu au défaut profit-joint? 206. — L'exécution provisoire des jugements de commerce a-t-elle besoin d'être ordonnée par les juges? — Les jugements par défaut sont-ils exécutoires nonobstant opposition? 207. — Qu'entend-on par ces mots : *Les tribunaux de commerce ne connaissent pas de l'exécution de leurs jugements?* — Quelles sont les voies de recours contre les jugements de commerce? 208. — Différences entre la procédure civile et commerciale?

14ᵐᵉ Leçon.

VOIES DE RECOURS CONTRE LES JUGEMENTS. — Combien y en a-t-il ? 209.
— Comment les divise-t-on ? — Quelles sont les voies ordinaires ? — Les
voies extraordinaires ? — En quoi diffèrent-elles ? — Qu'est-ce qu'une voie
de rétractation ? 210. — Une voie de réformation ?

APPEL ET INSTRUCTION SUR L'APPEL. — Qu'est-ce que l'appel ? 210. —
Quels noms donne-t-on aux parties ? — Peut-on faire appel pour toute sorte
de motifs ? — Combien y a-t-il d'espèces d'appel ? 211. — Lorsqu'une
partie a fait appel principal, quelle est l'utilité pour l'autre partie de faire
appel incident ? — En quoi l'appel principal diffère-t-il de l'appel incident ? 212. — Quels sont les effets de l'appel ? — Qu'entend-on par effet
dévolutif ? — Par effet suspensif ? 213. — L'appel est-il toujours suspensif ? — Lorsque l'exécution provisoire a été ordonnée à tort, comment
peut-on arrêter l'exécution du jugement ? — Quid si elle n'a pas été
accordée dans les cas où elle devait l'être ? — La Cour peut-elle accorder
des défenses à l'exécution des jugements de commerce ? 214. — Quelles
personnes ont droit de faire appel ? — A qui profite l'appel ? — Peut-on
renoncer à l'appel ? 215. — Quels jugements sont suceptibles d'appel ? 216.
— Quel est l'effet d'une fausse qualification de jugements ? — Comment
détermine-t-on le montant d'une demande ? 217. — D'après quelles bases
estime-t-on la valeur d'une chose immobilière au point de vue de l'appel ?
— Qu'entend-on par 1,500 fr. en capital ? — Pour savoir s'il y a lieu à
l'appel, doit-on additionner le montant des différents chefs de demande ? 218.
— Faut-il réunir le montant de la demande principale à celui de la demande reconventionnelle ? — Quid si l'une des deux demandes dépasse à
elle seule 1,500 fr. ? — Quel est le cas où la demande reconventionnelle
quoique dépassant 1,500 fr. ne donne pas lieu à appel ? — Devant quels
tribunaux est porté l'appel ? 219. — Quels sont les délais pendant lesquels
l'appel n'est pas recevable ? — Pourquoi la loi ne veut-elle pas qu'on fasse
appel immédiatement ?—Quid si le jugement est exécutoire par provision ?
— Quelle distinction fait-on lorsque le jugement n'est pas exécutoire par
provision ? — Quand peut-on appeler d'un interlocutoire ? — Quid pour le
préparatoire ? — Quid si le jugement est par défaut ? 220. — Pendant quel
délai peut-on appeler ? — Pourquoi l'appel incident peut-il être fait après
deux mois ? — Quel est le point de départ du délai ? 221. — Quid si on
appelle contre un mineur ? — Quelles demandes ne peuvent pas être formées en appel ? — A quelle condition peut-on faire une intervention
en appel ? 222. — Quel est l'effet de la péremption sur l'instance
d'appel ? — Quid du désistement ? 223. — Comment s'introduit l'appel ?
— Quelle procédure suit-on ? — Qu'est-ce que l'amende du fol appel ? 224.
— A quel tribunal appartient l'exécution du jugement d'appel lorsque le
jugement est confirmé ? — Quid si le jugement est infirmé ? — Qu'est-ce
que le droit d'évocation ? 225. — Ce droit peut-il s'exercer soit lorsque le
jugement est infirmé, soit lorsqu'il est confirmé ? — L'évocation est-elle
possible lorsqu'il y a un jugement définitif ? 226. — Quelles différences
y a-t-il entre l'opposition et l'appel ?

15ᵐᵉ Leçon.

TIERCE OPPOSITION. — Quelle est le but de la tierce opposition? 227. — Quelle est sa nature? — En quoi diffère-t-elle des autres voies extraordinaires? — A quoi sert la tierce opposition, puisqu'il est de principe qu'un jugement ne peut ni nuire ni profiter aux tiers? — Quels sont les différents systèmes? 228. — Comment un jugement peut-il nuire en fait à une personne restée étrangère à l'instance? — Quels jugements sont attaquables par cette voie? 229. — Quelles personnes ont droit de former tierce opposition? — Combien y a-t-il d'espèces de tierce opposition? — Quel est le tribunal compétent? 230. — Quel est le délai pour exercer ce recours? — La tierce opposition est-elle dévolutive? 231. — Est-elle suspensive? — N'y a-t-il pas un cas où les juges ne peuvent suspendre l'exécution du jugement attaqué? — Quel est l'effet de la tierce opposition incidente sur le cours de l'instance pendante?

REQUÊTE CIVILE. — Quel est le but de la requête civile? 232. — En quoi diffère-t-elle de l'opposition? — En quoi diffère-t-elle de l'appel? — D'où vient le mot *requête civile?* — Combien d'espèces de requête civile? 233. — Quels jugements sont attaquables par cette voie? — Quels sont les tribunaux dont les décisions peuvent être attaquées par la requête civile? — Combien y a-t-il de cas de requête civile? 234. — Qu'entend-on par dol personnel? — La violation des formes prescrites à peine de nullité constitue-t-elle toujours un cas de requête civile? 235. — *Quid*, s'il y a contrariété de jugements rendus par 2 tribunaux différents? 236. — A quelle condition le défaut de communication au ministère public est-il un cas de requête civile? 237. — Dans quel délai doit-on former requête civile? 238. — Quel est le point de départ de ce délai? — Vis-à-vis des mineurs, en quoi le délai de la requête civile diffère-t-il de celui de l'appel? — Quel est le point de départ de ce délai dans le cas de mort de l'une des parties? — Dans quels cas les mineurs n'ont-ils pas été défendus? — Dans le cas de faux, dol, ou découverte de pièces nouvelles? — Dans le cas de contrariété de jugements? — Quel est le tribunal compétent? 239. — Comment introduit-on la demande? — Quelles formalités doivent précéder la requête? — A qui est remise l'assignation? — Comment s'instruit l'affaire? — Faut-il distinguer si la demande à l'occasion de laquelle est formée la requête civile était sommaire? 240. — Le jugement sur la requête civile remplace-t-il le jugement attaqué? — A combien d'instances donne lieu la requête civile? 241. — Qu'appelle-t-on rescindant — rescisoire? — Dans quel cas le rescindant dispense-t-il du rescisoire? — Quels jugements ne sont pas susceptibles d'être attaqués par requête civile? 242. — La requête civile est-elle dévolutive? — Est-elle suspensive? — Qu'y a-t-il de particulier dans le cas d'un jugement ordonnant le délaissement d'un héritage? — N'y a-t-il pas des cas où l'exécution préalable de ce jugement ne saurait être exigée? — Quel est l'effet de la requête civile incidente sur la marche de l'instance dans laquelle elle se produit? 243. — Quelles sont les différences entre l'opposition et la requête civile?

16me Leçon.

PRISE A PARTIE. — Qu'est-ce que la prise à partie? 244. — Est-ce réellement une voie d'attaquer les jugements? — Quels sont les cas de prise à partie? — En quoi consiste la fraude? — le dol d'un juge? — Comment peut-il y avoir concussion? — Dans quels cas la prise à partie est-elle expressément autorisée par la loi? — Dans quel cas le juge est-il responsable à peine de dommages-intérêts? 245. — Combien y a-t-il de cas de déni de justice? — Comment constate-t on le déni de justice? — Quelles personnes sont attaquables par la prise à partie? — Les juges ne peuvent-ils être poursuivis qu'individuellement? — Les arbitres peuvent-ils l'être? 246. — Par quels tribunaux est jugée la prise à partie? — Quelle est la procédure? —Est-il encore nécessaire de faire une requête en permission? — A quoi est condamné le demandeur qui succombe? — *Quid* si c'est le juge qui succombe? 247. — Si la prise à partie a été formée à l'occasion d'un jugement, quel est le sort de ce jugement? — Quel intérêt y a-t-il à savoir si le jugement est maintenu ou annulé, puisque dans les deux cas la partie lésée a droit à des dommages-intérêts.

RECOURS EN CASSATION.—Ce recours constitue-t-il un 3me degré de juridiction? 248.—Quels sont ses effets? — Quels sont les cas d'ouverture de cassation? 249. — En quoi l'excès de pouvoir diffère-t-il de l'incompétence? —Y a-t-il utilité à distinguer au point de vue de la cassation?—Faut-il distinguer si l'incompétence est *ratione materiæ* ou *ratione personæ*? 250.—Y a-t-il lieu à cassation pour erreur de fait comme pour erreur de droit?—N'y a-t-il pas des cas où le jugement sur les faits constitue une question de droit?—Faut-il distinguer si la violation porte sur les motifs ou le dispositif? 251. — La violation des formes de procédure donne-t-elle toujours lieu à cassation? — A-t-on le choix entre la requête civile et la cassation? — Quel est le délai du recours en cassation? — Quels jugements sont susceptibles de cassation? — N'y a-t-il pas un cas où les jugements en 1er ressort en sont susceptibles? — A quelles conditions les jugements préparatoires sont-ils soumis à cassation? 252.—Quelles personnes ont le droit d'exercer le pourvoi? — Y a-t-il un intérêt à distinguer si le procureur général agit pour excès de pouvoir ou pour violation des formes ou de la loi? — Qu'entend-on par pourvoi *dans l'intérêt de la loi*? 253. — Comment s'introduit le pourvoi en cassation? — Devant quelle chambre est portée l'affaire? — Combien de périodes faut-il distinguer? — Dans la 1re période le défendeur est-il représenté? — L'arrêt de la chambre des requêtes est-il toujours motivé? 254. — Où est renvoyé le pourvoi lorsqu'il est admis?— — Devant la chambre civile, le défendeur est-il représenté? — L'arrêt de la chambre civile est-il motivé? 255. — A quel tribunal est renvoyée l'affaire? — y a-t-il toujours lieu à renvoi? — Quelle est l'influence de l'arrêt vis-à-vis de ce tribunal? — Si ce tribunal décide dans le même sens que le premier, par qui est alors jugé le pourvoi en cassation? 256. — Quelle est l'influence d'un arrêt solennel sur le troisième tribunal appelé à statuer? 257. — Différences entre la requête civile et la cassation? 258.

FORMULES
Dés principaux actes d'une procédure ordinaire.

Citation en conciliation.

(Acte rédigé et signifié par huissier.)

(Date.)

L'an mil huit cent. . . . . et le . . . . (*jour et mois*),

(Demandeur.)

A la requête du sieur A . . . . (*noms et profession du demandeur*), demeùrant à . . . .

(Huissier.)

Je, V. . . . huissier, demeurant à . . . . soussigné ;

(Défendeur.)

Certifie avoir au sieur R . . . . (*noms du défendeur*), demeurant à . . . .

(Objet.)

Dit et déclaré que le requérant est (*créancier ou propriétaire, c.-à-d. énoncer l'objet de la demande*).

(Délai.)

En outre, je lui ai donné citation à comparaître le. . . (*jour, mois et an*), à . . . . heure, par devant M. le juge de paix du canton de . . . . au lieu ordinaire de ses séances.

Pour, là étant, ledit sieur R . . . . se concilier sur l'action que le requérant se propose de lui intenter devant les juges compétents.

Lui déclarant que, faute par lui de se présenter, il sera condamné à l'amende de 10 francs prononcée par la loi.

(Remise de l'exploit.)

Dont acte, sous toutes réserves, délaissé copie de la présente au sus-nommé en son domicile, parlant à . . . . (*sa personne ou son domestique*).

(Coût.)

Dont le coût est de . . . . francs . . . . centimes.

(Signature de l'huissier.)

Enregistré à . . . . le . . . . Reçu . . . . décimes compris.

Signature du receveur.)

Procès-verbal de non conciliation.

(Acte copié par le greffier sur le registre du greffe.)

L'an mil huit cent soixante . . . . le . . . .

Par devant nous, soussigné, juge de paix du canton de . . . assisté de notre greffier, se sont présentés :

D'une part, le sieur A . . . . demeurant à . . . . lequel nous a dit que par son exploit du ministère de V . . . . huissier, en date du . . . . enregistré, il a fait citer à comparaître ce jourd'hui par devant nous le sieur R . . . . demeurant à . . . . pour se conci lier, si faire se peut, sur la demande qu'il est dans l'intention de former contre lui et tendant à . . . . (*copier l'objet de la demande énoncé dans la citation*), et a signé A . . . .

D'autre part, le sieur R . . . . demeurant à . . . . qui a ré- pondu ne pouvoir se concilier sur la demande dont il s'agit, et a signé R . . . .

Sur quoi, après avoir entendu les parties et tenté inutilement de les concilier, nous les avons renvoyées à se pourvoir devant qui de droit, et avons signé avec notre greffier.

(Signature du juge et du greffier.)

Enregistré à . . . . le . . . . etc.

(Signature du receveur.)

Ajournement (original).

(Acte d'huissier fait au nom du demandeur.)

(Copie du procès-verbal de non conciliation.)

Extrait des minutes du greffe de la justice de paix du canton de . . . . département de . . . .

L'an mil . . . . etc. (*copier le procès-verbal ci-dessus*) . . . .

Pour copie conforme à la minute, délivrée par le greffier soussigné de la justice de paix dudit canton, signé . . . . greffier.
(Date de l'exploit.)

L'an mil huit cent soixante . . . . le . . . .
(Demandeur.)

A la requête du sieur A . . . . demeurant à . . . .
Constitution d'avoué.)

Pour lequel domicile est élu en l'étude de Me P . . . . avoué près le tribunal civil de première instance de . . . . lequel est constitué à l'effet d'occuper pour lui sur la demande ci-après.
(Huissier.)

Je, V . . . . huissier près le tribunal civil de première instance de . . . . soussigné ;

(Défendeur.)

Certifie avoir au sieur R.... demeurant à.... en son domicile, où étant et parlant à....

Signifié et donné copie du procès-verbal de non conciliation
transcrit en tête de celle des présentes, pour qu'il n'en ignore,

(Délai.)

avec assignation à comparaitre d'aujourd'hui à HUITAINE FRAN-
CHE à l'audience et

(Tribunal compétent.)

par devant MM. les président et juges composant le tribunal de
première instance de..... séant au palais de justice, à.....
heures, pour, là étant :

(Objet.)

Attendu que le requérant est (*créancier ou propriétaire*).

(Moyens.)

Comme cela résulte de.... (*indiquer les titres*).

S'entendre ledit sieur R.... condamner envers le demandeur
à.....

(Remise de l'exploit.)

A ce que le sus-nommé n'en ignore, je lui ai, en son domicile et parlant comme il est dit ci-dessus, laissé copie tant du
procès-verbal sus-énoncé que du présent exploit.

(Coût.)

dont le coût est de.....

(Signature de l'huissier.)

Enregistré à..... le.....

(Signature du receveur).

Constitution d'avoué.

(Acte d'avoué fait au nom du défendeur, dans la huitaine de l'ajournement.)

Me D.... avoué près le tribunal de première instance de....

Déclare à M. P...., avoué près le même tribunal, constitué
pour le sieur A..... (*Demandeur.*)

Qu'il a charge et pouvoir d'occuper et qu'il occupera pour le
sieur R..... sur l'assignation à lui donnée à la requête du sieur
A..... par exploit de V.... huissier, en date du.... enregistrée.

Sous la réserve expresse de tous droits moyens et exceptions.
A ce qu'il n'en ignore, dont acte.

(Signature de l'avoué.)

Signifié et donné copie à Me P..... avoué, à domicile, par
moi, huissier audiencier, soussigné, le.....; coût.....

(Signature de l'huissier.)

Enregistré à.... etc.....

(Signature du receveur.)

Défenses (ou Requête.)

(Acte d'avoué signifié par le défendeur dans les 15 jours de sa constitution.)

A MM. les président et juges composant le tribunal de première instance de. . . . .

Le sieur R. . . . . demeurant à. . . . . demandeur aux fins de l'assignation à lui donnée, à la requête du sieur A. . . . . suivant exploit du ministère de V. . . . . huissier à. . . . . en date du. . . . enregistrée, ayant pour avoué Me D. . . . .

Contre le sieur A. . . . . demeurant à. . . . . demandeur aux fins de son exploit introductif d'instance, ayant pour avoué Me P. . . . .

A l'honneur de vous exposer les faits suivants :

Attendu. . . . . (exposé des faits).

Attendu que cela résulte de. . . . . (exposé des moyens).

Par ces motifs et autres à suppléer, l'exposant conclut à ce qu'il vous plaise, MM. les président et juges.

Déclarer le sieur A. . . . . non recevable en sa demande, en tout cas mal fondé, et par suite, l'en débouter et le condamner aux dépens, dont distraction sera faite au profit de Me D. . . . avoué, qui la requiert comme les ayant avancés de ses deniers, ainsi qu'il offre de l'affirmer.

(Signature de l'avoué.)

Signifié et laissé copie. . . . . etc. . . . . .

(Signature de l'huissier.)

Enregistré à. . . . . le. . . . . ; reçu. . . . .

(Signature du receveur.)

Réponse.

(Requête d'avoué signifiée par le demandeur dans les 8 jours de celle en défenses.)

A MM. les président et juges du tribunal de 1re instance de. . . . .

Le sieur A. . . . . demandeur par son exploit d'assignation du ministère de V. . . . . huissier à. . . . . en date du. . . . . ayant Me P. . . . . pour avoué ;

Contre le sieur R. . . . . défendeur à l'exploit sus-énoncé, ayant Me D. . . . . pour avoué.

Dit pour réponse aux défenses du sieur R. . . . .

Attendu (exposé des faits).

Attendu que cela résulte (réfutation des moyens du défendeur.)

Par ces raisons et autres qu'il plaira au tribunal de suppléer, le sieur A.... conclut à ce qu'il vous plaise, MM. les président et juges, lui adjuger le bénifice des conclusions par lui prises dans l'exploit introductif de sa demande et distraire les dépens au profit de M⁰ P.... qui le requiert, affirmant les avoir avancés de ses deniers

(Signature de l'avoué.)

A la requête du sieur A.... signifié et laissé copie....

(Signature de l'huissier.)

Enregistré à.... etc....

(Signature du receveur.)

Avenir.

(Acte fait par l'avoué du demandeur ou celui de la partie la plus diligente.)

M⁰ P..... avoué du sieur A..... somme M⁰ D....., avoué du sieur R..... de comparaître le..... à l'audience et par devant MM. les président et juges du tribunal de première instance de..... séant au palais de justice à..... heures, pour y plaider la cause pendante entre les parties, aux peines de droit.

Dont acte.

(Signature de l'avoué.)

Signifié et laissé copie..... etc.

(Signature de l'huissier.)

Conclusions d'audience (du demandeur).

(Sur papier libre, et remises tant à l'adversaire qu'au tribunal.)

Pour le sieur A..... demandeur aux fins d'exploit de V..... huissier à..... en date du..... enregistré, comparant par M⁰ P..... son avoué.

Contre le sieur R..... défendeur aux fins dudit exploit, comparant par M⁰ D..... son avoué.

Attendu que..... (énoncé des faits et moyens).

Par ces motifs et tous autres à déduire en plaidant, il est conclu à ce qu'il plaise au tribunal condamner ledit sieur R..... à..... (reproduire les conclusions primitives et les nouvelles).

(Signature de l'avoué.)

Conclusions du défendeur.

Pour le sieur R..... défendeur, etc. (même forme que la précédente).

Qualités (du jugement).

Elles sont faites par l'avoué de la partie gagnante, et, à son défaut, par l'autre avoué, puis signifiées à l'avoué adverse et remises, 24 heures après, au greffier s'il n'y a pas eu d'opposition.)

Entre le sieur A . . . . . demeurant à . . . . . demandeur aux fins de son exploit introductif d'instance du ministère de V . . . . . huissier à . . . . . en date du . . . . . enregistré, comparant et plaidant par Me O . . . . . assisté de Me P . . . . . avoué, d'une part.

Et le sieur R . . . . . demeurant à . . . . . défendeur aux fins de l'exploit d'assignation sus-énoncé, comparant et plaidant par Me L . . . . . assisté de Me D . . . . avoué, d'autre part.

Sans que les présentes qualités puissent nuire ni préjudicier aux droits respectifs des parties.

POINT DE FAIT.

(Exposer d'abord les faits qui donnent lieu au procès).

Après avoir vainement tenté le préliminaire de conciliation, ainsi que cela résulte d'un procès-verbal de non conciliation dressé par M. le juge de paix de . . . . . en date du . . . . . enregistré, le sieur A . . . . . fit, par son exploit de V . . . . . huissier à . . . . . en date du . . . . . enregistré, donner assignation au sieur R . . . . . à comparaître devant le tribunal civil de 1re instance de . . . . . le . . . . . pour voir dire . . . . . (copier les conclusions de l'exploit).

Cette assignation contenant, en outre, constitution de Me P . . . . . pour le sieur A . . . . .

Sur cette demande, Me D . . . . . se constitua pour le sieur R . . . . . par acte d'avoué à avoué en date du . . . . .

L'affaire a été distribuée, inscrite au rôle général, puis à la . . . . . chambre du tribunal.

Les parties s'étant présentées et ayant pris respectivement des conclusions au fond, la cause fut mise au rôle d'audience.

Par acte d'avoué à avoué en date du . . . . . enregistré. Me D . . . . . avoué du sieur R . . . . . fit sginifier sa requête en défenses à Me P . . . . . avoué du demandeur.

Par acte d'avoué à avoué en date du . . . enregistré, Me P . . avoué du sieur A . . . fit une requête en réponse aux defenses

Avenir fut donné par acte d'avoué à avoué en date du . . par Me P . . . . . à Me D . . . . . à comparaître le . . . . . devant le tribunal.

La cause en cet état ayant été appelée par l'huissier de service à l'audience de ce jour, il y a été conclu à ce qu'il plaise au tribunal, savoir :

1° Par Me P..... avoué du sieur A..... demandeur, dire et déclarer..... (*copier les conclusions*).

2° Par Me D...... avoué du défendeur, déclarer le sieur A..... non recevable et..... (*copier les conclusions du défendeur*).

Ces conclusions ont été développées par les avocats des parties dans leurs plaidoiries ; le ministère public a été entendu.

La cause, en cet état, présentait à juger les questions suivantes:

POINT DE DROIT

Le tribunal devait-il reconnaître fondée la demande du sieur A..... tendant à..... Devait-il ordonner.....?

Que devait-il statuer à l'égard des dépens ?

(Signature de l'avoué.)

A la requête de Me P..... avoué du sieur A.....

Signifié et délivré copie des présentes qualités de jugement par moi, V..... huissier audiencier du tribunal de première instance de..... à Me D..... avoué du sieur R..... en son domicile, où parlant à..... Le coût est de.....

(Signature de l'huissier.)

Grosse du Jugement.

(Cet acte est fait par le greffier à l'aide de la minute du jugement et des qualités.

(En tête.)

RÉPUBLIQUE FRANÇAISE. *Au nom du peuple Français,*

Le tribunal civil de première instance de l'arrondissement de..... département de..... séant en la ville de..... a rendu à l'audience du..... le jugement suivant :

Qualités.)

Entre..... (*copie des* QUALITÉS).

Le tribunal, après avoir entendu en leurs conclusions et plaidoiries respectives, Me O..... avocat, assisté de Me P..... avoué du sieur A..... et Me L.... avocat, assisté de Me D.... avoué du sieur R..... ensemble M. le procureur de la République en ses conclusions, et après en avoir délibéré conformément à la loi, jugeant en 1er (*ou en 1er et dernier*) ressort ;

(Plumitif.)

Attendu..... (*copie des* MOTIFS).

Par ces motifs, condamne..... (*copie du* DISPOSITIF),

Fait et prononcé le..... à l'audience publique du tribunal

civil de première instance de l'arrondissement de. . . . . où siégeaient M. . . . . président, MM. . . . . juges, en présence de M. . . . . procureur de la République, M⁰ . . . . . greffier.

La minute a été signée par le président et le greffier. Ainsi signé. . . . et . . . . En marge est écrit : Engistré à. . . . le. . . . Folio . . . . case. . . . . Reçu . . . . décimes compris, signé. . . .

(Formule exécutoire.)

Mandons et ordonnons à tous huissiers sur ce requis, de mettre le présent jugement à exécution ; à nos procureurs généraux, à nos procureurs près les tribunaux de première instance d'y tenir la main ; à tous commandants et officiers de la force publique d'y prêter main-forte, lorsqu'ils en seront légalement requis. En foi de quoi les présentes ont été scellées.

Pour expédition :   (*Signature du greffier.*)

Signification du Jugement à avoué.

(Acte d'huissier.)

L'an . . . . le . . . . à la requête de M⁰ P. . . . . avoué au tri-bunal de. . . . . et du sieur A. . . . . signifié et délivré copie du présent jugement par moi, V. . . . . huissier audiencier soussigné, à M⁰ D. . . . . avoué près le même tribunal, et du sieur R. . . . . en son domicile et parlant à. . . . . Le coût est de. . . .

(*Signature de l'huissier.*)

Signification à partie.

(Acte d'huissier.)

L'an. . . . le . . . . . et à la requête du sieur A. . . . . lequel élit domicile en l'étude de M⁰ P. . . . . qui, au besoin, continuera d'occuper pour lui, je, V. . . . . huissier, demeurant à. . . . soussigné, ai signifié copie au sieur R. . . . . en son domicile et parlant à. . . . .

De la grosse en forme exécutoire d'un jugement contradictoirement rendu entre le sieur A. . . . . et le sieur R. . . . par le tribunal civil de première instance de. . . . . le. . . . . enregistré et signifié à avoué par acte en date du . . . . . enregistré.

A ce que du contenu audit jugement le sus-nommé n'ignore, à toutes fins utiles, et sous toutes réserves je lui ai ès-mains, domicile et parlant comme dessus, laissé copie certifiée sincère et véritable et signée de M⁰ P. . . . . avoué, tant dudit jugement que du présent exploit, dont le coût est de. . . . .

(*Signature de l'huissier.*)

TABLE ALPHABÉTIQUE

(Les chiffres renvoient aux pages)

Les chiffres renvoient aux pages.

Tableau des principaux délais.

PROCÉDURE ORDINAIRE.

8 jours francs. Citation en conciliation (51).
8   —   Ajournement (72).
15   —   Défenses (77).
8   —   Réponse (78).
1   —   Avenir (80).
8   —   Communcation au ministère public (83).
24 heures.   Opposition aux qualités (143).

VOIES DE RECOURS.

8 jours. — Opposition (jugement contre avoué) (157).
            Si le jugement est contre partie, on a jusqu'a l'ex-
            écution c.-à-d. 6 mois.
2 mois. — Appel. — Requête civile. — Cassation (l. 1862).
8 ans. — Tierce opposition. — Prise à partie (2262, c. civ.)

Tableau des principales amendes.

10 fr. Conciliation (Défaut de comparution — 56).
5 — Ajournement (Défaut de mention du coût — 67).
150 — Vérification d'écritures (Dénégation de signature — 213).
300 — Faux incident civil (Rejet — 246).
100 — Enquête (Défaut de comparution d'un témoin — 264).
50 — Renvoi pour parenté (Rejet — 374).
100 — Récusation (Rejet — 390).
10 — Appel (Rejet d'un appel de 1re instance ou de comᵉ — 471)
5 —   —   (Rejet d'un appel de justice de paix).
50 — Tierce opposition (Rejet — 479).
300 — Requête civile (Rejet, arrêt contradictoire — 494).
150 —   —   (Rejet, arrêt par défaut).
75 —   —   (Rejet, jugement de 1re instance ou de comᵉ.
300 — Prise à partie (Rejet — 513).
150 — Cassation (Rejet, arrêt ou jugement contradictoire).
95 —   —   (Rejet, arrêt par défaut—L. 13 brum. an V, a. 4).

a **Procédure** est l'ensemble des règles à observer devant les tribunaux pour obtenir justice, c.-à-d., pour introduire la demande, instruire l'affaire et exécuter le jugement.

'**Organisation judiciaire** est l'ensemble des règles sur la composition et les attributions des

es **Tribunaux** sont des corps constitués pour rendre la justice. [tribunaux]
On les divise en : TRIBUNAUX ORDINAIRES (Tribunaux d'arrond. et Cours d'appel)
et TRIBUNAUX D'EXCEPTION. (Just. de paix. — Trib. de com. — Conseils de
Ou bien en : TRIBUNAUX DE 1re INSTANCE   [prud'hommes]
et TRIBUNAUX D'APPEL.

es **Circonscriptions judiciaires** (appelées *Ressorts*) correspondent aux administratives.
Ainsi, il y a : *Une Justice de paix* — par canton.
Un Tribunal d'arrondissement — par arrondissement.
Une Cour d'appel — pour un ou plusieurs départ¹ˢ. (En tout : 26).
Une Cour de cassation, — pour toute la France.
En outre, des *Trib. de commerce* et des *Conseils de prud'hommes* dans certaines villes.

Justices de paix.	Un Juge qui siége seul, — 2 Suppléants — et un Greffier. (Ni Ministère public ni Avoués, mais des Huissiers). La *Compétence* est exceptionnelle. — *Jusqu'à 100 fr. sans appel, et 200 avec appel.* L'appel est porté devant les Trib. d'arrond.
Tribunaux d'arrond.	De 3 à 12 Juges, et de 3 à 6 Suppléants, tous inamovibles. (Y compris un Présid. et autant de Vice-Présid. que de chambres, *Ministère public* : 1 Procureur et des Substituts amovibles. [moins une] En outre, Greffier, — Avoués, — Avocats, — Huissiers. S'il y a plusieurs chambres, il y en a une pour la police correctionnelle. La *Compétence* est ordinaire, c.-à-d. comprend *toutes les affaires non exceptées*. Au delà de 1,500 fr. de capital et 60 fr. de revenu, ils ne jugent qu'en L'appel est porté devant les Cours d'appel. [1er ressort]
urs d'appel	De 20 à 40 Conseillers, dont un 1er Président et des Vice-Présidents. *(Ministère public* : Procureur-général, — Avocats généraux, — Substit. En outre : Greffier, — Avoués, — Avocats, — Huissiers. Elles jugent les *Appels des tribunaux d'arrond. et de commerce, et certaines affaires en 1er et dernier ressort.* (Ex. frais d'appel).
ibunaux de ommerce.	De 3 à 15 Juges (dont un Président), et des Suppléants. (Nommés pour 2 ans à l'élection par les commerçants). Il y a un Greffier, — et des Agréés. (Ni Ministère public, — ni Avoués, — ni Avocats). La *Compétence* est exceptionnelle : *Affaires commerciales et Appels des Conseils de* Au delà de 1,500, ils jugent en 1er ressort seulement. [prud'hommes] L'appel est porté devant les Cours d'appel.
nseils de d'hommes	Patrons et ouvriers en nombre égal (6 au moins). (Nommés pour 6 ans à l'élection). Un Présid. et un Vice-Présid. nommés pour 3 ans par le chef de l'Etat. En outre, un Secrétaire. Il y a 2 Bureaux : 1° Le *Bureau particulier*, ou *de Conciliation*. 2° Le *Bureau général*, ou de *Jugement*. La *Compétence comprend la Conciliation et le Jugement des différends entre patrons et ouvriers à l'occasion de leur métier*. Au delà de 200 fr., ils ne jugent qu'en 1er ressort L'appel est porté devant les Tribunaux de commerce.
Cour Cassation.	45 Conseillers, plus un 1er Président et 3 Présidents *Ministère public* : 1 Procureur général et 6 Avocats généraux. En outre, un Greffier, — 60 Avocats — et 8 Huissiers. Elle se divise en 3 chambres : des Requêtes, — Civile, — Criminelle. Elle connaît des *Pourvois contre les décisions* EN DERNIER RESSORT *de tous trib.*

Il y a 3 moyens d'éviter un procès :
1° La Transaction, arrangement fait par les parties elles-mêmes.
2° Le Compromis, arrangement confié par les parties à des tiers (*arbitres*).
3° La Conciliation, arrangement fait devant le juge de paix.

La **Conciliation** est la formalité imposée aux parties de se présenter devant le juge de paix pour tenter un accord avant d'engager le procès.

2 Sortes.	1° La Petite conciliation — *pour les affaires de la compétence du juge de paix.* (*Avertissement* sur papier timbré, rédigé par le greffier et remis par la poste). 2° La Conciliation, prop. dite, — *pour les affaires de la compétence des trib. d'arr* (*Citation* aussi sur papier timbré, rédigée et remise par huissier).
Demandes soumises a la Conciliation.	Toutes en principe, mais **3** conditions sont exigées. — La demande doit être : 1° **Introductive d'instance.** (Il ne suffit pas qu'elle soit principale.) Elle est *introductive*, quand elle commence un procès entre les parties, sans qu'il se rattache à aucun autre. (Ex. garantie principale). Elle est *principale*, quand elle commence un procès entre les parties, bien que ce procès se rattache à un autre. (Ex. garantie incidente). 2° **Susceptible de transaction.** — La Conciliation est une sorte de transaction. *Les parties doivent être capables de transiger ;* — ne le sont pas : Les mineurs, tuteurs, les femmes mariées, etc. *L'objet doit être susceptible de transaction ;* — ne le sont pas : Les dons et legs d'aliment, — les séparations, Les causes sujettes à communication au ministère public. 3° **En 1re instance,** devant les tribunaux d'arrondissement. Sont en dehors : Les appels, — les affaires des tribunaux de commerce. Celles en 1er ressort devant les Cours d'appel. (Frais d'appel).
Demandes dispensées.	Ce sont : 1° **Celles requérant célérité.** — Ex. Loyers. — Arrérages. — Saisies. 2° **Celles formées contre plus de 2 défendeurs.** (Le grand nombre des parties est un obstacle à la conciliation).
Juge compétent.	Celui du **domicile du défendeur.** — S'il y en a 2, celui du domicile de l'un d'eux. Excepté : En matière de Société. — C'est le *juge du siège de la Société.* En matière de Succession. — Le *juge du lieu de l'ouverture de la succession.* Les parties qui comparaissent volontairement ont le choix de leur juge.
Citation.	Elle contient : *La Date des mois, jour et an de l'exploit. Les noms, profession et domicile du Demandeur. Les noms et demeure du Défendeur. Les noms, demeure et immatricule de l'Huissier. L'Objet de la demande* (mais non les moyens). *Les jour et heure de la Comparution.* Aucun acte n'est nécessaire si les parties comparaissent volontairement.
Délai.	Il est de **3 jours** *francs,* c.-à-d. sans compter le jour de la citation, ni celui de la [comparution]
Comparution	Les parties comparaissent en personne, ou par mandataire. — 2 hypothèses : 1° *En cas de* **Conciliation,** *procès-verbal est dressé.* Cet acte a force d'obligation privée, ce qui signifie que, bien qu'il soit authentique, il n'a pas *force exécutoire* et ne donne pas *hypothèque.* 2° *En cas de* **non conciliation,** on *fait mention sommaire du désaccord.* Si le *Serment* est déféré et non prêté, le juge mentionne le refus. Si une partie ne comparaît pas, son défaut est constaté sur l'original ou la copie. En outre, elle est condamnée à 10 fr. d'amende.
Effets de la citation	Il y en a deux : 1° *Elle interrompt la prescription.* 2° *Elle fait courir les intérêts moratoires.*
Défaut de Citation.	Si le demandeur omet d'appeler en conciliation, et cite directement devant le tribunal le défendeur, celui-ci peut refuser le procès. Le tribunal peut même d'office renvoyer les parties.

INTRODUCTION DE LA DEMANDE. | En principe, elle est formée par **Ajournement**. — Il est précédé q. fois d'une REQUÊTE. Ex. Assignation à bref délai.
Exceptionnellement, par **Requête** rédigée par l'avoué et remise par lui au Prés. ou au Trib. s'il n'y a pas d'adversaire.
— Ou rédigée par avoué et remise par huissier à l'avoué adverse. Ex. Demandes incidentes.
— Ou bien encore par **Acte au Greffe**. — Ex. Désaveu, — Renvoi, — Récusation.

AJOURNEMENT. | Acte d'*Huissier* fait sur papier timbré en double par ORIGINAL et COPIE, laquelle est également un **acte original**.
Il contient à peine de nullité les énonciations suivantes :

1° La **Date** (*jour, mois et an*, mais non l'heure), soit en chiffres, soit en lettres.

2° Le **Demandeur** (*nom, prénoms, domicile*). S'il est mandataire, il faut surtout le nom du mandant.

3° L'**Avoué** *du Demandeur*. — Cette désignation s'appelle **Constitution d'Avoué**. (Le ministère d'avoué est *obligatoire*).

4° L'**Huissier** (*nom, demeure, immatricule*, c'est le numéro d'inscription au Tableau des huissiers). En outre, la **signature**.

5° Le **Défendeur** (*nom et demeure*). Ni prénoms, ni profession, lesquels sont souvent inconnus.

6° L'**Objet** de la Demande (droit de propriété, usufruit, ou *créance*, — meuble ou immeuble),
Et l'*Exposé des* **Moyens**, c.-à-d. les arguments, les titres sur lesquels on s'appuie.

7° Le **Tribunal compétent**. — Cela dépend de la nature de l'action.

    L'ACTION est : *personnelle*, — *réelle* — ou *mixte* = *mobilière* ou *immobilière*.

    PERSONNELLE, — lorsqu'on exerce un *droit de créance* (droit personnel) contre une personne.

    RÉELLE, — lorsqu'on exerce un *droit réel* (propriété, usufruit, servitude) sur une chose.

    MIXTE, — lorsqu'on exerce aussi bien un droit de créance contre une personne, qu'un droit réel sur **une chose**.

    MOBILIÈRE ou IMMOBILIÈRE, suivant que l'objet réclamé est mobilier ou immobilier.

En principe, TOUTE ACTION EST PORTÉE au TRIBUNAL DU DOMICILE DU DÉFENDEUR (*actor sequitur forum rei*).
Excepté : En matière *réelle* immobilière. — Le Tribunal est celui de la situation de l'objet litigieux.
    En matière *mixte*. — Celui du domicile ou celui de la situation au choix.
    En matière de *société*. — Celui du siège de la société, tant qu'elle existe.
    En matière de *succession*. — Celui du lieu de l'ouverture de la succession.
    En matière de *faillite*. — Celui du domicile du failli.
    En matière de *garantie*. — Celui déjà saisi de la demande originaire.
    En matière d'*élection de domicile*. — Celui du domicile élu.
    En matière de *frais dus aux officiers ministériels*. — Celui où les frais ont été faits.

8° La **Remise de l'Exploit**. — On indique si l'exploit a été remis *à personne* ou au *domicile*, à un voisin, au maire, **etc.**
S'il s'agit d'une *personne morale*, on remet l'exploit à son représentant, par ex. au maire pour la commune.

9° Le **Délai**. — Il est de HUITAINE **FRANCHE**, c.-à-d. non compris le jour de l'exploit, ni celui de la comparution.

10° En outre, la COPIE DU PROCÈS-VERBAL DE NON-CONCILIATION, — COPIE DES PIÈCES, — COÛT DE L'ACTE, — ENREGISTREMENT.

    Les EFFETS sont : *L'interruption de la prescription*. — *Le cours des intérêts moratoires.*
    La fixation de la valeur du litige, d'où dépend la faculté d'appel.

INSTRUCTION.

L'Instruction des affaires varie suivant la nature des tribunaux.

I. **Procédure des Justices de paix.** — Cette matière est en dehors de l'examen.

II. **Procédure des Tribunaux d'arrondissement.** — Elle est orale — ou écrite.

La Procédure *Orale* comprend : La Procédure ordinaire.
La Procédure sommaire.
La Procédure des référés.

PROCÉDURE ORDINAIRE.

Elle s'applique aux affaires *ordinaires*, lesquelles forment la règle.
On l'appelle orale, parce qu'elle comporte les plaidoieries, mais elle comprend aus
Voici la marche de cette Procédure :   [certaines écriture

Ajournement. — Acte d'Huissier pour introduire la demande.

MISE AU RÔLE GÉNÉRAL sur les registres du Greffe requise par le demandeur.
Elle est faite la veille de l'audience, si le défend. n'a pas constitué Avoué.

Constitution d'Avoué par le défendeur dans la huitaine de l'ajournement.
(Désignation de l'Avoué. — Acte d'avoué, obligatoire, sous peine

Défenses (ou *Requêtes*) du défendeur dans les 15 jours de sa constitution. [défau
(Acte d'Avoué, facultatif, contenant les moyens opposés à la demande

Réponse (ou *Requêtes*) du demandeur dans les 8 jours des Défenses.
(Acte d'Avoué également facultatif).

MISE AU RÔLE D'AUDIENCE pour conclure. — Affiches.

Avenir fait par la partie la plus diligente indiquant un jour pour conclure).

CONCLUSIONS PRISES PAR LES AVOUÉS A L'AUDIENCE et remises au Président.

PLAIDOIRIES DES AVOCATS.

CONCLUSIONS DU MINISTÈRE PUBLIC. — (Les Avocats ne peuvent lui répliquer).
Elles sont obligatoires ou facultatives, suivant qu'il y a lieu ou non à *Communicatio*
La Communication se fait par dépôt du dossier au Parquet et 3 j. avant l'audienc
Si elle n'a pas eu lieu, celui dans l'intérêt de qui elle est exigée peut, s'il succomb
et qu'il n'y ait pas lieu à appel, attaquer le jug. par REQUÊTE CIVILE.

Les causes soumises à Communication sont celles concernant :

L'État, les Communes, les Établissements publics ;
L'Ordre public, l'État des personnes, l'Incompétence, les Règlements de juges ;
Les Femmes mariées, non autorisées, ou même autorisées s'il s'agit de la Dot.
Les Mineurs, les Absents, etc.

DÉLIBÉRÉ et JUGEMENT.

PROCÉDURE SOMMAIRE.

Certaines affaires sont *sommaires*, et soumises à une procédure simple et rapide
Ce sont des affaires minimes, simples, ou requérant célérité.
Savoir : *Les appels des juges de paix.*
Celles faites sans titre, mais n'excédant pas 1,500 fr. en capital, ou 60 f
Les demandes provisoires, ou requérant célérité.   [de revenu
Celles de loyers ou arrérages.

La Procédure comprend seulement :
Un Ajournement de la part du demandeur.
Et une Constitution d'Avoué par le défendeur.
Il n'y a ni Défenses, — ni Réponse, — ni Avenir.

Il y a des règles particulières, à propos des Demandes incid., de l'enquête et de frais
Demandes incidentes. — Elles sont formées par Requêtes minutées et non grossoyées
C.-à-d. qu'elles ne sont pas développées, ni payées par rôle
Enquête. — Elle est faite sommairement, c.-à-d. à l'audience.
Frais. — Il est dû un droit unique d'obtention de jug., sans détailler les actes.

RÉFÉRÉS.

Les affaires *urgentes* sont quelq. fois vidées de suite, mais provisoirement par un Juge
Assignation est donnée sans aucun délai devant le Prés. à la prochaine audience
La décision n'est pas susceptible d'opposit., mais il est permis de faire appel au trib

La Procédure *écrite* est exceptionnelle ; elle a lieu dans les affaires compliquées, telles que
[liquidations!

Procédure
au écrit.
	Un Jugement rendu sur la demande des parties ou d'office doit l'ordonner et
	[nommer le Juge rapporteur]
	Requêtes ou *Mémoire* du Demandeur dans les 15 jours de la signif. du jug.
	   Cet acte contient les moyens et conclusions ; avec un état des pièces invoquées.
	Dans les 24 h., la *production des pièces* au greffe, c.-à-d. le dépôt est fait et signifié.
	Requêtes ou *Défenses* du Défendeur dans les 15 jours de la production.
	   Dans les 24 h., acte de production de ses propres pièces et signification.
	Requêtes *en Réponse* du demandeur dans les 8 jours.
	   Remise par le Greffier au Juge rapporteur des Requêtes et pièces des parties.
	A l'audience, le Juge lit son rapport, — le Ministère public conclut, le Trib. statue.

III. Procédure devant les Cours d'Appel. — Elle suit les mêmes règles qu'en 1re instance.

IV. Procédure devant les Tribunaux de Commerce. — Elle suit des règles particulières.

Les affaires *commerciales* sont généralement simples et urgentes.
La Procédure en est simple, rapide et peu coûteuse.

Formes.	Il n'y a jamais lieu au préliminaire de conciliation. La demande s'introduit par un *Ajournement*. — C'est le seul acte de procédure. On vient à l'audience et l'affaire est plaidée. Il n'y a pas d'Avoués, mais des Agréés dont le ministère est facultatif.
Délai.	Il est d'**un jour franc.** Dans les affaires *urgentes*, on cite de *jour à jour*, et même d'*heure à heure*, avec ord°°. Dans les affaires *maritimes*, on cite d'heure à heure, sans ordonnance du Présid.

Tribunal
compétent.
	Il y en a **3** au choix du Demandeur :
	    1° *Celui du domicile du Défendeur ;*
	    2° *Celui du lieu où la promesse a été faite* ET *la marchandise livrée ;*
	    3° *Celui du lieu où le paiement devait être fait.*

Exceptions	En principe, le Juge de l'action est juge de l'exception. Aussi, le Trib. de com. connaît de toutes celles proposées devant lui. Il n'y a pas lieu à l'exception *Judicatum solvi* contre les Étrangers. Quant à celle d'*Incompétence*, il peut la joindre au fond et statuer par un seul jug. Mais, par 2 disposit. spéciales, on pourra ainsi appeler sur l'incompét. séparém.
Incidents.	Il juge aussi les Incidents, tels que Péremption, Désistement, etc. Mais non ceux qui exigent une procédure compliquée, tels que le Faux incid. civil.
Preuves.	Ce sont les mêmes qu'en matière civile, sauf quelques modifications. Ainsi, la *Preuve testimoniale* peut être autorisée même au-dessus de 150 fr. La *Preuve écrite* peut résulter des registres, des factures, de la correspondance. L'*Expertise* peut toujours être confiée à un seul expert En outre, des *Arbitres* sont chargés de concilier les parties, sinon de faire un rapp

Jugements
par défaut
	Il y a *Défaut Congé* contre le demandeur qui ne se présente pas.
	Mais il n'y a contre le défend. qu'*un seul défaut*, qu'on assimile au défaut contre partie
	Ainsi, il est signifié par huissier commis, — exécuté dans les 6 mois, — et
	   susceptible d'opposition jusqu'à l'exécution.
	L'Opposition se forme aussi de 2 manières : 1° *Par acte extra-judiciaire ;*
	                       2° *Par une déclaration sur l'acte d'exécut.*
	Si l'on a comparu une 1re fois, et qu'on fasse ensuite défaut, a-t-on pour former
	opposition 6 *mois*, ou seulement l'ancien délai de 8 j du Code de proc. ? Controv
	   Le Trib. de com., étant trib. d'exception, *ne connaît pas de l'exécution de ses jug.*
	C'est le Trib. civil. Cela s'entend par ex. des difficultés relatives aux saisies.
	Mais il connaît de l'exécut. des jug. préparatoires ou interlocutoires (Ex. Enquêtes).

Appel.	L'Appel n'est *pas suspensif*, mais il peut être *fait de suite*, car les jug. de com. sont tous exécutoires par provision. — Le délai est de 2 mois.

V. Procédure devant les Conseils de Prud'hommes. — Aucune procédure particulière.

JUGEMENTS.

ESPÈCES;

Les jugements sont :
Définitifs, — ou **Avant faire droit**
Ces derniers se divisent en :
1° *Préparatoires*. — Mesures d'instruction ne préjugeant pas le **fond**.
2° *Interlocutoires*. — Mesures d'instruction préjugeant le fond.
3° *Provisoires*. — Mesures urgentes d'exécution ordonnées de suite, sauf à être [modifiées par le jug. définitif]

Contradictoires, — ou **par défaut.**

En 1er — ou en **2e ressort.** — Ceux en **1er** ressort se subdivisent en **EXÉCUTOIRES,** — ou **NON EXÉCUTOIRES PAR PROVISION.**

Il y a encore les *Jugements d'EXPÉDIENT.* — Dont les dispositions sont arrêtées par les parties. — Ex. homologation de
Les *Jugements sur REQUÊTE.* — Lorsque la partie n'a pas d'adversaire. — Ex. envoi en possession. [partage]
Les *Jug. par FORCLUSION.* — Ceux rendus contre une partie qui ne produit pas ses titres. Ex. dans une instr. par écrit.

FORMATION DU JUGEMENT.

Nombre de Juges. — 3 au moins et 6 au plus dans les Trib. d'arr. — 7 au moins dans les Cours d'appel.
Assistance à toutes les audiences où l'on a plaidé sur le fond du procès, mais non sur les incidents

Délibération en secret. — 4 manières d'arrêter le Jug.
1° Sur-le-champ, c.-à-d. à l'aud. même aussitôt les **plaidoiries.**
2° Le même jour après délibération en chambre du conseil.
3° A une audience ultérieure (*Délibéré simple*).
4° A une aud. ultér. sur rap. d'un juge (*Délibéré sur rapport*).

Pluralité des voix.
C.-à-d. **Majorité absolue** (*moitié des voix, plus une*).
S'il y a **Partage,** — on appelle un *Juge départiteur* et on recommence les plaidoiries.
Les voix de 2 Juges, parents et du même avis, ne comptent que pour une, c'est la **Confusion des voix.**

Prononcé de la décision en public, même si le huis clos a été ordonné.

RÉDACTION.

Le Prononcé du Jug., (c.-à-d. les motifs et le dispositif), est écrit sous la dictée du Prés., sur un registre appelé *Plumitif.*
Puis, il est reporté sur la **Feuille d'audience,** avec mention des Juges. Le Prés. signe avec le Greffier. C'est la **Minute.**
La Copie du Jug. s'appelle **Expédition,** et, quand elle contient la formule exécutoire, **Grosse.**
Outre les énonciations de la Minute, savoir : *Motifs,* — *dispositif,* — et *noms des juges,* — l'Expéd. contient les **Qualités.**
Les **Qualités** sont indispensables pour bien faire connaître les parties et les circonstances du procès.
Elles comprennent : *Les noms des Avoués.* — *Ceux des parties en cause.*
Les conclusions. — *L'exposé des points de fait et de droit.*
La **Rédaction** appartient à l'Avoué du gagnant qui les notifie à l'Avoué adverse, lequel peut dans les 24 h. y faire oppos.
Le *Règlement de Qualités* est fait en Chambre du conseil par le Président.

SIGNIFICATION.

Tout Jugement doit être signifié à *l'Avoué,* s'il y en a un, — et de plus *à la Partie,* s'il porte condamnation, c.-à-d. ceux [définitifs ou provisoires]

EXÉCUTION.

L'Exécution est *volontaire,* — ou *forcée.* — Celle-ci est confiée aux Huissiers.
Elle ne peut avoir lieu que 8 jours après la sentence prononcée (excepté si le Jug. est exécutoire par provision).
Elle est *suspendue* par l'*Opposition* et l'*Appel.*
Outre la signification, il faut un **COMMANDEMENT** 30 jours avant la saisie des immeubles, — et 24 h. avant celle des meubles.

EFFETS.

1° *Titre authentique et exécutoire.*
2° *Hypothèque judiciaire* sur tous les biens du perdant.
3° *Novation du titre* qui n'est plus prescriptible que par 30 ans.
4° *Présomption de chose jugée* (*Res judicata pro veritate habetur*).

Les Jug., outre la condamnation principale, contiennent encore des cond. accessoires.

Telles que : *Délais de grâce*, — *Contrainte par corps*, — *Dommages-Intérêts*, — *Restitution de fruits*, — *Dépens*, — *Exécution provisoire*.

Délais de grâce.	En condamnant les débiteurs à payer, les juges peuvent, par faveur, leur accorder un délai et même fractionner le paiement. Ex. par mois. Ce sursis est le TERME DE GRACE par oppos. au *terme de droit* (légal ou convention). Il peut être accordé dans tous les cas, sauf quand la loi le défend. Il est prohibé : — *dans certaines matières*. — Ex. Lettre de change. — Ou *à raison de certains événements* : Faillite, — Contumace, — Emprison., — Vente des biens, — Diminution des sûretés.
Contrainte par corps.	Mesure de rigueur qui consiste à emprisonner le débiteur jusqu'à ce qu'il ait payé. La loi de 1867 l'a supprimée en matière civile et commerc. et contre les Etrangers. Elle n'est maintenue qu'en *matière crimin.*, soit qu'on se porte partie civile devant les trib. crimin., soit qu'on agisse devant les trib. civils, après jug. crim. Elle a lieu : 1° *Au profit de l'Etat*, pour Amendes, Frais, Restitutions et Dom. 2° *Au profit des Particuliers*, pour réparation de préjudices *ex delicto*. La durée varie de 2 jours à 2 ans, suivant le chiffre de la dette. Elle ne peut être exercée contre un parent ou un mineur.
Dommages et intérêts.	Indemnité comprenant et la *perte éprouvée*, et le *gain manqué*. Elle n'est fixée par les juges que si elle ne l'a été par les parties ou par la loi. En principe, ils doivent, dans le jug. en indiquer le chiffre ; c'est la *Liquidation*. Si la liquidation ne peut être faite de suite, elle le sera plus tard *par état*, c.-à-d. sur un compte fourni par le gagnant et approuvé par le trib. Cela sert à prendre hypothèque de suite sans attendre la liquidation.
Restitution de fruits.	Les juges peuvent ordonner de restituer les fruits de 2 manières : 1° En NATURE. — *Les fruits de la dernière année et ceux postérieurs à la dem.* 2° En ARGENT. — *Ceux des années précédentes et ceux restituables en nature, mais [déjà consommés]* On les évalue d'après les Mercuriales (soit au prix moyen, soit au plus haut prix).

Dépens.	Ils comprennent : 1° *Droits de timbre*, — *Enregistrement* — et *Greffe ;*
	       2° *Honoraires des avocats et officiers ministériels.*
	Ils sont adjugés au gagnant, c.-à-d. mis à la charge du perdant.
	COMPENSATION. — Dans 2 cas, ils sont à la charge des 2 parties (compensés).
	    1° *Si elles succombent toutes deux sur certains chefs ;*
	    2° *Si elles sont parentes.*
	Chaque partie paie alors ses propres dépens, ou une fraction de tous dépens réunis.
	DISTRACTION. — C'est l'adjudication des dépens directement à l'Avoué, au lieu de l'être au profit du gagnant, son client.
	    L'Avoué pourra ainsi se faire payer par le perdant, sans craindre l'insolvabilité de son client, lequel reste responsable des frais.

Exécution par provision.	L'Appel est suspensif parce qu'il est incertain si le jug. attaqué sera maintenu.
	Mais, s'il y a urgence, ou certaines probabilités du maintien du jug., l'exécution a lieu nonobstant appel. — C'est l'exécution *par provision*.
	Elle est ordonnée ou par la loi, — ou par les juges.
	Par *la loi*, c.-à-d. de plein droit, dans 2 cas : Jug. de commerce et Référés.
	Par *les juges*, sur la demande des parties, de 2 manières :
	    1° Sans pouvoir être refusée par eux et sans caution, dans 3 cas :
	    S'il y a Titre authentique, — Promesse reconnue, — Jug. sans appel ;
	    2° Avec faculté de la refuser (avec ou sans caution). Plusieurs cas :
	    Ex. Scellés, — Inventaire, — Expulsion de lieux, — Séquestre, etc.

Le Jugement est par défaut lorsqu'une partie ne se présente pas ou ne se fait pas représenter en justice.

2 ESPÈCES.

1° **Du Demandeur.** — Lorsqu'après avoir signifié l'ajournement. son avoué ne se présente pas à l'audience.
C'est le *Défaut congé.* — Le défendeur est renvoyé de la demande
2° **Du Défendeur.** ~ 1° Lorsque sur l'Ajournement. il ne *comparait pas,* c.-à d. ne constitue pas Avoué.
C'est le défaut **contre partie,** — ou *faute de comparaitre,* — ou encore *faute de constituer Avoué.*
2° Lorsqu'après avoir constitué Avoué, celui-ci ne pose pas ses conclusions à l'audience.
C'est le défaut **contre avoué,** — ou *faute de conclure,* — ou encore *faute de comparution d'Avoué.*

Il y a encore le défaut **profit-joint.** — Lorsque de 2 ou plusieurs défendeurs, l'un comparait et les autres point.
Au lieu de condamner de suite par défaut le défaillant, et contradict. le comparant, on les renvoie tous deux à une
Si, à cette nouvelle audience, le défaillant ne comparaît pas, il sera jugé sans pouvoir faire Opposition. [autre aud.
C'est afin que, si l'affaire est en dernier ressort, le défail. ne puisse obtenir un jug. en contradiction avec le 1er.

VOIES DE RECOURS.

1° L'*Opposition* devant le même tribunal. — Ce recours est spécial aux jug. par défaut.
Ne sont pas susceptibles d'opposition : 1° Les Jug. profit-joint;
2° Le Jug. repoussant une 1re opposition. (Opposition sur oppos. ne vaut);
3° Le Jug. par forclusion. Ex. dans la procédure par écrit.
2° L'*Appel* devant un tribunal supérieur. — Ce recours est commun aux jug. contradictoires et par défaut.

Opposition.

Délai.
1° **8 jours,** — si le défaut est contre Avoué.
2° **Jusqu'à l'exécution,** — s'il est contre partie.
La Vente des meubles, — la Signific. de saisie-immob., — l'Emprison., constituent une exécution suffisante.

Formes.
1° Par *Requête d'Avoué*, — si le défaut est contre Avoué.
2° Par *Acte extra-judiciaire* (exploit d'huissier). ‖ — si le défaut est contre partie.
— Ou par déclaration sur les actes d'exécution. ‖
En outre, dans ces 2 derniers cas, l'opposant doit réitérer dans la *huitaine* son oppos. par requête d'Avoué.

Effets.
Elle suspend l'exécution jusqu'au Jugement nouveau.
Elle permet au défaillant de faire rétracter le 1er Jugement.

SIGNIFICATION.
Elle a lieu par un huissier *ordinaire*, si le défaut est contr
Ou par un huissier *audiencier commis* par le trib., si le défaut est contre
On craint, dans ce cas, que l'exploit n'ait été *soufflé,* c.-à-d. n'ait pas été remis.

EXÉCUTION.
Elle ne peut être faite que 8 *jours* après la signification du jug. (24 h. suffisent pour les jug contradictoires).
Le délai court de la signification *à partie,* si le défaut est contre partie, — à l'*Avoué,* s'il est contre Avoué.

PÉREMPTION.
Le Jug. par défaut contre Avoué peut être exécuté pendant 30 *ans,* comme le jugement contradictoire.
Le défaut contre partie doit être exécuté dans les 6 *mois* de son obtention, sous peine de déchéance (*péremption*).
Pour éviter cette péremption, un commencement d'exécution suffit. — Ex. un procès-verbal de carence.

Les INCIDENTS d'une procédure comprennent : — Les Exceptions; — les Preuves; — les Incidents proprement dits.
Il y a **2** sortes de moyens employés contre une demande : Les Défenses; — les Exceptions.
Les DÉFENSES qui portent sur le fond et tendent à la faire rejeter définitivement comme non fondée.
Les **Exceptions** qui tendent à la faire écarter momentanément comme irrégulière, — ou à en retarder l'examen.
On appelle *Dilatoires* celles qui ont pour objet direct de retarder l'examen; ce sont celles de l'héritier et de la femme commune,
Les autres sont : la caution *Judicatum solvi,* — les renvois — et les nullités. [de garantie et de comm° de pièces]

Caution des Étrangers
(Judicatum solvi)
L'étranger DEMANDEUR en matière civile doit caution pour FRAIS du procès, et DOM.-INT. fondés sur le tort causé par la dem
Il en est dispensé : 1° s'il a des immeubles suffisants en France; 2° s'il est autorisé à y résider; 3° s'il y a un traité.
L'étranger *Défendeur* n'y est pas soumis. — En matière Commerciale, la caution n'est pas exigée.

Renvois.
1° INCOMPÉTENCE.
1° *Ratione materiæ.* — Si toute la juridiction à laquelle appartient le trib. saisi est incompétente.
Elle peut être invoquée en *tout état de cause*, tant par le dem. que par le déf., et même d'office.
2° *Ratione personæ.* — Si la juridiction est compétente, mais que le trib. saisi ne puisse connaître.
Elle est d'ordre privé et ne peut être opposée qu'au début de l'instance par le défendeur seul.
2° LITISPENDANCE ‖ Lorsque la *même affaire* est déjà portée devant un autre trib. Ex. Action mixte devant 2 trib.
3° CONNEXITÉ. ‖ Lorsque *deux affaires,* sans être identiques, ont un rapport intime qui exige qu'elles soient jugées par
Dans ce cas, le trib. saisi le 2me renvoie devant le trib. 1er Saisi. [le même trib.]
Dans l'incompétence, au contraire, le trib. saisi n'indique pas celui qui est compétent.

Nullités.
L'exception consiste à repousser un acte de procédure entaché d'un vice. (Ex. Ajourn. incomplet).
Elle doit être proposée *ou début de l'instance* et avant *toute autre exception*, sous celle d'incompétence
Mais si l'acte vicié est fait en cours d'instance, comme l'enquête, elle peut être proposée jusqu'à ce qu'on use de l'acte.

Héritier Femme commune.
L'HÉRITIER a 3 mois pour faire inventaire, et 40 jours pour délibérer sur les 3 partis que lui donne la loi.
Actionné pendant ces délais, il peut forcer le demandeur à surseoir jusqu'à leur expiration.
La FEMME, à la dissolution de communauté, a mêmes délais pour accepter ou refuser et même exception.

Garantie.
C'est l'obligation pour une personne (*garant*) d'en indemniser une autre (*garanti*) de certains préjudices.
Elle est *formelle* en matière réelle, — lorsqu'on répond des troubles et évictions d'un droit réel (Ex. Vendeur).
Elle est *simple* en matière person., — lorsqu'on répond des suites d'une obligat. dont une personne est tenue pour nous.
Si le garanti s'est défendu seul et a succombé, il agit alors contre le garant. — C'est l'*action en garantie princ.* [Ex. Caution]
Si, aussitôt attaqué, il demande à son secours, — c'est l'*action en garantie incidente.*
Dans ce cas, afin de pouvoir l'assigner, il demande un sursis de 8 j. — C'est l'EXCEPTION DE GARANTIE.
Dans la garantie formelle, — le garanti peut se faire mettre *hors de cause*, le garant prend sa place.
Dans la garantie simple, — il doit rester au procès, car il est obligé personnellement envers le demandeur.

Communic. des pièces.
Chaque partie a droit de vérifier l'exactitude des copies ou citations de pièces faites par l'adv. et la validité de l'original.
A cet effet, elle demande que ces pièces lui soient représentées. — C'est l'EXCEPTION DE COMMUNICATION DE PIÈCES.

LES PREUVES peuvent donner lieu aux **8** procédures suivantes :

Comparution personnelle

Les parties sont interrogées par *les Juges, à l'aud., en présence l'une de l'autre*.
La comparution est ordonnée par Jug. sur la demande d'une partie ou d'office.
On signifie le Jug. sans indiquer les questions qui seront posées.
Elle a lieu *en toutes matières*, même si la preuve testimoniale est défendue.
Si une partie ne se présente pas, les juges peuvent déférer le serment à l'autre.

Interrogatoire sur faits ET Articles.

La partie est interrogée *par un Juge, en Chambre du conseil, hors la présence*
L'Interrogatoire est aussi ordonné par Jugement,   [*de l'autre*]
Il peut également avoir lieu *en toutes matières* et en tout état de cause.
Si la partie refuse de se présenter ou de répondre, les faits sont tenus pour vrais
Une requête est rédigée par articles, c.-à-d. en numérotant chaque fait.
Le Jug. et l'ord. du Juge commis. sont signifiés à la partie 24 *h.* à l'avance.
Ce court délai a pour but d'empêcher qu'elle prépare ses réponses.
Procès-verbal signé du Juge, du Greffier et de la partie constate les *dires*.
Il est lu et discuté à l'audience dans les plaidoiries.

Serment.

Le *Serment* est l'affirmation solennelle d'un fait en prenant Dieu à témoin.
Il y en a deux : 1° **Extra-judiciaire.**
       2° **Judiciaire,** lequel se subdivise en *Décisoire*, et *Supplétoire.*
Le **Décisoire** est déféré par une partie pour trancher le différend.
La partie à qui il est déféré peut le référer. Celle qui refuse de jurer perd.
Le **Supplétoire** est déféré par le Juge à l'une des parties.
Il a lieu pour trancher ce différend, — ou fixer le chiffre de la condam.
Il faut qu'il y ait insuffisance de preuves, et non preuve complète.
Le Serment est prêté en personne, à l'audience, en présence de l'adversaire.

Enquête.

Pour établir, par témoins, la preuve d'un fait contesté, on recourt à l'*Enquête*.
2 sortes : 1° **Ordinaire** ou *Secrète*, faite en Chambre du conseil devant un Juge.
       Elle est employée devant les Trib. d'arr. en matière ordinaire.
       Procès-verbal des dépositions est toujours dressé.
     2° **Sommaire** ou *Publique*, faite à l'audience devant le Tribunal entier.
       Dans les affaires sommaires et devant les Trib. de com. et de paix.
       Procès-verbal n'est dressé que s'il y a lieu à appel.
Elle est le plus souvent INCIDENTE, c.-à-d. qu'elle a lieu dans le cours d'un procès.
Et rarement PRINCIPALE. Ex. Un créancier prouve une dette avant l'échéance.
L'Enquête doit être autorisée par Jug., car la loi ne la permet qu'à 3 conditions :
     1° *Si la preuve testimoniale est permise* — (au-dessous de 150 fr.).
     2° *Si les faits sont déniés*, — ou si, *étant reconnus, l'aveu n'est pas admis.*
     3° *Si les faits sont admissibles*, — c.-à-d. pertinents et concluants.
Contre enquête. — Enquête faite par le défend. pour comb. celle du demand.
       Elle n'a pas besoin d'être autorisée par Jug. — Elle est de droit.
Témoins. — Toute personne, sauf les Incapables et les Reprochables
     Sont *Incapables d'une manière absolue*, c.-à-d. de témoigner dans aucun procès :
       Les Condamnés à une peine crimin. ou à certaines peines correct.
     Sont *Incap. d'une manière relative*, c.-à-d. dans les procès de leur famille :
       Les Parents ou Alliés en ligne directe, — et le Conjoint.
     Sont *Reprochables*, — c.-à-d. peuvent être écartés comme suspects :
       Les Parents ou Alliés en ligne collatérale, l'Héritier, le Donataire
       Les Domestiques. Ceux qui ont bu avec la partie ou certifié.
Les *Reproches* sont proposés par une partie avant la déposit., et jugés par le trib.
Un Témoin suffit. Si on en cite plusieurs, il n'y en a que 5 payés par l'adversaire.
PROCÉDURE : Un Jug. autorise l'enq. et désigne le Juge-com.. lequel fixe le jour.
     Les témoins sont assignés, leur nom est signifié au défendeur.
     Au jour fixé, chaque témoin prête serment, fait sa déposit. séparément.
     Les parties sont présentes et font poser des questions par le Juge.
     Procès-verbal est dressé. — Les dépositions sont lues et discutées à l'aud.
     L'Enquête est nulle, si elle n'est pas *commencée* dans la *huitaine* du
     jugement, et *terminée* dans une autre *huitaine*. Elle peut être recom-
     mencée si c'est la faute du Juge, mais non si c'est celle de l'Avoué.

	Le Trib. pour se renseigner peut charger un Juge d'examiner l'objet litigieux.
Descente sur les lieux.	La Descente est ordonnée soit sur la demande des parties, soit d'office. La partie qui la requiert fuit *l'avance des frais* et dépose le montant au greffe. Le Juge, sur les lieux, fait en présence des parties l'examen et rapport.

Expertise.

Le Trib., pour se renseigner, s'adresse aussi à des tiers ayant des connaissances spéciales sur la matière litigieuse. — Ces tiers sont des *experts*.

Ils sont désignés par les parties, à leur défaut par le trib. (**un** ou **3**, jamais 2).

Ils prêtent *serment*, jusque-là ils peuvent refuser (c'est le *déport*).

Un jug. autorise l'expertise et nomme un Juge-commis., lequel fixe le jour.

Les parties y assistent et font leurs observations, les Experts rédigent un rapport.

Ils donnent leur *avis à la majorité*, et citent les opinions contraires sans nommer

Ce rapport est lu et discuté à l'audience, mais ne lie pas les Juges.   [l'auteur]

Vérification des écritures.

Pour les preuves écrites il y a 2 procéd. : 1° la *Vérification des écritures*.
                     2° le *Faux incident civil*.

L'acte *privé* ne fait foi que s'il est reconnu par l'adversaire.

S'il est dénié, celui qui l'invoque doit en prouver la sincérité par la Vérification.

Celui à qui on l'oppose peut, s'il le préfère, en établir la fausseté par le Faux incid.

L'acte *authentique* fait foi, l'adversaire est tenu d'en prouver la fausseté.

La Vérification est généralement *incidente*, c-à-d. formée dans le cours d'un procès.

Elle est q.q fois *principale*. Ex. Un créancier craint que plus tard le débiteur ne nie sa signature, il l'assigne de suite, afin d'avoir un acte authentique.

Cette demande s'appelle *Reconnaissance d'écritures*.

3 hypothèses : 1° Le Défendeur ne se présente pas : — l'acte est réputé vrai ;
             2° Il se présente et reconnaît l'acte : — l'acte devient authentique ;
             3° Il le dénie : — il y a lieu alors à Vérification.

PROCÉDURE. — Un 1er jug. autorise la Vérification, — nomme un Juge-commis., — ordonne le dépôt de la pièce et désigne les preuves à employer.

3 sortes de preuves : 1° Des *Titres*. — Ex. Actes relatant l'écrit contesté.
             2° Des *Témoins*, — qui ont vu dresser l'écrit.
             3° Une *Expertise*, — à l'aide de pièces de comparaison.

Un 2e jug statue : Si la pièce est *fausse*, le demandeur paie les frais.

Si elle est *vraie*, le déf. doit frais, dom, et 150 fr. d'am. s'il a *dénié sa signature*.

Le dem. ne peut, depuis la loi de 1807, prendre hypothèque qu'à l'échéance.

Faux incident civil.

FAUX INCIDENT CIVIL vient de ce que dans les procès civ. il est formé durant l'inst°.

Au criminel, il est le plus souvent l'origine du procès, c'est le *Faux principal*.

Le Faux incident s'applique : 1° Aux actes *authentiques*.
            2° Aux actes *privés déjà vérifiés* ; — 3° Ou même *non vérifiés*.

Dans les 2 premiers cas il est obligatoire, — dans le 3° facultatif.

Le Faux est : 1° *Matériel*, s'il y a imitation de l'écriture, ratures ou surcharges,
           2° *Intellectuel*, si l'écriture est vraie, mais les mentions fausses.

PROCÉDURE. — Elle comprend 3 périodes aboutissant chacune à un jugement.

1re *Période*. — Sommation au défend de dire s'il maintient la pièce.

En cas d'affirmation, un 1er jugement autorise la preuve

2e *Période*. — Dans les 3 jours, le défend. fait le dépôt de la pièce et le signifie.

Procès-verbal de l'état de la pièce dressé en présence des part. et du juge

Le dem. a 8 j. pour signifier ses moyens, — le déf. 8 j. pour répondre.

Un 2e jugement indique les moyens à employer.

3e *Période*. — L'instruction se fait par *Titres*. — *Témoins*, — ou *Experts*.

Un 3e jug. statue sur le faux : s'il le rejette, 300 fr. d'am. contre le dem

S il reconnaît, il ordonne d'anéantir ou de réformer la pièce.

L'Exécution est suspendue jusqu'à l'expiration des délais pour attaquer le jug.

Si, dans le cours du procès, on découvre l'auteur, il est sursis à l'action civile jusqu'après le jug. criminel. (*Le criminel tient le civil en état*).

La TRANSACTION sur le faux ne peut être exécutée que si elle est homologuée

INCIDENTS.

Il y a 2 sortes d'**Incidents** : Dans un sens large, c'est tout fait qui complique la mar
Tels que Exceptions, — Preuves, — et Incidents prop' dits.   [d'une procéd
Dans un sens restreint, ce sont les incid. prop' dits, tels que Reprise d'instance, Désaveu, e
En outre, les *demandes nouvelles* faites dans le cours d'une instance.

Demandes incidentes.

Il y en a 3 : Demande a*dditionnelle*, — *Reconventionnelle*, — ou *Intervention*.
Elles ne peuvent être formées qu'avec une certaine réserve, afin qu'on ne cher
pas à éviter les règles sur la conciliation et la compétence.

ADDITIONNELLE. — Elle doit nécessairement se rapporter à la dem. principa
Ex. Dem. de fruits perçus dans le cours d'une revendication

RECONVENTION^le. — Elle doit être connexe, ou au moins une défense à la dem. pri
Ex. Compensation, — Résiliat. de bail opposée à la dem. deloye

INTERVENTION. — En 1re inst^ce, l'intervenant doit avoir un intérêt. Ex. Un créa
En *Appel*, il doit prouver qu'il eut pu former tierce oppositi
C.-à-d. que la demande de 1re inst^ce lui cause un préjudi

Ces 3 sortes de demandes sont formées par *Requête*, — le défend. y répor

Intervention forcée. — Elle est formée à l'aide d'un *Ajourn.* par l'une des part
contre un tiers, afin de faire déclarer que le jug. lui sera commun.
Ex. Je m'aperçois que celui à qui je réclame la propriété a cédé l'usufr
(j'appelle l'usufruit

Demande provisoire.

Elle a pour objet des *mesures urgentes* qui ne peuvent attendre la fin du proc
Ex. Pension alimentaire dans une sép. de corps. — Sequestre de l'objet litigie
Elle est jugée *avant* la dem. principale, si celle-ci n'est *pas en état.*
Si elle est *en état*, le provis. est jugé *en même temps*. Il y a double utilité à statu
1° A raison des *Frais* qui sont pour le déf. si le provisoire est jugé utile.
2° A raison de l'*Appel* qui ne sera pas suspensif, s'il y a lieu à exécut. pro

Reprises d'instance.

Certains événements survenus pendant l'instance en interrompent le cours.
Cela dépend du point où en est l'affaire, c.-à-d. si elle est ou non en état.
Est-elle en état. — Aucun événement ne l'interrompt, tant du côté des part
que de l'Avoué.
N'est-elle pas en état. — Elle est interrompue par décès d'une partie, ou cess
de fonct. d'Avoué.
Si le dem. *change d'état* avant la const. du défend., il doit renouveler l'ajourn

Désaveu

C'est le démenti donné par un client à un offic. minist. qui a dépassé son mand
Celui-ci étant cru sur son affirmation, le client doit faire la preuve. (*désav*
Le Désaveu est nécessaire contre *Avoués* et *Huissiers*, — inutile contre Avocats.
Il a lieu pour *Offres* ou *Aveux* faits, ou *Consentements* donnés sans mand
Les actes qui doivent être *signés* par la partie, n'ont pas besoin d'être désavo
Tels sont : le Désaveu, — le Faux incident, — la Récusation, — le Désisteme
2 sortes : 1° *Principal*, — s'il est fait en dehors d'une instance.
Il peut être fait à toute époque, s'il n'y a pas eu d'instance.
S'il y a eu instance, on distingue si le jug. a ou non acquis *force de chose jug*
Au 1er cas, on a 8 j., à partir du moment où le jug. est réputé exécuté.
Au 2e cas, on fait appel ou oppos. au jug., et on forme désaveu incide
Après les délais de ces recours, on a 8 j. à partir de l'exécution.
2° *Incident*, — s'il est formé dans le cours d'une instance.
Il peut être fait pendant toute l'instance.
PROCÉDURE. — Il est formé par *acte au greffe signé* du désavouant.
Cet acte contient les Moyens, — Conclusions, — Const^on. d'Avoué.
Le désaveu principal est porté au trib. du déf., — l'incident devant le trib. sa
EFFETS. — Le désaveu suspend l'instance jusqu'à ce qu'il soit jugé.
S'il est a*dmis*, l'acte est annulé ainsi que la procédure qui l'a suivie
Si l'instance est terminée, le jug. est annulé sur les chefs relatifs au désav
S'il est *rejeté*, le désavouant est condamné à des dom.-int. envers l'Avoué.
En outre, à une réparation d'honneur ; il y a aussi publicité du jugement
mention du rejet en marge de l'acte au greffe.

Règlement de juges.

Il a lieu lorsque 2 trib. se déclarent compétents, — ou tous les 2 incompétents.
On fait régler alors par un trib. sup., celui qui doit connaître de l'affaire.
Le Règlement de juges est aussi appelé CONFLIT. — Il y en a 2 sortes :

1° *Conflit d'attribution* — entre un trib. administratif et un trib. judiciaire.
Le conflit, dans ce cas, est jugé par le Trib. de conflits.

2° *Conflit de juridiction* — entre 2 trib. administ., — ou entre 2 trib. judic.
Entre 2 trib. adm. par le Cons. d'État, — entre 2 trib. jud., par le trib. sup.
Si les 2 trib. sont du même ressort, on va au trib. sup., — sinon, à la Cour de cass.

Ex. Entre 2 just. de paix du même arrond.. — devant le trib. d'arrond.
Entre 2 just. de la même Cour d'appel, — devant cette cour.
Entre 2 just. de cours différentes, — devant la Cour de cassation.
Au lieu du règlement de juges, on peut faire appel sur la compétence.

PROCÉDURE. — Requête en permission adressée au trib. sup., mais non signifiée
S'il est admis, on surseoit à la procéd. devant les trib. saisis.   [à l'adv.]
Dans les 15 j., signif. du jug. avec assign. de la partie au dom de l'av.
Dans les 8 jours, Constitution d'Avoué par le défend., — le trib. statue.

Renvoi.

On peut craindre la partialité soit d'un juge, — soit d'un trib. entier.
Au 1er cas, c'est la RÉCUSATION, — le juge est écarté.
Au 2e, le trib. entier est dessaisi. — C'est le RENVOI.
Il n'y a qu'une seule cause de Renvoi, la *parenté*.
Si une partie est *juge*, il suffit qu'elle ait un parent dans le trib. et 2 dans la Cour.
Si elle n'est *pas juge*, il faut qu'elle ait 2 parents dans le trib. et 3 dans la Cour.
Le Renvoi ne peut être demandé que par l'adversaire de la partie parente.

PROCÉDURE. — Acte au greffe *signé* de la partie. — 1er jug. ordon. com. au juge.
Signif. à l'adv. — 2° jug. qui statue. — En cas de rejet, 50 fr. d'amende.
S'il l'admet, il désigne l'un des trib. du res., — ou l'un des 3 Cours voisines.
L'Appel est toujours permis, il est de 5 jours.

Récusation.

Les causes de récusation sont nombreuses :

1° Si le *juge* est *parent* ou *allié* d'une partie ou des deux, jusqu'au degré de
2° Si la *femme du juge* est *parente* ou *alliée* d'une partie.   [cousin germain]
3° Si le juge, sa femme, sa famille, ont un *procès actuel sur la même question*.
4° Ou un *procès dans un trib. où l'une des parties est juge*.
S'ils sont *créancier* ou *débiteur* de l'une des parties.
5° Si dans les 5 *ans*, ils ont eu *procès crim.* avec une partie ou sa famille.
6° Si dans les 6 *mois*, ils ont eu *procès civil*, terminé ou en cours.
7° Si le juge est *tuteur, curateur, héritier, donataire, commensal* d'une partie.
8° S'il a *conseillé, plaidé* ou *écrit* sur le différend, s'il en a *connu* comme juge,
— s'il y est *intéressé*, — a *témoigné*, — *reçu des présents*
Enfin, s'il y a eu de sa part, *agression, injures, menaces*, depuis l'instance, ou
dans les 6 mois.

La Procédure est la même que pour le Renvoi, — sauf que l'amende est de
100 fr., et qu'il n'y a pas signification à l'adv. qui y reste étranger.

Péremption.

Un procès peut être arrêté de 2 man. : 1° au gré du dem. par son *désistement*,
2° Contre son gré par la *Péremption* proposée par le défend.
Dans les 2 cas, l'action subsiste, et le procès peut être recommencé.
La Péremption a lieu lorsqu'il y a cessation de poursuites pendant 3 *ans*.
Elle n'a pas lieu de plein droit comme la prescription, elle doit être proposée.
Dans 2 cas elle éteint l'action : 1° Si, *durant l'instance, la prescript. est achevée*.
2° Si c'est en appel, l'appelant est censé acquiescer au jug. de 1re instce.

Désistement.

Le Désistement du dem. doit être *accepté* par le défend. qui peut, s'il préfère,
Il est fait par *acte d'Avoué* et doit être *signé* par le dem.   [suivre le procès]
Il peut aussi être fait à l'audience, le trib. en donne acte.

Il y a **6** Voies de recours contre les jugements. — Elles se divisent en :
1° *Voies ordinaires* : OPPOSITION — et APPEL.
2° *Voies extraordinaires* : TIERCE OPPOSITION — REQUÊTE CIVILE. — PRISE A PARTIE. — CASSAT
Ou 1° Voies de *Réformation*. — Lorsqu'on s'adresse à un tribunal autre que celui déjà jugé
2° Voies de *Rétractatoin* — Lorsqu'on s'adresse au même tribunal.
L'Appel et la Tierce Opposition sont seuls des voies de-réformation.

L'**Appel** est le recours porté devant un trib. supérieur contre les jug. en 1er resso
Il a lieu pour toute sorte de griefs.

2 ESPÈCES.	1° **Principal.** — Celui fait le 1er, soit par le demand., soit par le défend. Il doit être formé dans les 2 *mois*, et par *assignation*. 2° **Incident.** — Celui fait le 2me (par l'*intimé*). — Il peut être formé *pendant le cours de l'instance* d'appel principal, même après 2 mois (par *Requêt* L'Appel ne profitant qu'à celui qui appelle, profitera ainsi à l'intimé.
EFFETS.	1° **Dévolutif.** — C.-à-d. que l'affaire est jugée de nouveau par un trib. *supéri* 2° **Suspensif.** — C.-à-d. que l'*exécution* du jug. attaqué est *arrêtée* jusqu'à [nouvelle décisi Excepté si le jug. est *exécut. par provision*. L'Appel d'un jug. qualifié à tort en dernier ressort, n'est pas suspensif.
TRIBUNAUX D'APPEL.	Les Tribunaux d'ARRONDISSEMENT — pour les Justices de paix. Les Tribunaux de COMMERCE — pour les Conseils de Prud'homme. Les COURS D'APPEL — pour les trib. d'arrondissement et de commerce.
JUGEMENTS SUSCEPTIBLES D'APPEL.	Ceux des Just. de paix au-dessus 100 fr., et des trib. de com. au-dessus 1,50 Ceux des trib. d'arrond. au-dessus 1,500 fr. en matière *personnelle* ou *mobilière*, et au-dessus 60 fr. de revenu, en *matière immobilière*. En outre, toutes les *Questions d'état*.
CALCUL DU MONTANT	On additionne les divers chefs de la même dem., et non les dem. princ. et reco Mais si l'une d'elles est supérieure au taux ci-dessus, il y a appel sur les de Jamais appel sur la dem. reconv. en *dom.-int.*, basés sur le tort causé par la pr On ne compte ni les *frais*, ni les *intérêts*, ou fruits *échus* DEPUIS la demande. Le taux est fixé d'après les *conclusions* des parties, et non d'après le *Jugement*
DÉLAIS.	1° L'Appel *ne peut être formé* : Pendant **8 jours** de sa prononciat., — si le jug. est définitif ou interloc Pendant les *délais d'opposition*, — s'il y a Jugement par défaut. Avant que le *Jugement définitif* soit rendu, — s'il est préparatoire. Mais il peut être formé DE SUITE, — si le jug. est exécutoire par provisi 2° L'Appel *doit être formé* dans les **2 mois** de la significat., si le jug. est contr — ou de l'exp. du délai d'op. s'il est par déf
DEMANDES PERMISES EN APPEL.	*Aucune nouvelle demande*, excepté : Celles en compensat. ou en déf. à l'act. pri Celles en domm.-int. soufferts, — ou pour intérêts ou loyers échus *depuis lo* L'*Intervention* n'est permise qu'à ceux qui pourraient former Tierce Oppositi La PÉREMPTION donne au jug. attaqué *force de chose jugée* (l'Appel n'est plus perm
PROCÉDURE.	L'Appel est formé par *Ajournement*, s'il est princip. — ou *requête*, s'il est in L'intimé constitue Avoué dans les 8 j. — L'ap. signifie ses griefs dans les 8 j. L'int. répond dans les 8 j suiv. — L'affaire est plaidée et jugée comme en 1re ins Si l'appelant succombe, il paie, outre les frais, 10 fr. d'*amende* pour **Fol App** L'EXÉCUTION est renvoyée au trib. qui a rendu le jug. attaq. si celui-ci est *confi* S'il est *infirmé*, elle est retenue ou renvoyée à un trib. du même ordre que le
DROIT 'EVOCATION	Faculté pour le trib. d'appel de retenir et juger une affaire non jugée en 1er ress Ainsi, s'il *infirme* un interlocutoire, il peut retenir et juger le fond. De même, s'il infirme un jug. définitif pour *vices de formes* (le 1er ressort tom Mais s'il l'infirme *à raison du fond*, il statue réellement en 2e ressort par ap cation du principe dévolutif et **non par droit d'évocation**.

Recours extraordinaire contre les jug. en dernier ressort (contrad. ou par défaut).
En principe, c'est une voie de rétraction, quelquefois une voie de réformation.

OBJET.
Elle est ouverte aux TIERS étrangers au procès, et à qui le jug. préjudicie.
D'après la règle : *res inter alios judicata, aliis nec nocet, nec prodest*, un jug. ne peut
en droit, nuire à ceux qui n'ont pas figuré au procès, mais il le peut, *en fait*.
Dans ce cas, le tiers peut avoir intérêt à attaquer le jug. pour en arrêter l'exécut.
Ex. Un dépositaire est condamné à restituer l'objet déposé à une personne qui
le revendique, le déposant, craignant que l'objet ne disparaisse, forme tierce oppos.

2 SORTES.
Elle est *principale*, — si elle est formée en dehors de toute instance.
    Elle est portée devant le même tribunal.
— *Incidente*, — si elle est formée dans le cours d'une instance.
    Elle est jugée par le trib. où l'on se trouve, s'il est égal ou supér. au 1er.

PROCÉDURE.
Le délai est de 30 *ans*. — En cas de sépar. de biens, il est d'*un an* pour les créanc.
Elle est formée par Ajourn. si elle est principale, et même si étant incidente,
elle est faite devant un tribunal inférieur.
Quand le trib. est égal ou supérieur, elle est formée par requête.
Le demandeur qui succombe paie, outre les dom.-int., une amende de 50 fr.

EFFETS.
Elle n'est ni *dévolutive*, ni *suspensive* de droit. Mais les juges peuvent suspendre
l'*exécution*, excepté en cas de *délaissement d'immeuble*.

REQUÊTE CIVILE.

Recours extraordinaire contre les décisions en dernier ressort (contr. ou par défaut).
C'est une voie de rétraction accordée *aux parties* elles-mêmes pour des motifs déterminés.

OUVERTURES.
Il y a 11 cas, dont 10 communs à toute pers., — le 11e propre à certaines pers.
1° S'il y a eu *dol personnel* (c.-à-d. émané de l'adversaire).
2° Si les *formes prescrites à peine de nullité ont été violées*.
    Pourvu que la nullité n'ait pas été invoquée, autrement, il y a lieu à Cas.
3° S'il a été *prononcé sur choses non demandées*.
4° S'il a été *adjugé plus qu'il n'a été demandé*.
5° S'il a été omis de prononcer sur *l'un des chefs*.
6° S'il y a *contrariété des jugements* par le MÊME TRIBUNAL.
    Si les jug. émanent de trib. différents, c'est un cas de Cassation.
7° Si *dans un même jug. il y a des dispositions contraires*
8° Si la *communication au Ministère public* n'a pas eu lieu et que le jug. ait été
    rendu CONTRE celui en faveur duquel elle était exigée. (Ex. Mineur).
9° Si l'on a *jugé sur pièces fausses*.
10° Si depuis le jug. il a été recouvré des *pièces décisives retenues par la partie*.
11° Si l'*État*, les *Communes*, les *Étab. publics* et les *Mineurs*, n'ont pas été défendus,
    ou ne l'ont pas été valablement.

2 SORTES.
Elle est principale — ou incid., suivant qu'elle est faite en dehors dans le cours
                                                                [d'une instance]

PROCÉDURE.
Le *Délai* est de **2** mois.
Le *Tribunal compétent* est celui qui a rendu le jug. attaqué.
Elle se forme par Requête en permis., avec consignat. de 300 fr. d'am. et 150 fr.
En outre, consultation de 3 Avocats, déclarant la requête fondée. [pour dom.]
Il y a 2 instances : 1° Sur le RESCINDANT, pour faire rétracter le jug. attaqué.
                     2° Sur le RESCISOIRE, pour faire juger de nouveau.
Dans le cas de *contrariété de jug.*, il y a rescindant sans rescisoire.
Le trib., en effet, casse le 2e jug., lequel a été rendu inutilement, le 1er subsiste.

EFFETS.
Elle n'est ni *dévolutive*, — ni *suspensive*.
Les juges ne peuvent même pas suspendre l'exécut. comme dans la tierce oppos.
Et s'il s'agit de délaissement d'im., le jug. doit être exécuté *avant* de plaider.
C'est afin que la requête civile ne soit pas un prétexte pour retarder l'exécution.

PRISE A PARTIE.

Recours extraordinaire contre les *juges* et non contre les jugements.
Ouvert à une *partie* non contre l'autre, ni contre un tiers, mais contre un magistrat.

4 CAS.	1° S'il y a eu *dol, fraude ou concussion*.
	2° Si la *prise à partie est expressément autorisée par la loi*.
	   (Ex. Défaut de signature d'un jug. crim. dans les 24 h.).
	3° Si le *juge est déclaré par la loi responsable* à peine de dommages-intérêts.
	   Ex. Si une Cour accorde un sursis à l'exécution d'un jug. de com.
	4° S'il y a *déni de Justice*. — Il y a 3 cas de déni :
	   Si le juge refuse de répondre à une requête.
	   S'il néglige de juger une affaire en état d'être jugée.
	   S'il refuse de juger sous prétexte de silence, obscurité ou insuffisance de la lo

PERSONNES ATTAQUABLES	Ce sont : Les *Membres des Cours ou Trib.* — Les *Cours ou Trib. eux-mêmes.* Les *Membres du Ministère public.* — Les *Greffiers.*
TRIBUNAL COMPÉTENT.	La COUR D'APPEL, — pour les Jug. ou Conseil. à la Cour d'ap. et les trib. entier La COUR DE CASSATION, — pour les Conseillers à la Cour de cassation, et une Cour ou section de Cour d'appel.
PROCÉDURE.	Elle est formée par une requête en permission adressée à la Cour compétente. Un 1er arrêt rendu sans débat en chambre du Conseil, autorise ou refuse. En cas de rejet, le dem. paie 300 fr. d'am. — En cas d'adm., il signifie sa requê Celui-ci constitue Avoué, — l'affaire est plaidée. — Un 2e arrêt statue [au jug
EFFETS.	Est-elle *rejetée*, le dem. paie 300 fr. d'am. Est-elle *admise*, le juge paie des dom -in L'acte en dehors d'une instance est annulé. — S'il s'agit d'un jug. il y a contro Si on le maintient, le juge doit les dom. au dem. — Si on l'annule, au *défendeur*

CASSATION.

Recours extraordinaire contre les *jugements en dernier ressort.*
Ce n'est pas un 3e degré de jurid. — La Cour ne révise pas, elle casse et renvoie à un autre tr

4 CAS.	1° *Incompétence*, — ou *excès de pouvoir*.
	   L'Incompétence concerne les actes permis à un autre tribunal.
	   L'excès de pouvoir, les actes défendus à tout trib. Ex. décis. réglementai
	2° *Violation de la loi*. — La Cour n'examine pas si les faits ont été bien appréci
	3° *Violation des formes de procédure* prescrites à peine de nullité.
	   Si la nullité a été déjà proposée et rejetée, autrement; il y a lieu à Requête ci
	4° *Contrariété de jug. rendus* par des TRIB. DIFFÉRENTS.
	   Si c'est par le même trib., il y a lieu à Requête civile.

QUI FAIT LE POURVOI.	Ce sont : Les *Parties* au procès, leurs héritiers ou ayant-cause (mais non les tier
	Le *Procureur général* près la Cour de Cassation, dans 2 cas :
	   1° Sur l'ordre du gouvern. pour excès de pouvoir.
	   2° De son chef, pour violation de la loi ou des formes
	   Ce dernier pourvoi est dit dans l'*intérêt de la loi* parce qu'il ne pro

DÉLAI.	Il est de **2 mois**. [pas aux part
PROCÉDURE.	2 phases : La 1re devant la Chambre des requêtes ; — 2° devant la Ch. civile Un mémoire signé d'un Avocat est déposé au greffe et n'est pas signifié à l'ad Consignation d'une am. de 150 fr. pour les jug. contrad., et 1/2 pour ceux par d Un Conseil. fait un rapport à la Ch. des requêtes, — l'avocat du dem. plaide. La Cour statue : Si elle *rejette*, tout est fini — Si elle admet, renvoi à la Ch. c L'arrêt d'adm. n'est pas motivé, — il est signifié à l'adv. qui figure dans cett Il y a un nouveau rapport, — les 2 Avocats plaident — la Cour statue. [pha Si elle casse, elle renvoie devant un trib. de même ordre qu'elle désigne. Ce trib. peut juger dans le même sens que le 1er, — s'il y a 2e pourvoi, la C statue en Chamb. réunies. — Si elle casse, elle renvoie à un 3e trib. qui e
EFFETS.	Le pourvoi n'est ni *suspensif*, — ni *dévolutif*, excepté si le jug. attaqué ordo la suppression ou la réformation d'une pièce déclarée fausse.

RÉSUMÉ

DE

PROCÉDURE CIVILE

1re Leçon.

Organisation Judiciaire

Le CODE CIVIL s'occupe des *Personnes* et des *Choses*, il détermine la nature et l'étendue de nos droits.

Le CODE DE PROCÉDURE CIVILE donne les moyens de faire valoir ces droits et de contraindre les autres à les respecter, ce sont les *Actions*.

La *Procédure civile* est l'ensemble des règles à observer devant les tribunaux pour obtenir justice : autrement dit, la marche à suivre — pour former une demande, — proposer la défense, établir les preuves — et faire rendre, — réformer — ou exécuter le jugement.

L'*Organisation judiciaire* est l'ensemble des règles sur la composition et les attributions des tribunaux.

Les *Tribunaux* sont des corps constitués pour rendre la justice au nom du chef de l'Etat.

Ils se divisent en tribunaux *ordinaires* (tribunaux d'arrondissement et cours d'appel), — et tribunaux d'*exception* (justices de paix, — tribunaux de commerce, — conseils de prud'hommes), suivant que leur compétence est générale ou spéciale. On les divise encore en tribunaux de 1re *instance* — et tribunaux d'*appel*.

Chaque tribunal exerce la justice sur une certaine partie du territoire. Les circonscriptions judiciaires (appelées *ressorts*) sont à peu près les mêmes que les circonscriptions administratives. Ainsi, il y a :

Une *Justice de paix* — par Canton.
Un *Tribunal de 1re instance* — par Arrondissement.
Une *Cour d'appel* — pour un ou plusieurs Départements.
Une *Cour de cassation* — pour toute la France.

Quant aux *Tribunaux de commerce*, il y en a seulement dans les villes commerçantes. — Enfin, il y a des *Conseils de prud'hommes* dans les villes manufacturières.

TRIBUNAUX

Justices de paix. — Organisation. — Il y en a *une par canton*. Le tribunal se compose d'un juge qui siége seul et de deux suppléants pour le remplacer. Tous sont nommés et révoqués par le chef de l'Etat, et par conséquent sont *amovibles*. Le juge a un traitement, les suppléants n'en ont pas.

Il n'y a pas de ministère public devant le tribunal de paix.

Un *greffier* assiste le juge, — les *huissiers* du canton font la police de l'audience ; — il n'y a pas d'officiers ministériels.

A Paris, il y a autant de justices de paix que d'arrondissements, c'est-à-dire 20.

Compétence. — Elle est exceptionnelle et limitée aux actions de modique intérêt et à celles qui exigent une prompte solution. Les juges de paix statuent sans appel jusqu'à 100 fr., et avec appel jusqu'à 200 fr., sur les actions purement personnelles et mobilières. Quelquefois même ils jugent sans limitation de taux, mais toujours avec appel au-dessus de 100 fr. Ex. : action pour injures, rixe ou voies de fait. Quelquefois, aussi, l'appel est permis même au-dessous de 100 fr. Ex. : actions possessoires.

L'*appel* est porté au tribunal d'arrondissement.

Tribunaux d'arrondissement (ou **de 1re instance**) La première dénomination est plus exacte, car ils jugent quelquefois en 1er et dernier ressort, quelquefois en appel.

Organisation. — Il y en a *un par arrondissement*. Le siége est ordinairement au chef-lieu administratif, mais il y a des exceptions ; ainsi, dans l'arrondissement d'Arles (Bouches-du-Rhône), le tribunal est à Tarascon, simple chef-lieu de canton.

Chaque tribunal se compose de 3 à 12 juges rétribués (3, 4, 7, 8, 9, 10 ou 12) et de 3 à 6 juges suppléants sans traitement. Parmi les juges sont compris un Président et autant de Vice-présidents qu'il y a de chambres, moins une (la chambre où siège le président n'a pas de vice-président), excepté à Paris, Lyon et Marseille.

Les tribunaux de 3 à 4 juges n'ont qu'une chambre; ceux de 7 à 10 en ont 2; ceux de 12 en ont 4. Quand il y a plus d'une chambre, l'une d'elles est chargée de la police correctionnelle. Chaque année les juges changent de chambre, c'est ce qu'on appelle le Roulement.

Les juges et présidents sont nommés par le chef de l'État, mais ils ne sont pas révocables; ils sont *inamovibles*.

Le *ministère public* se compose d'un procureur de la République et d'un ou plusieurs substituts nommés et révoqués par le chef de l'État et, par conséquent, *amovibles*.

Près chaque tribunal, il y a un *greffier* et un ou plusieurs commis greffiers; — comme officiers ministériels, des *avoués* et des *huissiers* dont le nombre varie suivant les villes. Enfin, il y a des *avocats* en nombre illimité.

A Paris, il n'y a qu'un tribunal pour tout le département de la Seine. Il se compose d'un président et 11 vice-présidents (autant que de chambres), 62 juges, 1 procureur de la République et 26 substituts. Il y a 11 chambres (dont 7 civiles, 3 correctionnelles et une mixte).

Pour rendre un jugement, il faut 3 juges au moins et 6 au plus. En cas d'insuffisance de juges pour composer le tribunal, on appelle les suppléants, — à leur défaut, les avocats dans l'ordre du tableau, — à défaut de ces derniers, les avoués, dans le même ordre. Il en est de même pour le remplacement des membres du ministère public.

Compétence. — Elle est ordinaire, c'est-à-dire qu'elle s'étend à toutes les affaires qui ne sont pas attribuées aux tribunaux d'exception. C'est ainsi qu'elle comprend même les affaires commerciales dans les arrondissements où il n'y a pas de tribunaux de commerce.

Les tribunaux d'arrondissement jugent en 1er et dernier ressort les affaires personnelles ou mobilières jusqu'à 1,500 fr. en capital, et les affaires réelles immobilières jusqu'à 60 fr. de revenu; au-dessus de ces chiffres, ils ne jugent qu'en 1er ressort.

L'*appel* est porté à la Cour d'appel.

Les tribunaux d'arrondissement sont à leur tour tribunaux d'appel pour les justices de paix.

Cours d'appel.— ORGANISATION. — Il y en a *une* pour *un* ou *plusieurs départements ;* en tout 26 (par suite de l'annexion de la Cour de Chambéry et la cession des Cours de Metz et de Colmar, mais sans compter celle d'Alger). La Cour de Bastia a, dans son ressort, 1 département ;—celle de Paris 7 ; — les autres de 3 à 5 départements.

La Cour siége généralement au chef-lieu du département sur le territoire duquel elle se trouve, mais quelquefois son siége est dans un chef-lieu d'arrondissement. Ex. : dans le Nord, la Cour est à Douai et non à Lille.

Chaque Cour se compose de 20 à 40 conseillers : les Cours de 24 conseillers ont 3 chambres (une *civile*, — une de *mise en accusation*, — une de *police correctionnelle*) ; celles de 30 conseillers ont 4 chambres (dont 2 civiles) ; celles de 40 ont 5 chambres (dont 3 civiles). Parmi les conseillers sont compris un 1er Président et autant de Vice-présidents que de chambres moins une ; toutefois à Paris, Lyon et Marseille, il y a autant de vice-présidents que de chambres. Tous sont nommés par le chef de l'Etat, mais sont *inamovibles.*

Le *ministère public* près ces Cours se compose d'un procureur général, de 2 à 4 avocats généraux et d'un certain nombre de substituts. Tous sont révocables.

Près chaque Cour, il y a un *greffier* et plusieurs commis greffiers ; des *avoués* et *huissiers* en nombre déterminé ; enfin des *avocats* en nombre illimité.

A Paris, il y a 72 conseillers (y compris les présidents), 1 procureur général, 7 avocats généraux et 11 substituts. La Cour comprend 7 chambres (dont 5 civiles, une de mise en accusation et une correctionnelle).

Pour rendre une décision, il faut 7 conseillers au moins dans les chambres civiles (5 suffisent dans les chambres des mises en accusation et correctionnelles).

COMPÉTENCE. — Au civil, les Cours connaissent des *appels* des jugements des tribunaux d'arrondissement et des tribunaux de commerce ; exceptionnellement, elles jugent en 1er et dernier ressort, par ex. les Prises à partie.

Tribunaux de commerce. — ORGANISATION. — Il y en a dans les villes commerçantes : dans la plupart des arrondissements il y en a 1 ; dans quelques-uns 2 (ainsi, dans l'arrondissement d'Arles, il y en a 1 à Arles et 1 à Tarascon) ; dans d'autres, il n'y en a aucun ; dans ce cas, le tribunal civil en tient lieu.

Chaque tribunal se compose de 3 à 15 *juges*, dont 1 Président ; en outre, de *juges suppléants* dont le nombre varie suivant l'importance du commerce.

Les membres sont nommés à l'élection par les commerçants *recommandables*, c.-à-d. par un certain nombre de personnes exerçant le commerce avec honneur, et désignées par une commission spéciale ; ils sont ensuite institués par le chef de l'Etat. Les fonctions de juges sont purement honorifiques ; elles durent 2 ans. On est rééligible pour 2 ans ; mais si l'on a été élu deux fois de suite, on ne peut l'être une troisième qu'après un an d'intervalle.

Près chaque tribunal il y a un *greffier* et des *huissiers ;* il n'y a ni *ministère public*, ni *avoués*, mais seulement des *agréés*, c'est-à-dire des personnes investies de la confiance du tribunal et recommandées aux parties pour les représenter. Les agréés remplissent à la fois le rôle des avoués et des avocats ; mais leur ministère n'est pas obligatoire comme celui des avoués.

A Paris, il y a 1 président, 14 juges et 16 suppléants. — Le tribunal est divisé en 2 sections.

COMPÉTENCE.—Elle est exceptionnelle, c'est-à-dire limitée à certaines affaires, par exemple les affaires commerciales entre toutes personnes, et certains actes non commerciaux faits par des commerçants en vue de leur commerce. Les tribunaux de commerce jugent en 1er et dernier ressort jusqu'à 1,500 francs ; au-dessus de ce chiffre, ils ne jugent qu'en 1er ressort.

L'*appel* est porté devant la Cour d'appel.

A leur tour, les tribunaux de commerce connaissent des appels des Conseils de prud'hommes.

Conseils de prud'hommes. — ORGANISATION.—Il y en a dans les villes manufacturières.

Le conseil se compose de *fabricants* et d'*ouvriers* en nombre égal ; le minimum des membres est de 6, non compris le Président et le Vice-Président.

Les Prud'hommes sont élus pour 6 ans (tous les 3 ans ; ils sont renouvelés par moitié, mais ils sont rééligibles ; les patrons élisent les prud'hommes patrons, — les ouvriers élisent les prud'hommes ouvriers. Le président et le vice-président sont nommés pour 3 ans par le chef de l'Etat ; ils peuvent être nommés de nouveau et pris en dehors des éligibles. Les fonctions de prud'hommes sont, comme celles des juges de commerce, purement honorifiques.

Le *secrétaire* est nommé et révoqué par le préfet.

Le conseil forme 2 bureaux : — le bureau particulier ou de *conciliation*, composé de 2 membres (1 patron et 1 ouvrier), — et le bureau général ou de *jugement*, composé de 4 membres (2 patrons et 2 ouvriers), non compris le président.

COMPÉTENCE. — Les prud'hommes sont chargés de concilier les fabricants ou patrons et les ouvriers ou apprentis sur les différends relatifs à leur métier (bureau de conciliation), et, à défaut d'arrangement, de prononcer sur ces différends (bureau de jugement).

Ils jugent en 1er et dernier ressort jusqu'à 200 fr., et en 1er ressort au-dessus de ce chiffre.

L'*appel* est porté devant le tribunal de commerce.

Outre les Prud'hommes *Fabricants*, il y a encore, sur certains points du littoral, des Prud'hommes *Pêcheurs*, qui jugent les contestations entre pêcheurs, au sujet de la pêche. C'est une institution coutumière. Il y en a à Marseille et à Toulon.

La procédure est simple et expéditive : l'assignation est donnée par le garde-pêche, les parties versent chacune 10 *centimes* pour les *épices* des juges ; l'audience a lieu le dimanche à 2 heures ; le jugement est exécutoire de suite.

Cour de cassation. — ORGANISATION. — C'est un tribunal suprême et unique siégeant à Paris ; il se compose de 45 *conseillers*, plus 1 premier président et 3 présidents, tous nommés par le chef de l'Etat, mais *inamovibles*.

La Cour de cassation se divise en 3 chambres : — la chambre des *requêtes*, — la chambre *civile*, — la chambre *criminelle*.

Le *ministère public* comprend 1 Procureur général et 6 avocats généraux.

Il y a 1 *greffier* et 4 commis-greffiers ; — comme officiers ministériels, il y a 60 *avocats* qui sont en même temps avocats au conseil d'Etat, et dont le ministère est forcé comme celui des avoués ; en outre, 8 *huissiers* spécialement attachés à la Cour de cassation.

COMPÉTENCE. — La Cour de cassation juge les pourvois contre les décisions *en dernier ressort*, mais elle ne constitue pas un degré de juridiction, car elle se borne à maintenir ou à casser la décision attaquée, et, quand elle casse, elle renvoie devant un autre tribunal du même ordre.

Il y a 4 cas de cassation : incompétence ou excès de pouvoir, — violation expresse de la loi, — violation des formes prescrites à peine de nullité, — contrariété de jugements. La Cour connaît, en outre, dans certains cas, des Règlements de juges et des Prises à partie.

JUGES ET PERSONNES ATTACHÉES PRÈS LES TRIBUNAUX

Juges. — Dans un sens général, le mot *Juges* comprend tant les membres des tribunaux, que ceux des cours, mais dans un sens spécial, il désigne seulement les membres des tribunaux proprement dits ; les membres des cours s'appellent *Conseillers*.

Ministère public. — Les membres du ministère public sont placés près des cours et tribunaux (excepté les tribunaux de commerce et justices de paix), pour veiller à l'application et à l'exécution de la loi. Ils portent le nom de *Procureurs* et de *Substituts*.

Officiers ministériels. — Ce sont des personnes revêtues d'un caractère public et chargées d'assister, soit les juges, soit les parties; ce sont les greffiers, avoués, huissiers, commissaires-priseurs.

Greffiers. — Ils sont chargés d'assister les juges dans la plupart de leurs fonctions et, entre autres choses, de rédiger les minutes des jugements et en délivrer copie.

Avocats. — Excepté ceux attachés à la Cour de cassation, les avocats ne sont pas officiers ministériels et leur ministère n'est pas obligatoire pour les parties; ils ont seulement le privilége de donner des conseils et de plaider. Toute personne peut défendre sa propre cause, mais elle ne peut la faire plaider que par un avocat. Sont avocats, ceux qui sont licenciés en droit, ont prêté serment, et ont fait un stage de 3 ans près d'un tribunal ou d'une cour.

Avoués. — Ils sont officiers ministériels; leur rôle est de représenter les parties en justice; leur ministère est obligatoire. On peut se passer d'un avocat, mais non d'un avoué, sauf de rares exceptions.

Il y a des avoués de 1re instance près les tribunaux d'arrondissement, et des avoués d'appel près les cours d'appel; il n'y en a pas près les tribunaux de commerce ni de paix.

Agréés. — Ce sont des personnes honorées de la confiance du tribunal et recommandées aux parties pour les représenter. Ils n'ont pas de caractère public, aucun grade n'est exigé ; leur ministère est facultatif. Il y en a près des tribunaux de commerce et quelques tribunaux de paix.

Huissiers. — Il y en a près toute espèce de tribunaux. Ils sont chargés de signifier les actes judiciaires ou extrajudiciaires, et de mettre les jugements à exécution. Ceux désignés par le tribunal pour faire la police de l'audience sont appelés *audienciers* et ont, en compensation de ce service, le privilége de signifier les actes d'avoué à avoué.

Commissaires-priseurs. — Ils n'ont qu'une seule attribution, celle de faire les ventes publiques et les estimations d'effets mobiliers, encore sont-ils (excepté dans les villes) en concurrence avec les notaires, greffiers et huissiers. Il n'y en a que dans les villes importantes.

CODE DE PROCÉDURE CIVILE

JUSTICES DE PAIX

Lorsqu'il s'élève un différend entre deux ou plusieurs parties, il y a deux moyens de le régler sans recourir à la justice : — 1º la Transaction, — 2º le Compromis ou Arbitrage.

La *Transaction* est le règlement à l'amiable que les parties font elles-mêmes de leurs droits litigieux.

Le *Compromis* est l'engagement que prennent les parties de confier à des tiers le règlement de leurs droits litigieux. Ces tiers s'appellent *Arbitres,* — et leur décision *Arbitrage.*

Si les parties ne sont pas assez sages pour résoudre leurs difficultés par l'un ou l'autre de ces moyens, alors elles devront recourir à la justice. Toutefois, avant de saisir certains tribunaux, la loi oblige, en principe, les parties à tenter un accommodement devant le juge de paix. Cette formalité, appelée *Tentative de Conciliation,* est un 3ᵉ moyen d'éviter un procès.

Quand on s'adresse aux tribunaux, la première chose à considérer, c'est quelle est la juridiction compétente.

Si l'affaire est du ressort des tribunaux *administratifs* (Préfet, — Conseil de préfecture, — Ministre, — Conseil d'État), on la porte directement devant eux, car il n'y a pas lieu au préliminaire de conciliation.

Si l'affaire est de la compétence des tribunaux *judiciaires,* il faut distinguer si elle est civile, — commerciale, — ou criminelle.

Avant de porter un intérêt privé devant les tribunaux *criminels* (Cour d'assises, Tribunaux correctionnels ou de simple police), il n'y a pas de tentative de conciliation.

Les affaires *commerciales* sont réputées urgentes, et comme telles, affranchies des lenteurs de la conciliation.

Mais en matière *civile*, il y a toujours lieu, en principe, au préliminaire de conciliation.

Si l'affaire est de la compétence des tribunaux de paix, la partie qui attaque fait prévenir son adversaire de se rendre en conciliation par AVERTISSEMENT sur papier timbré, écrit par le Greffier et expédié par la poste (0,90 c.).

Quand l'affaire rentre dans les attributions des tribunaux d'arrondissement, l'invitation à venir en conciliation est faite par acte d'Huissier appelé CITATION (5 fr. environ).

En pratique, cette formalité s'appelle, dans le 1er cas, *Petite Conciliation;* — dans le 2e, *Conciliation*.

(La procédure devant la justice de paix n'étant pas exigée, il n'en sera pas parlé.)

TRIBUNAUX INFÉRIEURS

CONCILIATION

La tentative de *Conciliation* est la formalité imposée aux parties de se présenter devant le juge de paix (siégeant non comme juge, mais comme conciliateur), pour tenter un arrangement avant de commencer un procès devant les tribunaux d'arrondissement.

Cette sage mesure, plus belle en théorie qu'en pratique, a été établie par l'Assemblée constituante; mais, comme elle était alors exigée *dans tous les cas* sans exception, elle faillit, lors de la discussion du Code de procédure, être repoussée, comme excessive. Elle fut cependant maintenue, mais restreinte à de justes limites. Ainsi, on n'exige plus la tentative de conciliation dans les appels, — ni dans les causes où il n'y a pas lieu à transaction, — ni s'il y a plus de 2 défendeurs, — ni enfin dans les demandes urgentes. Dans ces cas, la tentative offrant peu ou point d'espoir, était inutile ou dérisoire, et n'avait pour effet que d'entraîner des lenteurs et des frais.

CAUSES SOUMISES AU PRÉLIMINAIRE DE CONCILIATION. — En principe, elles le sont toutes, cependant, on exige 3 conditions ; la demande doit être :

1° *Introductive d'instance ;*
2° *Susceptible de transaction ;*
3° *En 1ʳᵉ instance devant les tribunaux d'arrondissement.*

1° *Introductive d'instance.* — L'article 48 exige que la demande soit en outre *principale ;* c'était inutile, car toute demande introductive est principale.

La demande PRINCIPALE est, en effet, celle qui commence un procès entre les parties, que le procès se rattache ou non à un autre déjà pendant entre l'une des parties et un tiers.

La demande INTRODUCTIVE est celle qui commence un procès entre les parties, mais sans que ce procès se rattache à aucun autre, soit entre les parties, soit entre l'une d'elles et un tiers. Ainsi, la demande introductive est toujours principale, puisqu'elle fait naître un procès ; mais la demande principale n'est pas toujours introductive, car le procès qu'elle fait naître se rattache quelquefois à un autre procès en cours d'instance et vient se joindre à lui. Par ex., la demande en *Garantie* est tantôt principale et introductive, tantôt principale seulement : J'ai acheté une maison ; une personne m'actionne pour m'en chasser, prétendant qu'elle en est propriétaire ; j'ai 2 partis à prendre à mon choix :

1° Appeler de suite en garantie mon vendeur, afin qu'il me défende contre mon adversaire ; dans ce cas, mon action est bien principale, puisqu'elle commence un procès entre mon vendeur et moi ; mais elle n'est pas introductive, car elle se joint à l'instance commencée contre moi.

2° Soutenir seul le procès, et, si je succombe, agir ensuite en garantie contre mon vendeur ; mon action contre ce dernier est alors principale et introductive, car elle commence une nouvelle instance, la première étant terminée.

Quant à la demande *en intervention* (c'est-à-dire celle par laquelle un tiers prétend avoir intérêt à figurer dans un procès pendant entre 2 personnes), elle est toujours principale, puisqu'à l'égard de ce tiers elle commence un procès, mais elle n'est pas introductive, car elle se lie à une instance commencée; par conséquent elle n'est jamais soumise à conciliation.

2° *Susceptible de transaction.* — La conciliation étant une espèce de transaction, les *parties* en cause doivent être capables de transiger, et l'*objet* du procès doit être susceptible de transaction.

Les personnes incapables de transiger ou plutôt de faire une transaction par elles-mêmes sont : les *mineurs,* — *interdits,* — *femmes mariées,* — *tuteurs,* — *curateurs* et *représentants de personnes morales et publiques* (maire, préfet).

Ces personnes ne pouvant transiger qu'après des formalités longues et coûteuses (par ex., l'avis de 3 jurisconsultes et l'homologation du tribunal pour les mineurs), la loi a préféré les dispenser de la conciliation.

Les objets non susceptibles sont : les *dons et legs d'aliments, logement et vêtements,* — les *séparations de corps et de biens,* — et les *causes sujettes à communication au ministère public.* (Voyez titre IV.)

3° *En 1ʳᵉ instance devant le tribunal d'arrondissement.* — Ainsi, il n'y a pas lieu à conciliation sur les causes en appel, ni sur celles qui ne sont pas de la compétence des tribunaux d'arrondissement (par ex., les affaires soumises aux tribunaux de commerce ou celles portées en 1ᵉʳ ressort à la cour d'appel). Quant à celles qui sont de la compétence des juges de paix, elles sont soumises à une conciliation spéciale, dite *petite conciliation.*

CAUSES DISPENSÉES DE TENTATIVE DE CONCILIATION. — Le Code, article 49, en donne une énumération qui, tout en étant fort longue, est cependant inutile et incomplète; — inutile, car sauf 2 demandes qui sont de véritables exceptions (celles requérant célérité, et celles formées contre plus de 2 défendeurs), toutes les autres sont exceptées comme ne réunissant pas les 3 conditions exigées ci-dessus; — incomplète, car elle ne comprend ni les femmes mariées, ni les prodigues.

Les demandes *requérant célérité*, telles que celles en paiement de loyers ou arrérages, sont dispensées de la conciliation, parce que les lenteurs qu'entraîne cette formalité ne compensent pas l'espoir d'un arrangement. Telles sont encore les demandes en main-levée de saisie ou opposition et celles des avoués en paiement de leurs frais. Toutefois, quant à ces dernières, il y a un autre motif de dispense, c'est d'empêcher les avoués de se soustraire à la surveillance du tribunal.

Les demandes où il y a *plus de 2 défendeurs* (encore qu'ils aient le même intérêt, tels que des débiteurs solidaires) sont dispensées, comme offrant peu d'espoir de conciliation, car, lorsqu'il y a 2 défendeurs, il faut mettre 3 personnes d'accord, ce qui est déjà difficile.

Juge compétent. — Les parties qui se présentent volontairement ont le choix du juge ; — dans le cas contraire, le juge compétent est celui du *domicile du défendeur*.

S'il y a 2 défendeurs, c'est le juge du *domicile de l'un d'eux*, au choix du demandeur.

Il importe peu que l'action soit réelle ou personnelle, on ne va jamais devant le juge de paix du lieu où est situé l'objet litigieux ; il sert, en effet, peu que ce juge soit mieux renseigné, puisqu'il ne peut condamner ; d'un autre côté, il n'a pas autant d'influence sur les parties que le juge du domicile de l'une d'elles.

Dans 2 cas, il y a une compétence exceptionnelle.

1° En matière de *Société* autre que celle de commerce, tant qu'elle existe, c'est le juge du siége de la Société.

2° En matière de *Succession*, c'est le juge du lieu où la succession s'est ouverte, jusqu'au partage inclusivement (que l'action soit formée par un Héritier, un Créancier ou un Légataire). La succession s'ouvre au domicile du défunt. C'est là que les héritiers se trouvent le plus souvent jusqu'au moment du partage.

CITATION. — Si les parties se présentent volontairement, aucun acte n'est exigé ; mais si l'une d'elles veut forcer l'autre à venir en conciliation, elle doit recourir à un exploit d'huissier appelé *Citation*.

Formes. — Cet acte doit contenir :

La *Date des mois, jour et an de l'exploit ;*
Les *nom, profession et domicile du Demandeur ;*
Les *nom et demeure du Défendeur ;*
Les *nom, demeure et immatricule de l'Huissier ;*
L'*Objet de la demande* (mais non les Moyens) ;
Les *jour et heure de la Comparution.*

Délai. — Le délai est de 3 *jours francs*, c.-à-dire, qu'il doit s'écouler 3 jours pleins entre le jour de la Citation et celui de la Comparution. Ainsi, une Citation remise le 1er convoquera pour le 5 au plus tôt. Le délai est augmenté d'un jour par 5 myriamètres de distance.

COMPARUTION. — Les parties comparaissent ou en personne ou par un fondé de pouvoir. On peut se faire représenter par toute personne, même par un homme de loi, excepté toutefois par un huissier. Il n'est pas nécessaire, comme autrefois, de donner pouvoir de transiger.

Trois hypothèses sont à considérer :

1° *Les 2 parties se présentent et se concilient,* dans ce cas, il est dressé procès-verbal de l'arrangement.

Ce procès-verbal a FORCE D'OBLIGATION PRIVÉE, ce qui ne veut pas dire qu'il n'a que la force d'un acte sous seing-privé, car étant rédigé par un officier public, cet acte a la *foi d'une obligation authentique ;* en sorte que la partie qui l'invoque n'a pas à prouver qu'il est vrai, c'est à son adversaire à prouver qu'il est faux. La loi a voulu dire qu'à la différence des jugements et des actes notariés, ce procès-verbal n'emporte pas *hypothèque* et n'a pas la *force exécutoire*. Ainsi, si l'une des parties refuse d'exécuter le traité, il faudra obtenir un jugement pour l'y contraindre. Ces 2 effets accordés par le projet du Code ont été supprimés parce que les notaires prétendirent que, sous prétexte de difficultés, les parties feraient leurs affaires devant le juge de paix et se passeraient ainsi de leur ministère.

Devant le juge, le Demandeur peut expliquer et même augmenter sa demande pourvu qu'il s'agisse d'accessoires tels que intérêts ou fruits de la chose en litige, mais il ne peut comprendre des choses étrangères, par ex. une servitude à propos d'un prêt. Quant au Défendeur, il peut former les demandes qu'il juge convenables pourvu qu'elles soient une défense à celles formées contre lui ; par ex., à une demande d'argent, il opposera qu'il lui est dû un prix de vente ou de louage, mais il ne pourra pas réclamer un droit de passage.

2° *Les 2 parties en présence ne se concilient pas*, le juge alors mentionne sommairement le désaccord. Doit-il, ainsi qu'autrefois, constater les *dires, aveux* ou *dénégations* des parties ? Cette formalité a été, dit-on, repoussée par le Conseil d'Etat comme dangereuse pour les hommes simples et sans connaissances ; mais les juges le font encore.

Toutefois, si le *Serment* est déféré par l'une des parties à l'autre et que celle-ci refuse de le prêter, il doit être fait mention de son refus. Le tribunal saisi plus tard de l'affaire pourra avoir égard à ce refus. Mais celui qui aura déféré le serment pourra-t-il conclure immédiatement à une condamnation, comme si le serment avait été déféré en justice ? En général, on n'admet pas cette conséquence.

Si le serment est prêté, la conciliation s'ensuit forcément.

3° *L'une des parties ne comparait pas*, elle encourt une *amende de* 10 *fr.* et ne peut obtenir audience avant de l'avoir acquittée. Cette amende n'est pas prononcée par le juge de paix, qui n'a pas en cette circonstance qualité pour condamner, mais par le tribunal, et seulement si l'affaire est plus tard portée devant lui.

La non-comparution est mentionnée sur le registre du greffe, et, en outre, *sur l'Original* de la citation, si c'est le demandeur qui se présente, car c'est lui qui en est porteur, — ou *sur la Copie*, si c'est le défendeur qui se présente seul.

Effets de la citation. — Outre son effet ordinaire, qui est de permettre aux parties de porter leur demande devant les tribunaux, la citation produit encore les 2 effets suivants:

Elle *interrompt la prescription*.

Elle *fait courir les intérêts moratoires*.

Pourvu, dans ces 2 cas, qu'elle soit suivie *dans le mois* d'une demande en justice.

On accorde les mêmes effets à la comparution volontaire.

Pour permettre aux parties, après une tentative infructueuse de conciliation, d'assigner devant le tribunal, il n'y a aucun délai fatal ; on a donc 30 *ans*. Toutefois, on a prétendu qu'après 3 ans il y avait *péremption*. La péremption est l'annulation des actes de procédure par la cessation de poursuites pendant 3 ans. Mais cette prescription, particulière aux instances, est repoussée par ceux qui prétendent que la conciliation n'est pas une instance proprement dite.

Défaut de tentative de conciliation. — Si, en dehors des cas de dispense de conciliation, une partie porte son action directement devant le tribunal, son adversaire peut, s'il le veut, refuser les débats jusqu'à ce que la conciliation ait été tentée. Mais si le défendeur a gardé le silence au début de l'instance, peut-il opposer cette fin de non recevoir en tout état de cause? — Et le tribunal peut-il l'invoquer d'office? Controverse. La jurisprudence, après avoir varié, s'est fixée en ce sens, que la nullité doit être proposée *au début de l'instance*, — mais que le tribunal peut la proposer *d'office*.

2me *Leçon.*

AJOURNEMENTS.

Lorsqu'il y a dispense de conciliation, ou lorsque la tentative a échoué, celui qui poursuit devant le tribunal envoie à son adversaire un acte d'huissier appelé *Ajournement* ou *Assignation.*

Ainsi, l'*Ajournement* est l'acte par lequel on introduit en justice une demande principale. Il est fait en double par original et par copie. L'Original appartient au demandeur, — la Copie est remise par l'huissier au défendeur. Les demandes *incidentes* s'introduisent par Requêtes.

FORMES. — L'Ajournement doit contenir :

La *Date des jours, mois et an;*
Les *noms, profession et domicile du Demandeur;*
La *Constitution de l'Avoué ;*
Les *noms, demeure et immatricule de l'Huissier ;*
Les *noms et demeure du Défendeur ;*
L'*Objet de la demande et l'exposé sommaire des Moyens ;*
L'*indication du Tribunal compétent ;*
La *mention de la Personne à qui l'exploit a été remis;*
Le *Délai pour comparaître* (le tout à peine de nullité).

1° La DATE *des jour, mois et an.* — C'est le point de départ du délai accordé au défendeur pour se mettre en mesure; en outre, cet acte interrompt la prescription et fait courir les intérêts. Peu importe que la date soit en chiffres ou en lettres, qu'elle soit en tête ou à la fin de l'acte.

2° Les *noms, profession et domicile du* DEMANDEUR (nom de famille et prénoms). — Si c'est un mandataire qui agit, on exige ses noms et surtout ceux du mandant, car c'est au nom de ce dernier que le jugement est rendu. Il y a toutefois une exception : le chef de l'Etat, excepté en République, a le privilége de ne pas être nommé dans les procès exercés par ou contre lui; le nom de son mandataire seul figure; de là, la maxime : NUL EN FRANCE NE PLAIDE PAR PROCUREUR, HORMIS LE ROI. Selon d'autres, cela signifiait autrefois que les particuliers ne pouvaient recourir au ministère des procureurs sans autorisation du Roi ; cette règle n'aurait donc aucun sens aujourd'hui, puisque le ministère des avoués est forcé.

3° La *Constitution de l'*Avoué. — C'est la désignation que le demandeur fait de l'avoué chargé d'*occuper* pour lui, c.-à-d. de le représenter. Il est censé élire domicile chez cet avoué et c'est là qu'on lui signifiera les actes qu'il n'est pas nécessaire de notifier au domicile réel ou à la personne, mais cette élection de domicile peut être faite chez une autre personne du lieu où siége le tribunal.

4° Les *noms, demeure et immatricule de l'*Huissier.— L'immatricule est le numéro sous lequel il est inscrit au tableau ; en pratique, l'huissier met seulement qu'il exerce *près tel tribunal.* Malgré le silence de la loi, la signature de l'huissier au bas de l'exploit est essentielle.

5° Les *noms et demeure du* Défendeur. — On n'exige ni sa profession, ni son domicile, mais seulement ses noms et sa résidence, car il peut n'être pas bien connu du demandeur.

6° L'Objet *de la demande et l'exposé des* Moyens.— On doit faire connaître au défendeur la nature de la réclamation : — si c'est un droit de propriété ou un droit de créance, — un meuble ou immeuble ; dans ce dernier cas, outre la nature de l'héritage, il faut énoncer la commune où est situé cet héritage, et 2 au moins des tenants et aboutissants.

En outre, le demandeur doit exposer sommairement ses Moyens ou arguments, afin que le défendeur puisse les examiner et préparer sa défense.

7° Le Tribunal compétent. — C'est au demandeur à rechercher devant quel tribunal il doit porter son action. On examine d'abord si l'affaire est civile, criminelle ou administrative. Quand on a reconnu qu'elle n'était ni criminelle, ni administrative, mais civile, on cherche alors

quelle est la juridiction ou la classe de tribunaux compétente en cet matière. Est-ce un tribunal d'arrondissement?
une justice de paix? un tribunal de commerce? un conseil
de prud'hommes? C'est ce qu'on appelle rechercher la
compétence absolue ou *ratione materiæ*.

En principe, les tribunaux d'arrondissement forment la
juridiction de droit commun, c.-à-d. qu'ils connaissent de
toutes les affaires qui n'ont pas été attribuées à une juridiction d'exception.

Après avoir reconnu que l'affaire appartient à la juridiction des tribunaux d'arrondissement, on doit rechercher
enfin lequel des tribunaux de cet ordre peut en connaître
dans les conditions où elle se présente. C'est déterminer la
compétence relative ou *ratione personæ*.

La nature de l'action ayant une grande influence sur
cette compétence, il faut examiner les diverses espèces
d'actions. D'après leur cause, elles sont : *personnelles*,
réelles ou *mixtes;* — et d'après leur objet : *mobilières* ou
immobilières. — On les divise encore en *possessoires* et *pétitoires*, suivant qu'elles sont relatives à des questions de possession ou à des questions de propriété; les premières sont
portées devant les juges de paix; il y en a 3 : complainte,
réintégrande et dénonciation de nouvel œuvre; les secondes,
devant les tribunaux d'arrondissement.

L'action est :

Personnelle, — lorsqu'on prétend qu'une personne est
notre obligée, qu'elle est notre débitrice, — c.-à-d. lorsqu'on fait valoir *un droit de créance* (droit personnel). Ex. :
Je demande à Paul mille francs que je lui ai prêtés.

Réelle, — lorsqu'on prétend avoir un droit sur une
chose, — c.-à-d. lorsqu'on fait valoir *un droit réel* (propriété ou ses démembrements, par ex., usufruit ou servitude). Ex. : Je prétends que la maison de mon voisin fait
partie d'une succession qui m'est dévolue, et que j'en suis
propriétaire.

Mixte, — lorsqu'elle réunit les 2 caractères, — c.-à-d.
lorsqu'on peut aussi bien exercer un droit — contre une
personne déterminée (*droit de créance*), — que sur une chose
(*droit réel*). L'acheteur d'un corps certain (par ex., le cheval blanc de Pierre) qui demande l'objet acheté, a une action mixte, car il peut, — ou se dire créancier du vendeur,
qui s'est obligé personnellement vis-à-vis de lui à livrer,
— ou prétendre être propriétaire de l'objet, la vente étant
translative de propriété par le seul effet de la convention.

L'action est MOBILIÈRE OU IMMOBILIÈRE, — suivant que
l'objet réclamé est meuble ou immeuble : or, une créance,
aussi bien qu'un droit réel, pouvant porter tant sur un
meuble que sur un immeuble, il s'ensuit qu'il y a :

Des actions *personnelles mobilières*, ex. : la demande d'une
somme prêtée.

Des actions *personnelles immobilières*, ex. : la demande
de 50 hectares de vignes en Bourgogne, mais dans l'endroit
que choisira l'acheteur.

Des actions *réelles mobilières*, ex. : la réclamation, dans
les 3 ans, d'un cheval perdu ou volé.

Des actions *réelles immobilières*, ex. : la réclamation d'une
maison dont une personne s'est emparée.

Nota. Les actions personnelles étant presque toujours
mobilières et les actions réelles le plus souvent immobilières, on a confondu quelquefois les actions personnelles
avec les mobilières et les réelles avec les immobilières ; le
Code (a. 59) fait cette confusion quand il dit que l'action
personnelle est portée au domicile du défendeur et l'action
réelle au tribunal de la situation de l'objet litigieux. Le
plus souvent, il est vrai, il en est ainsi, mais ce n'est pas
toujours exact. L'action réelle mobilière n'est pas et ne
peut pas être portée au tribunal de la situation de l'objet,
car un meuble n'ayant pas de situation fixe, on ne saurait
presque jamais quel est le tribunal de la situation.

Le vrai principe de compétence est que *toute action*, tant réelle que personnelle, *est portée au* TRIBUNAL DU DOMICILE DU DÉFENDEUR, *Actor sequitur forum réi*. Cette règle a pour but de protéger le défendeur qui ne sera pas forcé de se déplacer pour répondre à une demande souvent injuste ou non fondée.

S'il y a *plusieurs défendeurs*, le demandeur choisit le tribunal du domicile de l'un d'eux.

Mais à ce principe il y a de nombreuses exceptions. Ainsi :

1° En matière *Réelle immobilière*, c'est le tribunal de la situation de l'objet litigieux. Ces actions nécessitant souvent des expertises, des descentes sur les lieux, l'observation des usages locaux, ce tribunal est le mieux placé pour bien juger, et à moins de frais.

2° En matière *Mixte*, c'est le tribunal du domicile du défendeur ou celui de la situation de l'objet litigieux. Mais seulement dans le cas où l'action est immobilière.

Quelles sont les actions mixtes ?

En droit romain, il y avait 3 actions mixtes (1° en partage d'une succession ; — 2° en partage d'une chose commune ; — 3° en bornage). L'ancienne jurisprudence et le Code civil admettent comme telles : l'action en réméré ; — l'action en résolution de la vente pour défaut de paiement du prix ; — l'action en rescision pour vilité de prix ; — et toutes les actions exercées en vertu d'un contrat par lequel on s'est fait promettre la propriété d'un corps certain, car le stipulant acquiert au moment de la convention un droit personnel et un droit réel.

3° En matière de *Société* (civile ou commerciale), tant qu'elle existe, c'est le tribunal du siége de la Société, mais seulement quand elle est défenderesse. C'est là que sont les titres et les registres.

Quant aux Compagnies de chemins de fer, il est permis de les assigner partout où elles ont une gare importante.

4° En matière de *Succession*, c'est le tribunal du lieu où la succession s'est ouverte, c.-à-d. du domicile du défunt. C'est là qu'on trouve ordinairement la plupart des biens, les papiers de famille et les héritiers. Cela comprend :

Les demandes entre *Héritiers*;
Celles formées par les *Créanciers*;
Celles formées par ou contre les *Légataires*.

Cette compétence exceptionnelle semble, d'après l'article 59, ne durer dans les 3 cas que *jusqu'au partage* inclusivement, mais dans le 1ᵉʳ cas on l'étend même aux demandes en rescision de partage et à celles en garantie des lots comme le veut l'article 822 du Code civil.

5° En matière de *Faillite*, c'est le tribunal du domicile du failli et non celui des syndics. L'individu en faillite est représenté par des Syndics ; dès lors, les actions exercées *contre* ces derniers ne sont pas portées à leur domicile, mais à celui du failli ; mais celles exercées *par eux* contre les tiers suivent-elles la règle générale? Controverse.

6° En matière de *Garantie* (incidente), c'est le tribunal déjà saisi de la demande originaire : il y a économie de frais, et l'on évite la contrariété des jugements.

9° En cas d'*Election de domicile* pour l'exécution d'un acte, c'est le tribunal du domicile élu, ou celui du domicile réel. Ex. : Une personne de Paris prête de l'argent à quelqu'un de Rouen, à la condition que pour le cas de non remboursement le débiteur élira domicile à Paris. L'action pourra être intentée soit à Rouen, soit à Paris.

8° En matière de *Frais dus aux officiers ministériels*, c'est le tribunal où les frais ont été faits. Les avoués, consacrant leur temps au public, ne seront pas dérangés, et d'un autre côté, ils n'échapperont pas à la surveillance du tribunal. Ce dernier motif est d'ordre public.

Quid des frais faits devant les tribunaux d'exception?. Controverse.

Ainsi, sont portées au *tribunal du domicile du défendeur* :

1° Les actions purement personnélles;
2° Les actions réelles mobilières;
3° Les actions réelles, ni mobilières, ni immobilières, telles que les questions d'état.

8° *Mention de la* PERSONNE A QUI L'EXPLOIT A ÉTÉ REMIS. — L'huissier doit remettre lui-même la copie de l'ajournement et non pas la faire porter par un de ses clercs, comme cela se fait souvent à Paris. L'huissier seul, en qualité d'officier public, peut imprimer à ses actes le caractère d'authenticité.

Aucun exploit ne peut être remis un jour de *fête légale*, ni *la nuit*, si ce n'est en vertu d'une permission du juge; mais il peut être donné en toute espèce de lieu privé ou public, et même pendant une cérémonie, par ex., à la Messe.

La remise se fait de 2 manières : soit *à la personne* du défendeur, en quelque lieu que l'huissier le rencontre, — soit *au domicile*. Si l'huissier ne trouve pas le défendeur à son domicile, il laisse l'exploit aux *parents* ou *serviteurs;* à défaut ou en cas de refus de ceux-ci, à un *voisin*, lequel signe l'original. Cette mesure a pour but d'engager le voisin à remettre l'exploit au défendeur. Si les voisins ne veulent ou ne savent signer, l'huissier constate ces faits et donne la copie au *Maire*, qui appose son visa, sans frais, sur l'original; cette formalité a pour but d'éviter un conflit : le maire et l'huissier auraient pu, l'un nier, l'autre affirmer que la remise a eu lieu; dans ce cas, on n'eût su lequel croire, puisqu'ils sont tous les deux officiers publics. A défaut du maire ou de l'adjoint, l'huissier remet la copie au *Procureur*, qui appose également son visa sur l'original.

Si le défendeur n'a *pas de domicile connu*, l'Ajournement est remis à sa *résidence;* si celle-ci est elle-même inconnue, l'exploit est affiché à la principale porte de *l'auditoire du tribunal* saisi; une seconde copie est remise au Procureur.

S'il habite les *colonies françaises*, l'Ajournement est adressé au procureur, puis renvoyé au ministre de la marine, qui le fait parvenir au domicile. S'il habite le *sol étranger*, le renvoi est fait au ministre des affaires étrangères.

Enfin, lorsqu'il s'agit d'une *personne morale*, la loi indique qui doit être assigné, et en quel lieu.

Ainsi, l'*Etat* est assigné en la personne et au domicile du Préfet s'il s'agit de son domaine ou de droits s'y rattachant. Quand il s'agit de droits d'enregistrement il est représenté par le directeur de cette administration.

Le *Trésor public*, en la personne ou au bureau de l'agent.

Les *Administrations* ou *Etablissements publics*, en la personne ou au bureau de l'administrateur préposé.

Le *chef de l'Etat*, pour ses domaines, en la personne de l'administrateur de ces domaines. Mais en République, le Président est assigné en sa personne.

Les *Départements*, en la personne du Préfet.

Les *Communes*, en la personne et au domicile du Maire, et à Paris, du Préfet de la Seine.

Les *Sociétés de commerce*, tant qu'elles existent, en leur maison sociale, et s'il n'y en a pas, en la personne et au domicile de l'un des associés.

Les *Unions de créanciers*, en la personne ou au domicile de l'un des syndics de la faillite.

9° Délai. — Il est de *huitaine franche*, c.-à-d. qu'on ne comprend ni le jour de l'assignation, ni celui de la comparution : ainsi, le 1er on assigne pour le 10 au plus tôt.

Ce délai est augmenté d'un jour par 5 myriamètres de distance pour la France. Il y a pour l'Etranger des délais qui varient de 1 à 8 mois, suivant les pays.

Dans les causes requérant célérité, on peut, par requête, obtenir du président l'autorisation d'assigner à *bref délai*.

Outre les énonciations ci-dessus, qui toutes sont prescrites à peine de nullité, on exige encore :

La *copie du procès verbal de non conciliation* ou la copie de la mention de non comparution (aussi à peine de nullité), afin que le tribunal sache si la conciliation a été tentée.

La *copie des pièces* (ou de la partie des pièces) *sur lesquelles la demande est fondée.* Ce n'est pas à peine de nullité; le demandeur peut la signifier postérieurement, mais alors il en supporte seul les frais. On a voulu éviter qu'il signifiât des pièces inutiles, au moment où il croirait gagner son procès.

Le *coût de l'original* à la fin d'icelui (de celui-ci), c.-à-d. le prix à la fin, et le *coût de la copie* à la fin d'icelle (de celle-ci), sous peine de 5 fr. d'amende et même d'interdiction de l'huissier. C'est afin d'empêcher l'huissier d'exiger des honoraires excédant le tarif.

Enfin, l'Ajournement doit être sur *papier timbré*, sous peine de 20 fr. d'amende, et *enregistré* dans les 4 jours de sa date, sous peine de nullité.

Effets de l'ajournement. — S'il n'y a pas eu de citation en conciliation, ou s'il s'est écoulé plus d'*un mois* depuis la citation, l'ajournement produit les mêmes effets que la citation :

1° *Il interrompt la prescription;*
2° *Il fait courir les intérêts moratoires.*

S'il a lieu dans le mois, il confirme les effets conditionnels de la citation.

En outre, l'Ajournement détermine la valeur du litige, ce qui indique si l'affaire est ou non susceptible d'appel.

Un ajournement nul pour *vices de formes* n'interrompt pas la prescription; — celui nul pour *incompétence* l'interrompt. Cette dernière nullité est plus difficile à éviter.

CONSTITUTION D'AVOUÉS ET DÉFENSES.

Les parties, sauf de rares exceptions (par ex., en matière d'enregistrement), ne peuvent figurer seules en justice; elles doivent nécessairement se faire représenter par des avoués. Désigner son avoué s'appelle *constituer avoué*. C'est ainsi que l'Ajournement contient la Constitution de l'avoué du demandeur.

Constitution d'avoué. — Dans les 8 jours de l'ajournement, le défendeur, à son tour, doit, par acte spécial appelé *Constitution d'avoué*, faire savoir au demandeur l'avoué qu'il charge de ses intérêts.

Cette constitution est un *acte d'avoué à avoué*, c.-à-d. rédigé par l'avoué du défendeur et signifié à celui du demandeur par un *huissier audiencier* (on appelle ainsi les huissiers chargés de la police des audiences). Le monopole des actes d'avoué à avoué leur a été donné en compensation du temps qu'ils consacrent au service des audiences.

L'injonction que porte l'ajournement de *comparaître* à huitaine ne signifie pas qu'à l'expiration de ce délai le défendeur doit se présenter en personne à l'audience, ou s'y faire représenter par un avoué ou avocat, mais que, dans les 8 jours, il doit faire sa constitution d'avoué, sous peine de se voir condamner par défaut à l'expiration de ce délai.

Quand l'ajournement est donné à *bref délai*, l'avoué du défendeur peut *se constituer* verbalement à l'audience, sur l'appel de la cause; le tribunal lui donne acte de cette constitution, mais l'avoué doit la renouveler dans le jour *par acte*, c.-à-d. par écrit, sinon le jugement est levé (copié), et signifié à ses frais par l'adversaire.

Défenses ou Requêtes. — Le défendeur a 15 jours à partir de sa constitution pour signifier ses *Défenses*, c.-à-d. pour faire connaître les moyens qu'il oppose à ceux du demandeur. Ces écritures sont plus généralement appelées *Requêtes* ou *Conclusions,* parce qu'à l'instar des véritables requêtes, elles commencent par ces mots : *A MM. les président et juges.. ;* mais elles sont remises à l'avoué adverse et non au tribunal.

Cette signification est facultative ; le défendeur peut, à son choix, — ou garder le silence jusqu'à ce que le demandeur l'appelle au tribunal, — ou bien poursuivre l'audience lui-même dès le lendemain de sa constitution.

Les défenses doivent contenir offre de communiquer les pièces citées ; la communication se fait de 2 manières : — ou *à l'amiable,* c.-à-d. d'avoué à avoué et de la main à la main, — ou *par la voie du greffe,* c.-à-d. en déposant les pièces au greffe où l'avoué du demandeur les examine sans les déplacer.

RÉPONSE. — Si le défendeur a signifié les défenses, le demandeur a 8 jours pour signifier la *Réponse.* C'est la réfutation. Cet acte est facultatif comme les défenses ; le demandeur peut négliger de répondre et poursuivre de suite l'audience. En pratique, la Réponse s'appelle *Requête* ou *Conclusions,* comme les Défenses.

AVENIR. — L'acte par lequel une partie appelle l'autre devant le tribunal pour y conclure et plaider, s'appelle *Avenir.* Dans l'usage, il est signifié 1 *jour* avant l'audience.

L'Avenir peut être envoyé tant par le demandeur que par le défendeur; en effet, ce dernier peut le signifier aussitôt après sa constitution, s'il renonce aux défenses, et le demandeur peut aussi le faire aussitôt les défenses, s'il renonce à répondre. Après les 8 jours accordés pour la réponse, l'avenir peut être signifié par la partie la plus diligente, qui doit auparavant faire inscrire l'affaire au greffe : c'est la *mise au rôle.*

Il n'est admis en taxe qu'un seul avenir pour chaque partie : cette disposition a pour but de prévenir un ancien abus. Autrefois, les procureurs se donnaient successivement rendez-vous à l'audience sans intention de plaider et dans le seul but de multiplier les frais. Aujourd'hui, un seul avenir est permis, à moins que le procès, se compliquant d'incidents, n'exige plusieurs jugements.

Les mots *pour chaque partie* ne signifient pas que l'avoué qui a reçu avenir peut en signifier un autre à son tour ; ils n'ont aucun sens.

Telle est la marche de la procédure ordinaire.

Dans les affaires ordinaires, la procédure dépourvue d'incidents comprend donc : — un ajournement, — une constitution d'avoué, — des défenses, — une réponse, — un avenir ; *aucunes autres écritures ni significations n'entrent en taxe.*

Dans les affaires sommaires, il n'y a — ni défenses, — ni réponse, — ni avenir ; mais seulement un ajournement de la part du demandeur, — et une constitution du côté du défendeur.

Les affaires ordinaires forment la règle générale, les affaires sommaires forment l'exception ; ce sont les affaires simples ou modiques.

En matière *commerciale*, la procédure est encore plus simple et plus rapide, puisqu'il n'y a qu'un ajournement, et que les parties n'ont pas à constituer avoué.

Enfin, en cas d'urgence, il y a aussi le *Référé*, procédure employée pour faire trancher, sans délai, mais *provisoirement*, une difficulté par le président du tribunal tout seul ; l'affaire n'en sera pas moins portée plus tard devant le tribunal, afin d'être *jugée définitivement*.

En cas de défaut, il n'y a pas d'*opposition* contre l'ordonnance du président ; il y a seulement lieu à *appel* devant la cour et non devant le 1er président.

COMMUNICATION AU MINISTÈRE PUBLIC.

On entend par Ministère public, certains magistrats (procureurs et substituts) placés près les tribunaux pour requérir l'application et l'exécution de la loi.

Dans les causes civiles (par opposition aux causes criminelles), le ministère public agit, tantôt comme partie principale, — tantôt comme partie jointe.

Comme *partie principale* (c'est très-rare), lorsqu'au nom de la société il joue le rôle de plaideur ordinaire contre un particulier, ex., en demandant la nullité d'un mariage.

Comme *partie jointe*, lorsque dans une instance entre 2 ou plusieurs particuliers, il prend part à la discussion dans l'intérêt de l'une ou de l'autre partie.

Dans toutes les causes, le ministère public a le *droit* d'intervenir et de poser ses conclusions à l'audience ; en pratique, il use peu de cette faculté. Dans certaines causes, c'est son *devoir* de prendre part à l'affaire.

Lorsque le ministère public est obligé de donner des conclusions, on dit que *l'affaire est sujette à communication*, parce que les pièces du procès doivent lui être remises 3 jours avant l'audience, pour qu'il en prenne connaissance. En pratique, cette communication se fait le matin de l'audience et même pendant les débats.

Causes soumises a communication —ce sont, d'après l'art. 83, celles concernant :

1º *L'ordre public*, —*l'État*, — le *domaine*,— les *communes*, — les *établissements publics*, — les *dons aux pauvres*.

2º *L'état des personnes*, et les *tutelles*.

3º Les *déclinatoires sur incompétence*.

4º Les *règlements de juges*, — *récusations* — et *renvois*.

5º Les *prises à partie*.

6º Les causes des *femmes non autorisées par leurs maris*, ou *même autorisées*, *s'il s'agit de la* DOT SOUS LE RÉGIME DOTAL.

Il ne suffit pas qu'il s'agisse de la dot (il y en a sous tous les régimes, c'est ce que la femme apporte au mari pour subvenir aux frais du ménage) ; il faut qu'il s'agisse du régime dotal, parce que sous ce régime la dot est inaliénable, et que la loi craint qu'en simulant un procès les époux ne cherchent à aliéner la dot.

7° Les causes des *mineurs*, — et généralement toutes celles où *l'une des parties est défendue par un curateur* (ex. : curateur au ventre).

8° Celles concernant ou intéressant les *présumés absents*.

Quant aux *absents déclarés*, ils sont suffisamment représentés par les envoyés en possession.

Enfin, la communication peut être *ordonnée d'office* par le tribunal, et la loi l'exige encore en dehors de l'art. 83, par ex., désaveu d'un officier ministériel.

Si le ministère public est tenu de donner ses conclusions, il n'est pas forcé de prendre le parti des personnes dans l'intérêt de qui la communication est exigée. Quelquefois il développe ses conclusions ; le plus souvent, il déclare simplement qu'*il s'en rapporte à la prudence des tribunaux*.

Ni les plaideurs, ni leurs défenseurs n'ont le droit de répliquer au ministère public ; ils ont seulement la faculté de remettre au tribunal des notes pour rectifier certains points que le ministère public aurait traités d'une manière inexacte.

Si la communication n'a pas eu lieu, la partie dans l'intérêt de qui elle était exigée peut, *si elle a succombé*, et que le jugement soit en dernier ressort, attaquer le jugement par un moyen extraordinaire appelé *Requête civile* (voy. ce titre). Mais si elle a triomphé, elle n'a pas ce droit. Quant à la partie adverse, elle ne peut jamais se plaindre de l'inobservation de cette formalité.

AUDIENCES, LEUR POLICE, LEUR PUBLICITÉ.

AUDIENCES. — *Inscription,* — *Distribution,* — *Appel des causes.* — La veille au moins du jour de l'audience, c.-à-d. du jour indiqué dans l'ajournement, l'avoué du demandeur fait inscrire la cause sur le registre du greffe ; c'est ce qu'on appelle la *mise au rôle.* Elle contient les noms des parties, ceux des avoués et la nature de la cause.

Le registre se nomme *rôle général.*

Chaque semaine, à l'ouverture de l'audience, les causes sont appelées dans leur ordre d'inscription. Si le défendeur n'a pas constitué avoué, il est condamné par défaut. S'il a constitué, l'affaire est portée sur le *rôle particulier.* (S'il y a plusieurs chambres, le président indique seul celle qui en connaîtra).

Sur l'appel du rôle particulier, le président fait faire des *affiches,* c.-à-dire des tableaux d'un certain nombre d'affaires ; elles sont exposées 8 jours avant l'appel des causes. C'est pour se rendre au jour fixé par l'affiche que l'avenir est donné. A l'appel des causes portées sur l'affiche, si les avoués ne comparaissent pas, la cause est mise hors du rôle, c.-à-d. rayée ; — si l'un d'eux comparaît seul, il requiert jugement par défaut ; — si tous les deux se présentent, ils prennent leurs *conclusions,* c.-à-d. qu'ils lisent les conclusions insérées dans l'ajournement, les défenses et les réponses. En pratique, on remet, sur papier libre, copie de ces conclusions au tribunal. Le président indique ensuite un jour pour plaider ; on y vient sans avenir.

Plaidoiries. — Les parties assistées de leurs avoués peuvent se défendre elles-mêmes, le ministère des avocats n'est pas forcé comme celui des avoués ; mais si les parties désirent faire plaider leur cause, elles doivent s'adresser à un avocat. Toutefois, on prétend que le président peut, comme en matière criminelle, autoriser les parties à se faire défendre par un parent ou un ami.

Excepté dans les tribunaux où le nombre des avocats
est insuffisant, les avoués ne peuvent plaider que sur les
incidents de procédure ou sur les demandes incidentes de
nature à être jugées sommairement.

Publicité. — Consacrée dans notre ancienne jurisprudence, la publicité des audiences civiles est une des conditions essentielles de la validité des jugements. Toutefois,
il est certaines affaires où le *huis-clos* est ordonné par la
loi (adoption), ou prononcé par les tribunaux; mais ce n'est
qu'à l'égard des plaidoiries, le jugement doit toujours
être rendu en public.

Police. — Les assistants doivent se tenir découverts dans
le respect et le silence. Le président a la police de l'audience:
si quelqu'un trouble le silence ou donne des signes d'approbation ou d'improbation, il est averti par l'huissier audiencier ; s'il continue, il est expulsé ou arrêté, et même,
dans certains cas, condamné sur-le-champ.

DÉLIBÉRÉS ET INSTRUCTIONS PAR ÉCRIT

Après les écritures des avoués et les plaidoiries des
avocats, la cause est en général suffisamment instruite
pour que le tribunal prononce son jugement le jour même
des débats. Mais quelquefois les juges, désirant examiner
les dossiers, discuter entre eux la décision et préparer la
rédaction du jugement, renvoient à une autre audience
pour prononcer. — C'est ce qu'on appelle le *Délibéré.*

Quelquefois aussi, quand les débats ont été longs, et que
les pièces à examiner sont importantes, les juges chargent
l'un d'entre eux de faire un rapport sur l'affaire à une
audience prochaine. — C'est le *Délibéré sur rapport.*

L'instruction des affaires, le plus souvent, est *orale*, c.-à-d. qu'elle se fait par plaidoiries; cependant, lorsqu'une affaire est compliquée, ou que le tribunal craint que le débat oral ne soit difficile à suivre ou insuffisant à l'éclairer, il ordonne que l'instruction se fera *par écrit* (c.-à-d. par mémoires, au lieu de plaidoiries), et que l'un des juges fera un rapport.

Le Délibéré simple et le Délibéré sur rapport ne sont ordonnés qu'*après* la clôture des débats; quant à l'instruction par écrit, elle est ordinairement ordonnée *avant* l'ouverture des débats et même au début de l'instance. Les juges peuvent exiger l'instruction par écrit, soit d'office, soit sur la demande des parties. Cette procédure est surtout utile dans les affaires de comptes ou de généalogie; il y a même des causes (celles de l'Enregistrement), où elle est nécessairement employée, mais comme dans ce cas le ministère des avoués n'est pas obligatoire, tout se borne à un mémoire de part et d'autre.

Procédure. — Le demandeur notifie le jugement qui ordonne l'instruction écrite, — après quoi il a 15 *jours* pour signifier un mémoire. — Puis, dans les 24 *heures*, il dépose les pièces à l'appui au greffe; c'est ce qu'on appelle *faire une production ;* — enfin, dans le même délai, il signifie cette production à son adversaire.

Le défendeur, de son côté, a 15 *jours* à partir de ce moment pour examiner les pièces et signifier sa réponse. Puis, dans les 24 *heures*, il doit aussi déposer ses pièces et notifier cette production au demandeur.

Le demandeur a encore un délai de 8 *jours* pour prendre connaissance des pièces du défendeur et y répondre.

Les pièces sont ensuite remises par le greffier au juge rapporteur, qui fait un rapport et le lit à l'audience sans donner son avis, — le ministère public est entendu, s'il y a lieu à communication, — enfin, le jugement est rendu sans qu'il y ait eu plaidoiries.

Si l'une des parties ne signifie pas de mémoires ou ne produit pas ses pièces, à l'expiration des délais le juge fait son rapport, et le jugement est rendu sur les pièces de l'autre. Ce jugement, bien que par défaut, n'est pas *susceptible d'Opposition*, on l'appelle jugement *par Forclusion* (de *forum claudere*, fermer le tribunal).

L'Opposition est une manière particulière d'attaquer les jugements par défaut ; elle est fondée sur cette présomption, que le défendeur a ignoré le procès. Mais ici, cette présomption n'est pas admissible, parce que le défendeur a été averti par les significations successives que nécessite la procédure par écrit.

— 3me Leçon. —

JUGEMENTS.

Le mot JUGEMENT, dans son sens général, désigne toute décision d'un tribunal ou d'un juge sur les affaires qui lui sont soumises.

Dans un sens spécial, le *Jugement* est la décision émanée d'un tribunal proprement dit (justice de paix, tribunal d'arrondissement, tribunal de commerce).

Par opposition, on appelle :

Arrêt, la décision prononcée par une cour (cour d'appel, cour de cassation).

Ordonnance, celle rendue par un président seul, ou un juge commissaire.

Sentence, celle émanée des arbitres.

Cédule, le permis de citer à bref délai du juge de paix.

Selon le rapport sous lequel on les considère, les jugements se divisent en :

Définitifs — ou *avant faire droit*.
Contradictoires — ou *par défaut*.
En 1er ressort — ou *en dernier ressort*.
Exécutoires — ou *non exécutoires par provision*.

1° Jugements **définitifs** — ou **avant faire droit**. —
Le jugement est *définitif* lorsqu'il termine une contestation,
en donnant la solution sur le fond, ou tout au moins sur
une exception, par ex. sur la compétence. Mais le mot *définitif* n'est pas synonyme de *inattaquable*, car un jugement
définitif peut être attaqué par l'appel ou l'opposition.

Les jugements *avant faire droit* (ou avant dire droit),
ordonnent certaines mesures, soit pour cause d'urgence,
soit pour faire avancer le procès, mais jamais ils ne le
terminent. Il y en a 3 espèces : 1° les *provisoires*; —
2° les *préparatoires;* — 3° les *interlocutoires.*

Le jugement *provisoire* est celui qui décide, pour le moment, certaines questions urgentes, sauf à revenir sur cette
décision dans le jugement définitif. Ex. : celui qui accorde
à la femme une pension alimentaire au début d'une instance
en séparation de corps, ou qui ordonne la mise en séquestre de l'objet litigieux.

Le jugement *préparatoire* est celui qui ordonne certaines
mesures propres à compléter l'instruction de l'affaire et
à préparer la décision définitive, mais sans *préjuger le
fond*, c.-à-d. sans faire pressentir quelle sera la solution
définitive. Tel est le jugement ordonnant une communication de pièces, ou une instruction par écrit; ces mesures
n'indiquent pas, en effet, en quel sens le tribunal statuera
sur le fond de l'affaire.

Le jugement *interlocutoire* a aussi pour but des mesures
relatives à l'instruction, mais, à la différence du préparatoire, il *préjuge le fond*, c.-à-d. qu'il fait prévoir quelle
sera la décision définitive. Ex. : dans un procès en séparation de corps, une femme demande à prouver qu'elle a
reçu un soufflet de son mari; si le tribunal l'autorise à faire
cette preuve, le jugement est interlocutoire, car il reconnaît
par là que le fait est susceptible d'entraîner la séparation,
et il indique qu'il la prononcera si le fait est prouvé.

C'est au point de vue de l'*appel* qu'il est utile de distinguer le préparatoire de l'interlocutoire : le préparatoire n'ayant pas d'influence sur le fond, on ne peut en appeler qu'après la sentence sur le jugement définitif ; au contraire, l'interlocutoire peut être porté en appel avant que le jugement définitif soit rendu, afin d'éviter qu'il ait une influence sur ce dernier.

De même, on peut appeler d'un jugement provisoire sans attendre la décision sur le jugement définitif.

2° Jugements contradictoires — ou par défaut. — Le jugement est *contradictoire* lorsque les 2 parties ont été représentées par des avoués et que ceux-ci ont posé leurs conclusions à l'audience.

Le jugement est *par défaut*, soit lorsque le défendeur n'a pas constitué avoué, soit lorsque l'un des avoués constitués n'a pas pris ses conclusions. (Voyez titre suivant.)

Les jugements par défaut sont susceptibles d'être attaqués par une voie qui leur est spéciale, l'*opposition*, et, en outre, par l'*appel*; — les jugements contradictoires sont attaquables par l'*appel seulement*.

3° Jugements en 1er ressort — ou dernier ressort. — Le jugement est en 1er *ressort* lorsqu'il est susceptible d'*appel*.

Le jugement est en *dernier ressort* lorsqu'il n'est pas susceptible de ce recours (cela dépend de l'importance ou de la nature de la demande).

4° Jugements exécutoires — ou non exécutoires par provision. C'est une subdivision des jugements en 1er ressort.

Les Jugements *exécutoires par provision* sont ceux dont l'exécution peut être poursuivie et achevée malgré l'opposition ou l'appel.

Les jugements *non exécutoires par provision* sont ceux dont l'exécution est suspendues par ces 2 voies de recours.

On distingue encore d'autres sortes de jugements :

Les jugements d'Expédient (ou d'*accord*) : ce sont ceux où le tribunal n'a qu'à homologuer les dispositions rédigées et présentées par les avoués, après avoir été agréées par les parties. Ex. : homologation de partage.

Les jugements sur Requête, ce sont ceux rendus sur la de-dande d'une partie qui n'a pas de contradicteur, par ex., un jugement d'envoi en possession provisoire, ou autori-sant un héritier bénéficiaire à vendre les immeubles.

Enfin, les jugements par Forclusion, ce sont ceux rendus contre une partie qui n'a pas produit ses titres, soit dans une instruction par écrit, soit dans deux autres procédures spéciales *:* l'Ordre et la Distribution par contribution.

Conditions des jugements. — Ce sont les suivantes :

I. *Nombre de juges fixé par la loi.* — Dans les tribunaux d'arrondissement, les juges, pour délibérer, doivent être 3 au moins et 6 au plus. Dans les cours d'appel, les conseil-lers doivent être au nombre de 7 au moins.

II. *Assistance des juges à toutes les audiences de la cause.* — Il n'est pas nécessaire que ce soient les mêmes juges depuis l'ajournement jusqu'au jugement définitif ; chaque incident qui se produit dans une instance est considéré comme une cause distincte, en sorte que les juges du fond peuvent ne pas avoir connu des jugements préparatoires ou interlocutoires.

III. *Délibération en secret.* — Les juges doivent toujours délibérer en secret, soit qu'ils s'entendent dans la salle d'audience, soit qu'ils se retirent dans la Chambre du Con-seil. Le tribunal rend son jugement le jour même de la clôture des débats, ou il remet à une autre audience pour le prononcer. S'il le rend le jour même, il le fait : — ou sur-le-champ, après avoir délibéré à l'audience (soit sur son siège, soit dans un coin de la salle) ; — ou après s'être retiré dans la chambre du Conseil.

S'il remet à une autre audience pour rendre son jugement, c'est ce qu'on appelle *mettre la cause en délibéré*;
cela a lieu lorsque les juges ont besoin d'examiner des
pièces ou de préparer la rédaction de leur sentence.

Il y a deux sortes de délibérés :

1° *Délibéré simple*, lorsque la remise est pure et simple ;

2° *Délibéré sur rapport*, lorsque le tribunal charge un
juge de faire un rapport : ce dernier est surtout employé
quand l'affaire a occupé plusieurs audiences.

IV. *Pluralité des voix* (majorité absolue). — Le président
en recueillant les voix commence par le juge dernier
nommé, afin que celui-ci ne soit pas influencé par l'avis
des autres.

Il faut la majorité *absolue*, c.à-dire la moitié de toutes
les voix, plus une (ex. 3 sur 5). Quand, par suite de dispenses, il y a dans le tribunal des parents au degré prohibé,
leurs voix, s'ils sont du même avis, ne comptent que pour
une. C'est ce qu'on nomme la *Confusion des voix*.

Si 2 opinions sont émises, il y a nécessairement *majorité
absolue* quand le tribunal siége en nombre impair ; mais
s'il siége en nombre pair et que chaque opinion compte le
même nombre de voix, il y a *partage* : dans ce cas, on
appelle un autre juge pour trancher la question, et les
plaidoiries sont recommencées.

Si 3 opinions sont émises, il peut y avoir 4 hypothèses :

1° L'opinion la plus forte réunit à elle seule plus de voix
que les deux autres ensemble ; il y a alors majorité.

2° Deux opinions (égales ou inégales entre elles) sont
plus fortes chacune que la 3ᵐᵉ. Dans ce cas les juges de
l'opinion la plus faible sont tenus de se réunir à l'une des
2 opinions plus fortes. Toutefois, on recueille auparavant
les voix une seconde fois. Ex. : sur 5 juges, 2 sont d'un avis,
2 sont d'un autre, 1 est d'un 3ᵐᵉ avis ; ce dernier doit se
joindre à l'une des deux autres opinions.

3° L'opinion la plus forte est inférieure aux 2 autres réunies, mais celles-ci sont égales entre elles (ex. : sur 7 juges, 3 sont d'un avis, 2 d'un autre, et 2 d'un 3ᵐᵉ avis). Dans ce cas, comme on ne peut forcer l'une plutôt que l'autre des 2 opinions les plus faibles à se sacrifier, il y a partage.

4° Les 3 opinions sont égales entre elles (ex. : sur 6 juges il y en a 2 pour chaque opinion), il y a encore partage.

V. *Prononcé de la décision en public.* — Le jugement est toujours prononcé en audience publique, alors même que les débats auraient eu lieu à *huis-clos*.

Dans le titre des jugements, le Code traite de deux mesures d'instruction, savoir : la comparution personnelle et la prestation de serment ; puis des différentes dispositions accessoires que peut contenir un jugement, telles que : les délais de grâce, la contrainte par corps, etc. ; enfin, de la rédaction et de la signification des jugements.

§ I. **Comparution personnelle.**

Parmi les moyens employés en justice pour découvrir la vérité, il y en a deux qui consistent à demander des éclaircissements aux parties elles-mêmes. Ce sont :

1° *La Comparution personnelle des parties.*

2° *L'interrogatoire sur faits et articles* (voy. tit. **XV**).

Lorsque le tribunal pense qu'il est utile d'interroger les parties sur les faits de la cause, il ordonne qu'elles se présenteront devant lui, — de suite, si elles sont à l'audience, — ou à un jour déterminé, si elles ne sont pas présentes, c'est la COMPARUTION PERSONNELLE. — Si, au lieu de les interroger lui-même, à l'audience, le tribunal ordonne que l'une ou l'autre des parties sera interrogée par un juge en la chambre du Conseil, — c'est l'*Interrogatoire sur faits et articles*.

Les juges sont libres de choisir celui des deux moyens qui leur semble préférable ; le premier est plus fréquemment employé ; au reste, il offre cet avantage sur le second, qu'il ne fait pas savoir à l'avance aux parties les questions qui leur seront posées.

La Comparution personnelle est ordonnée, tant sur la demande de l'une des parties que d'office par le tribunal. — Elle peut avoir lieu dans toutes matières, et même dans les cas où la preuve testimoniale ne serait pas admise.

Si l'une des parties refuse de se présenter, il en résulte contre elle une présomption qui permet aux juges de déférer le serment à l'autre partie.

§ II. **Serment.**

Le SERMENT est l'affirmation solennelle d'un fait ou de l'intention de tenir une promesse en prenant *Dieu* à témoin. Il est *affirmatif* — ou *promissoire* suivant qu'il se rapporte au passé où à l'avenir.

Il est *judiciaire*, — ou *extrajudiciaire*, suivant qu'il est ou non prêté en justice.

Le Serment judiciaire est, comme la Comparution personnelle, un moyen d'obtenir la vérité de la bouche des parties elles-mêmes. Il y en a deux sortes :

1° *Décisoire*. — 2° *Supplétoire*.

Le Serment DÉCISOIRE est celui que l'une des parties défère à l'autre pour en faire dépendre le jugement de la cause. C'est une espèce de transaction ; car la partie qui, n'ayant aucune preuve, est obligée de s'en rapporter au serment de son adversaire, est censée lui dire : *Jurez que vous ne me devez pas ce que je vous demande, et je perds mon procès*. Si celui à qui le Serment est déféré jure, il obtient gain de cause ; s'il refuse, il succombe. Mais il peut, à son tour, référer le Serment et dire : *Jurez vous-même que je vous dois ce que vous me demandez, et je vous paie*.

Le Serment Supplétoire est celui que le tribunal, en cas d'insuffisance de preuves, défère à l'une des parties, soit pour décider la constatation, soit seulement pour déterminer le montant de la condamnation.

Le Serment décisoire peut être déféré en toutes matières, car une partie est toujours libre de s'en rapporter à la bonne foi de son adversaire. Mais le tribunal ne peut pas toujours faire dépendre l'issue du procès de la bonne foi de l'une ou de l'autre des parties ; il ne peut recourir au serment supplétoire que sous les 2 conditions suivantes : Il faut, — 1° que la demande (ou l'exception) ne soit pas pleinement justifiée ; — 2° qu'elle ne soit pas totalement dénuée de preuves.

Quant au Serment qui a pour but de fixer le montant de la condamnation , et que l'on appelle *jusjurandum ad litem*, il a lieu lorsqu'il est impossible de justifier le chiffre de la réclamation, par ex., dans le cas où un voyageur réclame à une compagnie de chemin de fer la valeur des effets contenus dans sa malle égarée.

Quand il y a lieu de déférer en justice le Serment à l'une des parties, le tribunal indique dans son jugement les faits sur lesquels le serment sera reçu.

Le Serment est prêté par la partie *en personne*, — *en audience publique*, — et *en présence de l'adversaire*, ou lui dûment appelé.

§ III. Délai de grâce.

Le plus souvent, les parties fixent un délai pour l'exécution des obligations qu'elles stipulent ; or, les conventions étant la loi des parties, si, à l'expiration de ce délai, le créancier poursuit le débiteur, le tribunal doit condamner ce dernier à s'exécuter sur-le-champ ; toutefois, les juges peuvent, en considération de la situation malheureuse du débiteur, accorder des délais modérés pour le paiement et

surseoir à l'exécution des poursuites. Ce sursis s'appelle
Délai ou Terme de grace, par opposition au Terme de droit
(c.-à-d. celui accordé par les parties elles-mêmes ou par la
loi); il doit être concédé dans le jugement même qui statue
sur la contestation.

Le délai de grâce doit-il être unique, ou bien les juges
peuvent-ils accorder des délais successifs, de façon à ce
que le débiteur puisse s'acquitter en plusieurs fois? Il y a
controverse. En pratique, les juges autorisent souvent le
débiteur à payer une somme modique par semaine ou par
mois.

Les juges peuvent accorder des délais dans tous les cas
où la loi ne le défend pas ; elle le défend, tantôt à raison
de la matière, par ex. pour les lettres de change ; tantôt à
raison de la condition où se trouve le débiteur. Il y a 5 cas
où le débiteur ne peut pas obtenir de délai, ni même jouir
du délai accordé antérieurement par la justice :

1° *Si ses biens sont vendus à la requête des autres créanciers.*
— Autrement, le créancier forcé d'attendre ne pourrait
participer à la distribution du prix des objets vendus à la
requête d'un autre créancier.

2° *S'il est en état de faillite.* — Dans ce cas, en effet, le
débiteur perd même le bénéfice des termes accordés par
convention ; c'est afin que tous ses créanciers puissent recevoir une partie de ce qui leur est dû, à plus forte raison,
doit-il être déchu du délai accordé par le tribunal.

3° *En état de contumace.* — Le Contumax est celui qui,
étant accusé d'un *crime*, refuse de se présenter malgré un
appel solennel et réitéré. Il perd la protection de la justice
dès lors qu'il est sourd à son appel. On n'est pas contumax,
mais seulement *défaillant*, lorsqu'on ne se présente pas
devant les tribunaux correctionnels ou de police pour répondre d'un délit ou d'une contravention. Le défaillant ne
perd pas le bénéfice du terme.

4° *Constitué prisonnier.* — (Il s'agit ici de l'emprisonnement pour dettes et non de l'emprisonnement en matière criminelle). Le créancier qui a exercé la contrainte par corps peut vendre les biens et se payer ; dès lors, on ne doit par forcer les autres créanciers à attendre.

5° *Si, par son fait, il a diminué les sûretés données par contrat à son créancier.* — Ex. : dégradé ou détruit une maison hypothéquée par lui pour garantir un emprunt.

§ IV. Contrainte par corps.

La voie ordinaire d'exécuter les jugements est la saisie des *biens.* Quelquefois, on peut aussi saisir la *personne* du débiteur et l'emprisonner pour le forcer à payer ; cette voie exceptionnelle s'appelle la CONTRAINTE PAR CORPS.

Par la loi du 15 avril-22 juillet 1867, elle a été supprimée en matière *civile,* — *commerciale* — et contre les *Etrangers ;* elle est maintenue seulement en matière *criminelle,* ce qui comprend les affaires criminelles proprement dites, les affaires correctionnelles et les affaires de simple police.

La Contrainte par corps a lieu, soit *au profit de l'Etat* — soit *au profit des particuliers.*

Au profit de l'Etat, elle s'exerce pour les *amendes, restitutions, dommages-intérêts,* elle peut aujourd'hui avoir lieu même pour les FRAIS (l. 23 déc. 1871). — Au profit des particuliers, elle s'exerce pour *réparation* de crimes, délits ou contraventions, tant lorsque la condamnation a été prononcée par les tribunaux criminels devant lesquels la personne lésée s'est portée partie civile, que lorsque cette condamnation émane d'un tribunal civil, pourvu qu'il y ait eu antérieurement jugement criminel (ex. : incendie d'une maison).

La *durée* de la Contrainte par corps varie suivant le chiffre de la dette ; elle est de 2 *jours* au minimum et de 2 *ans* au maximum. Toutefois, en matière de police, elle ne peut excéder 5 jours quelque élevée que soit la condamnation, parce qu'en cette matière l'emprisonnement à titre de peine est de 5 jours au plus. Les juges peuvent accorder un *sursis*, c.-à-d. suspendre l'exécution.

La Contrainte ne peut être exercée ni contre les mineurs, ni contre les septuagénaires, ni entre certains parents.

§ V. Dommages et intérêts.

Les DOMMAGES-INTÉRÊTS sont la réparation d'un préjudice causé; ils consistent dans une indemnité pécuniaire représentant la *perte éprouvée* — et le *gain manqué* (*damnum emergens, lucrum cessans*).

Quand ils n'ont pas été fixés à l'avance par les parties elles-mêmes (clause pénale), ou qu'ils ne sont pas réglés par la loi (taux légal), c'est la justice qui les apprécie.

Le tribunal doit non-seulement décider que les dommages-intérêts sont dus, mais encore indiquer la somme exacte à laquelle ils s'élèvent. — C'est ce qu'on appelle la *liquidation* des dommages-intérêts.

Mais il n'est pas toujours possible aux juges de fixer ce chiffre au moment de la sentence, par ex., lorsqu'ils condamnent un individu à détruire certains travaux et à payer 5 francs par jour à titre de dommages-intérêts jusqu'à parfaite exécution, car ils ignorent quelle sera la durée du retard. Dans ce cas, le tribunal ordonne que les dépens seront fournis *par état*, c.-à-d. que le gagnant en fera un compte détaillé qui sera agréé par le débiteur ou réglé par le tribunal. Bien que ce mode de statuer entraîne quelquefois 2 jugements et par conséquent plus de frais, il offre cependant cet avantage que le gagnant muni du jugement portant condamnation indéterminée pourra prendre immédiatement hypothèque sur les biens du perdant, et primera ainsi toutes les hypothèques prises depuis ce moment jusqu'au jour de l'évaluation définitive des dommages-intérêts.

§ VI. **Restitution de fruits**.

Il y a lieu à RESTITUTION DE FRUITS dans plusieurs cas, notamment dans une succession, lorsqu'il s'agit de rapport ou de réduction.

Les Restitutions ordonnées par la justice se font de deux manières : en nature — ou en argent.

Sont restitués *en nature*, les fruits de la dernière année, c.-à-d. de l'année qui a précédé la demande ; ces fruits ne sont pas censés consommés. Quant aux fruits perçus depuis la demande, ils sont à plus forte raison restitués en nature, car ils ont dû être conservés.

Sont restitués *en argent*, les fruits des années antérieures, et ceux qui, devant être restitués en nature, n'ont pu l'être de cette manière. Dans ce cas, les fruits de la dernière année et ceux des années antérieures sont restitués d'après les *Mercuriales* du marché le plus voisin, eu égard aux saisons et aux prix communs de l'année. — Quant aux fruits perçus depuis la demande, ils sont estimés au plus haut prix de l'année.

On appelle *Mercuriales* la constatation officielle du prix des diverses denrées vendues à chaque marché.

§ VII. **Dépens**.

Les DÉPENS d'un procès comprennent : 1° les droits de timbre, d'enregistrement et de greffe ; — 2° les honoraires des officiers ministériels ; ils font toujours l'objet d'une disposition spéciale du jugement.

Les Frais ne sont pas fixés par le Code de procédure ; ils l'ont été par 3 Tarifs du même jour (16 Fév. 1807).

En principe, les Frais ou Dépens sont *adjugés à la partie gagnante*, c.-à-d. mis à la charge de la partie perdante, qui supporte ainsi et les siens et ceux de son adversaire.

Par exception, les Frais ne sont pas mis à la charge du perdant dans les cas suivants :

1° Si c'est le ministère public qui succombe ;

2° S'il y a lieu à *compensation* des dépens entre les parties.

Compensation des Dépens. — Elle a lieu dans 2 cas :

1° Si les parties sont parentes ou alliées à un certain degré (ascendants, descendants, frères), ou conjoints.

2° Si elles succombent respectivement sur quelques chefs.

Les dépens, dans ces 2 cas, *peuvent être compensés en tout* — ou *en partie.* La compensation est *totale,* lorsque les parties sont renvoyées sans dépens ou dépens compensés; chaque partie supporte alors ses propres frais. — Elle est *partielle,* lorsqu'une partie doit payer, outre ses propres frais, une part des frais de son adversaire (ex.: le 1/3, le 1/4), ou lorsque l'une des parties est condamnée à payer les 2/3 de tous les dépens faits, tant par elle que par son adversaire.

Il est même possible que le gagnant soit condamné à payer *tous* les dépens à titre de dommages-intérêts envers le perdant pour insultes ou mesures vexatoires.

Quand le perdant a obtenu l'*assistance judiciaire,* il n'en est pas moins condamné aux dépens, seulement l'avance en sera faite par le Trésor qui se fera rembourser plus tard par l'assisté lorsque celui-ci en aura les moyens.

Liquidation des Dépens. — Dans les affaires sommaires, le jugement contient la liquidation des dépens. Dans les affaires ordinaires, l'avoué du gagnant fait faire la taxe par l'un des juges sur son *état de frais.* Mais le perdant peut y faire opposition et faire régler la taxe en chambre du conseil.

Distraction des Dépens. — Les avoués font souvent l'avance des frais pour le compte des parties, chacun d'eux exerce ensuite un recours contre son client pour recouvrer ses déboursés et ses honoraires; mais quand l'une des parties est condamnée à payer tous les dépens, l'autre partie a le droit de se faire payer par elle ses propres frais; dès lors, son avoué, auquel elle doit personnellement ces frais, peut, en vertu de l'art. 1166, exercer l'action qu'elle a contre la partie perdante et se rembourser ainsi de ses avances.

Mais ce recours *indirect* n'est pas toujours utile, car le créancier qui exerce l'action de son débiteur est repoussé par les exceptions opposables à ce débiteur, par ex., la compensation. Ainsi, dans un procès où tous les dépens sont mis à la charge du perdant, si le gagnant doit 100 fr. à son avoué, celui-ci peut bien, du chef de son client, réclamer ces 100 fr. au perdant; mais ce dernier pourrait lui répondre, qu'il a prêté 200 fr. à son adversaire et qu'il y a compensation. Ou bien quand l'avoué agira, les frais auront été payés à son client qui est insolvable, ou saisis par d'autres créanciers avec lesquels il devra concourir.

Pour mettre l'avoué à l'abri de l'insolvabilité de son client, on a imaginé de lui donner une action *directe* contre le perdant; à cet effet, l'avoué fait prononcer par le tribunal la condamnation aux dépens à son profit; c.-à-d. qu'il obtient en son nom personnel un titre exécutoire pour le remboursement des frais dus au gagnant. Par cette espèce de novation, il agit directement et ne craint plus les exceptions opposables par le perdant à son client.

Ce bénéfice s'appelle la *Distraction des dépens*, parce que la condamnation des dépens est ainsi détachée, séparée au profit de l'avoué qui conserve néanmoins son recours contre son client.

§ VIII. Demandes provisoires.

Les DEMANDES PROVISOIRES sont celles par lesquelles on réclame des mesures d'urgence, et qui doivent être jugées préalablement, parce qu'il y aurait péril à attendre la fin de l'instance. Le jugement qui statue est dit *provisoire*. Ex: pension demandée par un époux plaidant en séparation.

Ces demandes sont ordinairement instruites et jugées *avant* la demande principale, alors il y a deux jugements; mais si la cause est *en état* sur le provisoire et le principal en même temps, un seul jugement est rendu.

Il semble inutile de statuer sur le provisoire, du moment qu'on prononce sur le principal : il y a cependant un

double intérêt : — 1° au point de vue des *frais*, car si la demande provisoire a été faite sans motifs, les frais de cette
demande seront supportés par celui qui l'a faite, alors
même qu'il triomphe sur le fond ; — 2° au point de vue de
l'*appel*, car si la demande est exécutoire par provision,
tandis que la demande principale ne l'est pas, l'appel
n'arrêtera que l'exécution sur le fond.

§ IX. Jugements exécutoires par provision.

En principe, l'*opposition* et l'*appel* ont un effet suspensif, c'est-à-dire, arrêtent l'exécution du jugement attaqué, ce qui est rationnel, puisque tout est remis en question ; mais il est des cas où, en raison, soit de l'urgence,
soit de la probabilité du mérite de la décision, l'exécution a lieu *nonobstant opposition* ou *appel ;* les jugements,
alors, sont dits : EXÉCUTOIRES PAR PROVISION.

L'exécution provisoire est admise, tantôt par la Loi, —
tantôt par les Juges.

Celle ordonnée *par la loi* a lieu de *plein droit*, c'est-à-
dire sans qu'on y ait conclu et sans que les juges l'aient
prononcée ; ex : jugement sur récusation d'experts, jugements des tribunaux de commerce, — ordonnances de
référés. Ces 3 cas exigent célérité.

Celle ordonnée *par les juges* ne peut l'être que *sur la
demande des parties*, et *non d'office ;* mais elle est tantôt
impérative, c'est-à-dire qu'elle ne peut être refusée, —
tantôt facultative, c'est-à-dire qu'elle peut être accordée
ou refusée par les juges.

Elle est *impérative* dans 3 cas (et cela *sans caution*) :

1° S'il y a titre authentique ;
2° Promesse reconnue ;
3° Condamnation précédente sans appel.

On ne voit pas tout d'abord comment, dans le premier
cas, c.-à-d. lorsqu'il y a titre authentique, il peut y avoir
procès. Cependant, comme très-souvent le titre authentique n'est pas exécutoire, lorsque le créancier aura besoin,

pour se faire payer, de vendre les biens du débiteur, il sera obligé de demander un jugement; même obligation s'il veut seulement prendre hypothèque pour garantir sa créance. En outre, toutes les fois que le débiteur, tout en reconnaissant l'existence de la créance, prétendra qu'il est libéré en invoquant un paiement, une compensation ou la prescription, il y aura nécessairement procès; dans ce cas, le jugement sera exécutoire par provision.

Les mêmes hypothèses se présentent dans le 2me cas.

Quant au 3me cas, *condamnation précédente sans appel*, il est plus difficile encore de s'expliquer comment pourra surgir un nouveau procès, et conséquemment un second jugement. Mais s'il est vrai que la partie condamnée ne peut plus recommencer le procès sur le fond, elle peut encore soulever des difficultés sur l'exécution du jugement, prétendre, par ex., que la saisie de ses biens n'a pas été précédée des formalités ou délais voulus; si sa prétention est repoussée, ce nouveau jugement sera exécutoire par provision, c.-à-d. que si le saisi fait appel du jugement qui valide la saisie, cette saisie ne sera pas suspendue.

L'exécution provisoire est *facultative* (elle a lieu alors AVEC — ou SANS caution, à la volonté des juges), dans 7 cas :

1° Apposition et levée des scellés, ou confection d'inventaire ;
2° Réparations urgentes ;
3° Expulsion de lieux, si le bail est expiré ou s'il n'y en a pas;
4° Séquestres, gardiens ;
5° Réception de caution et certificateurs de caution ;
6° Nomination de tuteurs, curateurs et autres administrateurs, et redditions de comptes ;
7° Pensions ou provisions alimentaires.

L'exécution provisoire n'a *jamais* lieu pour les *Dépens*, même lorsqu'ils sont adjugés pour tenir lieu de dommages-intérêts, car les dépens n'ont pas un caractère d'urgence.

La *Caution* fournie par celui qui triomphe en 1re instance a pour but de garantir celui qui succombe et qui doit exécuter provisoirement la sentence, que, s'il triomphe à son tour en appel, il pourra se faire restituer ce qu'il a été condamné à tort à remettre à son adversaire insolvable.

§ X. Rédaction des jugements.

Sous la dictée du Président, le Greffier inscrit à l'audience, sur un cahier appelé *Plumitif*, le *prononcé* des jugements, c.-à-d. les motifs et le dispositif; puis il porte la rédaction sur une feuille appelée *Feuille d'audience*, où sont inscrits tous les jugements rendus le même jour; en marge, il ajoute les noms des juges et du ministère public; il signe et fait signer le président dans les 24 heures. C'est la *Minute* du jugement, destinée à rester dans les archives du greffe. Toutes les feuilles sont reliées à la fin de l'année et forment le *Registre d'audience.*

Les *Motifs* sont les raisons sur lesquelles est fondée la *décision.* En principe, tout jugement doit, à peine de nullité, être motivé; toutefois ceux d'adoption ne le sont pas.

Le *Dispositif* est la solution des points en litige, la déclaration des droits des parties, et les mesures que permet le tribunal pour maintenir ou rétablir un droit.

La copie d'un jugement s'appelle *Expédition;* outre les éléments de la Minute (motifs, dispositif et noms des juges), elle contient les *Qualités* du jugement, c.-à-d. les noms des avoués, — les noms, profession et demeure des parties, — les Conclusions — et l'exposé des Points de Fait et de Droit.

Le *Point de fait* est le résumé des circonstances du procès.

Le *Point de droit* est l'exposé des questions de droit soumises au tribunal.

La rédaction des *Qualités* est faite par l'un des avoués (ordinairement par celui de la partie gagnante), et signifiée par lui à l'avoué de l'adversaire, afin que celui-ci y fasse opposition s'il ne la trouve pas exacte; dans ce cas, on va en *Règlement de Qualités* devant un juge; les qualités sont remises au greffier, qui les insère dans la copie. On a blâmé la loi d'abandonner la rédaction des Qualités aux avoués, qui peuvent, par des inexactitudes volontaires ou involontaires, rendre le jugement attaquable, et l'on voudrait qu'elle fût confiée au greffier ; mais ce dernier ne connaît pas suffisamment les parties, et ne saurait suffire à ce travail.

En outre, l'expédition du jugement contient quelquefois la formule exécutoire, elle s'appelle alors *Grosse*.

§ XI. Signification, exécution, effets des jugements.

SIGNIFICATION. — En principe, nul n'est réputé connaître les dispositions d'un jugement, même rendu en sa présence, tant que ce jugement n'a pas été signifié. Toutefois, la signification n'est nécessaire qu'au point de vue de l'exécution et à celui des délais accordés pour attaquer le jugement.

Tout jugement définitif, ou avant dire droit, doit être signifié à l'*avoué*, s'il y en a un ; en outre, la signification doit être faite à la *partie*, lorsque le jugement (définitif ou provisoire) emporte condamnation, afin que cette partie se mette en mesure d'exécuter ou d'attaquer le jugement.

Quant aux jugements préparatoires ou interlocutoires, comme ils n'emportent pas condamnation sur les biens, ils ne sont pas signifiés à partie.

La signification à partie se fait *à personne* ou *à domicile*.

EXÉCUTION. — L'exécution est *volontaire* ou *forcée*. Cette dernière est confiée aux huissiers, qui peuvent recourir à la force publique. Elle se poursuit à l'aide de la grosse sur les *biens* et exceptionnellement sur la *personne* (contrainte par corps). Un *commandement* doit précéder de 24 heures la saisie mobilière et de 30 jours la saisie immobilière.

EFFETS *des jugements*. — Les principaux sont :

De donner un titre *authentique* et même *exécutoire*.

De donner une *hypothèque* sur les biens de la partie condamnée pour garantir l'exécution de la condamnation lorsque le jugement est définitif ou provisoire.

D'opérer une *novation du titre*, en ce sens que le jugement se prescrira par 30 ans, quelle que soit la prescription du titre précédent, mais les garanties sont maintenues.

De créer la présomption *de chose jugée* entre les parties.

JUGEMENTS PAR DÉFAUT

Les jugements sont Contradictoires — ou Par défaut.

Contradictoires, lorsque les 2 parties ont posé à l'audience leurs conclusions respectives.

Par défaut, lorsqu'une partie n'a pas constitué avoué,— ou lorsque l'un des avoués constitués n'a pas posé ses conclusions à l'audience. De là, 2 sortes de défaut :

1° Défaut *contre partie* (ou faute de comparaître, ou faute de constitution d'avoué).

2° Défaut *contre avoué* (ou faute de conclure, ou faute de comparution d'avoué).

Dans chacun de ces 2 cas, les trois expressions sont synonymes entre elles.

Défaut du demandeur. — Le défaut contre avoué est seul possible au demandeur, puisqu'il a constitué avoué dans l'ajournement. En pratique, ce défaut s'appelle *Défaut congé* ou simplement *Congé*.

Quand le demandeur ne pose pas ses conclusions, le tribunal renvoie le défendeur de la demande sans vérifier si sa défense est fondée, car ce dernier n'a rien à justifier; au contraire, lorsque le défendeur est défaillant, le tribunal ne doit le comdamner qu'autant que les conclusions du demandeur lui paraissent justes et bien vérifiées. Cette distinction est basée sur ce que c'est au demandeur à prouver sa prétention. Mais quel est l'effet du défaut contre le demandeur? La plupart des auteurs pensent que le jugement qui renvoie le défendeur ne statue pas sur le fond; ce jugement, d'après eux, n'est qu'un *Congé* de l'assignation; en sorte que, la question n'étant pas jugée, le demandeur peut former une nouvelle demande sans avoir besoin de faire opposition au jugement, c.-à-d. sans le faire tomber. Quelques-uns cependant soutiennent que si le défendeur a conclu à ce que le demandeur soit déclaré mal fondé dans son action, celui-ci ne pourra recommencer le procès qu'en faisant opposition dans les délais voulus.

Défaut du défendeur. — Vis-à-vis du défendeur, il peut y avoir 2 sortes de défaut : *contre partie* ou *contre avoué*.

1° Si, dans les délais de l'ajournement, le défendeur n'a pas comparu, c.-à-d. constitué avoué, le demandeur, au jour indiqué pour l'audience, fait prononcer contre lui le défaut ; c'est le défaut *contre partie*.

2° Si, au contraire, le défendeur a constitué avoué, mais qu'au jour fixé par l'avenir son avoué ne pose pas ses conclusions à l'audience, c'est le défaut *contre avoué*.

Dans l'un et l'autre cas, le tribunal *donne* d'abord *défaut* contre le défendeur, puis il *adjuge le profit du défaut* au demandeur, c.-à-d. qu'il lui accorde ses conclusions, pourvu, toutefois, qu'elles soient justes et vérifiées.

Ce sont là 2 dispositions distinctes, quoique contenues dans le même jugement.

Défaut profit joint. — Quand il y a plusieurs défendeurs, si tous font défaut, il n'est pris qu'un seul jugement, même lorsqu'il ont été appelés à des jours différents, car alors on doit attendre l'expiration du plus long délai.

Si, au contraire, l'un comparaît et l'autre fait défaut, il n'est pas rendu 2 jugements, l'un contradictoire, l'autre par défaut, il est donné simplement défaut contre le défaillant, sans adjuger de suite au demandeur ses conclusions ; le profit de ce défaut est réservé et *joint* à la cause du défendeur présent, laquelle est renvoyée à l'audience suivante. Ce jugement, appelé *Défaut profit joint* ou *jugement de jonction*, est signifié par un *huissier commis*, avec assignation au jour où la cause doit être de nouveau appelée. S'il y a défaut une seconde fois, il est statué sur le droit de toutes parties présentes ou absentes par un même jugement, lequel est réputé contradictoire, même envers le défaillant, et n'est pas susceptible d'opposition.

Ce système a pour but d'éviter la contrariété de jugements : en effet, si l'on eût jugé par défaut le défaillant,
et contradictoirement le comparant, il eût pu arriver, dans
les affaires en dernier ressort, que le défaillant, ayant
seul le droit de faire opposition, fît réformer le jugement,
ce qui aurait donné 2 décisions opposées dans une même
affaire. Ex. : vous réclamez 1,200 fr. aux 2 héritiers de
votre débiteur et vous obtenez condamnation ; si celui qui
a fait défaut pouvait faire opposition, il pourrait arriver
qu'il retrouve la quittance et qu'il obtienne gain de cause
alors que son co-héritier, condamné contradictoirement,
serait tenu de payer.

Voies de recours.—Les jugements par défaut sont, comme
les contradictoires, susceptibles d'*appel* dans certains cas ;
en outre, ils sont toujours susceptibles d'un recours qui leur
est spécial, et qu'on appelle *Opposition*. Les recours extraordinaires (requête civile, cassation) sont aussi permis.

Opposition. — L'*Opposition* est un moyen accordé au
défaillant de faire rétracter le jugement rendu contre lui.
Elle consiste à demander au tribunal de retirer son jugement et de juger de nouveau après avoir écouté la défense
du défaillant. On accorde ce recours au défaillant sous prétexte que le tribunal a été induit en erreur par son adversaire.

Les règles de l'opposition varient suivant que le jugement est un défaut contre avoué — ou contre partie.

Délai. — Le délai pour faire opposition est de *huitaine*,
si le jugement par défaut est contre avoué. — Mais si le
jugement est par défaut contre partie, l'opposition peut
être faite *jusqu'à l'exécution du jugement*, exécution qui
peut avoir lieu pendant 6 mois seulement.

Cette différence dans les délais est rationnelle, car dans
le 1er cas, le défendeur ayant constitué avoué a nécessairement connu le procès ; dès lors, s'il ne s'est pas présenté,

c'est qu'il ne l'a pas voulu, aussi le délai est-il très-court ;
tandis que, dans le 2ᵐᵉ cas, on n'est pas certain que le défendeur ait eu connaissance de l'ajournement, ni même de
la signification du jugement, le délai est donc plus long.

Mais quand le jugement est-il réputé exécuté, et l'opposition est-elle non recevable ? Dans les cas suivants :

1° *Vente de meubles après saisie*. — Ainsi, ni la signification du jugement, ni le commandement, ni la saisie elle-
même ne suffisent pour empêcher l'Opposition, car ces
actes sont présumés ne pas être connus du défaillant ; mais
la *vente* n'ayant lieu qu'après une certaine publicité, est au
contraire réputée connue de lui.

2° *Notification de la saisie des immeubles*. — Ici on n'exige
pas la vente, parce que la procédure de saisie immobilière
étant plus longue et plus compliquée, n'est probablement
pas restée ignorée du débiteur jusqu'à ce moment.

Le Code civil (2215) défend la saisie durant les délais
d'opposition, mais ce n'est plus vrai depuis qu'il y a un
délai de 6 mois (159).

3° *Emprisonnement* ou *recommandation du défaillant*. —
La recommandation est l'ordre donné par un créancier,
muni également de la contrainte par corps, de maintenir
en prison son débiteur, déjà incarcéré à la requête d'un
autre créancier, jusqu'à ce qu'il soit payé lui-même. Celui
qui se laisse mettre en prison ou s'y laisse maintenir sans
opposition est censé acquiescer au jugement.

4° *Paiement des frais*. — C'est une reconnaissance de la
condamnation.

5° En outre, *un acte quelconque* duquel il résulte que le
jugement a été connu du défaillant.

Ainsi, pour que l'opposition ne soit plus admissible, il
n'est pas nécessaire que l'exécution soit achevée, mais il
ne suffit pas non plus qu'elle soit simplement commencée ;
il faut qu'elle ait été *connue* du défaillant, ou tout au moins
qu'elle soit assez avancée pour être *réputée connue* de lui.

Formes de l'Opposition. — Elles diffèrent suivant la nature du jugement.

Est-ce un *défaut contre avoué?* — l'opposition est formée par *requête d'avoué à ovoué.*

Est-ce un *défaut contre partie?* — elle se forme de 2 manières :

1° Par *acte extrajudiciaire,* c.-à-d. par exploit d'huissier.

2° Par *déclaration sur les actes d'exéeution* au moment de leur signification ; par ex., sur un procès-verbal de saisie.

Dans ces 2 cas, l'Opposition n'est valable qu'autant qu'elle a été *réitérée dans la huitaine par requête* avec constitution d'avoué de la part de l'opposant.

En outre, l'opposition doit être mentionnée par l'avoué au greffe sur un registre spécial.

Effets de l'Opposition. — Il y en a deux : 1° l'opposition est *suspensive* de l'exécution du jugement.

Aucun jugement par défaut ne peut être exécuté pendant 8 jours à partir de la signification, quand même il n'y a pas eu d'Opposition, mais les juges peuvent, *en cas d'urgence,* ordonner l'exécution provisoire ; de plus l'Opposition, dès qu'elle est formée, suspend l'exécution jusqu'au jugement à intervenir, à moins que les juges n'aient ordonné l'exécution provisoire nonobstant Opposition, ce qui est permis toutes les fois qu'il y a *péril en la demeure.*

L'Opposition arrête l'exécution, *même à l'égard des tiers,* en ce sens que si le jugement ordonne à un tiers de faire une chose, par ex., à un séquestre de restituer un objet litigieux, ce tiers ne doit exécuter le jugement que sur un certificat du greffier, constatant l'absence d'Opposition.

2° L'Opposition permet au défaillant de présenter sa défense et de faire rétracter le jugement.

Mais si l'opposant fait de nouveau défaut, il sera débouté de son Opposition, sans pouvoir en former une nouvelle ; de là l'adage : OPPOSITION SUR OPPOSITION NE VAUT.

Jugements non-susceptibles d'opposition. — Tous les jugements par défaut, quelle que soit la nature ou l'importance des droits contestés, sont susceptibles d'opposition ;
toutefois, il y a des exceptions, entre autres :

Le *Jugement qui déboute d'une 1ʳᵉ opposition.*
Le *défaut profit joint.*
Le *jugement par forclusion* (dans l'instruction écrite).
Les *ordonnances sur référés.*

SIGNIFICATION DES JUGEMENTS PAR DÉFAUT. — Lorsque le
défaut est *contre avoué*, la signification est faite par un
huissier ordinaire, comme pour les jugements contradictoires, à l'avoué, et, en outre, à la partie si le jugement
porte condamnation sur les biens. Mais lorsque le défaut
est *contre partie*, ou un défaut profit joint, la signification
est faite à la partie défaillante par un *huissier commis*,
c.-à-d. désigné par le tribunal. Cette précaution est prise
afin d'assurer la remise de l'exploit au défaillant, qui
peut-être n'a pas reçu l'ajournement.

EXÉCUTION. — Les jugements, tant contradictoires que
par défaut, ne peuvent être exécutés qu'après la signification ; seulement, le délai entre la signification et l'exécution varie suivant que le jugement est contradictoire ou
par défaut. Ainsi, lorsque le jugement est contradictoire,
l'exécution peut avoir lieu 24 *heures* après la signification,
tandis que s'il est par défaut, l'exécution ne peut être commencée que 8 *jours* après la signification.

PÉREMPTION. — En principe, le droit d'exécuter un jugement se prescrit, comme tout autre droit, par 30 ans. Il
en est ainsi pour les jugements contradictoires, et pour les
jugements par défaut contre avoué. Quant au jugement
par défaut contre partie, il doit être exécuté dans les *six
mois* de son obtention ; passé ce délai, il est *périmé*, c.-à-d.
non avenu. Cette courte prescription, appelée *Péremption,*
a été admise pour éviter qu'après avoir tenu caché pendant longtemps un jugement par défaut, on pût venir

l'exécuter à un moment où le défaillant n'a plus entre les mains les pièces utiles à sa défense.

Mais quels sont les actes d'exécution nécessaires pour mettre obstacle à la Péremption ? Les actes d'exécution qui ont l'effet d'empêcher l'Opposition sont tous suffisants pour empêcher la Péremption, mais ce ne sont pas les seuls. Il est admis, en effet, que l'exécution n'a pas besoin d'être aussi avancée pour arrêter la Péremption. Ainsi, un procès-verbal de *Carence* ne suffit pas pour empêcher l'Opposition, mais suffit pour arrêter la Péremption. Ce mot vient de *Carere*, manquer. On appelle ainsi l'acte par lequel l'huissier constate qu'il n'a rien trouvé à saisir au domicile du débiteur. On comprend, en effet, qu'il serait trop rigoureux d'interdire l'Opposition au défaillant qui a pu ignorer ce procès-verbal ; mais que, d'un autre côté, il serait injuste que le défaillant opposât la péremption à son adversaire qui, n'ayant rien trouvé à saisir, n'a pu faire vendre le mobilier, et par conséquent mettre le jugement à exécution.

Différences entre le défaut contre Avoué — et le défaut contre Partie :

Le jugement par défaut contre avoué est *signifié par un huissier ordinaire.*

Il peut être *executé pendant* 30 *ans.*

Il est susceptible d'*opposition pendant* 8 *jours.*

Et seulement *par requête.*

Le délai pendant lequel l'exécution est défendue court de la signification à l'*avoué.*

Le jugement par défaut contre partie est, au contraire, *signifié par un huissier commis.*

Il ne peut être *exécuté que pendant* 6 *mois.*

Il est susceptible d'*opposition tant qu'il n'est pas exécuté,*

Et cela de 2 manières : *par acte extrajudiciaire* ou par *declaration* sur un acte d'exécution.

Le délai de 8 jours pendant lequel l'exécution est défendue court de la signification à la *partie.*

EXCEPTIONS.

Il y a 2 sortes de moyens à faire valoir en justice contre une demande : les Défenses — et les Exceptions.

Les *Défenses* portent sur le fond ou le mérite de la demande et tendent à la faire rejeter, comme faite sans droit. Par ex., si l'on réclame une somme, tous les modes d'extinction de la dette invoqués par le défendeur sont des exceptions (paiement, compensation, prescription).

Les Exceptions, sans attaquer le fond ou le mérite de la demande, tendent à la faire écarter pour le moment, et jusqu'à l'accomplissement de certaines conditions. Par ex., si l'on oppose que le tribunal est compétent, ou que l'ajournement est nul pour vices de formes.

Parmi les exceptions, les unes ont pour effet d'entraîner indirectement un retard, les autres ont pour objet direct d'obtenir un délai: ces dernières sont appelées *dilatoires*.

Les Exceptions admises par le Code sont :

La *Caution à fournir par les Etrangers*.
Les *Renvois* (incompétence, connexité, litispendance).
Les *Nullités*.
Les *Exceptions dilatoires* (celle de l'héritier, — de la femme commune ; — celle en garantie).
La *Communication des pièces*.

§ 1. Caution à fournir par les Étrangers.

L'Étranger a le droit de poursuivre devant un tribunal de France un Français qui a contracté des obligations envers lui, même en pays étranger, mais à une condition : c'est que l'Etranger fournira préalablement une Caution, c.-à-d. présentera une personne solvable s'engageant à rembourser les *frais et dommages-intérêts* auxquels il pourrait être condamné vis-à-vis du Français. Exiger cette caution, c'est opposer l'exception *Judicatum solvi*.

On a voulu éviter que l'Etranger, après avoir engagé un procès mal fondé, pût se retirer dans son pays et abandonner l'instance en laissant les frais à la charge du Français, qui eût été souvent dans l'impossibilité de les recouvrer.

Les *frais* sont les dépens auxquels le demandeur pourrait être condamné s'il perdait le procès.

Les *dommages-intérêts* dont la caution répond sont seulement *ceux resultant du procès*, par ex., pour injures faites par l'Etranger dans le cours de l'instance, ou pour le tort que le procès par lui-même peut causer au défendeur, mais nullement ceux résultant des préjudices éprouvés en dehors du procès ; ainsi, un Etranger réclame un cheval à un Français, en prétendant que celui-ci le lui a soustrait ; le Français offre de lui restituer le cheval, mais il oppose qu'il l'a reçu en depôt et demande à son tour, à titre de dommages-intérêts, 500 fr. pour nourriture du cheval, et 1,000 fr. à raison de l'atteinte portée à son honneur par le caractère injurieux que l'Etranger a donné à son action. Dans ce cas, il pourra exiger caution des 1,000 francs pour injure, parce qu'ils sont des dommages résultant du procès, mais non pour les 500 francs de nourriture, parce que ceux-ci sont antérieurs au procès.

A la place d'une personne, la loi admet comme garantie équivalente le dépôt d'une somme d'argent, ou la possession par l'Etranger d'immeubles suffisants situés en France.

La caution *judicatum solvi* est exigée seulement de l'*Etranger demandeur*, et jamais s'il est défendeur, la défense étant, dit-on, de droit naturel.

Elle n'a pas lieu dans les *affaires commerciales*, car elle eût entravé les rapports commerciaux ; mais elle s'applique aux procès criminels lorsque l'Etranger se porte partie civile.

Enfin, sont *dispensés* de fournir caution :

Les Etrangers autorisés à résider en France.

Ceux dont la nation dispense, par un traité, les Français de cette formalité chez elle.

Ceux ayant en France des immeubles suffisants.

§ II. **Renvois.**

Sous ce titre, la loi traite des exceptions appelées *Déclinatoires*, c.-à-d. des exceptions d'incompétence, de litispendance et de connexité. (Le mot *Renvoi* s'applique plus spécialement au cas où, pour parenté ou alliance, une partie demande que l'affaire soit portée devant un autre tribunal.) Le renvoi fait l'objet d'un titre spécial.

EXCEPTION D'INCOMPÉTENCE. — Il y a deux sortes d'incompétences :

1° Absolue ou *ratione materiæ*, lorsqu'on a saisi une juridiction d'une affaire dont elle ne peut connaître. Ici, ce n'est pas seulement le tribunal auquel on s'est adressé qui est incompétent, mais toute la classe des tribunaux dont il fait partie. Ex.: une affaire civile portée devant un tribunal de commerce; ce n'est pas seulement le tribunal de commerce saisi qui est incompétent, mais toute la classe des tribunaux de commerce. De même si une affaire de la compétence des tribunaux d'arrondissement est portée devant un juge de paix.

2° Relative ou *ratione personæ*, lorsqu'on a saisi la juridiction qui doit connaître de l'affaire, mais qu'au lieu de s'adresser à tel tribunal de cet ordre, on s'est adressé à un autre tribunal du même ordre. Ex.: on revendique devant le tribunal civil de Rouen une maison située au Havre. Le tribunal de Rouen est certainement compétent pour juger un procès de cette nature; mais, dans l'espèce, ce n'est pas lui qui doit en connaître, c'est le tribunal civil du Havre, car c'est celui de la situation de l'objet litigieux.

L'incompétence *ratione materiæ* tient à l'organisation judiciaire, et par conséquent est d'ordre public, tandis que l'incompétence *ratione personæ* est d'ordre privé ; de là, entre ces deux incompétences, les différences suivantes :

L'incompétence *ratione materiæ* peut être invoquée en *tout état de cause*, c.-à-d. pendant tout le cours du procès, — tant *par le demandeur* que *par le défendeur ;*—enfin, c'est un *devoir* pour le tribunal de l'invoquer d'office.

L'incompétence *ratione personæ* ne peut être proposée qu'au début de l'instance (*in limine litis*),— *par le défendeur seul ;* — enfin, c'est une *faculté* pour le tribunal de l'invoquer d'office.

EXCEPTION DE LITISPENDANCE. — Il y a *litispendance* lorsqu'une affaire portée devant un tribunal est déjà introduite devant un autre tribunal ; mais il faut qu'il s'agisse du même objet, de la même cause et des mêmes parties.

Ainsi, dans une action mixte, après avoir saisi le tribunal du domicile du défendeur, on porte l'affaire devant le tribunal de la situation de l'objet. De même encore, si, après avoir poursuivi 2 codébiteurs devant le domicile de l'un d'eux, le créancier les poursuit en même temps devant le domicile de l'autre.

Le tribunal saisi en second lieu doit se dessaisir, et renvoyer l'affaire aux juges déjà appelés à statuer ; autrement il pourrait arriver que les 2 tribunaux rendissent des décisions opposées. Cette exception a donc pour but d'éviter la contrariété de jugements.

EXCEPTION DE CONNEXITÉ. — Il y a connexité lorsque 2 affaires, sans être identiques, comme dans la litispendance, sont liées par un rapport si intime qu'il est nécessaire de les faire examiner par les mêmes juges.

Ainsi, un acheteur actionne son vendeur en délivrance d'un objet devant le tribunal de la situation ; à son tour, le vendeur poursuit l'acheteur en paiement du prix devant le tribunal du domicile de ce dernier : les 2 tribunaux sont compétents ; mais si les 2 affaires étaient jugées séparément, il y aurait peut-être un inconvénient, car un tribunal pourrait ordonner à l'acheteur de payer le prix, l'autre autoriser le vendeur à ne pas livrer l'objet vendu.

Le tribunal saisi le 2me doit renvoyer l'affaire au 1er, comme pour la litispendance, et contrairement à ce qui a lieu pour l'incompétence ; dans ce dernier cas, en effet, le tribunal n'indique pas celui qui doit connaître de l'affaire.

La litispendance et la connexité doivent-elles être proposées au début de l'instance comme l'incompétence *ratione personæ*, ou peuvent-elles être invoquées en tout état de cause comme l'incompétence *ratione materiæ* ? La loi ne s'explique pas : on tient compte des circonstances.

§ III. Nullités.

Lorsque la forme prescrite à peine de nullité n'a pas été observée dans un acte de procédure, on propose l'annulation de cet acte par exception de NULLITÉ.

Cette exception doit être présentée *avant* toute défense ou exception autre que celle d'*incompétence*, sous peine d'être couverte, c.-à-d. non avenue. Toutefois, s'il s'agit d'un acte fait dans le cours de l'instance, il suffit que la nullité soit invoquée avant qu'on ait discuté le résultat de l'acte vicieux. Ex. : dans une enquête, on opposera valablement une nullité avant la discussion des témoignages.

Autrefois le défendeur qui comparaissait ne pouvait pas toujours invoquer la nullité de l'exploit : si l'irrégularité portait sur ses noms et demeure ou sur la remise de l'exploit, sa comparution faisait considérer le vice comme insuffisant puisqu'il s'était reconnu ; il devait dans ce cas se laisser condamner par défaut et faire opposition. — Si l'irrégularité portait au contraire sur la date ou les moyens, il était admis à proposer la nullité. Aujourd'hui cette distinction est repoussée ; le défendeur pourra, malgré sa comparution, invoquer toute sorte de nullité. Cela évite les frais d'un jugement par défaut.

Il n'y a pas à distinguer si les nullités de procédure sont ou non substantielles : elles peuvent toutes être couvertes par le silence de la partie intéressée ; mais les nullités de droit civil, telles que l'incapacité des parties ou un vice de formes dans un acte authentique peuvent être invoquées en tout état de cause.

L'exception de nullité ne peut être proposée par celui qui l'a commise, ni invoquée d'office par le tribunal.

§ IV. Exceptions dilatoires..

Les exceptions ci-dessus ont pour résultat d'entraîner un retard dans la procédure, mais tel n'est pas leur but : certaines exceptions, au contraire, ont pour but direct d'obtenir un délai ; de là leur nom de DILATOIRES.

Le Code en cite deux : 1° celle de l'héritier ou de la femme commune en biens ; — 2° celle de garantie.

EXCEPTION DE L'HÉRITIER. — Les droits actifs et passifs du défunt passant instantanément sur la tête de l'héritier, celui-ci peut être actionné immédiatement à la place de l'auteur. Mais, comme nul n'est tenu d'accepter, l'héritier a 3 partis à prendre (accepter purement et simplement, — accepter sous bénéfice d'inventaire, — ou renoncer); à cet effet, il jouit d'un délai de 3 mois pour faire inventaire et de 40 jours pour délibérer sur le choix de ces partis ; il était donc rationnel qu'il lui fût permis de refuser tout débat avant l'expiration de ces délais ; d'autant plus qu'en acceptant le procès, il eût fait acte d'héritier et perdu la faculté de renoncer. S'il est poursuivi pendant les 3 mois et 40 jours, il fera surseoir à l'examen du fond jusqu'à l'expiration de ces délais. C'est là une exception *dilatoire*, car, sans contester le mérite de l'action, il demande qu'il soit sursis au fond pendant un certain temps.

A la dissolution de la communauté, la *Femme* jouit, à l'instar d'un héritier, de 3 mois et 40 jours pour accepter ou répudier sa part de communauté. Si pendant ces délais on l'actionne, elle a également l'exception dilatoire.

EXCEPTION DE GARANTIE. — Celui qui est tenu d'indemniser quelqu'un de certains préjudices ou de le protéger contre certaines attaques est un *garant* ; celui qui a droit à cette garantie s'appelle *garanti*. Dans la vente, par ex., le vendeur étant tenu de mettre l'acheteur à l'abri de toute éviction et de le défendre contre les actions en revendication formées par les tiers, est un garant ; l'acheteur, un garanti. De même le débiteur doit garantie à la caution.

Le garanti a deux manières d'exercer son recours :

1° Par *action principale*, — lorsque le garanti, ayant soutenu seul l'action intentée et succombé, fait, à son tour, un nouveau procès à son garant. Ainsi, j'achète une maison ; un tiers se prétendant propriétaire, me fait un procès et me dépossède ; j'agis alors contre mon vendeur. Ce mode de procéder, outre qu'il entraîne des lenteurs et des frais, puisqu'il exige 2 procès, expose le garanti à ce que le garant lui dise : Vous vous êtes mal défendu, si vous m'aviez appelé en cause, je vous aurais fait triompher ; je ne vous dois donc rien.

2° Par *action incidente*, — lorsque le garanti, dès qu'il est attaqué, appelle le garant en cause pour qu'il prenne sa défense et pour qu'il n'y ait qu'un seul procès. A cet effet, il demande qu'il soit sursis à l'examen du procès pendant le temps nécessaire pour faire venir le garant en cause. Ex. : un tiers revendique contre moi la maison que j'ai achetée ; au lieu de soutenir moi-même le procès, je demande un délai afin d'appeler en cause mon vendeur, qui doit nécessairement prendre ma défense.

Cette demande d'un délai est l'*Exception de Garantie*.

Espèces de Garantie. — Il y en a 2 : la garantie est formelle — ou simple.

Elle est *formelle* en matière réelle. Telle est la garantie de propriété due par le vendeur à l'acheteur.

Simple en matière personnelle. Telle est la garantie que doit un débiteur à celui qui l'a cautionné.

Dans la garantie formelle, l'action originaire étant réelle, est plutôt dirigée contre la chose que contre le possesseur de cette chose, en sorte que le défendeur (garanti) peut se faire mettre hors de cause en mettant le garant à sa place, sans que le demandeur puisse s'y opposer, car il importe peu à ce dernier d'avoir tel ou tel adversaire, puisque son action est dirigée plutôt contre la chose que contre la personne.

Dans la garantie simple, au contraire, l'action originaire étant personnelle, le défendeur (garanti) est tenu personnellement vis-à-vis du demandeur ; il peut bien appeler son garant en cause, mais il ne peut pas se faire mettre en dehors du procès. Ainsi, la caution peut appeler en cause le débiteur principal, mais elle ne peut se soustraire à une condamnation, car elle répond de la dette personnellement ; son seul avantage sera, si elle est condamnée vis-à-vis du créancier, d'obtenir par le même jugement condamnation du débiteur envers elle.

Le *Délai* accordé au garanti pour appeler son garant en cause est de 8 *jours* à partir de la demande originaire, plus l'augmentation à raison des distances. S'il y a plusieurs garants, on prend le plus long délai.

Si le garant est lui-même garanti par un autre, il peut à son tour appeler son garant ; pour cela, il a aussi 8 jours a partir du moment où il a été appelé, et ainsi de suite.

Le *tribunal compétent* est celui qui a été saisi de la demande originaire (réelle ou personnelle).

Si les demandes originaires et en garantie sont en état d'être jugées en même temps, il n'y a qu'un seul jugement. Mais si la demande originaire est seule, en état, il y est statué de suite, et la garantie fait l'objet d'un 2° jugement.

Les Exceptions *dilatoires* doivent être proposées *avant* toutes défenses au fond, mais *après* les autres exceptions (*judicatum solvi*, renvois, nullités). Ainsi, l'héritier poursuivi pour une dette du défunt doit opposer l'exception dilatoire avant de contester la dette ; mais si le demandeur est un Etranger, il doit tout d'abord exiger *caution*.

§ V. Exception de communication des pièces.

Chaque partie a droit de demander COMMUNICATION DES PIÈCES signifiées ou employées par son adversaire, afin de vérifier l'exactitude des citations et la validité de l'original, ou bien encore pour examiner les pièces dans leur ensemble. Cette demande doit être faite dans les 3 jours de la signification ou de l'emploi des pièces; c'est aussi une espèce d'Exception dilatoire, car elle tend directement à obtenir un délai.

La Communication est accordée, — ou à l'amiable, — ou par le tribunal. Elle a lieu de 2 manières :

1° *Entre avoués*, c.-à-d. par la remise des pièces par un avoué à l'autre sur récépissé;

2° *Au greffe*, c.-à-d. par le dépôt des pièces entre les mains du greffier qui les communique. Dans le cas où le délai pour prendre communication n'aurait été fixé ni par les parties ni par le tribunal, il est de 3 *jours*.

ORDRE DANS LEQUEL LES EXCEPTIONS SE PROPOSENT.

Les 3 exceptions de Caution — d'Incompétence — et de Nullité, doivent, d'après le Code, être proposées chacune en 1er lieu (166-169-173). Mais comment faire lorsqu'elles se rencontrent ensemble? On n'est pas d'accord; il vaut mieux suivre l'ordre dans lequel le Code les expose, c.-à-d. :

1° La Caution *judicatum solvi*.

2° Les Renvois pour incompétence (*ratione personæ*) — litispendance — connexité.

3° Les Nullités.

Les Exceptions dilatoires viendront en 4° lieu.

Quant à l'incompétence *ratione personæ* et à la communication des pièces, elles peuvent être proposées en tout état de cause.

VÉRIFICATION DES ÉCRITURES.

La production des preuves donne lieu, soit directement, soit indirectement, à des procédures particulières : ainsi la preuve écrite peut entraîner une vérification ou une procédure de faux; — la preuve testimoniale exige une enquête; — l'aveu et le serment s'obtiennent par la comparution ou un interrogatoire; — enfin, les présomptions nécessiteront quelquefois une expertise ou une descente sur les lieux.

Il y a 2 sortes d'écrits : les actes authentiques ou publics — et les actes privés.

L'acte *authentique* fait foi, c.-à-d. preuve par lui-même. Celui qui s'appuie sur un titre authentique n'a pas à en prouver la sincérité, c'est à l'adversaire à en prouver la fausseté. La procédure employée à cet effet s'appelle *faux incident civil*. (Voyez titre suivant.)

L'acte *privé* n'a par lui-même aucune foi, il ne fait preuve qu'autant qu'il est reconnu par l'adversaire. C'est à celui qui s'en sert à prouver qu'il est vrai. La procédure s'appelle alors RECONNAISSANCE ou VÉRIFICATION D'ÉCRITURES.

La demande en reconnaissance d'écritures est généralement *incidente*, c.-à-d. formée dans le cours d'un autre procès; elle peut toutefois être *principale*. Ainsi, le créancier porteur d'un billet à terme souscrit par son débiteur peut craindre que ce dernier ne vienne à mourir avant l'échéance, et que ses héritiers ne nient l'écriture; alors il appelle de suite le débiteur *en reconnaissance d'écritures*.

La demande est formée par assignation à 3 jours francs.

Si le débiteur reconnaît de suite l'écriture (ou signature), le tribunal donne acte de cette reconnaissance. L'écrit, ainsi reconnu en justice, a la foi d'un acte authentique. Dans ce cas, les frais sont pour le demandeur, car le défendeur n'a rien contesté.

Si le débiteur ne comparaît pas, il est donné défaut contre lui, et l'écriture est tenue pour reconnue. S'il comparaît, mais qu'il dénie l'écrit attribué, soit à lui, soit à ses auteurs, il y a lieu alors à *Vérification d'écritures*.

Le jugement qui autorise la vérification indique les moyens qui seront admis (il y en a 3 : les titres, — les témoins, — les experts) ; il nomme un juge commissaire pour procéder à la vérification ; enfin, il ordonne le dépôt de la pièce au greffe. Le greffier dresse procès-verbal de l'état de la pièce lors du dépôt, puis l'on procède, soit à une enquête, soit à une expertise; dans ce dernier cas, on compare l'écriture déniée avec d'autres écritures ou signatures émanées d'une manière certaine de la personne à laquelle est attribuée la pièce à vérifier. Si les parties ne s'entendent pas sur le choix de ces pièces, le tribunal les désigne; toutefois, ce pouvoir n'est pas arbitraire, certaines pièces seulement sont admissibles, ce sont :

Les *signatures privées apposées sur des actes authentiques* en présence d'un notaire ou d'un juge ;

L'*écriture* ou la *signature publiques*, c.-à-d. faites par l'individu qui les dénie, en qualité de personne publique;

Les *écritures* (ou portions d'écritures) et les *signatures reconnues librement*. On n'admet pas celles reconnues à la suite d'une vérification en justice.

Tout détenteur d'une pièce de comparaison est tenu de la représenter si la justice l'exige. Si les pièces ne peuvent être déplacées (par ex. un registre de l'état civil de l'année courante), le tribunal peut décider que la vérification aura lieu au domicile du dépositaire.

Si le jugement déclare la pièce vraie, le défendeur est condamné aux frais, et à des dommages-intérêts, s'il y a lieu; de plus, à 150 fr. d'amende, s'il a dénié sa propre signatur . Si la pièce est repoussée, c'est le demandeur qui paie les frais.

La pièce vérifiée a, comme celle reconnue, la foi d'un
acte authentique, et de plus, elle emporte hypothèque judiciaire. Toutefois, cette hypothèque ne peut être inscrite
qu'à l'échéance de la dette, bien que la reconnaissance ait
lieu auparavant; autrement, le créancier auquel on aurait
refusé hypothèque et qui se serait contenté d'un billet sous
seing privé, pourrait se jouer de son débiteur, car, en l'appelant dès le lendemain de la souscription du billet en reconnaissance d'écriture, il se procurerait cette hypothèque.
Cette fraude avait été imaginée après la promulgation du
Code de procédure, mais une loi de 1807 y a porté remède
en ne permettant d'inscrire l'hypothèque qu'à l'échéance
de la dette.

FAUX INCIDENT CIVIL.

La procédure particulière employée pour prouver la
fausseté d'un acte authentique s'appelle FAUX INCIDENT CIVIL
ou *inscription de faux*. Ce dernier nom vient de ce que
l'adversaire doit déclarer au greffe son intention d'attaquer
l'acte, en s'inscrivant en faux.

Le faux donne lieu à 2 procédures : l'une criminelle,
l'autre civile. L'action civile se présentant le plus souvent
incidemment à un autre procès, s'appelle *faux incident
civil;* tandis que l'action criminelle étant le plus souvent
principale, a reçu le nom de *faux principal*. Mais, on prétend que si, dans le cours d'un procès criminel, un faux est
découvert et poursuivi, ce sera un *faux criminel incident*; de
même, si, en dehors d'un procès civil, on attaque un acte
authentique, le *faux civil* sera *principal*.

Les actes attaquables par le faux incident civil sont :
 Les actes *authentiques.*
 Les actes *privés déjà vérifiés en justice.*
 Les actes *privés même non vérifiés.*

Dans ce dernier cas, la procédure de faux est facultative,
car on peut dénier l'acte, et alors c'est à l'adversaire à en

prouver la véracité ; mais, si l'on préfère, on peut en prouver soi-même la fausseté.

Quant aux actes déjà vérifiés, malgré la présomption de vérité qui s'attache à la chose jugée, la loi permet néanmoins aux parties de ne pas accepter le résultat de la vérification d'écritures et de recourir, en outre, à la procédure plus compliquée et plus grave de l'inscription de faux.

Il y a 2 sortes de faux :

1° *Matériel*, lorsqu'il consiste dans la contrefaçon de l'écriture ou de la signature, ou bien dans l'altération par ratures, additions ou surcharges.

2° *Intellectuel*, lorsqu'il consiste dans la mention faite sciemment de faits mensongers.

La procédure du faux se divise en 3 périodes :

1ʳᵉ Période. — *Formalités précédant le jugement sur l'admission ou le rejet de l'inscription de faux.*

Le demandeur en faux fait sommation à son adversaire, par acte d'avoué, de déclarer s'il veut ou non se servir de la pièce arguée de faux.

Le défendeur doit faire sa déclaration dans les 8 jours : s'il ne répond pas, ou s'il retire la pièce, celle-ci est rejetée; s'il la maintient, le demandeur fait son inscription en faux au greffe, et demande au tribunal de l'autoriser à prouver la fausseté de l'acte. Le jugement peut, si la pièce n'est pas nécessaire au procès, repousser cette demande : s'il l'accorde, il nomme un juge commissaire.

2ᵐᵉ Période. — *Formalités précédant le jugement sur les moyens de preuves.*

Dans les 3 jours de la signification du jugement d'admission, le défendeur fait l'apport de la pièce au greffe, il signifie l'acte de dépôt au demandeur avec sommation d'assister au procès-verbal de l'état de la pièce. Cet acte est fait en présence du procureur et du juge, et signé par eux.

Le demandeur a 8 jours pour signifier ses moyens de faux; le défendeur, 8 jours pour y répondre. Puis, un jugement indique les moyens proposés qui seront employés.

3ᵐᵉ Période. — *Formalités précédant le jugement définitif sur le faux.*

L'instruction se fait par titres, — témoins — ou experts (dans ce cas, les 3 experts sont toujours désignés d'office).

Si le faux est établi, le tribunal ordonne la supression, la lacération ou radiation, en tout ou en partie, et même la réformation ou le rétablissement de cette pièce. C'est le greffier qui est chargé d'effectuer ces opérations. Toutefois, l'exécution du jugement est *suspendue de droit jusqu'à l'expiration des délais d'Appel, de Requête civile et de Cassation*, ou jusqu'à ce que la partie condamnée ait acquiescé, autrement dit, jusqu'à ce qu'il y ait, quant au faux, *chose jugée* irrévocablement.

Lorsque la procédure révèle des indices de faux, si les auteurs ou complices sont vivants, et la poursuite criminelle non éteinte par prescription, le président ou le procureur peuvent décerner un mandat d'amener contre les prévenus. Dans ce cas, il est sursis à statuer sur le procès civil jusqu'à ce que le procès criminel soit jugé. C'est ce que signifie l'adage : Le criminel tient le civil en état.

Pour éviter que le crime de faux soit soustrait à la connaissance du ministère public par un arrangement entre les parties, aucune *transaction* sur la poursuite du faux ne peut être exécutée, si elle n'a été homologuée en justice, après avoir été communiquée au ministère public.

Suspension de l'exécution de l'acte.— L'exécution de l'acte argué de faux n'est pas *arrêtée* par l'inscription de faux, comme pourrait le faire croire le Code civil (a. 45); il y a lieu de distinguer : dans le faux civil, l'exécution n'est arrêtée que si les juges l'ordonnent, c'est facultatif; — mais, dans le faux criminel, l'exécution est arrêtée de plein droit par la mise en accusation (1319).

ENQUÊTES.

L'Enquête est la procédure qui consiste à établir la vérité d'un fait par la déclaration de témoins.

Il y a 2 sortes d'Enquête :

1° L'Enquête est *publique* (ou *sommaire*), lorsqu'elle se fait à l'audience devant le tribunal entier. Dans ce cas, si l'affaire est susceptible d'appel, il est dressé procès-verbal de la déposition des témoins, afin qu'on n'ait pas besoin de recommencer l'enquête en appel.— Si la cause est en dernier ressort, le jugement constate seulement le résultat des dépositions.

2° L'Enquête est *secrète* (ou *ordinaire*), lorsqu'elle se fait, non pas à l'audience devant le tribunal, mais en la chambre du Conseil devant un juge assisté de son greffier, et en présence seulement des parties et de leurs avoués. Dans ce cas, il est toujours dressé procès-verbal des dépositions, lesquelles sont lues ensuite à l'audience.

Devant les tribunaux d'arrondissement, l'Enquête est *ordinaire* dans les affaires *ordinaires*, et *sommaire* dans les affaires *sommaires*. Devant les tribunaux de commerce et de paix, elle est toujours *sommaire*.

L'Enquête est le plus souvent *incidente*, c.-à-d. qu'elle a lieu à l'occasion d'un procès; quelquefois cependant elle est *principale*, par ex., lorsqu'un créancier à terme, craignant qu'à l'échéance le débiteur ne nie la dette et qu'à cette époque les témoins ne soient morts, demande à recueillir, dès à présent, les témoignages utiles à la constatation de sa créance.

La preuve testimoniale n'étant pas toujours permise par la loi, l'Enquête doit être autorisée par le jugement.

Les juges peuvent refuser l'enquête demandée si le fait à prouver est sans influence sur le procès ou si l'affaire est suffisamment instruite. Mais, d'un autre côté, ils peuvent ordonner d'office une enquête.

L'Enquête ne peut être ordonnée qu'aux 3 conditions suivantes :

1° *Si la loi ne défend pas la preuve testimoniale des faits.*— Elle la défend lorsque l'intérêt est au-dessus de 150 fr. sauf quelques exceptions.

2° *Si les faits sont déniés*, ou si étant reconnus l'aveu n'est pas permis. — Ainsi, dans la séparation de corps, l'aveu des parties n'étant pas admis, les faits quoique reconnus par elles pourront faire l'objet d'une enquête.

3° *Si les faits sont admissibles*, c.-à-d. pertinents et concluants.— Les faits pertinents sont ceux qui ont un rapport direct avec l'affaire; — les faits concluants sont ceux qui peuvent avoir une influence sur la solution du procès.

CONTRE-ENQUÊTE. — Si une partie ne peut, sans y être autorisée par un jugement, faire entendre des témoins sur un fait, son adversaire, au contraire, peut *de plein droit*, c.-à-d. sans jugement, établir la preuve contraire, en faisant entendre à son tour des témoins pour démentir le fait allégué. C'est la *Contre-enquête*.

Témoins. — Toute personne, homme, femme, enfant, ayant connaissance d'un fait contesté en justice, peut être appelée à déposer sur ce fait. Toutefois, certaines personnes sont *incapables* d'être Témoins et ne doivent pas être assignées. D'autres sont simplement *reprochables*, c.-à-d. susceptibles d'être repoussées comme Témoins suspects, mais seulement si l'une des parties l'exige.

Il y a 2 sortes d'*incapables* : les uns sont frappés d'une incapacité *absolue*, c.-à-d. qu'ils ne peuvent témoigner dans aucun procès; ce sont les condamnés à une peine criminelle quelconque et ceux condamnés à certaines peines correctionnelles. — Les autres sont frappés d'une incapacité *relative*, c.-à-d. qu'ils ne peuvent témoigner dans les procès intéressant leur famille. Ce sont les *parents et alliés* EN LIGNE DIRECTE des 2 parties, ou le *conjoint*.

Les personnes qui, sans être incapables de déposer, sont cependant *reprochables*, sont :

Les *parents* ou *alliés* EN LIGNE COLLATÉRALE de l'une ou de l'autre partie ou le conjoint.

L'*héritier présomptif* ou le *donataire*.

Celui qui a *bu* ou *mangé* avec la partie et à ses frais depuis le jugement permettant l'enquête.

Celui qui a *donné des certificats* sur les faits du procès.

Les *serviteurs* et *domestiques* (sauf dans la séparation de corps).

Bien que la loi semble limiter les Reproches à ces cas, la jurisprudence en admet beaucoup d'autres. Ainsi, devant les tribunaux, on reproche un Témoin parce qu'il est l'ami de l'adversaire, son créancier, son débiteur ou son associé.

Les *Reproches* doivent être proposés *avant* la déposition, afin que la partie mécontente d'une déposition défavorable ne cherche pas, après coup, des moyens de repousser ce témoignage. Toutefois, ils peuvent être proposés *après* la déposition, s'ils sont justifiés par écrit.

Autrefois, un Témoin ne suffisait pas (*testis unus, testis nullus*), mais les dépositions concordantes de 2 Témoins liaient les juges. Aujourd'hui, les juges peuvent admettre le témoignage d'une seule personne et repousser celui de plusieurs. On peut faire entendre autant de Témoins qu'on veut. Mais pour qu'on ne cherche pas à grossir les frais, il n'est permis de faire supporter à l'adversaire que les frais de 5 *Témoins* (non sur l'Enquête entière, mais sur chaque fait).

Procédure.— Le jugement qui permet l'Enquête doit préciser les faits à prouver et désigner un juge commissaire.

Le demandeur fait fixer, par ordonnance de ce juge, les jour et heure de l'Enquête ; il assigne les Témoins et signifie au défendeur les noms de ses Témoins avec sommation d'assister à l'Enquête.

Au jour fixé, chaque Témoin déclare ses noms, profession, âge et demeure; — s'il est parent ou allié de l'une des parties, — ou s'il est à leur service. Puis il prête serment de dire la *vérité* et dépose hors de la présence des autres, oralement et non par écrit, afin que sa déposition ne soit pas préparée à l'avance. Le greffier écrit la déposition sous la direction du juge; lecture en est donnée au Témoin, afin qu'il puisse confirmer ou modifier ses dires; enfin, le procès-verbal est signé des Témoins, des parties, du greffier et du juge. Les Témoins reprochés sont entendus également, car le juge ne fait que constater les Reproches, lesquels ne peuvent être jugés que par le tribunal. Seulement, les dépositions de ceux dont le Reproche sera admis ne seront pas lues à l'audience.

Le Témoin qui ne comparaît pas, ou qui refuse de déposer sur les faits connus de lui, est condamné à 10 fr. au moins de dommages-intérêts vis-à-vis de la partie; en outre, il est passible d'une amende de 100 fr. au plus. Le défaillant est réassigné à ses frais; s'il fait défaut de nouveau, il est condamné à 100 fr. d'amende. Dans ce cas, l'amende est fixe et n'est plus simplement facultative.

Telle est la procédure de l'Enquête ORDINAIRE, car si l'Enquête est SOMMAIRE, les dépositions ne sont rédigées que s'il y a lieu à appel, et le Témoin reproché n'est pas entendu si le Reproche est fondé, puisqu'il y est statué de suite par le tribunal.

L'Enquête doit, à peine de nullité, être *commencée* dans la *huitaine* de la signification du jugement qui l'autorise, et *terminée* dans la *huitaine* à partir du jour où elle a été commencée : c'est afin de ne pas laisser aux parties le temps de séduire les témoins.

Si le jugement est par défaut, le délai de 8 jours, pour ouvrir l'Enquête, court, non plus de la signification, mais du jour où l'opposition n'est plus recevable, c.-à-d. 8 jours après la signification dans le défaut contre avoué; quant au défaut contre partie, si on appliquait la disposition du Code à la lettre, on arriverait à l'absurde.

En effet, l'opposition étant permise jusqu'à l'exécution, et cette exécution, ici, devant consister dans l'ouverture de l'Enquête, il faudrait dire que l'ouverture aura lieu dans les 8 jours de l'ouverture. Même dans ce cas, le délai devra courir 8 jours après la signification comme autrefois, car le Code, en changeant le délai d'opposition dans le défaut contre partie, n'a pas pris garde à ses conséquences.

Lorsque l'Enquête est déclarée nulle, on distingue si la nullité est due à la faute du juge — ou à celle de l'avoué ou de l'huissier : au 1er cas, elle peut être recommencée aux frais du juge ; au 2e cas, elle ne peut l'être, la partie n'a droit qu'à des dommages-intérêts.

DESCENTES SUR LES LIEUX.

La Descente sur les lieux est le transport d'un juge à l'endroit où est situé l'objet litigieux pour inspecter et étudier personnellement son état, et fournir au tribunal des renseignements utiles à la cause.

Ce transport est ordonné, soit d'office par le tribunal, soit sur la réquisition de l'une ou de l'autre des parties. Mais si l'affaire ne donne lieu qu'à un *simple rapport d'experts*, il ne peut être ordonné d'office.

Le juge désigné par le tribunal procède à l'examen, assisté de son greffier et en présence des parties intéressées ou elles dûment appelées. Procès-verbal de la visite est dressé sur les lieux mêmes, puis déposé au greffe ; l'une des parties en signifie copie à son adversaire.

La partie qui requiert la descente doit faire l'*avance des frais* de transport et les consigner au greffe. C'est afin d'éviter que le juge soit forcé d'actionner un plaideur pour obtenir le remboursement de ses frais. Les juges ne recevant aucuns honoraires (*épices*) pour leur déplacement, il s'agit ici des frais de transport, nourriture et logement.

RAPPORTS D'EXPERTS.

Les juges ne pouvant avoir les connaissances spéciales qu'exige l'examen d'une foule d'objets, sont souvent forcés de recourir aux lumières et à l'expérience de personnes qui possèdent des connaissances techniques sur l'objet litigieux.

Cette manière de procéder est l'Expertise.

La loi indique certains cas où l'on doit l'employer (ex.: partages en justice), mais les juges peuvent l'ordonner, soit d'office, soit sur la demande de l'une des parties; de même, ils ont la faculté de la refuser quand bon leur semble.

Le jugement qui ordonne l'expertise désigne les objets à examiner, — les experts nommés par lui d'office, ou ceux désignés par les parties, — enfin, un juge commissaire pour recevoir le serment des experts.

Experts. — Toute personne peut être nommée expert (sauf les interdits pour démence ou les individus privés de ce droit par suite de condamnation). Mais les experts peuvent être *récusés* comme les témoins et pour les mêmes causes. Ce droit de récusation cesse après la prestation de serment.

Il y a toujours 1 ou 3 experts, jamais 2, dans la crainte d'un partage. Le tribunal doit en désigner 3, mais il peut être autorisé par les parties ou par la loi à en nommer un seul. Les parties sont toujours libres d'en choisir 1 ou 3.

En principe, les parties ont le choix des experts ; toutefois, en ordonnant l'expertise, le tribunal désigne d'office les experts, sauf aux parties à les remplacer dans les 3 jours.

Expertise. — Lors de la prestation de serment, on fixe le jour des opérations . Les experts procèdent à l'examen des lieux ou des objets soumis à leur appréciation ; puis,

après avoir écouté les observations des parties, ils dressent
leur rapport sur le lieu coutentieux ou dans celui qu'ils
indiquent. Ils doivent former un *seul-avis*, à la pluralité
des voix ; toutefois, en cas d'opinions différentes, ils en
indiquent les motifs, mais sans faire connaître l'avis personnel de chacun d'eux ; cette défense a pour but d'éviter
le ressentiment des parties et la discussion par les avocats
du mérite de chaque expert.

Le rapport est déposé au greffe, puis lu à l'audience.

Les juges ne sont pas tenus de statuer dans le sens du
rapport des experts, car ceux-ci ne font qu'émettre un
avis.

INTERROGATOIRE SUR FAITS ET ARTICLES.

Il y a 2 moyens de demander des éclaircissements aux
parties elles-mêmes :

La *Comparution personnelle* (traitée page 39).
L'*Interrogatoire sur faits et articles.*

Ce dernier moyen consiste à faire interroger une partie
par un juge assisté du greffier, en chambre du Conseil,
mais hors de la présence de l'autre partie.

L'interrogatoire sur faits et articles peut être employé
en toutes matières, c.-à-d., même dans les cas où la preuve
testimoniale n'est pas admissible, pourvu toutefois que
l'aveu ne soit pas défendu (comme en matière de séparation de corps ou de biens), et que les parties en cause ne
soient pas incapales de s'obliger (comme des mineurs ou
des interdits).

Ce mode de preuve peut être demandé *en tout état de
cause*, c.-à-d. tant que le président n'a pas clos les débats
en disant: *La cause est entendue*. Toutefois, la loi ne veut
pas que les parties puissent, par ce moyen, retarder l'instruction ou le jugement.

La partie qui veut faire interroger son adversaire doit, à cet effet, adresser au tribunal une *requête* contenant tous les faits sur lesquels doit porter l'interrogatoire et *rédigée par articles*, c.-à-d. de telle façon que chaque fait soit numéroté. Cette requête n'est pas signifiée à l'adversaire, lequel n'est pas appelé à contredire.

Le *jugement* ainsi rendu sur la requête de l'une des partie seulement n'est pas susceptible d'oppsition, puisque l'autre partie n'a pas été appelée à se défendre.

Le juge commissaire désigné par le tribunal rend une *ordonnance* pour fixer les jour et heure de l'interrogatoire.

La requête, le jugement et l'ordonnance doivent être signifiés 24 *heures* à l'avance à la partie qui sera interrogée. Ce court délai a pour but d'éviter qu'on ait le temps de combiner ses réponses; en pratique même, on évite tout à fait cet inconvénient, en n'indiquant pas les questions les plus importantes et en les communiquant secrètement au juge, afin qu'il les pose d'office.

Au jour fixé, la partie doit répondre verbalement sur les faits contenus dans le jugement, et même sur ceux posés d'office par le juge; si elle refuse de répondre, ou si elle ne se présente pas, il est dressé procès-verbal, et les faits peuvent être tenus pour avérés; si elle répond, il est aussi dressé procès-verbal, lequel est signé, après lecture, par elle, le juge et le greffier.

De ces 2 moyens, chacun a son avantage; la comparution personnelle est plus prompte et plus simple, les adversaires sont en présence et les questions ne sont pas posées à l'avance; mais l'interrogatoire est seul possible en cas de maladie.

INCIDENTS.

Dans son sens large, le mot *incident* désigne tout fait qui entrave ou complique la marche ordinaire d'une procédure. Tels sont les exceptions, la vérification d'écritures, le faux incident civil, les enquêtes, la comparution, l'interrogatoire sur faits et articles, les demandes *incidentes*, etc.

Dans son sens restreint, le mot *incident* désigne une demande nouvelle faite par l'une des parties ou par un tiers dans le cours d'une instance, et se rattachant à la demande primitive. Dans ce sens, on appelle :

Demande *additionnelle*, celle formée par le demandeur originaire.

Demande *reconventionnelle*, celle formée par le défendeur.

Demande en *intervention*, celle formée par un tiers.

Toutes ces demandes sont dites *incidentes* ; toutefois cette expression s'applique plus spécialement aux demandes formées par l'une ou l'autre des parties, par opposition à celle formée par un tiers (*intervention*).

§ I. Demandes incidentes.

Il n'est pas permis aux parties d'introduire toutes sortes de demandes nouvelles dans le cours d'un procès, car on pourrait éluder ainsi la tentative de conciliation et les règles sur la compétence.

Demandes additionnelles. — Le demandeur peut former une demande nouvelle, à la condition qu'elle soit, pour ainsi dire, le développement de la cause principale. Ainsi, dans une instance en revendication d'immeuble, il peut réclamer postérieurement les fruits perçus par le possesseur.

Demandes reconventionnelles. — Quant au défendeur, il peut opposer d'abord les demandes ayant une connexité d'origine avec l'action principale. Ainsi, un locataire ac-

tionné en paiement de loyers peut opposer une demande
en indemnité pour grosses réparations faites par lui pour
le compte du propriétaire. En outre, le défendeur peut
opposer des demandes en compensation n'ayant aucune
communauté d'origine avec la demande principale, car la
compensation éteignant la dette principale, est moins une
demande reconventionnelle qu'un mode de défense analogue au paiement. Ainsi, un débiteur poursuivi en remboursement d'argent prêté peut opposer une demande en
paiement d'objets par lui vendus.

Les demandes incidentes sont *formées*, non par ajournement, mais *par simple acte* d'avoué à avoué : le défendeur
peut y répondre également par un simple acte.

Ces demandes sont *jugées par préalable*, s'il y a lieu,
c-.à-d. avant la demande principale. Ainsi, le tribunal
peut, à son gré, statuer de suite sur l'incident ou le joindre
au principal pour vider le tout par une décision unique.

§ II. Intervention.

C'est l'action par laquelle un tiers, prétendant avoir des
intérêts dans la cause pendante entre 2 parties, demande
à y être admis pour faire valoir ses droits.

Un 2me moyen au profit des tiers est la *tierce-opposition;*
c'est l'action par laquelle une personne demande qu'un
jugement, rendu à l'issue d'un procès dans lequel elle n'a
pas figuré, soit réformé en tant qu'il préjudicie à ses
droits.

Le 1er moyen a lieu *pendant,* — le 2me *après* le procès.

En 1re instance, il suffit de justifier d'un intérêt quelconque; ainsi, les créanciers peuvent intervenir dans tous
les procès où figure leur débiteur, tandis qu'ils n'ont pas
droit de former tierce-opposition contre un jugement
rendu sans fraude. Mais, *en appel*, l'intervention n'est permise qu'à ceux qui pourraient attaquer le jugement par la
tierce-opposition.

L'intervention est formée par requête contenant constitution d'avoué. On peut intervenir *en tout état de cause,*
mais sans pouvoir retarder le jugement de la cause principale, si celle-ci est *en état* d'être jugée, c.-à-d. si elle est
déjà instruite.

INTERVENTION FORCÉE. — Il arrive quelquefois que les
parties en cause, dans la crainte qu'un tiers, qui a des intérêts se rattachant à l'objet litigieux, ne vienne plus tard
former tierce-opposition au jugement, mettent ce tiers en
demeure d'intervenir au procès. Par ex., dans une instance
en revendication, j'apprends que mon adversaire n'a que
la propriété indivise de l'immeuble que je lui réclame,
alors j'appelle son copropriétaire en cause, afin que le jugement *soit déclaré commun.* — C'est l'*intervention forcée.*

Elle diffère de l'intervention volontaire en ce qu'elle a
lieu par *ajournement* et non par requête et peut retarder le
jugement de l'affaire principale.

REPRISE D'INSTANCE ET CONSTITUTION DE NOUVEL AVOUÉ.

Si, pendant le cours d'un procès, il survient certains événements, tels que la mort ou la majorité d'une partie, la
mort ou la cessation de fonctions d'un avoué, l'instance est
ou non interrompue, suivant la gravité de l'événement et
suivant le degré de l'instruction, c.-à-d. suivant que la
cause est ou non en état.

Lorsqu'une affaire est *en état,* aucun événement, tant du
côté des parties que du côté des avoués, ne peut interrompre le cours de l'instance.

Sont EN ÉTAT : 1° les affaires *instruites oralement* (c.-à-d.
à l'audience), — lorsque la plaidoirie est commencée (la
plaidoirie est réputée commencée quand les conclusions
ont été prises contradictoirement à l'audience); — 2° les
affaires *instruites par écrit,* — lorsque l'instruction est

complète, ou que les délais pour produire les pièces sont expirés.

Quand une affaire n'est *pas* EN ÉTAT, le *décès* d'une partie, ou la *cessation de fonctions d'un avoué* (par décès, démission, interdiction, destitution), interrompent l'instance.

La Reprise d'instance est *volontaire* ou *forcée*, suivant qu'elle est faite par la partie au profit de qui a lieu l'interruption (l'héritier par ex.), ou par son adversaire fatigué d'attendre. Dans l'un et l'autre cas, la partie qui veut reprendre l'instance envoie une *assignation* EN REPRISE D'INSTANCE à l'autre partie, laquelle doit répondre par un acte d'avoué à avoué, sinon, à l'expiration du délai de l'assignation, il est rendu un jugement par défaut qui déclare l'instance reprise. Si l'interruption a eu lieu par cessation de fonctions d'un avoué, la Reprise volontaire se fait par une CONSTITUTION DE NOUVEL AVOUÉ, et la Reprise forcée par une assignation en *constitution de nouvel avoué.*

Mais le *changement d'état* d'une partie (par ex., le mariage, l'émancipation), n'a aucune influence sur la procédure. Toutefois, le demandeur qui change d'état avant que le défendeur ait constitué avoué, doit renouveler son assignation, afin d'affirmer qu'il persévère dans son action.

DÉSAVEU.

Le DÉSAVEU est le démenti donné par une personne à un officier ministériel qui a fait un acte excédant son mandat. Les officiers publics étant crus sur leur affirmation, ne sont pas astreints, comme les mandataires ordinaires, à établir qu'ils ont reçu mandat de faire les actes qu'on leur reproche; c'est, au contraire, à leurs clients (leurs mandants) de prouver que le mandat n'a pas été donné ou qu'il a été depassé.

Tel est l'objet de l'ACTION EN DÉSAVEU.

Cette action est exigée vis-à-vis des AVOUÉS pour faire tomber les *offres, aveux* ou *consentements* faits par eux au nom de leurs clients. Toutefois, il est certains actes qu'on peut repousser sans recourir au Désaveu, ce sont ceux qui doivent, *à peine de nullité,* être *signés* de la partie ; ex. : l'inscription de faux, la récusation des experts, le désaveu lui-même, etc.

Par analogie, le Désaveu est exigé vis-à-vis des Huissiers ; mais les *Avocats* sont, comme tout mandataire, obligés de prouver leur mandat. Quant aux *Agréés*, il y a controverse.

Le Désaveu est *principal* — ou *incident*, suivant qu'il est fait en dehors ou dans le cours d'une instance. S'il est incident, il est porté devant le tribunal près duquel l'acte s'est passé ; — s'il est principal, devant le tribunal du défendeur. .

Cette procédure, à raison de sa gravité, suit des règles particulières : ainsi, le Désaveu se forme par *acte au greffe*, signé du désavouant, il n'est pas soumis à la tentative de conciliation, mais il doit être communiqué au ministère public.

Le Désaveu formé *pendant* une instance en arrête le cours, et, s'il est admis, l'acte désavoué est annulé ainsi que la procédure qui l'a suivi. — S'il a lieu *après* l'instance terminée, les dispositions du jugement relatives au chef qui a donné lieu au Désaveu sont annulées et l'officier est condamné à des dommages-intérêts et à une peine disciplinaire.

Le désavouant qui succombe est passible de dommages-intérêts vis-à-vis de l'officier et des parties en cause. Le rejet est mentionné en marge du Désaveu. L'officier désavoué pourrait encore obtenir l'*insertion* du jugement dans les journaux.

RÈGLEMENT DE JUGES.

Il arrive quelquefois que 2 tribunaux se déclarent compétents ou incompétents dans la même affaire. Dans une action mixte, par ex., 2 tribunaux peuvent avoir été saisis ; s'ils retiennent tous les deux l'affaire, il est nécessaire de faire déterminer lequel des deux doit en connaître

C'est le Règlement de juges.

La lutte de compétence entre 2 tribunaux s'appelle *Conflit :* s'il a lieu entre un tribunal administratif et un tribunal judiciaire, le conflit est dit *Conflit d'attributions ;* il est jugé par un tribunal spécial, dit Tribunal des conflits, composé du Garde des sceaux président, de 3 conseillers d'Etat, de 3 conseillers à la cour de Cassation lesquels ensemble élisent 2 autres membres et 2 suppléants (l. 31 mai 1872). — S'il a lieu entre 2 tribunaux du même ordre, le Conflit est dit *Conflit de juridictions* ou Règlement de juges.

Si les 2 tribunaux judiciaires entre lesquels a lieu la lutte de compétence sont dans le même ressort, on s'adresse au tribunal qui leur est immédiatement supérieur ; dans le cas contraire, à la Cour de cassation. Ainsi, pour 2 justices de paix du même arrondissement, on va au tribunal d'arrondissement ; si elles sont dans des arrondissements différents, mais dans le ressort de la même Cour d'appel, on va à cette Cour ; si elles relèvent de Cours différentes, le Règlement est fait par la Cour de cassation.

On adresse, à cet effet, au tribunal qui doit connaître du règlement, une *requête*, afin d'obtenir permission d'assigner son adversaire. Le jugement d'autorisation est rendu sans appeler l'adversaire, mais il lui est signifié dans la quinzaine sous peine de déchéance, avec assignation à comparaître dans la huitaine. Puis un 2me jugement, après les plaidoiries des 2 parties, détermine le tribunal compétent.

Au lieu de recourir de suite à un Règlement de juges, on peut quelquefois proposer l'Exception de litispendance ou de connexité, — ou bien faire appel sur la compétence.

RENVOI POUR PARENTÉ OU ALLIANCE.

Lorsque, dans un tribunal, un juge est parent ou allié d'une partie, l'adversaire peut demander que ce juge ne siége pas; s'il y a plusieurs juges parents, il est à craindre que leur influence ne s'exerce sur leurs collègues, et l'on peut demander que le tribunal entier ne connaisse pas de l'affaire.

Dans le 1er cas, c'est une demande en Récusation, — dans le 2me, une demande en Renvoi.

Pour demander le Renvoi, il faut, si la partie est elle-même un juge, qu'elle ait un parent ou allié parmi les autres juges d'arrondissement, ou bien 2 parents ou alliés parmi les autres conseillers, quand on est devant une cour. — Si la partie n'est pas un des juges, il faut alors qu'elle ait 2 parents parmi les juges d'un tribunal d'arrondissement, et 3 parmi les conseillers d'une Cour.

Le Renvoi ne peut être demandé que par l'adversaire de la partie qui a des parents, et non par la partie parente. Celle-ci ne peut, en effet, s'appuyer que sur la haine; or, dit-on, il est plus difficile de communiquer la haine que l'affection. Toutefois, la partie parente peut invoquer la Récusation.

Le *tribunal compétent* est toujours celui qui a été saisi, mais les juges parents ne siégent pas. Le renvoi peut être demandé tant que l'affaire n'est pas *en état*.

La demande se forme par *acte au greffe, signé* de la partie qui la fait; le tribunal, par un 1er jugement, ordonne la communication aux juges parents ainsi qu'au ministère public, et désigne un juge rapporteur. Un 2me jugement, rendu contradictoirement avec l'adversaire, statue sur le Renvoi. S'il est admis, l'affaire est renvoyée à l'un des tribunaux du ressort de la même Cour; s'il s'agit d'une Cour, on renvoie à l'une des 3 Cours voisines. — S'il est rejeté, le demandeur est condamné à 50 fr. d'amende.

Appel peut toujours être interjeté, que l'affaire soit en 1ᵉʳ ou en dernier ressort, mais seulement dans les 5 *jours* du jugement.

On admet encore le Renvoi pour cause de *Sûreté publique* — ou de *Suspicion légitime*, comme en matière criminelle.

RÉCUSATION.

La Récusation est le droit qu'a une partie de demander que certains juges, dont la partialité est à craindre à raison de circonstances déterminées, ne connaissent pas de l'affaire soumise au tribunal où ils siégent.

Dans le Renvoi, on suspecte le *tribunal entier* et l'on demande à aller devant un autre. — Dans la Récusation, on demande qu'*un* ou *plusieurs juges* soient écartés, mais le tribunal reste saisi.

Un juge peut être récusé dans les cas suivants :

1° S'il est *parent* ou *allié* des parties ou de l'une d'elles, jusqu'au degré de cousin issu de germain ;

2° Si la *femme du juge* est *parente* ou *alliée* de l'une des parties, ou si le *juge* est *parent* ou *allié de la femme* de l'une des parties au degré ci-dessus, lorsque la femme est vivante, ou qu'étant décédée, il existe des enfants ; si elle est décédée et qu'il n'y ait pas d'enfants, seuls le beau-père, le gendre, les beaux-frères ne peuvent être juges ;

3° Si le juge, sa femme, leurs descendants ou ascendants ou alliés dans la même ligne ont un *différend actuellement engagé sur une pareille question* que celle dont il s'agit entre les parties ;

4° S'ils ont un *procès en leur nom dans un tribunal où l'une des parties est juge.*

S'ils sont *créanciers* ou *débiteurs* de l'une des parties.

5° Si, dans les 5 ans qui ont précédé la récusation, il y a eu *procès criminel* entre eux et l'une des parties, ou son conjoint, ou ses parents en ligne directe ;

6° S'il y a *procès civil* entre eux et l'une des parties, et que ce procès, s'il a été intenté par la partie, l'ait été avant l'instance dans laquelle la récusation est proposée ; ou si ce procès, étant terminé, ne l'a été que dans les 6 mois précédant la récusation ;

7° Si le juge est *tuteur* ou *curateur* de l'une des parties,

S'il est *héritier présomptif* ou *donataire*, — *maître* ou *commensal* de l'une des parties ;

S'il est *administrateur* de quelque établissement, Société ou direction partie dans la cause ;

Si l'une des parties est sa *présomptive héritière* ;

8° Si le juge a *donné conseil, plaidé* ou *écrit sur le procès*.

S'il en a précédemment *connu* comme juge ou arbitre ;

S'il a *sollicité, recommandé* ou *fourni aux frais du procès* ;

S'il a déposé comme *témoin* ;

Si, depuis le procès commencé, il a *bu* ou *mangé* avec l'une des parties dans leur maison, ou *reçu* d'elle des *présents* ;

9° S'il y a *inimitié capitale* entre lui et l'une des parties ;

S'il y a eu de sa part *agressions, injures* ou *menaces*, verbalement ou par écrit, depuis l'instance, ou dans les six mois précédant la récusation proposée.

Le juge, qui connaît une cause de Récusation en sa personne, doit le déclarer au tribunal, qui décide s'il s'abstiendra. Si le juge ne prévient pas le tribunal, ou s'il ignore la cause de Récusation, la partie doit, comme pour le renvoi, proposer la Récusation avant que la cause soit *en état*.

La procédure est à peu près la même que dans le Renvoi : *acte au greffe* signé du demandeur. — Un 1ᵉʳ jugement déclare si la demande est ou non admissible. Dans le 1ᵉʳ cas, communication est donnée au juge récusé et au procureur. Puis, un 2ᵉ jugement statue définitivement. Si la demande est rejetée, le récusant est passible d'une amende de 100 fr. *au moins*, et, en outre, de dommages-intérêts envers le juge. Si la Récusation est admise, le juge récusé ne connaîtra plus de l'affaire.

Il y a toujours lieu à appel, mais seulement dans les 5 *jours* du jugement, comme dans le Renvoi.

— 7me *Leçon*. —

PÉREMPTION.

La Péremption est l'extinction d'une instance par la discontinuation des poursuites pendant un certain temps (3 *ans*). C'est un moyen admis en faveur du défendeur et fondé sur une présomption d'abandon de la poursuite de la part du demandeur; il a été imaginé afin que les procès ne durent pas indéfiniment. Dans le cas où l'instance a été interrompue par la mort d'une partie ou la cessation de fonctions d'un avoué, le délai de 3 ans est augmenté de 6 mois.

Le défendeur seul peut demander la Péremption; — quant au demandeur, il a un autre moyen d'arrêter la procédure, le *Désistement* (Voy. tit. suiv.).

La Péremption s'applique à tous les actes d'une instance proprement dite, tels qu'une enquête, une expertise; cependant, on soutient que l'aveu judiciaire et le serment subsistent néanmoins; mais elle ne s'applique pas aux actes étrangers à l'instance, tels qu'un commandement ou une saisie.

On peut opposer la Péremption à toute personne, Etat, mineurs, etc., et devant toute espèce de tribunaux.

La Péremption, en éteignant la procédure, laisse intact le droit du demandeur, qui peut recommencer le procès, pourvu que son action ne soit pas éteinte elle-même par la prescription. Mais il supporte les frais de la procédure périmée.

En appel, la Péremption entraîne l'extinction de l'action elle-même, car elle donne au jugement attaqué la force de la chose jugée. (Voy. *Appel*.)

La Péremption n'a pas lieu *de plein droit*, c.-à-d. par cela seul que le délai est expiré ; il faut qu'elle soit invoquée par le défendeur avant que le demandeur ait fait aucun acte ; autrement, elle serait couverte par le seul fait de la continuation des poursuites. En cela, elle diffère de la prescription, qui donne un droit acquis dès que le temps voulu est accompli, et qui ne peut plus être anéantie par le fait de celui contre qui elle courait. Mais, comme la prescription, la péremption n'a *pas lieu d'office*, c.-à-d. que l'une et l'autre doivent être proposées par les parties.

DÉSISTEMENT.

Le DÉSISTEMENT est la renonciation à la procédure qu'on a commencée. C'est une faculté accordée au demandeur de retirer son action tout en conservant le droit de la renouveler. Il en use lorsque, par ex., il croit avoir avantage à attendre pour se procurer des pièces.

Le Désistement ne dépend pas du demandeur seul; il doit être *accepté par le défendeur*, qui peut le repousser, s'il préfère que l'instance soit continuée et l'affaire jugée. Cet acte n'est valable qu'autant qu'il est *signé* des parties.

Le Désistement se fait généralement par acte d'avoué, mais il peut résulter d'une déclaration faite à l'audience et dont le tribunal donne acte aux parties, ou bien encore d'un acte privé ou public dressé dans ce but.

Les *effets* du Désistement sont de remettre les choses dans l'état où elles étaient avant la demande, c.-à-d. de faire considérer l'action comme n'ayant pas été exercée. En outre, tous les frais sont à la charge du demandeur.

MATIÈRES SOMMAIRES.

La procédure exposée jusqu'ici est dite *Ordinaire*, par opposition à la procédure plus simple appelée *Sommaire*. Cette distinction est spéciale à la procédure devant les tribunaux d'arrondissement.

Les affaires prennent le nom de la procédure qui leur est applicable, et se divisent en matières ordinaires — et matières sommaires.

Les affaires ordinaires forment la règle.

Les affaires Sommaires sont celles qui, à raison de leur simplicité, ou de la modicité de leur intérêt, ou enfin de la célérité qu'exige leur nature, sont soumises à une procédure plus simple, plus rapide et moins coûteuse. Ce sont :

1° Les *Appels des juges de paix*.

2° Les *Demandes pures personnelles* (c.-à-d. ni réelles, ni mixtes), *à quelque somme qu'elles s'élèvent, s'il y a titre non contesté*.

Quand on dit que le titre ne doit pas être contesté, cela ne signifie pas qu'il ne doit y avoir aucune contestation, car alors il n'y aurait pas de procès. Mais, tout en reconnaissant la validité d'un titre, par ex., d'une créance, le défendeur peut se dire libéré par paiement ou autrement. Si, au contraire, il soutenait que le titre est entaché d'un vice de forme ou qu'il a été consenti par le dol, il y aurait titre contesté, et dès lors l'affaire serait ordinaire ;

3° Les *Demandes formées sans titre, mais n'excédant pas* 1,500 *fr. de capital, en matière personnelle et mobilière, —* ou 60 *fr. de revenu, en matière immobilière*.

C'est le même taux que dans l'appel : ainsi, toute affaire en 1er et dernier ressort est sommaire, mais la réciproque n'est pas vraie.

4° Les *Demandes provisoires* ou *requérant célérité*.

5° Les *Demandes de loyers, fermages, arrérages de rentes*.

La procédure des affaires sommaires est la même que celle des affaires ordinaires, sauf certaines modifications.

Ainsi, il y a lieu au *Préliminaire de conciliation* dans toute affaire qui n'en est pas dispensée.

Le demandeur forme sa demande par *Ajournement*.

Le défendeur fait sa *Constitution d'avoué* dans les 8 jours. (Mais il n'y a ni *Défenses*, — ni *Réponses*, — ni *Avenir*).

L'affaire est plaidée et le jugement rendu comme en matière ordinaire.

La procédure sommaire suit encore des règles particulières sur les incidents, — l'enquête — et les frais.

Les *Demandes incidentes* et en *intervention* sont formées par requête d'avoué contenant seulement des conclusions motivées, c.-à-d. que cet acte doit énoncer l'objet et les motifs sans les développer comme en matière ordinaire. Ces requêtes sont dites MINUTÉES, parce que, donnant lieu simplement à un droit fixe, elles sont écrites en petits caractères, tandis qu'en matière ordinaire, elles sont dites GROSSOYÉES, parce qu'étant payées par rôles, elles sont écrites en gros caractères. (Le rôle comprend 2 pages, recto et verso.)

L'*Enquête* est d'abord obtenue sans qu'il soit besoin d'articuler les faits par avance à l'aide d'actes d'avoués afin de mettre l'adversaire en demeure de les reconnaître ou de les dénier, il suffit d'indiquer ces faits à l'audience.

En outre, l'enquête est beaucoup plus simple : — elle a lieu à l'audience, et non en chambre du Conseil ; — les dépositions ne sont transcrites qu'autant que l'affaire est susceptible d'appel ; — enfin, le témoin reproché n'est pas entendu, le reproche étant jugé de suite. (Voy. p. 75.)

Les *Frais* sont moins considérables : les avoués n'ont en effet, outre leurs déboursés, qu'un droit d'obtention de jugement ; ils ne comptent pas un droit particulier pour chaque acte de leur ministère ; seulement le droit de jugement varie suivant que le jugement est contradictoire ou par défaut, et aussi suivant le nombre des parties et le chiffre du procès.

PROCÉDURE DEVANT LES TRIBUNAUX DE COMMERCE.

Les Matières commerciales sont généralement fort simples, et exigent, pour être bien jugées, plutôt la connaissance du commerce que la notion du droit. C'est pour cela qu'on a institué des tribunaux de commerce, composés spécialement de commerçants, et qu'on a admis, pour ces sortes d'affaires, une procédure plus simple et plus expéditive.

Les affaires commerciales sont toutes dispensées du *Préliminaire de Conciliation*.

La demande est toujours formée par un *Ajournement*.

Il n'y a pas d'autre acte de procédure; on vient à l'audience au jour indiqué, la cause est plaidée et jugée de suite. Devant les tribunaux de commerce, il n'y a pas d'avoués; toutefois, ceux-ci peuvent, comme toute autre personne, représenter les parties en qualité de mandataires; dans certaines villes, même, ils sont *agréés*; on appelle ainsi des personnes attachées près d'un tribunal de commerce, et recommandées par lui aux parties pour les représenter.

Le *Délai* de l'ajournement est d'*un jour franc*.

Dans les affaires requérant célérité, on peut, avec la permission du président, assigner de *jour à jour*, et même d'heure a heure, c.-à-d. assigner le lundi pour le mardi, et même à midi pour une heure. Bien plus, dans les *affaires maritimes* où il existe des parties non domiciliées en France, et dans celles où il s'agit d'agrès, victuailles, équipages et radoubs de vaisseaux prêts à mettre à la voile, et autres matières urgentes et provisoires, on peut assigner d'*heure à heure*, sans ordonnance du président.

L'assignation est remise à personne ou à domicile : et même, quand il s'agit d'une personne embarquée, l'assignation peut être remise à bord, à quelqu'un du navire, comme si c'était le domicile.

Le *Tribunal compétent*, en matière de commerce, est, au choix du demandeur, l'un des 3 tribunaux suivants :

1° Le tribunal du domicile du défendeur ;
2° Celui dans l'arrondissement duquel la promesse a été faite et la marchandise livrée ;
3° Celui dans l'arrondissement duquel le paiement devait être affectué.

Ainsi, un négociant de *Paris* va à *Rouen* acheter et se faire livrer des marchandises qu'il s'engage à payer au *Havre*, il pourra être poursuivi devant l'un ou l'autre des tribunaux de commerce de ces 3 villes.

D'après ce principe : que *le juge de l'action est juge de l'exception*, les tribunaux de commerce connaissent de toutes les exceptions proposées devant eux et notamment de l'exception d'incompétence. A l'égard de cette dernière, ils ne sont pas forcés, comme les tribunaux civils, de statuer préalablement au principal. Dans un but de célérité, il leur est permis de joindre la question de compétence au fond, pour vider le tout par un seul et même jugement ; mais à la condition, toutefois, de statuer par 2 dispositions distinctes, parce que la question de compétence est toujours susceptible d'appel, alors même que le principal est en dernier ressort.

Quant aux *Incidents* autres que les exceptions, le tribunal de commerce en connaît également ; il en est, cependant, qui doivent être jugés par le tribunal civil seul, tels sont les vérifications d'écritures et le faux incident civil ; dans ce cas, le tribunal de commerce surseoit jusqu'à ce qu'il y soit statué par le tribunal civil.

Les *Preuves* sont les mêmes qu'en matière civile.

Toutefois, la preuve testimoniale peut être admise par le tribunal dans tous les cas, et quelle que soit la valeur du litige. — L'*Enquête* a lieu comme en matière sommaire, c.-à-d. à l'audience.

La preuve écrite peut résulter des registres et de la correspondance des commerçants.

L'Expertise peut toujours être confiée à *un seul expert*.

Enfin, il y a un mode de preuve spécial, c'est le recours aux *Arbitres*, quand il s'agit de comptes.

En matière commerciale, il n'y a qu'une seule espèce de défaut contre le défendeur (celui *contre partie*), puisqu'il n'y a pas d'avoué. Ce défaut suit aujourd'hui les mêmes règles que le défaut contre partie : ainsi, il est signifié par un huissier commis, — il doit être exécuté dans les 6 mois, sous peine de péremption, — il est susceptible d'opposition tant qu'il n'est pas réputé exécuté, — enfin, l'opposition se fait de 2 manières : par acte extrajudiciaire ou par déclaration sur un acte d'exécution. Toutefois, quand le défendeur fait défaut après avoir comparu une première fois, par ex., après avoir plaidé sur la compétence, la jurisprudence ne lui permet de faire opposition que pendant 8 jours, comme s'il s'agissait d'un défaut contre avoué, par ce motif qu'il ne peut prétendre avoir ignoré le procès. Suivant elle, lors de la révision du Code de commerce, l'art. 643 de ce Code en déclarant applicable au défaut commercial, l'art. 158 du Code de procédure (qui permet l'opposition jusqu'à l'éxécution du jugement), aurait simplement modifié mais non abrogé l'art. 436 du même code qui accorde 8 jours seulement; d'où il suit que ce délai serait encore applicable dans certains cas.

Tous les jugements des tribunaux de commerce sont de plein droit *exécutoires par provision*, c.-à-d. que l'appel n'est pas suspensif. Cette exécution provisoire pourra même, au gré du tribunal, être ordonnée SANS *caution*, s'il y a titre non attaqué ou condamnation précédente dont il n'y a pas eu appel; mais dans tous les autres cas, elle aura lieu AVEC *caution*.

Les tribunaux de commerce étant des tribunaux d'exception, NE CONNAISSENT PAS DE L'EXÉCUTION DE LEURS JUGEMENTS. Cette règle ne signifie pas que les tribunaux de commerce n'ont pas le pouvoir de mettre la formule exécutoire au bas de leurs jugements, mais seulement qu'aussitôt leurs jugements rendus et expédiés, ils restent étrangers à toutes les difficultés qui surgiront plus tard à propos de l'exécution, car ces difficultés sont des questions de procédure en dehors de leur compétence. Toutefois, cette règle doit s'entendre avec restriction, car elle ne s'applique qu'à l'exécution sur les biens, et par conséquent aux jugements définitifs ou provisoires, qui seuls contiennent des condamnations proprement dites.

Ainsi, les tribunaux de commerce ne connaîtront pas des contestations relatives à la signification du jugement, au commandement, à la saisie ou vente des biens. Toutefois, ils connaîtront des réceptions de cautions exigées pour l'exécution d'un jugement définitif, mais c'est une exception sans importance. Quant aux jugements préparatoires et interlocutoires, comme ils n'ordonnent que des mesures d'instruction, telles que des enquêtes, des expertises, leur exécution appartient aux tribunaux de commerce eux-mêmes, sauf cependant s'il s'agissait de ces exceptions dont la procédure est compliquée, comme le faux incident civil et la vérification d'écritures.

Le tribunal civil compétent pour connaître de l'exécution des jugements de commerce n'est pas celui de l'arrondissement du tribunal de commerce qui a rendu le jugement, mais celui du lieu où l'exécution se poursuit.

Les voies de recours contre les jugements commerciaux sont les mêmes pour les jugements civils.

L'*appel* est porté à la cour d'appel, il a lieu au-dessus de 1,500 francs seulement ; il n'est *jamais suspensif*, parce que les jugements de commerce sont exécutoires par provision. Les tribunaux de commerce sont eux-mêmes juges d'appel pour les décisions des conseils de prud'hommes.

Le délai est de 2 *mois*, comme pour les jugements civils, mais à la différence de ceux-ci, il n'est pas nécessaire d'attendre 8 *jours* pour interjeter appel, on peut le faire de suite, c.-à-d. le jour même du jugement. Voyez p. 102.

RECOURS CONTRE LES JUGEMENTS.

Les voies de recours contre les décisions des tribunaux sont au nombre de 6, savoir :

L'Opposition, pour les jugements par défaut.

L'Appel, pour ceux en 1er ressort (contradictoires ou par défaut).

La Tierce opposition, au profit des tiers.

La Requête civile, pour les jugements en dernier ressort.

La Prise a partie, contre les juges.

La Cassation, pour les jugements en dernier ressort.

Ces voies de recours se divisent :

1° En voies *Ordinaires* — et *Extraordinaires*.

2° En voies de *Rétractation* — et de *Réformation*.

Le recours est une voie de Réformation lorsqu'on en réfère à un autre tribunal : *Appel*, — *Tierce opposition* (quand elle est incidente devant un tribunal inférieur).

La Cassation ne rentre pas dans cette classification.

Le recours est une voie de Rétractation lorsqu'on s'adresse au tribunal même qui a rendu le jugement attaqué: *Opposition*, — *Requête civile*, — *Tierce opposition* (principale, quelquefois même incidente).

Les voies Ordinaires sont l'*Opposition* — et l'*Appel*.

Elles suspendent de droit l'exécution, sauf exception. En outre, elles ont lieu pour toute espèce de motifs.

Les vies Extraordinaires sont: la *Tierce opposition*, — la *Requête civile*, — la *Prise à partie*, — la *Cassation*.

Elles ne suspendent pas de droit l'exécution, et une seule, la Tierce opposition, peut être déclarée suspensive par les juges. D'un autre côté, sauf encore la Tierce opposition, elles n'ont lieu que pour des motifs déterminés.

APPEL.

L'Appel est le recours qui a pour but de faire réformer par un tribunal supérieur le jugement d'un tribunal inférieur. Le demandeur se nomme Appelant et le défendeur *Intimé*. On peut faire appel pour toute sorte de griefs.

Espèces d'appel. — L'appel est principal — ou incident.

L'appel principal est celui qui est fait le premier. Il se forme par assignation et doit être fait dans les 2 *mois*.

L'appel *incident* est celui fait par l'intimé dans le cours de l'instance en appel. Il se forme par requête et peut avoir lieu en tout état de cause (c.-à-d. tant que l'appel principal n'est pas jugé, et même après le délai de 2 mois).

S'il est permis à l'intimé de faire appel après 2 mois, c.-à-d. après qu'il est censé avoir renoncé à l'appel, c'est parce qu'il n'a peut-être accepté le jugement que dans son ensemble, et à la condition qu'il ne serait point attaqué par son adversaire. Dès lors, si celui-ci fait appel, il doit reprendre le droit d'en appeler également.

Mais à quoi servira cet appel incident? On ne voit pas *à priori* son utilité, qui est cependant très-grande ; en effet, les juges d'appel ne peuvent réformer le 1er jugement que sur les chefs attaqués; or, il est possible que l'appel principal ne porte que sur certains chefs seulement, ceux, bien entendu, qui sont défavorables à l'appelant; il faut donc que l'intimé puisse critiquer à son tour et faire réformer les chefs qui lui sont désavantageux. En outre, le tribunal d'appel ne peut réformer la sentence des premiers juges, même sur les chefs soumis à son examen, qu'en faveur de celui qui a fait appel, et nullement en faveur de l'adversaire; l'intimé a donc encore intérêt à faire appel incident. Ainsi, j'ai demandé 2,000 fr. de dommages-intérêts, contre vous qui prétendez ne m'en devoir aucuns; j'en ai obtenu 1,000; si j'en appelle seul, le tribunal pourra bien m'en accorder au delà de 1,000, mais jamais moins; tandis que si vous en appelez aussi, il pourra ne rien m'accorder du tout.

EFFETS DE L'APPEL. — Il y en a 2 :

1° L'appel est *Dévolutif*, c.-à-d. qu'il attribue la connaissance de l'affaire à un tribunal supérieur ; le différend est remis en question et les seconds juges ont la plénitude de juridiction sur toutes les dispositions attaquées : ils peuvent, ou maintenir ou modifier ces dispositions. En cassation, au contraire, la Cour n'a que le droit d'annuler, sans remplacer la 1re décision par une autre.

2° L'appel est *Suspensif*, c.-à-d. qu'il arrête l'exécution du jugement attaqué, excepté dans le cas où l'*exécution provisoire* est ordonnée.

TRIBUNAUX D'APPEL. — Ce sont :

Les *Tribunaux d'arrondissement*, — pour les justices de paix ;

Les *Cours d'appel*, — pour les tribunaux d'arrondissement et de commerce ;

Les *Tribunaux de commerce*, — pour les Conseils de Prud'hommes.

JUGEMENTS SUSCEPTIBLES D'APPEL. — Ce sont toutes les *décisions en* 1er *ressort* (qu'elles soient définitives ou avant dire droit, — contradictoires ou par défaut).

Les DÉCISIONS en 1er RESSORT devant les tribunaux d'arrondissement et ceux de commerce sont :

Les *Demandes mobilières au-dessus de* 1,500 *fr.*

Les *Demandes immobilières sur un objet au-dessus de* 60 *fr. de revenu.*

Certaines demandes quel que soit l'intérêt, par ex., celles concernant l'état des personnes ou la compétence.

C'est aux conclusions des parties qu'il faut s'attacher et non au chiffre de la condamnation, autrement il aurait dépendu des juges, en abaissant la condamnation, de rendre leur sentence inattaquable.

Quant à la manière de déterminer la valeur des objets litigieux, il n'y a aucune difficulté s'il s'agit d'argent ou de denrées dont le prix est fixé par des mercuriales, mais quand il s'agit de corps certains, en cas de désaccord, il faut, suivant les uns, recourir à une expertise, suivant les autres, il y a nécessairement lieu à appel.

Pour les choses immobilières, il y a 2 manières de déterminer le revenu : par le prix du bail ou par le taux des arrérages ; mais, si le propriétaire jouit par lui-même, il y a toujours lieu à appel, car le revenu est inconnu.

Qu'entend-on par 1,500 fr. en principal? On est d'accord pour ne comprendre ni les frais, ni intérêts ou fruits dus *depuis* la demande ; quant aux intérêts ou fruits dus *avant*, il y a controverse. Si dans une même instance on introduit plusieurs chefs dont aucun n'atteint 1,500 fr., mais dont la réunion dépasse ce chiffre, il y a lieu à appel, si tous ces chefs proviennent de la même source ou concernent le même défendeur ; mais il en est différemment si un seul demandeur poursuit 2 demandeurs non solidaires.

Lorsqu'il y a une demande reconventionnelle, on ne cumule pas les 2 demandes, mais il suffit que l'une ou l'autre dépasse 1,500 fr. pour qu'elles soient toutes les deux susceptibles d'appel. Toutefois, la demande reconventionnelle de *dommages-intérêts fondés exclusivement sur la demande principale elle-même* n'est pas susceptible d'appel, quel qu'en soit le chiffre, si la demande principale est en dernier ressort ; cette disposition a pour but d'empêcher le défendeur de rendre à son gré le procès susceptible d'appel. On entend par dommages-intérêts fondés sur la demande elle-même ceux réclamés, par ex., à raison de l'atteinte portée à l'honneur du défendeur.

La fausse qualification donnée par les juges à leur décision est sans influence sur le droit d'appel. Ainsi, on peut appeler d'un jugement qualifié à tort en dernier ressort ; et si l'on fait appel d'un jugement mal à propos qualifié en

1er ressort, cet appel devra être rejeté comme non recevable, sans qu'il y ait lieu d'examiner le fond. Toutefois, la fausse qualification a pour résultat de renverser l'effet suspensif de l'appel, en ce sens que l'appel d'une décision en 1er ressort, qualifié à tort en dernier ressort, n'arrêtera pas l'éxécution; tandis que l'appel d'un jugement mal à propos qualifié en 1er ressort sera suspensif. Mais on peut s'adresser de suite à la Cour d'appel afin d'obtenir des *Défenses* tendant à rétablir les effets de l'appel.

DÉLAIS. — 1° *Délais pendant lesquels l'appel n'est pas recevable.* — Les jugements exécutoires par provision pouvant être éxécutés immédiatement, et l'appel n'en arrêtant pas l'execution, on peut en appeler aussitôt la sentence, car il importe à l'appelant que le jugement soit reformé au plus tôt.

Mais les jugements *non exécutoires par provision* ne pouvant pas être exécutés de suite, la loi, dans le but de laisser aux parties le temps de réfléchir, ne permet d'en appeler qu'après un certain délai. Ainsi, lorque le jugement est définitif ou interlocutoire, l'appel n'est recevable que 8 *jours après le prononcé de la sentence.* Pendant ce délai l'exécution est également interdite.

Si le jugement est préparatoire, l'appel n'est recevable qu'*après le jugement définitif.* Inutile, en effet, de se plaindre des détails d'instruction avant de connaître la solution du procès. — S'il est par défaut, l'appel n'est pas recevable *pendant les délais de l'opposition.* Ce dernier mode doit être préféré comme plus simple.

2° *Délais pendant lesquels l'appel est recevable.* — Le délai ordinaire est aujourd'hui de 2 *mois* (l. 2 mai 1862).

Ce délai court, si le jugement est *contradictoire,* du *jour de la signification* à personne ou à domicile, et non du jour du jugement. — S'il est par *défaut,* du jour où l'opposition n'est plus recevable.

Ceci ne s'applique qu'à l'appel *principal*; quant à l'appel *incident*, il peut être *formé en tout état de cause*. L'intimé peut, en effet, faire appel, même après les 2 mois, et bien qu'il ait signifié le jugement sans réserves, car s'il a acquiescé au jugement c'est à la condition de le voir maintenu dans son entier; mais du moment où l'on attaque ce jugement sur un chef, il reprend le droit de l'attaquer sur les autres chefs. Celui qui signifie le jugement avec réserves conserve le droit de faire appel.

PROCÉDURE. — L'acte d'appel est signifié à personne ou à domicile; il contient les mêmes indications que l'ajournement, sauf l'exposé des moyens (cet exposé est inutile, puisque l'appelant doit signifier ses griefs dans un acte spécial); — l'intimé constitue avoué; — l'appelant a 8 jours pour signifier ses griefs; — l'intimé 8 jours pour y répondre. Puis vient l'audience : l'affaire est plaidée et jugée d'après les mêmes règles qu'en 1re instance.

Aucune demande nouvelle ne peut être formée en appel, excepté : les demandes en compensation; — celles en défense à l'action principale, — ou pour intérêts, arrérages, loyers et autres accessoires échus depuis le jugement de 1re instance; enfin, celles en dommages-intérêts pour préjudice souffert depuis ledit jugement. C'est afin qu'on ne puisse pas priver son adversaire des 2 degrés de juridiction.

Par le même motif, *aucune intervention* n'est recevable, si ce n'est de la part de ceux qui pourraient former tierce opposition. Cete exception a pour but d'empêcher un nouveau procès, ou plutôt un recours extraordinaire.

Péremption. — En appel, la péremption n'a pas simplement pour effet, comme en 1re instance, d'anéantir les actes de procédure, elle éteint l'action, c.-à-d. le droit de poursuivre l'appel, et donne au jugement attaqué *force de chose jugée.* L'abandon des poursuites pendant 3 ans est considéré, ici, comme un acquiescement au jugement de 1re instance.

Amende de fol appel. — Si l'appelant succombe, il est condamné à une amende qui est de 5 fr. pour les appels des juges de paix, et de 10 fr. pour les autres tribunaux.

Exécution. — Si le jugement est *confirmé*, la connaissance des difficultés d'exécution appartient au tribunal qui a jugé en 1er ressort. — S'il est *infirmé*, l'exécution appartient à la Cour elle-même, ou à un tribunal du même ordre que celui qui a jugé en 1er ressort et que la Cour désigne. Mais l'exécution n'appartient jamais au tribunal qui a rendu la sentence réformée, car on craint qu'il ne tende à faire exécuter le jugement dans le sens de son opinion.

DROIT D'ÉVOCATION. — C'est la faculté qu'a un tribunal supérieur de s'emparer d'une affaire de la compétence d'un tribunal inférieur.

Les tribunaux d'appel, lorsqu'ils infirment une disposition, ne se bornent pas à la casser, ils ont le droit d'y substituer une disposition nouvelle. Mais, s'ils ont le droit de remplacer un jugement définitif par un autre, peuvent-ils également statuer sur le fond d'une affaire, c.-à-d. prononcer le jugement définitif, lorsqu'ils ne sont saisis que d'un interlocutoire? On distingue s'ils infirment ou s'ils confirment l'interlocutoire. Si l'*interlocutoire est* INFIRMÉ, il leur est permis de retenir le jugement définitif, pourvu que la cause soit en état d'être jugée sur le fond, c.-à-d. pourvu qu'elle soit déjà suffisamment instruite. Alors ils statuent sur le tout par un seul et même jugement, en sorte que la solution définitive n'est soumise qu'à un seul degré de juridiction.

Le motif de cette dérogation au principe des 2 degrés de juridiction est basé sur ce qu'il y aurait inconvénient, lorsqu'un interlocutoire est réformé en appel, à renvoyer la solution du fond au tribunal qui a rendu cet interlocutoire, parce que ce tribunal serait peut-être porté à faire prévaloir son opinion repoussée en appel.

Le droit d'Evocation s'applique même au cas où c'est un jugement *définitif* qui est INFIRMÉ : c'est lorsqu'il est infirmé, non pas à raison de la solution du fond, mais à raison de certains points étrangers en quelque sorte au fond, tels que vices de formes ou incompétence. Dans ce cas, en effet, comme il n'a pas été statué régulièrement sur le fond, on peut dire que la cause n'a pas été soumise au 1er degré de juridiction, et que la Cour statue en 1er et dernier ressort à la fois.

— 8me Leçon. —

TIERCE-OPPOSITION.

La TIERCE-OPPOSITION est la voie par laquelle une personne, qui n'a pas figuré dans un procès, demande l'annulation de tout ou partie du jugement rendu entre les parties en cause, sous prétexte que ce jugement préjudicie à ses droits.

Tout individu qui n'a pas figuré en personne au procès n'est pas étranger au jugement : ainsi, le mandant est représenté par le mandataire, — le pupille, par son tuteur ; — de même les ayants-cause, héritiers ou légataires, sont représentés par leur auteur. Enfin, les créanciers chirographaires, étant représentés par le débiteur, ne peuvent former tierce-opposition contre les jugements rendus contre celui-ci, à moins qu'il n'y ait eu fraude.

Quant aux créanciers *hypothécaires*, il y a controverse, la cour de cassation leur accorde ce droit même en l'absence de fraude.

D'après le principe : *Res inter alios judicata, aliis neque nocere, neque prodesse potest*, comment un tiers a-t-il intérêt à attaquer un jugement, puisque ce jugement ne peut lui nuire ? Il est vrai qu'en droit le jugement auquel on est étranger ne peut causer aucun préjudice ; mais en fait il n'en est pas toujours ainsi, et l'on peut quelquefois avoir intérêt à empêcher l'exécution d'un jugement rendu entre d'autres personnes. Par ex., si un dépositaire s'est laissé condamner à restituer à une personne l'objet déposé, le déposant n'a pas, en droit, à redouter ce jugement qui ne lui est pas opposable ; mais en fait, il peut craindre que la chose ne soit reprise et vendue par le revendiquant, et que ce dernier, étant insolvable, ne puisse plus tard l'indemniser. Il a donc intérêt, au lieu de le poursuivre directement, à former Tierce-opposition, car alors les juges pourront suspendre l'exécution du jugement rendu contre le dépositaire, et empêcher l'enlèvement de l'objet litigieux jusqu'à ce qu'il soit établi à qui il appartient réellement.

Le déposant a un autre moyen, c'est de faire une saisie revendication ; et alors, si le gagnant lui oppose le jugement rendu, il lui répondra qu'il y est étranger.

Tous les jugements sont attaquables par Tierce-opposition (contradictoires ou par défaut, en 1er ou en dernier ressort).

La Tierce-opposition est *principale* lorsqu'elle est formée en dehors de toute instance; dans ce cas, le tribunal compétent est celui qui a rendu le jugement attaqué.

Incidente, lorsque dans une instance on attaque un jugement opposé par l'adversaire; dans ce cas, le tribunal où l'on se trouve est égal ou supérieur à celui qui a rendu le jugement attaqué, c'est lui qui est compétent; mais s'il est inférieur, ce sera le tribunal primitif.

Le *Délai* n'ayant été réglé que dans le cas de séparation de biens (1 *an*), on accorde 30 *ans*.

Il n'y a aucune procédure particulière; la demande se forme par ajournement ou par requête, suivant les cas.

Le demandeur qui succombe est condamné, outre les dommages-intérêts envers le défendeur, à une amende de 50 fr. au profit du trésor.

EFFETS. — La Tierce-opposition n'est ni *dévolutive* ni *suspensive.* Toutefois, *les juges peuvent suspendre l'exécution* du jugement quand bon leur semble, excepté dans le cas d'un jugement passé en force de chose jugée ordonnant de *délaisser la possession d'un immeuble*; dans ce cas, l'exécution n'étant pas à redouter, puisqu'il s'agit d'un immeuble, on a voulu empêcher que le possesseur ne cherchât à retarder la restitution de l'immeuble en faisant agir un tiers, avec lequel il s'entend.

REQUÊTE CIVILE.

La REQUÊTE CIVILE est une voie extraordinaire ouverte aux parties contre les décisions inattaquables par les voies ordinaires (appel ou opposition). C'est une voie de rétractation. Son nom vient de ce qu'autrefois, pour attaquer une décision souveraine, il fallait adresser à la chancellerie une requête en permission, dont les termes devaient être polis.

La Requête civile diffère de la Tierce-opposition en ce qu'elle est ouverte aux parties et non aux tiers, et elle diffère de l'appel, en ce qu'elle ne peut être formée que pour des motifs limitativement déterminés, et non pour toute espèce de griefs.

La Requête civile est *principale* — ou *incidente,* suivant qu'elle est formée en dehors ou dans le cours d'un procès.

Les jugements susceptibles de ce recours sont les jugements EN DERNIER RESSORT (contradictoires ou par défaut). Ceux en 1er ressort ne sont pas attaquables par ce moyen, — ni pendant les délais d'appel, parce qu'il y a une voie ordinaire, — ni même après ces délais, parce qu'alors on est en faute d'avoir négligé l'appel.

De même, si le jugement en dernier ressort est par défaut, la requête civile n'est permise qu'après les délais d'opposition, et si on l'accorde ici, malgré la faculté qu'on a eue d'user d'une voie ordinaire, c'est dans la crainte que la partie défaillante n'ait ignoré la condamnation.

CAS D'OUVERTURE DE REQUÊTE CIVILE. — Il y en a 11 :

1° S'il y a eu *dol personnel*, c.-à-d. dol émané de l'adversaire, et non d'un tiers étranger à l'instance. Le dol imputable au juge donne lieu à un autre recours extraordinaire, la Prise à partie ;

2° Si les *formes prescrites à peine de nullité* ont été violées, soit avant, soit après le jugement, pourvu que la nullité n'ait pas été couverte par les parties (par ex., en plaidant sur le fond). Ce cas donne aussi lieu à Cassation ; mais, comme il est admis que ces 2 voies de recours ne concourent point ensemble, on a fait une distinction qui leur donne à chacune une application spéciale. — Si la nullité de forme n'a *pas été invoquée* par les parties, il y a erreur involontaire de la part des juges ; dans ce cas, la requête civile seule est admise. — Si, au contraire, la nullité *a été proposée* par les parties et repoussée par les juges, il est inutile de s'adresser de nouveau à ces mêmes juges, il y a lieu alors à la Cassation ;

3° S'il a été *prononcé sur choses demandées ;*

4° S'il a été *adjugé plus qu'il n'a été demandé ;*

5° S'il a été *omis de prononcer sur l'un des chefs ;*

6° S'il y a *contrariété de jugements en dernier ressort* entre les mêmes parties, sur les mêmes moyens et *dans les* MÊMES TRIBUNAUX. Cela semble difficile ; cependant des héritiers ignorant le jugement rendu entre leurs auteurs, ont pu en obtenir un second.

Quand les deux jugements sont rendus par des tribunaux DIFFÉRENTS, c'est un cas de recours en cassation ;

7° Si, *dans un même jugement*, il y a des *dispositions contraires ;*

8° Si la *comunication au ministère public n'a pas eu lieu* dans le cas où elle est exigée, et que le jugement ait été rendu *contre* celui en faveur duquel elle était ordonnée (par ex., un mineur) (v. p. 30) ;

9° Si l'on a *jugé sur pièces* reconnues ou déclarées *fausses* depuis le jugement ;

10° Si, depuis le jugement, il a été *recouvré des pièces décisives* et qui avaient été retenues par le fait de la partie (par ex., une quittance) ;

11° Si l'*Etat*, les *communes*, les *établissements publics* et les *mineurs* n'ont *pas été défendus*, ou s'ils ne l'ont pas été valablement. (Ainsi, un mineur a agi seul.)

Le *Délai* pour former requête civile est de 2 *mois*.

Le *Tribunal compétent* est toujours celui qui a rendu le jugement attaqué, peu importe que la requête soit principale ou incidente, car c'est un moyen fondé sur ce que le tribunal a été surpris ou n'a pas été suffisamment éclairé.

Procédure. — Il est d'usage d'adresser une *requête en permission d'assigner* au président du tribunal compétent. On doit préalablement faire une *consignation de 300 fr. à titre d'amende* et de 150 *fr. pour dommages-intérêts.*

Il faut aussi une *consultation de 3 avocats* exerçant depuis 10 ans et déclarant que la requête civile est fondée.

Le reste se passe comme dans une procédure ordinaire; toutefois, il y a 2 *instances* successives et distinctes.

La 1re, appelée instance sur le RESCINDANT, a pour but de faire rétracter le jugement attaqué. Si l'annulation est prononcée, les parties sont remises dans l'état où elles étaient avant le jugement rétracté.

La 2me, appelée instance sur la RESCISOIRE, a pour but de faire statuer de nouveau sur le fond du procès et d'obtenir un jugement destiné à remplacer celui qui a été annulé, et par conséquent à vider l'affaire.

Par exception, il n'y a qu'*une seule instance* dans le cas de *contrariété de jugements*. En effet, le tribunal, en annulant le dernier jugement comme contraire au principe de la chose jugée, ordonne que le 1er soit exécuté sans avoir à examiner lequel des deux est conforme à l'équité.

Effets. — La Requête civile n'est ni *dévolutive*, ni *suspen-sive*. Il n'est même pas permis aux juges de suspendre l'exé-cution, comme dans la tierce-opposition. Bien plus, il est un cas où *le jugement doit être exécuté au principal avant de plaider;* c'est lorsqu'il s'agit du délaissement d'un héritage. On a craint que la Requête civile ne fût qu'un prétexte pour gagner du temps. Au reste, cette exécution n'offre pas d'inconvénients.

PRISE A PARTIE.

La Prise a partie est une voie extraordinaire par laquelle une personne poursuit un juge en réparation du préju-dice qu'il lui a causé par sa faute dans l'exercice de ses fonctions.

Cas de Prise a partie. — Il y en a 4 :

1° — *S'il y a eu dol, fraude ou concussion.*—Il y a dol ou fraude, par ex., quand on altère la déposition d'un témoin, Concussion, quand on perçoit des droits non dus; ex. : un juge porte plus de jours qu'il n'en a employés dans une descente sur les lieux;

2° — *Si la prise à partie est expressément autorisée par la loi.* — Ceci s'applique seulement aux matières crimi-nelles (ex. : défaut de signature des sentences dans les 24 heures);

3°— *Si le juge est déclaré par la loi responsable* à peine de dommages-intérêts. Par ex., si une Cour accorde un sursis à l'exécution d'un jugement de commerce ;

4° — *S'il y a déni de justice.*— Il y a 3 cas de déni :

Si le juge refuse de répondre à une requête.

S'il néglige de juger une affaire en état d'être jugée.

S'il refuse de juger, sous prétexte de silence, obscurité ou insuffisance de la loi.

Pour qu'il y ait déni, il faut que le juge soit mis en demeure par 2 réquisitions faites à un certain intervalle par huissier, non directement au juge, mais en la personne du greffier.

Les *Personnes attaquables* par la Prise à partie sont : les membres des Cours ou tribunaux, — les Cours et tribunaux eux-mêmes, — les membres du ministère public, — enfin, mais exceptionnellement, les greffiers.

Le *Tribunal compétent* est la *Cour d'appel*, — lorsqu'il s'agit de juges ou membres de la Cour d'appel, ou bien de tribunaux proprement dits. C'est la *Cour de cassation*, — lorsqu'il s'agit d'une Cour ou d'une section de Cour, ou bien des membres de la Cour de cassation.

La Prise à partie est *formée* par une requête en permission adressée à la Cour compétente qui, en chambre du Conseil, rend un 1er arrêt, sans débat oral. — Si la Prise à partie est rejetée, le demandeur paie une amende de 300 fr. — Si elle est admise, il signifie sa requête au juge, qui doit constituer avoué. Après les écritures, l'affaire est plaidée à l'audience, et l'arrêt définitif est rendu par les chambres réunies.

Les *Effets* de ce recours ne sont pas déterminés par la loi; il s'agit d'un acte en dehors d'une instance, par ex., une arrestation illégale, on admet que cet acte doit être annulé et le juge condamné à des dommages-intérêts.

Mais s'il s'agit d'un jugement rendu par dol, le jugement est-il annulé? ou bien est-il maintenu? Controverse. Dans les 2 cas, le juge sera passible de dommages-intérêts; mais si on maintient le jugement, il sera responsable vis-à-vis du demandeur; tandis que si on l'annule, il sera débiteur envers le défendeur; d'où il s'ensuit que son insolvabilité retombera sur l'un ou sur l'autre, suivant qu'on adoptera tel ou tel parti.

CASSATION.

Le recours en CASSATION est une voie extraordinaire d'attaquer les jugements *en dernier ressort*.

Ce n'est pas un 3ᵐᵉ degré de juridiction ; la Cour de cassation n'examine pas s'il a été bien ou mal jugé au fond, mais si les moyens proposés sont justifiés. Si elle annule le jugement, elle ne le remplace pas, comme la Cour d'appel, mais elle renvoie devant un autre tribunal.

Le pourvoi en Cassation n'est donc *pas dévolutif ;* il n'est pas non plus *suspensif*, excepté quand il s'agit d'un jugement ordonnant la suppression ou la réformation d'une pièce déclarée fausse.

CAS D'OUVERTURE DE CASSATION. — Il y en a 4 :

1° *Incompétence* ou *Excès de pouvoir*. — L'excès de pouvoir s'entend des actes défendus à toute juridiction, par ex., une décision réglementaire (5, c. civ.), ou portant défense d'exécuter une loi.

L'incompétence se rapporte à des actes permis aux tribunaux, mais qui émanent d'un autre tribunal que celui qui devait en connaître. Ex. : une affaire civile jugée par un tribunal de commerce.

L'Incompétence *ratione materiæ* donne *toujours* lieu à cassation, que l'exception ait ou non été proposée ; car elle est d'ordre public. — Quant à l'incompétence *ratione personæ*, elle ne donne lieu à cassation qu'autant que l'exception a été *proposée au début de l'instance* et repoussée, car autrement, elle a été couverte par le silence du défendeur. Elle est encore un moyen de cassation lorsque le jugement est par défaut, le défendeur ne pouvant être censé avoir accepté la compétence du tribunal.

2° *Violation de la loi.* — La Cour de cassation recherche seulement si le *droit* a été violé, et non si le *fait* a été bien ou mal apprécié. Elle doit tenir pour vrais les faits attestés par la décision attaquée, excepté si la loi n'admet pas la vérification de ces faits, par ex., la paternité naturelle, car alors c'est une question de droit.

3° *Violation des formes* de procédure prescrites à peine de nullité. Ce n'est qu'autant que la nullité a été proposée par les parties et rejetée par le tribunal, car si la nullité n'avait pas été invoquée, il y aurait lieu à la Requête civile.

4° *Contrariété de jugements rendus par des tribunaux* DIF- FÉRENTS entre les mêmes parties et sur les mêmes moyens. — Si les 2 jugements émanaient du *même tribunal*, ce serait un cas de Requête civile.

Le *délai* pour se pourvoir en cassation est de 2 *mois*, à partir de la signification pour le défaut contre avoué, et de l'expiration des délais d'opposition s'il est contre partie.

Les *jugements attaquables* sont : les décisions EN DERNIER RESSORT, c.-à-d. les arrêts des cours d'appel et les juge- ments des tribunaux d'arrondissement, de commerce et des Conseils de prud'hommes rendus en 1ᵉʳ et dernier res- sort (c.-à-d. en appel). Il importe peu que les jugements soient contradictoires ou par défaut.

Les *personnes qui ont le droit d'exercer* le pouvoir sont :

1° Les *parties* qui ont figuré dans l'instance, leurs héri- tiers ou ayants cause (mais non les tiers) ; même le minis- tère public s'il est partie principale.

2° Le *Procureur général* près la Cour de cassation, mais dans 2 cas seulement :

1° Sur l'ordre du gouvernement pour excès de pouvoir ;

2° De son chef, pour violation de la loi — ou des formes.

Dans ce dernier cas, le pourvoi est dit *dans l'intérêt de la loi*, parce qu'il ne produit aucun effet vis-à-vis des parties. Le jugement, bien que cassé à la suite de ce pourvoi est maintenu à leur égard, et vaut *transaction* pour elles. Au reste, le procureur général ne peut se pourvoir qu'*après* l'expiration du délai accordé aux parties.

Au contraire, dans le cas d'*excès de pouvoir*, le procureur général agit, non-seulement sur l'ordre du gouvernement, mais encore *avant* l'expiration des délais, en sorte que le pourvoi profite aux parties. Enfin, on admet que l'excès de pouvoir permet d'attaquer même les décisions *en 1ᵉʳ ressort* ; c'est aussi le seul motif de cassation contre les jugements des juges de paix.

La *Procédure* est particulière : — Un mémoire en forme de requête, signé d'un avocat à la Cour de cassation, est déposé au greffe, mais il n'est pas signifié à l'adversaire qui n'est pas représenté dans la première partie de l'instance On doit consigner à l'avance une amende qui est de 150 fr. pour les jugements contradictoires, et de moitié pour ceux par défaut. — L'affaire est portée devant la *Chambre des requêtes* : — Un conseiller fait un rapport, — l'avocat du demandeur présente ses moyens, — le ministère public ses conclusions, — la Cour statue. Si les moyens ne lui paraissent pas sérieux, elle rejette le pourvoi ; l'arrêt est *motivé* et est définitif. Si les moyens paraissent sérieux et admissibles, la Cour prononce le *renvoi à la Chambre civile*. Dans ce cas, l'arrêt n'est pas *motivé* ; il est inutile, en effet de donner des motifs qui, peut-être, ne seront pas adoptés par la Chambre civile.

Ainsi, la Chambre des requêtes examine l'admissibilité des pourvois, elle élimine les moins sérieux et admet les autres à un 2ᵐᵉ examen.

Devant la *Chambre civile*, le défendeur est représenté. Il est fait un nouveau rapport, — les avocats des 2 parties ont la parole, — le ministère public donne ses conclusions, — la Cour rend un arrêt, lequel est toujours *motivé*. Si elle rejette le pourvoi, son arrêt termine le procès. Si elle l'admet, elle casse le jugement et renvoie l'affaire à un autre tribunal du même ordre, qu'elle désigne.

Ce tribunal n'est pas lié par l'arrêt de la Cour, il peut juger dans le même sens que le 1ᵉʳ tribunal.

Dans ce cas, le nouveau pourvoi, s'il y en a un, est porté devant les 3 chambres de la Cour réunies ; et si le jugement est cassé une 2ᵐᵉ fois, l'affaire est renvoyée devant un 3ᵐᵉ tribunal, lequel n'a pas la même liberté de décision que le 2ᵐᵉ ; en effet, il reste bien juge souverain de l'*appréciation des faits*, mais il doit se conformer à l'arrêt de la Cour sur le *point de droit*.

Ex. : 2 arrêts de Cour d'appel, décidant que le médecin qui a donné des soins à sa femme est capable de recevoir d'elle, ont été cassés ; la 3ᵐᵉ Cour d'appel forcée d'admettre en droit l'incapacité, pourra néanmoins déclarer le legs valable, si elle juge qu'en fait le mari n'a pas donné ses soins.

L'interprétation de la Cour de cassation n'est obligatoire que pour ce tribunal, et dans cette affaire seulement les autres tribunaux peuvent repousser cette opinion, la Cour elle-même peut se déjuger le lendemain dans une autre affaire. Aussi sa jurisprudence, quelque constante qu'elle soit sur une question, n'offre jamais de certitude.

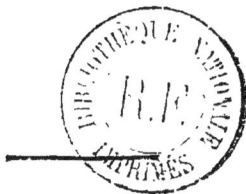

TABLE DES MATIÈRES

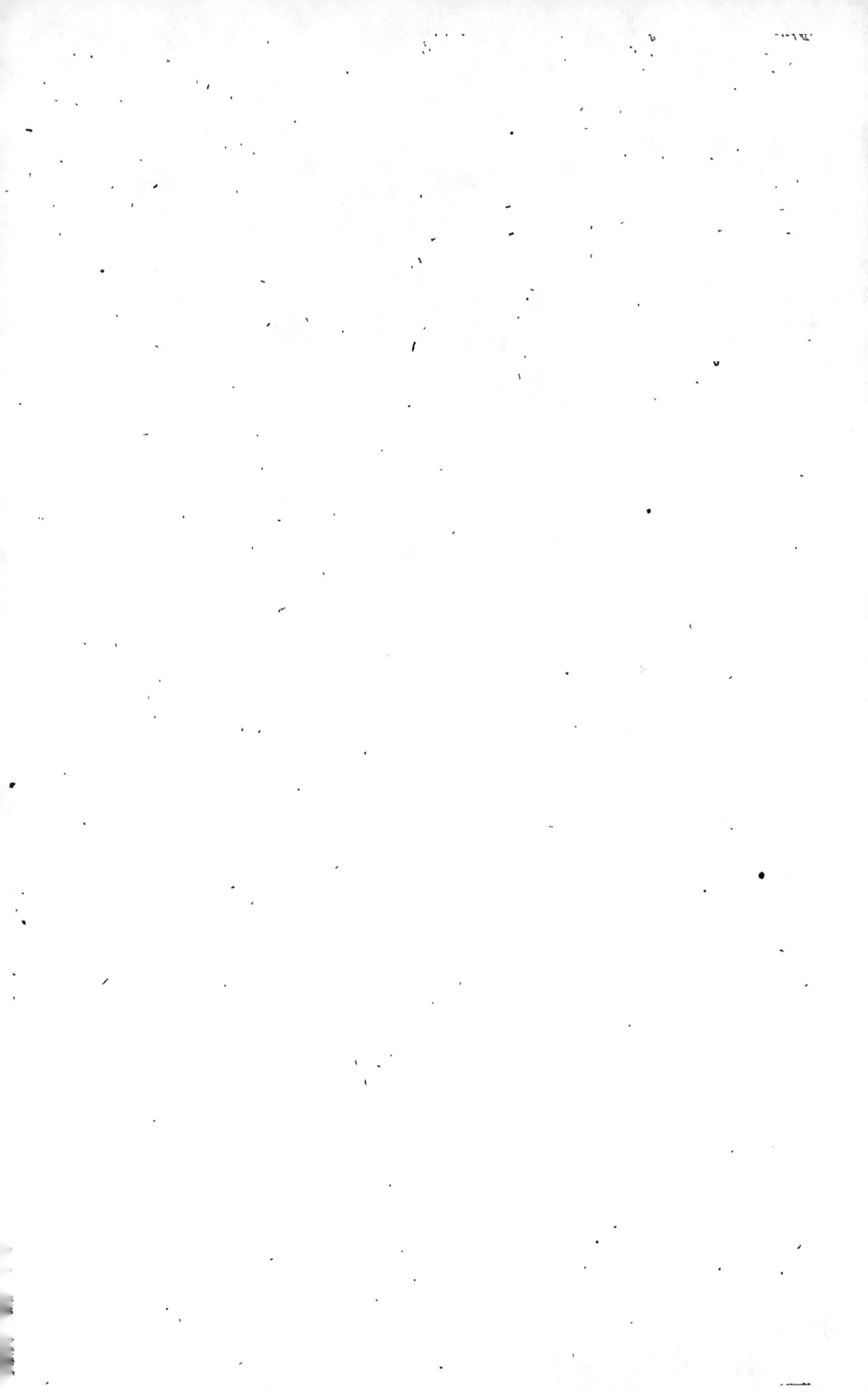

www.ingramcontent.com/pod-product-compliance
Lightning Source LLC
Chambersburg PA
CBHW060446240326
41599CB00062B/3569